Comentarios y sugerencias
editor@fce.com.mx

Sección de Obras de Historia

LA CIVILIZACIÓN ZAPOTECA

Traducción de
Jorge Ferreiro Santana

JOYCE MARCUS / KENT V. FLANNERY

LA CIVILIZACIÓN ZAPOTECA

*Cómo evolucionó la sociedad
urbana en el valle de Oaxaca*

FONDO DE CULTURA ECONÓMICA

MÉXICO

Primera edición en inglés,   1996
Primera edición en español, 2001

Se prohíbe la reproducción total o parcial de esta obra
—incluido el diseño tipográfico y de portada—,
sea cual fuere el medio, electrónico o mecánico,
sin el consentimiento por escrito del editor

Título original:
Zapotec Civilization. How Urban Society Evolved in México's Oaxaca Valley
Publicado por acuerdo con Thames and Hudson Ltd, Londres
D. R. © 1996, Thames and Hudson Ltd, Londres (propietaria de la edición)
ISBN: 0-500-05078-3

D. R. © 2001, Fondo de Cultura Económica
Carretera Picacho-Ajusco, 227; 14200 México, D. F.
www.fce.com.mx

ISBN: 968-16-5749-7

Impreso en México

Para
Manuel Esparza y María de los Ángeles Romero Frizzi,
cuyo apoyo invariable hizo posible gran parte
de la investigación consignada en esta obra

Prefacio a la edición en inglés

La excavación a largo plazo en un solo sitio arqueológico es una tradición establecida por los especialistas de todo el mundo, en tanto que los estudios de asentamiento a corto plazo han venido generalizándose con el advenimiento de nuevos auxiliares tecnológicos, desde los teodolitos computarizados hasta las imágenes satelitales. Pero son mucho menos frecuentes los proyectos actuales, bien planeados y coordinados, en los que se combinan el estudio detallado con las excavaciones minuciosas. Sin embargo, en años recientes ha quedado claro que las interrogantes antropológicas decisivas acerca del desarrollo de la complejidad cultural en prolongados periodos de tiempo sólo pueden despejarse adecuadamente por medio de este último tipo de investigación, con profundidad y aliento.

Durante los últimos 25 años, la investigación arqueológica realizada en el Valle de Oaxaca, al sur de México, ha revolucionado la comprensión de los especialistas sobre el surgimiento y desarrollo de la civilización en el México antiguo y se ha constituido en modelo, citado a menudo, de la combinación del estudio regional con la excavación. En este interesante volumen, los reconocidos arqueólogos Joyce Marcus y Kent V. Flannery ofrecen una soberbia síntesis de aquella admirable investigación. La doctora Marcus, profesora de Antropología y curadora de Arqueología Latinoamericana del Museo de Antropología, y el doctor Flannery, quien ocupa la cátedra James B. Griffin de Antropología y es curador de Arqueología Ambiental del Museo de Antropología, ambos de la Universidad de Michigan, han adquirido amplia experiencia arqueológica en Oaxaca y otros sitios, como se muestra claramente en *La civilización zapoteca*.

Los autores guían al lector a través de cerca de 10 000 años de historia precolombina en el Valle de Oaxaca, desde sus más tempranos asentamientos humanos hasta el crecimiento y esplendor del estado zapoteca, pasando por la domesticación de plantas, el principio de la vida comunitaria, el surgimiento de la complejidad social, económica y política y el establecimiento de Monte Albán, primera ciudad de la Mesoamérica antigua. Aunque sólo describiera los desarrollos culturales de Oaxaca, este volumen sería de gran interés, porque ofrece una experta visión general de una de las secuencias culturales más conocidas de América. Pero

Prefacio a la edición en inglés este libro hace mucho más que eso. Con prosa clara e incisiva, ingenio y perspicacia, los profesores Marcus y Flannery no sólo muestran el modo en que la nueva investigación arqueológica les ha permitido inferir *aquello* que ha ocurrido en el valle, sino que, además, ofrecen hipótesis cuidadosamente razonadas acerca de *cómo* y *por qué* pueden haber sucedido dichos acontecimientos.

Los lectores podrían sorprenderse por la manera en que los autores organizan su presentación, sobre todo en lo que respecta a sus explicaciones de los principales cambios ocurridos en la secuencia oaxaqueña. Las personas familiarizadas con las exposiciones sobre trayectorias culturales a largo plazo asentadas en la bibliografía arqueológica de décadas recientes descubrirán registros de la transición de los señoríos a los estados o de las sociedades jerarquizadas a las estratificadas. No obstante, en su capítulo final, los autores evitan las etapas evolutivas y destacan en cambio una visión sistémica de la cultura iluminada por una teoría antropológica conocida como "teoría de la acción". Sus interpretaciones abundan en ideas sobre las relaciones entre los individuos (los "actores") y las instituciones.

Aunque esta obra de Joyce Marcus y Kent Flannery obviamente ejerza un gran atractivo sobre los interesados en las grandes civilizaciones precolombinas de México, su detallada descripción del extenso desarrollo de la sociedad urbana del Valle de Oaxaca también despertará la atención de los lectores cuyos estudios se han centrado en otras civilizaciones del mundo antiguo, o que en general se han interesado por el crecimiento comparativo de las civilizaciones. Sea cual fuere su enfoque geográfico, pueden estar seguros de hallar en *La civilización zapoteca* abundante materia de reflexión, y querrán compartir el banquete intelectual que se presenta en las páginas siguientes.

Jeremy A. Sabloff
Colin Renfrew

I. Los zapotecas y el Valle de Oaxaca

"Dibujadme un mapa de la Nueva España", dijo Su Majestad Carlos V. Frente a él, al otro lado de la mesa, estaba sentado Hernán Cortés, conquistador de México, quien había regresado en 1528 para asistir a una audiencia en Toledo. Unos cuantos meses después, el rey de España recompensó a Cortés con un título de su propia elección: marqués del Valle de Oaxaca. En aquel momento, el monarca tenía curiosidad por saber en dónde se ubicaría aquel *marquesado*.

Cuenta la leyenda que Cortés tomó un pedazo de papel, lo estrujó entre las manos y lo arrojó sobre la mesa. A la luz amarillenta de la ventana, el arrugado papel había formado una serie de diminutas barrancas y cadenas montañosas, los picos y cañones dentados de una sierra en miniatura. "Eso —se dice que replicó Cortés— es un mapa de la Nueva España."

Cortés bien podía haber identificado el arrugado papel como mapa de Oaxaca, el estado mexicano cuyo valle más grande recibió como recompensa. Unos 400 km al sur de la ciudad de México, las ramas oriental y occidental de la Sierra Madre confluyen para formar la Mesa del Sur. "En aquella accidentada masa montañosa —escribió alguna vez el geógrafo Robert C. West— hay muy poca tierra plana. Los cientos de pequeñas corrientes torrenciales que desaguan las tierras altas han cavado en la superficie profundos valles en forma de V, creando una tierra de pendientes escarpadas y cordilleras como hojas de puñal."[1] El punto culminante, un volcán dormido llamado Zempoaltepec, se eleva 3 390 m sobre el nivel del mar. Innumerables extensiones adicionales forman crestas a 2 500 m o más, robando lluvia a los cañones y los valles inferiores.

Las montañas dominan Oaxaca. La historia de la región no puede apreciarse sin entender cuán aislados dejaban las montañas a los ocupantes de los valles más diminutos y cuán poderosos y envidiados hacían a los de los valles de mayor dimensión. Conformado por un tajo de falla descendente de unos 95 km de largo y 25 km de ancho, el sistema de Valles Centrales de Oaxaca fue hogar de una de las primeras civilizaciones de México. Tal vez a causa de su fragmentación y su aisla-

[1] Robert C. West, 1964, "Surface Configuration and Associated Geology of Middle America", en *Handbook of Middle American Indians* (vol. 1), Robert Wauchope y Robert C. West (comps.), p. 63.

*Los zapotecas
y el Valle de Oaxaca*

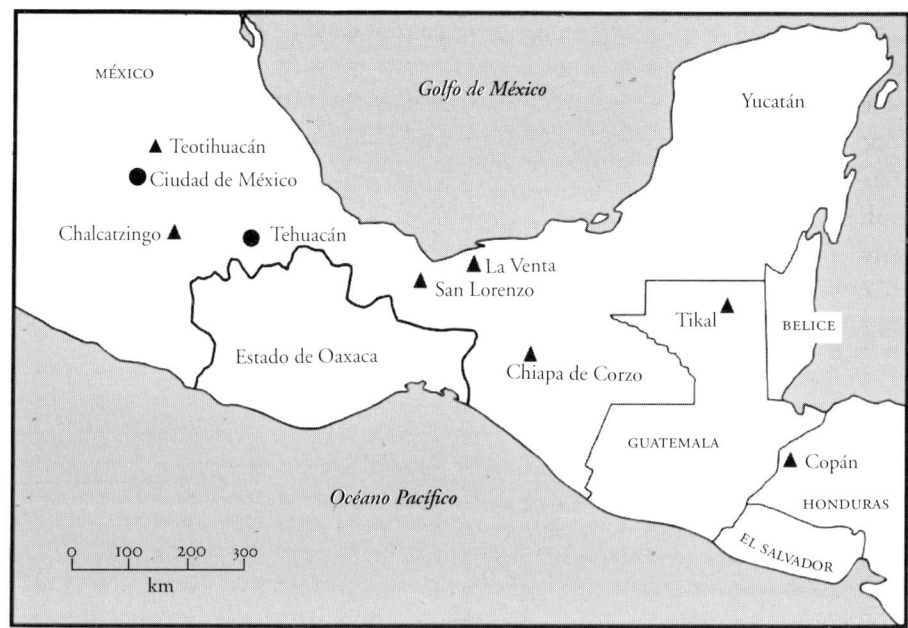

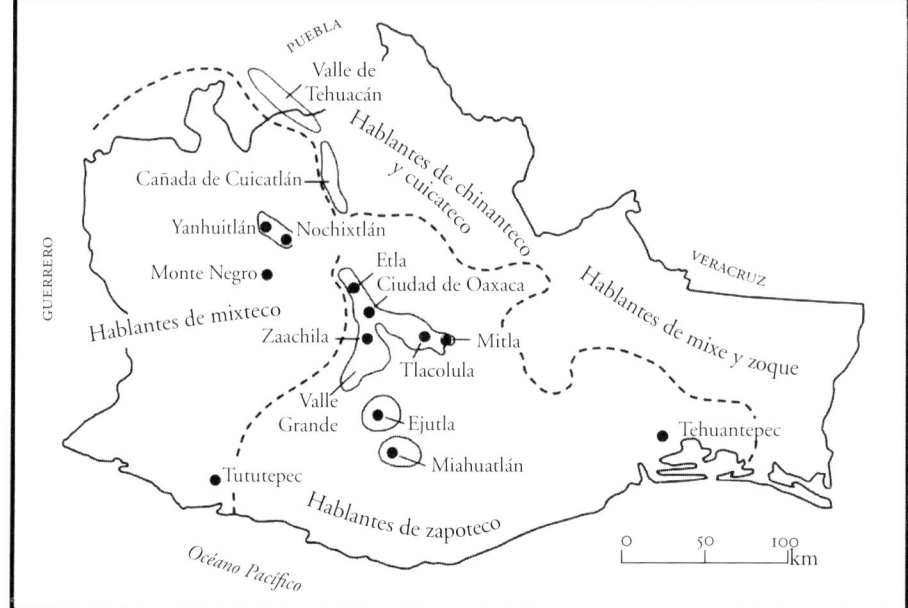

Figura 1.1. Arriba: *El estado de Oaxaca, en México y Mesoamérica.* Abajo: *Los hablantes de zapoteco actualmente ocupan el sistema de Valles Centrales y parte de la región montañosa que lo rodea.*

miento, el resto de la Mesa del Sur había hecho surgir no menos de 12 lenguas diferentes hacia la época de la conquista española.[2] En general pertenecen al otomangueano, familia de lenguas a la que los especialistas atribuyen la mayor profundidad cronológica en México. El protootomangueano, lengua ancestral de la que surgieron todas aquellas lenguas posteriores, se habló en algún lugar del sur de México, antes de que empezara la agricultura y la vida sedentaria.

En las tierras altas de Oaxaca, la mayor extensión de tierra plana puede encon-

[2] Robert Longacre, 1967, "Systematic Comparison and Reconstruction", en *Handbook of Middle American Indians* (vol. 5), Robert Wauchope y Norman McQuown (comps.), pp. 117-159.

trarse en el sistema de Valles Centrales, a una elevación promedio de 1 500 m. Allí, el Río Atoyac y su afluente, el Salado, han producido un valle en forma de Y, que cubre más de 2 000 km² y está rodeado de montañas boscosas, que se elevan a 3 000 m de altura. El clima es templado y semiárido, con 550 mm de precipitación anual. Las lluvias se producen sobre todo entre mayo y septiembre, creando una explosión estacional de verdor que se degrada al amarillo entre noviembre y marzo.

Los geógrafos clasifican el sistema del valle como zona de "sequía permanente", donde la precipitación de todo el año es menor que la evapotranspiración po-

Los zapotecas y el Valle de Oaxaca

FIGURA 1.2. *El Valle de Oaxaca está compuesto por tres subvalles: Etla, Tlacolula y Valle Grande.*

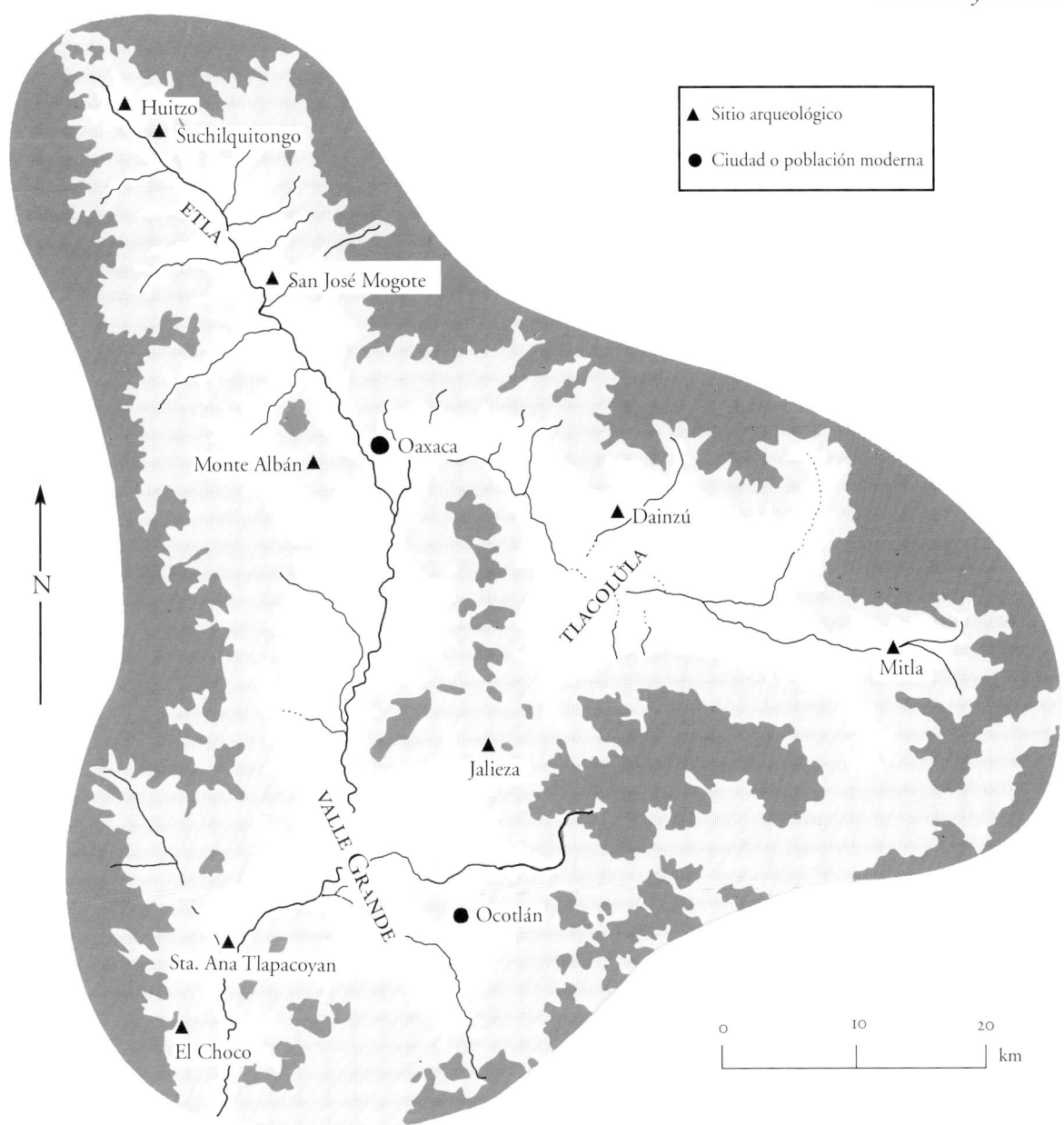

Los zapotecas
y el Valle de Oaxaca

tencial.³ Pese a estas condiciones, la agricultura es actualmente el principal medio de subsistencia y más de 2 800 sitios arqueológicos dan fe de su éxito en el pasado.

Los tres subvalles que forman la Y, o estrella de tres picos, se conocen colectivamente como Valle de Oaxaca. Al noroeste se ubica el subvalle de Etla, el más angosto y elevado de los tres, donde nace el Río Atoyac. Al este se localiza el subvalle de Tlacolula, más ancho pero más seco, formado por el Río Salado. Al sur se encuentra el Valle Grande, aún más ancho, por donde las aguas combinadas del Atoyac y del Salado fluyen hacia el Océano Pacífico. No lejos de allí, en dirección sureste, se hallan otros dos componentes del sistema de Valles Centrales, los valles de Ejutla y Miahuatlán, ambos afluentes del Atoyac y vinculados políticamente al Valle de Oaxaca durante gran parte de su historia.

Cuando los españoles conquistaron el Valle de Oaxaca, en 1521 d.C., la lengua principal era el zapoteco, uno de los miembros dominantes de la familia otomangueana. El mixteco, otra lengua otomangueana, se hablaba tanto en algunas comunidades de la región de Etla como en el Valle Grande. La investigación arqueológica y etnohistórica revela que los zapotecas fueron los ocupantes originales del Valle de Oaxaca, en tanto que los hablantes de mixteco entraron con posterioridad, a menudo mediante matrimonios arreglados con nobles zapotecas. La mayor parte de los hablantes de mixteco vivían en los valles montañosos del norte y el oeste de Etla.

Aunque estudiados de manera menos intensiva que los aztecas o los mayas, los zapotecas produjeron una de las primeras civilizaciones del México antiguo. Se encontraban entre los primeros oriundos de América que construyeron edificios públicos orientados astronómicamente; que usaron adobes, mampostería de piedra y mortero de cal; que esculpieron inscripciones jeroglíficas, y que alcanzaron la condición urbana. La cuna de la civilización zapoteca fue el Valle de Oaxaca, pero las fronteras de aquella civilización se extendieron mucho más allá del sistema de Valles Centrales. Los zapotecas afectaron muchas otras partes de Mesoamérica, la región de grandes culturas antiguas que incluía el centro y el sur de México, Guatemala, Belice y partes de Honduras y El Salvador.

En el caso de Oaxaca, hablar de "cuna de la civilización" es más que una frase hecha. Significa un periodo de infancia; luego, de juventud; un fugaz momento de crecimiento adolescente y, por último, la madurez. Esta imagen de crecimiento es adecuada, dado que los zapotecas no surgieron como seres civilizados. Sólo alcanzaron la civilización tras milenios de evolución social.

Al escribir este libro, nuestro propósito es presentar a los zapotecas como un ejemplo de cómo surgieron las civilizaciones antiguas. Sin embargo, empezaremos por describir a los zapotecas tal como eran en vísperas de su conquista, en 1521. A su vez, esta descripción nos ayudará a interpretar el testimonio arqueológico de su surgimiento como grupo étnico.

³ Anne V. T. Kirkby, 1974, "Individual and Community Responses to Rainfall Variability in Oaxaca, Mexico", en *Natural Hazards: Local, Regional, and Global*, Gilbert F. White (comp.), p. 119.

Los zapotecas del siglo XVI

Cuando Cortés llegó a México, los zapotecas acababan de sostener una serie de cruentas batallas contra los ejércitos aztecas de la Cuenca de México. En aquel entonces, el más poderoso entre varios reyes zapotecas era Cocijoeza, "Creador Relampagueante", de quien se cree que vivió entre 1487 y 1529 d.C. Aunque fuese el heredero de la dinastía de Zaachila, la presión militar azteca había obligado a Cocijoeza a trasladar su cuartel general a una montaña fortificada próxima a la costa del Pacífico. Su hijo Cocijopij (1502-1563 d.C.), último miembro de la dinastía, sobrevivió para ser interrogado por sacerdotes españoles acerca de sus prácticas religiosas "idólatras". Andando el tiempo, fue bautizado con el nombre cristiano de "don Juan Cortés".[4]

A los interrogatorios efectuados por los españoles debemos gran parte de lo que sabemos acerca de los zapotecas de la época de la Conquista. Escritas concienzudamente y enviadas a los archivos de España, aquellas relaciones de nobles zapotecas sobre su propio pasado, o *etnohistoria*, son una fuente inestimable para la reconstrucción de su cultura. Una serie de cuestionarios, contestados entre 1578 y 1581 a petición de la corona española, nos hablan de sistemas políticos, creencias religiosas, prácticas de subsistencia y conflictos militares de poblaciones zapotecas del actual estado mexicano de Oaxaca.[5]

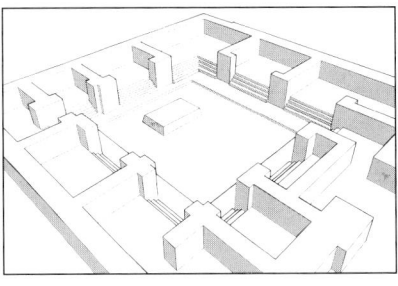

FIGURA 1.3. *Un* quihuitào *zapoteca o "hermoso palacio real", consistente en docenas de habitaciones alrededor de un patio interior.*

Gran parte de aquella etnohistoria fue sintetizada por Joseph Whitecotton en su libro *The Zapotecs: Princes, Priests, and Peasants*.[6] Entre otros especialistas que han contribuido a la etnohistoria zapoteca se encuentran Alfonso Caso, Ignacio Bernal, John Paddock, John Chance y Judith Seitlin. Nosotros mismos hemos leído todas las relaciones españolas de los zapotecas que han caído en nuestras manos.

Nunca sabremos con exactitud cuántas personas hablaban zapoteco a la llegada de los españoles; no existen censos precisos. El proyecto Patrones de Asenta-

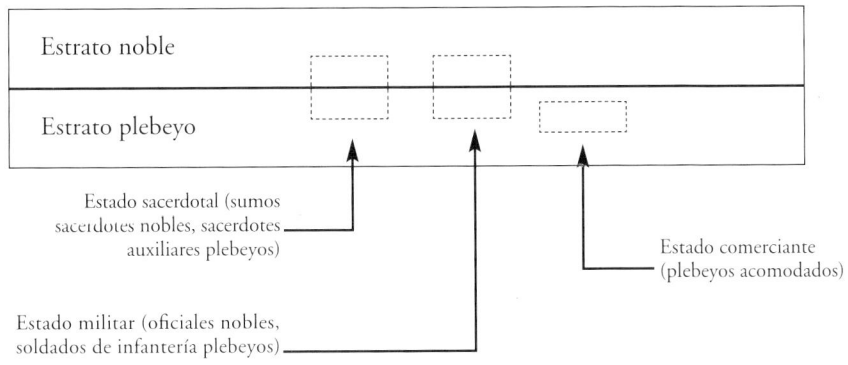

FIGURA 1.4. *La sociedad zapoteca consistía en dos estratos sociales, cortados transversalmente por "estados" o grupos de función especial, como el clero y el ejército.*

---

[4] Joyce Marcus, "The Reconstructed Chronology of the Later Zapotec Rulers, AD 1415-1563", en Flannery y Marcus (comps.), 1983, pp. 301-308.
[5] Francisco del Paso y Troncoso, 1905-1906, *Papeles de Nueva España: Segunda Serie, Geografía y Estadística* (7 vols.).
[6] Whitecotton, 1977.

Los zapotecas y el Valle de Oaxaca

miento, grupo de arqueólogos que estudiaron detalladamente el Valle de Oaxaca, estima su población prehispánica final en más de 160 000 personas.[7] Se cree que la provincia de Coyolapan, región mucho más extensa que incluía el sistema de Valles Centrales y las montañas circundantes, contaba con 350 000-367 000 hablantes de zapoteco.[8] Por tanto, no nos sorprendería enterarnos de que alguna vez hubo más de 500 000 zapotecas. Éstos fueron diezmados durante la época colonial por las enfermedades llevadas del Viejo Mundo, la explotación europea y la Inquisición española; la medicina del siglo XX y la democracia mexicana los han ayudado a aumentar de nuevo a más de 300 000.

La estratificación social

Con base en las relaciones españolas, sabemos que la sociedad zapoteca estaba dividida en dos estratos mantenidos aparte mediante la *endogamia de clase,* la costumbre de que cada quien se casara con alguien de su estrato. El estrato superior, o nobleza hereditaria, estaba encabezado por un gobernante varón, el *coquì,* y su esposa principal, la *xonàxi*. Agregados a aquellos términos, se usaban varios sufijos para distinguir a personas como *coquitào* ("gran señor" o "rey") o *coquihualào* ("príncipe").

En el seno del estrato superior de la sociedad zapoteca había muchas jerarquías o niveles de nobleza, pero, puesto que los nobles de todos los niveles podían casarse entre sí, aquellas jerarquías no se consideraban como clases sociales separadas. A decir verdad, los españoles vieron paralelismos entre los niveles de nobleza zapotecas y la jerarquización europea de los nobles: príncipes, duques, condes y barones.

Entre los zapotecas había linajes llamados *tija coquì,* linajes de los señores hereditarios de mayor alcurnia; *tija joàna,* linajes de nobles segundones que evocan a

Figura 1.5. *Escultras de barro de un noble zapoteca* (derecha) *y una mujer de la nobleza* (izquierda) *con collares y orejeras de jade. Altura de la figura masculina: 15 cm.*

[7] Kowaleski *et al.,* 1989, p. 513.
[8] Whitecotton, 1977, pp. 138, 306.

los *caballeros* españoles, y *tija joánahuini*, linajes de nobleza aún menor que recuerdan a los *hidalgos* de España. Complejas residencias se asocian con frecuencia a aquellos nobles. Por ejemplo, un *coquì* vivía en una *yòho quèhui*, o "casa real", en tanto que un *coquitào* habitaba un *quihuitào*, o "hermoso palacio real". Aquellos palacios solían construirse de adobe sobre cimientos de cal y canto.

El otro estrato de la sociedad zapoteca consistía en plebeyos, siervos y esclavos. Entre los plebeyos había muchas diferencias de categoría, prestigio y riqueza, pero como los plebeyos de todos los niveles podían casarse entre sí, tampoco se les consideraba como clases sociales separadas. Ni siquiera los esclavos constituían una clase aparte; muchos eran simplemente plebeyos de otros grupos étnicos que habían sido capturados en la guerra. En las sociedades mesoamericanas no era habitual que los esclavos conquistaran su libertad, casaran con plebeyos libres o, en el caso de las mujeres, fueran tomadas por los nobles como concubinas.

Colectivamente se consideraba que los plebeyos pertenecían a los *tija pèniquéche*, o "linajes de vecinos", que vivían en casas sencillas conocidas como *yòho*. Los diccionarios de zapoteco del siglo XVI, como el que escribió el fraile español Juan de Córdova,[9] atribuyen muchas ocupaciones a los plebeyos. Whitecotton ha encontrado palabras para jornalero, sirviente libre, tejedor, danzante, músico, escultor, pintor, intérprete, adivino, curandero, comerciante y buhonero, entre otras.[10]

Una de las preguntas formuladas con frecuencia es si las sociedades mesoamericanas, como la zapoteca, tenían "clase media". La respuesta es "no", al menos, no en el sentido de un tercer estrato endogámico de clase interpuesto entre la nobleza hereditaria y los plebeyos. Desde luego, en las sociedades mesoamericanas había personas de "riqueza" intermedia, pero socialmente eran plebeyos ricos o miembros de la nobleza de baja alcurnia.[11]

Conviene tener presente que *plebeyo* no significa "pobre". Muchos plebeyos eran comerciantes acomodados o maestros artesanos que vivían casi tan bien como los pequeños nobles. Sin embargo, diferían de éstos en que, a pesar de su riqueza, no eran elegibles para cargos importantes o matrimonios nobles.

Las diferencias claves entre nobles y plebeyos incluían privilegios hereditarios. Los nobles usaban alegres capas y taparrabos de algodón de vivos colores, en tanto que los de los plebeyos eran de fibra de agave. Los nobles también podían usar capas y tocados de plumas, collares, obturadores labiales y orejeras de jade; los plebeyos no. Los nobles encabezaban cacerías durante las cuales se permitía a los plebeyos conducir al venado hacia los cazadores batiendo la maleza; los nobles se quedaban con la carne de los venados, en tanto que a los plebeyos les correspondían los conejos, las ardillas, las ratas del bosque y demás presas menores. Los nobles iban a la guerra protegidos con una armadura de algodón acojinada; los soldados de infantería eran plebeyos con taparrabos.

Los nobles tenían a su alcance una variedad de productos alimenticios no permitidos a los plebeyos, entre ellos el chocolate cultivado en las tierras bajas cercanas.

Los zapotecas y el Valle de Oaxaca

---

[9] Juan de Córdova, 1578, *Vocabulario en lengua zapoteca*.
[10] Whitecotton, 1977, p. 149.
[11] Joyce Marcus, "Royal Families, Royal Texts: Examples from the Zapotec and Maya", en *Mesoamerican Elites: An Archaeological Assessment*, Diane Z. Chase y Arlen F. Chase (comps.) 1992, pp. 225-226.

Los zapotecas y el Valle de Oaxaca

Los plebeyos comían muchos frijoles y nopales. A los nobles se les dirigía la palabra en términos reverenciales equivalentes a "Su Gracia" o "Su Señoría", y algunos varones tenían hasta 15 o 20 esposas. (A los plebeyos se les permitía tener más de una, pero sólo los más ricos se podían dar ese lujo.) Quienquiera que se presentara ante el *coquì* debía quitarse las sandalias y mantener la cabeza baja durante toda la entrevista.

La religión zapoteca

La religión penetraba en toda la sociedad zapoteca, pero las mejores descripciones españolas con las que contamos se refieren a la religión de estado, dirigida por sacerdotes de tiempo completo. En realidad, la iglesia y el estado no estaban separados, pues los sacerdotes de mayor jerarquía se reclutaban entre las familias nobles, y el propio gobernante zapoteca recibía preparación religiosa antes de asumir el cargo. Los gobernantes acumulaban la riqueza y el poder para construir templos llamados *yohopèe,* o "casa de la fuerza vital".

Aquellos templos estaban dirigidos por sacerdotes que tenían su propia jerarquía. Entre los de menor nivel estaban los *bigaña* que, de acuerdo con las descripciones, prácticamente nunca salían del *yohopèe*. Los templos solían tener dos cámaras, una exterior (menos sagrada) a la que podían entrar los fieles y una interior (más sagrada) en donde los sacerdotes hacían sus ritos. Entre éstos se contaban la quema de incienso y el sacrificio de animales y seres humanos. Los animales podían ser codornices, pavos o perros; los seres humanos podían ser niños, esclavos o prisioneros de guerra.

El autosacrificio también era practicado por los sacerdotes, quienes ofrendaban su propia sangre mediante la perforación de la lengua, los lóbulos de las orejas u otras partes carnosas de su cuerpo con espinas de pastinaca, cuchillas de obsidiana o espinas de agave. Algunos ritos incluían el uso de drogas, como el estramonio *(Datura),* los hongos alucinógenos *(Psilocybe)* o un tabaco silvestre

Figura i.6. *El edificio que ocupaba el sumo sacerdote de Mitla tenía al frente una larga y angosta cámara que daba hacia un patio; detrás de ella se hallaba un elegante "apartamento papal".*

FIGURA I.7. *Patio interior del "apartamento papal" del sumo sacerdote, decorado con intrincados dibujos de mosaicos geométricos de toba volcánica.*

muy fuerte *(Nicotiana);* otros exigían beber *pulque,* aguamiel fermentado del agave o maguey.

Algunos aspectos de la religión zapoteca podrían describirse como alteración espiritual, en la que los celebrantes trataban de irrumpir en otro plano de conciencia. Una serie de relaciones españolas escritas en 1580 describe a lugareños zapotecas entregados al sacrificio de niños, a la bebida y a la danza durante la noche;[12] a la abstinencia por periodos de 40 u 80 días; al consumo de tabaco cada cuatro días; a la extracción de sangre de la lengua y las orejas, a la danza y a la intoxicación,[13] o al sacrificio de perros y esclavos, seguido de danzas e ingestión de hongos alucinógenos, "por lo que veían muchas visiones y figuras espantosas".[14]

En la cúspide de la jerarquía religiosa zapoteca estaba un sumo sacerdote, descrito por un español del siglo XVI "como nuestro papa".[15] En las postrimerías de la época prehispánica, aquel sumo sacerdote (conocido como *uija-tào,* o "gran vidente") residía en Mitla, en el subvalle oriental de Tlacolula, que servía a los zapotecas como una especie de Ciudad del Vaticano. El edificio donde vivía el sacerdote aún está en pie, hermosamente conservado; por muchos conceptos, representa la elaboración máxima del templo zapoteca de dos piezas. Dos grandes pilares flanquean la entrada a la cámara exterior, cuyo techo sostenían seis enormes columnas de toba volcánica. Desde esta cámara, más pública, un angosto corredor en forma de L conduce, en la parte posterior, a los aposentos privados del *uija-tào,* magnífico conjunto de cuatro habitaciones ubicadas alrededor de un patio central. Los arquitectos zapotecas habían convertido la cámara interior del templo, en que tradicionalmente habían vivido los sacerdotes, en un

---

[12] Gaspar Asensio, 1580, "El pueblo Teutitlán", en *Papeles de Nueva España: Segunda Serie, Geografía y Estadística* (vol. 4), Francisco del Paso y Troncoso (comp.), 1905, pp. 104-108.

[13] Gaspar Asensio, 1580, "Relación de Macuilsúchil y su Partido", en *Papeles de Nueva España: Segunda Serie, Geografía y Estadística* (vol. 4), Francisco del Paso y Troncoso (comp.), 1905, pp. 100-104.

[14] Pedro Pérez de Zamora, 1580, "Relación de Teticpac", en *Papeles de Nueva España: Segunda Serie, Geografía y Estadística* (vol. 4), Francisco del Paso y Troncoso (comp.), 1905, pp. 109-114.

[15] Alonso de Canseco, 1580, "Relación de Tlacolula y Mitla hecha en los días 12 y 23 de agosto respectivamente", en *Papeles de Nueva España: Segunda Serie, Geografía y Estadística* (vol. 4), Francisco del Paso y Troncoso (comp.), 1905, pp. 144-154.

Figura 1.8. *Despojado ahora de sus bosques originales, tras miles de años de agricultura, el Valle de Oaxaca muestra un piso plano de aluvión, un pie de montañas irrigable y una zona de sierras altas.*

"apartamento papal", cuyas paredes se hallaban decoradas con intrincados mosaicos geométricos de toba volcánica.

Las fuentes etnohistóricas sugieren que, si bien los sumos sacerdotes eran de noble alcurnia, muchos de jerarquía inferior eran plebeyos educados. Esta ubicación de plebeyos en poderosas posiciones rituales choca con nuestras ideas de una jerarquía basada en la posición social hereditaria. Whitecotton rehúye este conflicto dividiendo a la sociedad zapoteca en tres "estados": la nobleza hereditaria, los plebeyos y los sacerdotes. De tal suerte, el estado sacerdotal incluiría tanto a nobles como a plebeyos.[16]

Prácticas de subsistencia

La civilización zapoteca se basaba en el cultivo del maíz, y el hecho de que fueran buenos agricultores en una tierra de topografía accidentada y con permanente falta de agua constituye un homenaje al ingenio de los zapotecas. En el Valle de Oaxaca, el

[16] Whitecotton, 1977, pp. 148, 310.

agua para la agricultura se obtiene de las lluvias, los manantiales, las pequeñas corrientes y los ríos, además del manto freático subsuperficial. El valle bien puede caracterizarse como una región donde podía practicarse toda una variedad de técnicas de regulación hidráulica, pero donde ningún abasto de agua era suficiente para favorecer el dominio centralizado de un gobierno prehispánico.[17-19]

En el Valle de Oaxaca existen cuando menos tres zonas fisiográficas: un piso plano y aluvial del valle; un pie de montaña que varía de pendiente suave a empinada, a menudo cortada por cañones fluviales, y una zona de altas montañas. El piso del valle tiene el mejor suelo, pero también el mayor grado de evaporación; las montañas tienen el menor grado de evaporación, y también los suelos más pedregosos. En aquellas tres zonas los zapotecas practicaron cuando menos cinco tipos de agricultura: la pluvial, la irrigada con pozos, la irrigada con canales, la agricultura de creciente y la de terrazas en las laderas.

Además de cultivar productos como el maíz, el frijol, la calabaza, el aguacate, el chile, el tomate, el maguey y el nopal, los zapotecas criaban perros y pavos para su alimentación. Recolectaban plantas silvestres como las bellotas, el piñón, las vainas de mezquite, las pitahayas, las vainas de diferentes tipos y toda una variedad de hierbas como la *Crotalaria,* el *Chenopodium,* el *Amaranthus* y la *Portulaca*, que se usaban como condimentos. También cazaban venados, pecaríes, conejos, mapaches, zarigüeyas, ardillas, ratas silvestres, codornices, palomas, tortugas, lagartijas y otras presas pequeñas. Sin embargo, debido a la densa población humana, no todos los miembros de la sociedad tenían a su alcance los animales más preciados; como hemos visto, la carne de venado prácticamente se restringía a los nobles.

Los zapotecas y el Valle de Oaxaca

FIGURA 1.9. *Incluso las partes más secas y pedregosas del subvalle de Tlacolula ofrecen plantas silvestres comestibles, como pitayas y vainas leguminosas.*

[17] Kirkby, 1973.
[18] Susan Lees, 1973, *Sociopolitical Aspects of Canal Irrigation in the Valley of Oaxaca, Mexico.*
[19] Kent V. Flannery, "Precolumbian Farming in the Valleys of Oaxaca, Nochixtlán, Tehuacán and Cuicatlán: A Comparative Study", en Flannery y Marcus (comps.), 1983, pp. 323-339.

*Los zapotecas
y el Valle de Oaxaca*

El tributo y la guerra

Además de la agricultura, la caza y la recolección de plantas, el estado zapoteca se sostenía mediante el tributo de pueblos vecinos a los que había sometido militarmente o dominado en lo político. En tiempos de la conquista española no existía un ejército único, sino una serie de ejércitos congregados por los gobernantes de las comunidades importantes. Los ejércitos zapotecas estaban constituidos por oficiales, que eran miembros de la nobleza, y soldados de infantería, que eran plebeyos reunidos conforme a la necesidad. Los guerreros distinguidos eran recompensados con trajes especiales de animales que los identificaban como miembros de órdenes militares respetadas. Sus armas eran la lanza, la honda, el *átlatl* o lanzadardos y la *macana* o espadón de madera, guarnecido con afiladas cuchillas de obsidiana.

Los zapotecas hacían augurios antes del combate; de acuerdo con las descripciones de los españoles, iban a la guerra cantando, tocando tambores de madera y portando un "ídolo". Si bien el primer prisionero era sacrificado al ídolo, los demás eran tomados como esclavos para ser puestos a trabajar, ser vendidos o sacrificados en días festivos especiales. De acuerdo con cierta relación, un sacerdote abría el pecho de la víctima del sacrificio, de quien se extraía el corazón aún latiendo; en su sangre bañaban a los ídolos; el cuerpo de la víctima podía entonces ser descuartizado, cocido y comido.[20] Los zapotecas se sentían especialmente complacidos cuando capturaban a algún sabroso oficial noble del ejército enemigo.

Pese a sus fortificaciones, armas, órdenes militares y tácticas de terror (entre las que se incluía el canibalismo, la tortura y la mutilación), los zapotecas eran más famosos por su estrategia diplomática que por sus batallas campales. Una y otra vez zanjaban disputas mediante alianzas, acuerdos secretos o incluso el pago de tributo a sus enemigos.

Poco antes de la llegada de Cortés a México, el gobernante zapoteca, Cocijoeza, entró en conflicto con el rey azteca, Ahuizotl.[21] Cocijoeza se alió al gobernante mixteca de Achiutla, población del norte del Valle de Oaxaca, para atacar al ejército azteca cuando éste se encontrara en las tierras bajas tropicales de Tehuantepec. Tras un sitio de siete meses, aztecas y zapotecas acordaron una tregua, una de cuyas condiciones fue que la hija de Ahuizotl se casara con Cocijoeza. Los aztecas también obtuvieron derecho a dejar una pequeña guarnición de soldados en el Valle de Oaxaca y a recibir un tributo anual "de cortesía". Por su parte, los mixtecas de Achiutla, a quienes se habían prometido tierras en Tehuantepec a cambio de su ayuda militar, fueron "recompensados" con algunas de las tierras tehuanas menos codiciadas. Así era el talento zapoteca para combinar la guerra limitada con la diplomacia consumada, la alianza matrimonial real y el disimulo astuto.

---

[20] Juan Ximénez Ortiz, 1579, "Relación de Iztepexi", en *Papeles de Nueva España: Segunda Serie, Geografía y Estadística* (vol. 4), Francisco del Paso y Troncoso (comp.), 1905, pp. 9-23.
[21] Joyce Marcus, "Aztec Military Campaigns Against the Zapotecs: The Documentary Evidence", en Flannery y Marcus (comps.), 1983, pp. 314-318.

El antiguo espíritu zapoteca

La descripción previa de los zapotecas del siglo XVI incluye a sus reyes y reinas, sus sacerdotes, plebeyos y acciones bélicas, su subsistencia y muchos otros aspectos de la vida antigua. Hace algunas décadas, esta descripción se habría considerado un modelo inadecuado para guiar la investigación arqueológica en un pasado más lejano. Sin embargo, muchos de los arqueólogos actuales piden más: quieren que el modelo incluya la cosmología, la religión, la ideología y otros productos de la mentalidad antigua.[22, 23] Estos aspectos del conocimiento de los zapotecas son más difíciles de recabar a partir de los documentos etnohistóricos, porque fueron mal comprendidos por los conquistadores que los escribieron. Sin embargo, los trazos generales del sistema cognitivo están allí para ser descubiertos.[24]

Como todas las grandes culturas de Mesoamérica, los zapotecas creían que el universo se dividía en cuatro grandes cuarteles, cada cual asociado a un color (rojo, negro, amarillo o blanco). A su vez, el centro del mundo se asociaba al azul verdoso, que los zapotecas consideraban un solo color. La trayectoria solar de este a oeste era el eje principal a lo largo del cual se dividía su mundo.

La religión zapoteca era animista. Los zapotecas reconocían a un ser supremo sin principio ni fin, "que lo creaba todo pero que no era creado a su vez", un ser tan infinito e incorpóreo que no se habían hecho imágenes suyas ni ningún mortal había entrado en contacto con él. Entre las fuerzas y los seres con los cuales los zapotecas *sí* entraban en contacto se incluían algunos que consideraríamos "naturales" y otros que calificaríamos de "sobrenaturales". Para los zapotecas, todos eran igualmente "reales".

La más poderosa y sagrada de aquellas fuerzas era el *Cocijo* o Rayo, entre cuyos compañeros se contaban las Nubes *(Zaa),* la Lluvia *(Niça Quiye),* el Viento *(Pèe)* y el Granizo *(Quiezabi).* El Rayo era la faz espectacular e iracunda del Cielo, una de las grandes divisiones del cosmos zapoteca. La otra división era la Tierra, cuya faz espectacular e iracunda era *Xòo,* el Terremoto. A veces, los dos conceptos se unían, como en la expresión zapoteca para trueno: *Xòo Cocijo,* "Terremoto del Rayo".

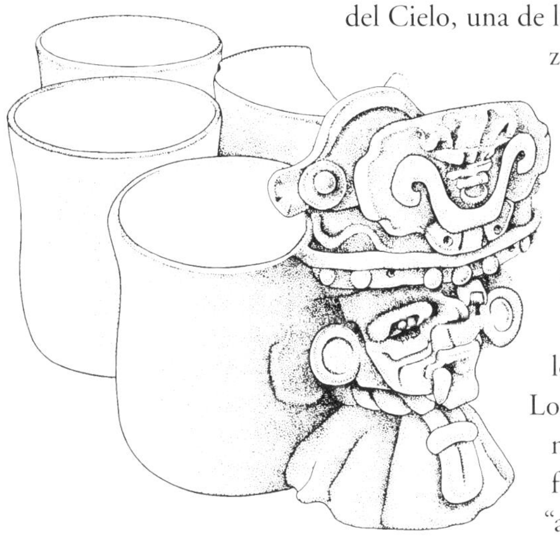

En la cosmología zapoteca, todo lo que tenía vida merecía respeto. Los seres vivos se distinguían de la materia inanimada por poseer una fuerza vital llamada *pèe,* "viento", "aliento" o "espíritu". El *pèe* hacía

Los zapotecas y el Valle de Oaxaca

FIGURA I.10. *Escultura de cerámica de* Cocijo, *o Rayo, con cuatro receptáculos para sus compañeros: Nubes, Lluvia, Viento y Granizo. Altura: 15 cm.*

---

[22] Colin Renfrew y Ezra B. W. Zubrow, 1994, *The Ancient Mind: Elements of Cognitive Archaeology.*
[23] Kent V. Flannery y Joyce Marcus, 1993, "Cognitive Archaeology", *Cambridge Archaeological Journal* 3, pp. 260-270.
[24] Joyce Marcus, Kent V. Flannery y Ronald Spores, "The Cultural Legacy of the Oaxacan Preceramic", en Flannery y Marcus (comps.), 1983, pp. 36-39.

FIGURA I.II. *Escultura de cerámica de un joven señor zapoteca, inscrita con dos jeroglifos tomados del calendario de 260 días. La fecha que lleva al pecho es "13 Pedernal"; la de su tocado es "13 Agua".*

que las cosas se movieran, y el movimiento demostraba que estaban vivas: un rayo, las nubes al pasar por el cielo, la tierra sacudiéndose a nuestros pies durante un terremoto, el latido del corazón, el viento en el cabello e incluso la espuma en un vaso de pulque o una taza de chocolate.

Las cosas inanimadas podían manipularse con tecnología, pero a los objetos con *pèe* había que acercarse mediante el rito y la reciprocidad. El cazador zapoteca se disculpaba ante el venado por la necesidad de matarlo y luego ofrecía el corazón del animal a las grandes fuerzas naturales a las que éste pertenecía. El mayor sacrificio que podía ofrecerse al Rayo era algo vivo, como un corazón que aún latía, y por tanto imbuido de *pèe*.

El zapoteca tenía dos palabras para sangre, *rini* y *tini*. *Rini* era la sangre seca; *tini* la sangre que fluía, aún en movimiento, aún viva, como la extraída del propio cuerpo con un cuchillo de obsidiana, un pincho de agave o una espina de pastinaca.

Incluso el tiempo tenía vida. Como otros indios de México, el zapoteca creía que el tiempo era cíclico en vez de lineal y que determinados días se repetían una y otra vez. Para llevar la cuenta del ciclo tenía dos calendarios: uno solar y otro ritual.[25] El año solar tenía 18 "meses" de 20 días, más otros cinco para obtener 365. El calendario ritual o *piye* estaba compuesto de 20 jeroglifos o "signos de día", que se combinaban con 13 números para producir un ciclo de 260 días (cuadro I.I). Como su nombre lo indica, el calendario ritual tenía *pèe*; el tiempo sagrado se movía y tenía vida. La división cuatripartita del universo se reiteraba por el hecho de que cada cuarta parte del *piye* se llamaba *cocijo* o "rayo", y a cada uno de los cuatro cuarteles del mundo se le asignaba un "rayo" específico.

Todos los zapotecas debían llamarse por el día del calendario de 260 días en que nacían. No obstante, algunos días se consideraban más favorables que otros; por tanto, muchas personas (especialmente nobles) se llamaban según los días propicios que caían cerca del verdadero día de su nacimiento. Nombres como "8 Venado" o "5 Flor" eran típicos de los nobles, muchos de los cuales también tenían sobrenombres como "Rayo Creador" o "Gran Águila".[26]

Uno de los aspectos de la religión zapoteca que fue malinterpretado por los españoles del siglo XVI fue la veneración de los antepasados reales. Cuando los señores o los cónyuges reales morían, a menudo se les veneraba como seres que podían interceder en favor de su pueblo ante las grandes fuerzas sobrenaturales como el Rayo. A decir verdad, se creía que los gobernantes extintos se transformaban en nubes, e incluso en la actualidad algunos hablantes de zapoteco se refieren a sus antepasados como *binigulaza*, o "pueblo viejo de las nubes".

En las comunidades del siglo XVI, los españoles registraron decenas de supuestos "dioses", pero cuando traducimos los nombres reales de aquellos "dioses", resulta que en su mayor parte fueron antepasados reales venerados. Muchos tienen nombres tomados del calendario de 260 días, y aun algunos incluyen títulos reales como *coquì* o *xonàxi*. Si se agrega el hecho de que casi no hay sobreposición de nombres de una a otra comunidad, parecería que cada población venerara a

---

[25] Joyce Marcus, "The Origins of Mesoamerican Writing", *Annual Review of Anthropology* 5, pp. 35-67.
[26] Marcus, 1992a, pp. 206-210.

CUADRO I.I *Nombres de días del* piye, *o calendario zapoteca de 260 días.*

Nombre de día zapoteca	Posible traducción (según el tono)
Chilla, Chiylla	Cocodrilo, monstruo reptante, frijol de adivinación
Laa, Quiy, Guiy	¿Carbón vivo, fuego, viento?
Guela, Ela	Noche
Gueche, Quichi, Achi	Rana, iguana
Zee, Ziy, Cee, Ziye	Desgracia, serpiente, maíz tierno
Lana, Laana	Hollín, conejo
China, Chiyña	Venado
Lapa, Laba	Partir en pedazos, corona, guirnalda
Niça, Queça	Agua
Tela, Tella	Boca abajo, perro
Loo, Goloo	Mono
Piya	Torcido, vuelto
Quiy, Laa, Niy	Bejuco
Gueche, Eche, Ache	Animal feroz, jaguar
Naa, Na, Ñaa	Madre
Guiloo, Loo	Cuervo, corneja, búho, ojo
Xòo	Terremoto
Opa, Gopa, Oppa	Rocío, vapor de la tierra, piedra
Appe, Ape	Nublado, nebuloso
Lao, Loo	Ojo, cara

Los zapotecas y el Valle de Oaxaca

sus propios gobernantes difuntos y *no* a un panteón de "dioses" zapotecas.[27] En realidad, los españoles habrían estado más cerca de la realidad si hubieran calificado a aquellos heroicos antepasados de "santos" y no de "dioses".

Un documento colonial de Ocelotepec, población zapoteca de las montañas del sur del Valle de Oaxaca, habla de un famoso *coquì* llamado Petela, o "4 Perro", quien murió poco antes de la conquista española. Tras su muerte, los nobles zapotecas "lo recordaron como a una divinidad [...] y le ofrecieron sacrificios como a un dios".[28] El administrador español Bartolomé de Piza buscó los restos mortales del Señor Petela, que encontró "sepultados y embalsamados" y que luego incineró para combatir la que él consideró una práctica pagana. Cuando una peste asoló Ocelotepec seis meses después, matando a más de 1 200 personas, los nobles zapotecas "regresaron a ofrecer sacrificios a Petela sobre las cenizas de los huesos incinerados por Piza, pues él [Petela] era el intercesor ante [la deidad] que invocaban para que alejara la peste".

Los zapotecas dividían a los animales *(mani)* en varias categorías generales, entre ellas las de los que caminaban en cuatro patas, volaban o nadaban. Muchos nombres de animales empezaban con la sílabas *pe* o *pi* (*pichina,* venado; *pella,* pez), que tal vez era un prefijo para designar animales, pero también

FIGURA I.12. *Urna funeraria zapoteca que representa a un cadáver envuelto y adornado con orejeras de jade, posiblemente un antepasado noble. Altura: 13 cm.*

[27] Marcus, 1992a, pp. 278-287.
[28] Nicolás Espíndola, 1580, "Relación de Chichicapa y su Partido", en *Papeles de Nueva España: Segunda Serie, Geografía y Estadística* (vol. 4), Francisco del Paso y Troncoso (comp.), 1905, pp. 115-143.

Los zapotecas y el Valle de Oaxaca

FIGURA I.13. *Los nobles zapotecas con frecuencia representaban a sus "Antepasados de las Nubes" como tortugas voladoras, tal vez porque las nubes* cumulonimbus *les recordaban los caparazones de estos quelonios.*

reflejo del hecho de que los animales tuvieran *pèe*. Los animales salvajes eran *mani quijxi*, "animales de la soledad". (El adjetivo *quijxi* podía significar "salvaje", "no comido" o "perteneciente a la soledad", usándose también para referirse a las plantas.) Los zapotecas tenían una sola palabra, *yàga,* que podía significar "planta", "árbol" o "bosque". Para especificar una planta particular se podían agregar adjetivos, por ejemplo *yàga queti,* "árbol de pino", o *yàga pichij,* "cacto órgano". Se hacía importante distinción entre las plantas que el hombre podía cosechar y comer y las que simplemente formaban parte de la vegetación silvestre del lugar.[29]

Los zapotecas también tenían su propio sistema de pesas y medidas, vestigios de los cuales se pueden vislumbrar en los mercados de los pueblos zapotecas monolingües. Una de las unidades que se pueden detectar arqueológicamente es el *yaguén*. Ésta era la longitud del brazo de una persona, entre el codo y la muñeca: alrededor de 26-27 cm en un varón zapoteca promedio.[30] Varios monumentos pétreos de Monte Albán fueron cortados en múltiplos de *yaguén*.

Ideología

Habiendo abordado brevemente la cosmología de los zapotecas, examinemos ahora su ideología política. La sociedad zapoteca estaba sumamente jerarquizada y la voluntad de los gobernantes se comunicaba a los plebeyos a través de varios niveles de nobles. Nadie, en ningún nivel, dudaba de que aquélla fuera la manera en que debía ser el mundo, porque los zapotecas creían que nobles y plebeyos habían tenido orígenes separados en tiempos remotos.

Los plebeyos habían nacido de plebeyos. Vivían, trabajaban, morían. Sus antepasados inmediatos sólo eran importantes para quienes realmente los habían conocido; sus antepasados lejanos no tenían nombre. En cambio, la familia real descendía de antepasados venerados que ahora eran el "Pueblo de las Nubes" y vivían en la proximidad del Rayo. Gobernaban en la tierra durante un tiempo, realizaban grandes hazañas, construían templos, iban a la guerra y regresaban con prisioneros; finalmente, eran depositados en una tumba real, desde la cual subían al cielo y se metamorfoseaban en "Gente de las Nubes". Luego era tarea de sus súbditos y sus descendientes nobles mantenerlos tan felices como fuera posible, a fin de que intercedieran en favor de su pueblo ante las grandes fuerzas sobrenaturales que gobernaban el mundo.

En condiciones ideales, un gobernante zapoteca sería sucedido en el trono por el primogénito de su primera esposa. Las reglas del orden de nacimiento eran tan importantes, que entre los jeroglifos usados por los zapotecas había glifos de manos con los dedos extendidos. Si sólo se extendía el pulgar, el glifo significaba primogénito; si se extendía el índice, significaba segundón, y así sucesivamente.[31] El jerogli-

---

[29] Joyce Marcus y Kent V. Flannery, 1978, "Ethnoscience of the Sixteenth-Century Valley Zapotec", en *The Nature and Status of Ethnobotany*, Richard I. Ford (comp.), pp. 51-79.
[30] Joyce Marcus, 1972, "Report on Zapotec Writing: a Ford Foundation Research Project".
[31] Joyce Marcus, "The First Appearance of Zapotec Writing and Calendrics", en Flannery y Marcus (comps.), 1983, p. 93.

Cuadro 1.2. *Números ordinales zapotecas usados tanto para los dedos como para el orden de nacimiento de los varones*

Mano derecha		Mano izquierda		Orden de nacimiento, hijos	
yobi	pulgar	*yobijye*	pulgar	*yobi*	primero
tini	índice	*teije*	índice	*tini*	segundo
texi	cordial	*texije*	cordial	*tixi*	tercero
payo	anular	*xayoyye*	anular	*payo*	cuarto
yee	meñique	*pijye*	meñique	*yopije*	quinto
				teyye	sexto
				texiye	séptimo

fo de un pulgar extendido coorrespondía a la palabra zapoteca *yobi*, que es tanto el número ordinal "primero" como el término para "hijo primogénito" (cuadro 1.2).

Sin embargo, no bastaba tener las credenciales adecuadas para subir al trono. El gobernante electo zapoteca debía realizar varios actos antes para demostrar que era digno. Entre aquellos actos se incluían: *1)* tomar prisioneros para ser sacrificados en su ceremonia de ascenso; *2)* ofrendar una pequeña parte de su propia sangre sagrada; *3)* patrocinar un nuevo edificio importante; *4)* ordenar que se construyera un monumento a alguno de sus antepasados reales, y *5)* obtener el apoyo y la aprobación de gobernantes vecinos.

Siempre que el orden de sucesión se ponía en duda, surgían tensiones y contradicciones en aquel sistema ideológico. Cuando un gobernante tenía dos hijos, ¿pasaría realmente el trono a su primogénito o se lo disputaría el segundo hijo? De haber tenido sólo hijas, ¿le sucedería una princesa o se casaría estratégicamente una de sus hijas con uno de los rivales de su padre? ¿Conspiraría con otros algún usurpador para alterar los registros genealógicos reales, poniéndose él mismo en la línea de sucesión de un trono que no merecía? En caso de guerra, ¿un matrimonio estratégico con una princesa mixteca aseguraría aliados mixtecos a algún ambicioso señor zapoteca? En la ideología zapoteca las reglas del juego eran claras, pero el punto al que se llegaba dependía de cómo se llevara el juego.

En tanto que sus nobles competían por puestos de poder, títulos importantes, matrimonios ventajosos y disponibilidad de tributo, para los plebeyos la vida proseguía inalterada. Campesinos, alfareros, albañiles, trabajadores de concha, lapidarios, tejedores y leñadores proseguían con sus ocupaciones y aguardaban la bebida y los bailes de la siguiente celebración religiosa. Para ellos, el gobernante —un ser tan poderoso que no se lo podía mirar directamente al rostro— era el epítome de la sabiduría, la generosidad y la magnanimidad.

II. Etnogénesis y evolución social

Uno de los lugares más agradables del Valle de Oaxaca es el bar del balcón del hotel Victoria. Desde una colina que se eleva sobre la ciudad de Oaxaca, el sitio domina la confluencia de regiones del Valle Grande, Etla y Tlacolula.

El visitante que se sienta allí, con un margarita frío, se asoma al despliegue urbano de la ciudad y a la alfombra más lejana de maíz y alfalfa que se extiende hasta la base de las montañas. Al este, se divisa en la lejanía la cadena de tobas volcánicas detrás de las famosas ruinas de Mitla. Por el oeste, muy cerca, la ciudad prehispánica de Monte Albán se extiende a lo largo de la cima de una montaña de 400 m de altura. En dirección sur, una aeronave ocasional, con rumbo al aeropuerto principal de Oaxaca, en el Valle Grande, sobrevuela el enorme montículo arqueológico de Zaachila.

Los visitantes saben que Oaxaca tiene ruinas antiguas y un clima de eterna primavera. Lo que tal vez no comprendan es que el valle también es un laboratorio para el estudio de la evolución social. Los paleontólogos vuelven reiteradamente a la Cuenca Permiana de Texas, que contiene bajo su superficie los fósiles de incontables animales extintos. Los arqueólogos vuelven una y otra vez al Valle de Oaxaca, que guarda bajo su superficie los fósiles de innumerables sociedades extintas.

Hace 10 000 años, el Valle de Oaxaca no era la abierta extensión de milpas que el visitante ve en la actualidad. En aquel entonces había árboles desde lo alto de sus montañas hasta las vegas de sus ríos. Esos bosques fueron talados, pero su polen fosilizado se conserva. Los pequeños grupos de cazadores y recolectores que se desplazaban por los bosques también han desaparecido, pero algunos de sus campamentos y utensilios permanecen allí, bajo la superficie. En las cuevas de las montañas todavía se conservan los huesos de los animales salvajes que ellos cazaban y los vestigios resecos de las plantas silvestres que recolectaban.

Aquellos primeros indios vivían en grupos de 25 o menos. En su sociedad no existían diferencias hereditarias jerárquicas y el liderato de sus dirigentes era efímero, basado en diferencias individuales de carisma y capacidad. A fines del siglo pasado, en nuestro mundo aún había muchos pueblos como aquéllos. Los antropólogos suelen referirse a ellos como a "grupos de cazadores y recolectores".

FIGURA II.1. *La ciudad prehispánica de Monte Albán, durante las excavaciones de Alfonso Caso, ocupa la cima de una montaña de 400 m de altura. Al fondo se extiende la ciudad de Oaxaca.*

FIGURA II.2. *La pequeña ciudad de Zaachila está dominada por un enorme montículo arqueológico, que se eleva a más de 20 m sobre la vega y cubre 2500 años de prehistoria.*

Cuadro ii.i. *Periodos arqueológicos del Valle de Oaxaca*

Periodo	Fecha aproximada
Los españoles llegan a Oaxaca	1521 d.C.
Monte Albán V Tardío	1300-1521 d.C.
Monte Albán V Temprano	aproximadamente 1000-1300 d.C.
Monte Albán IV	700/750 a 950/1000 d.C.
Monte Albán IIIb	aproximadamente 500 a 700/750 d.C.
Monte Albán IIIa	aproximadamente 200-500 d.C.
Monte Albán II	de 150/100 a.C. a 200 d.C.
Monte Albán Ic	300-c. 150/100 a.C.
Monte Albán Ia	500-300 a.C.
Fase Rosario	700-500 a.C.
Fase Guadalupe	850-700 a.C. (en el subvalle de Etla)
Fase San José	1150-850 a.C.
Fase Tierras Largas	1400-1150 a.C.
Complejo Espiridión	en algún momento entre 1900 y 1400 a.C.
Arcaico	c. 8000-2000 a.C.
Era Glacial Tardía	15000 (o antes)-c. 8000 a.C.

Hace 5 000 años, en el bosque oaxaqueño había diminutos claros en donde los indios habían empezado a plantar calabaza, chayotes, frijol y maíz. Tres mil trescientos años atrás, los claros se habían extendido para dar cabida a aldeas enteras de campesinos. Los pisos de las casas campesinas, los hoyos en los que ponían sus postes, las pilas de escombro en los lugares en que trabajaban hombres y mujeres y las estructuras en que se realizaban sus ritos se conservan bajo la superficie, y en ocasiones, los mismos hombres y mujeres siguen allí, sepultados junto a sus hogares.

Los indios de aquellas primeras aldeas aún no mostraban diferencias hereditarias jerárquicas. Gran parte de la integración de sus sociedades, basadas entonces en asentamientos de 50 a 150 personas, se logró mediante dos mecanismos. Uno de ellos fue la creencia en que se descendía de un antepasado común. El otro, la pertenencia a órdenes fraternas en las que había que ser iniciado. Los dirigentes se elegían a sí mismos, eran hombres ambiciosos que sabían cómo acumular recursos y organizar proyectos públicos. El antropólogo Robert Carneiro ha llamado a aquellos subgrupos "sociedades aldeanas autónomas".[1, 2]

Hace 2 700 años, se aceleró la tala de los bosques oaxaqueños, realizada con hachas de piedras por una sociedad con una élite principal. Las casas de adobe en que vivieron los dirigentes de la comunidad aún pueden encontrarse bajo la superficie. Incluso los propios dirigentes están sepultados allí: con los cráneos deforma-

---

[1] Robert L. Carneiro, 1981, "The Chiefdom: Precursor of the State", en *The Transition to Statehood in the New World*, Grant D. Jones y Robert R. Kautz (comps.), pp. 37-79.
[2] Robert L. Carneiro, 1991, "The Nature of Chiefdom as Revealed by Evidence from the Cauca Valley of Colombia", en *Profiles in Cultural Evolution*, A. Terry Rambo y Kathleen Gillogly (comps.), pp. 167-190.

Etnogénesis y evolución social

dos artificialmente como signo de la prosapia de la élite y con los cuerpos adornados de jade. Los albos templos que edificaron se han desplomado, pero se conservan sus pisos y las grandes plataformas sobre las que se construyeron, como también ocurre con los esqueletos de los enemigos sacrificados y dejados como ofrendas en la plataforma.

Los antropólogos nos han aportado varios términos para los grupos de este tipo. El más incluyente es el de "sociedad jerárquica", que se refiere al hecho de que entonces ya había diferencias jerárquicas hereditarias. A principios de este siglo, nuestro mundo tenía muchas de aquellas sociedades, pero Carneiro señala que podían dividirse en dos categorías.[3] En algunas sociedades jerárquicas, como las de los indios de la costa noroccidental de Canadá y los Estados Unidos, existían diferencias jerárquicas hereditarias pero sus aldeas no habían perdido su autonomía. En otras sociedades jerárquicas, como las de las islas de Tonga, Tahití y Hawai, en el Pacífico, las aldeas pequeñas habían perdido su autonomía y se hallaban bajo la égida de los dirigentes aristocráticos de las grandes aldeas. A las sociedades jerárquicas ulteriores se les suele llamar "señoríos".

Hace 2 000 años, los descendientes de los primeros señoríos oaxaqueños habían construido una ciudad en la cima de una montaña. Sus gobernantes registraron sus conquistas en monumentos de piedra, usando jeroglifos para nombrar los lugares que definían los límites de su reino. Los monumentos siguen allí y los esqueletos de muchos gobernantes permanecen en elegantes tumbas, bajo los patios de sus palacios. Se conservan los pisos y las paredes inferiores de sus templos de columnatas, tanto como las ofrendas sacras enterradas bajo los pisos, y los incensarios y cuchillos de sacrificio usados en el ritual. Las casas de adobe alrededor de las terrazas de las laderas de las montañas, los hornos y restos de cerámica dejados por los artesanos, los canales de riego cavados para aumentar la producción de maíz, siguen allí bajo la superficie. Lo mismo ocurre con las fortalezas construidas en las fronteras de un gran estado militarista, las aldeas incendiadas de los extranjeros conquistados y los talleres de artesanías de los vecinos menos poderosos, atraídos a la urdimbre económica de una civilización en proceso de expansión.

El estado urbano de hace 2 000 años tenía una sociedad estratificada con una clase gobernante profesional. Contaba con reyes, reinas, príncipes, nobles menores, plebeyos y esclavos. En las plantas de sus edificios públicos reconocemos muchas instituciones de los zapotecas históricos, y en sus iconos, las fuerzas sobrenaturales adoradas en tiempos de la conquista española. En consecuencia, aquel estado urbano nos ofrece indicios de dos procesos de interés para los antropólogos: los *orígenes del estado* y la *etnogénesis*.

Los estados se cuentan entre las sociedades más poderosas que jamás se hayan desarrollado, y se clasifican en varios tipos. La mayor parte de los estados del mundo moderno, llamados "estados naciones", han elegido gobiernos con presidentes, jefes de gobierno, primeros ministros, gobernadores y autoridades por el estilo. Por otra parte, la mayoría de los estados del Viejo Mundo —llamados a veces "estados arcaicos"— eran dirigidos por miembros de familias reales hereditarias.

[3] *Ibid.*, pp. 168-169.

Etnogénesis y evolución social

Figura ii.3 *La antigua ciudad de Monte Albán, que aquí aparece en una reconstrucción artística, alguna vez cubrió 6 km² de cimas montañosas terraplenadas.*

Los estados arcaicos eran entidades políticas sumamente centralizadas cuyos reyes provenían de un estrato de nobles hereditarios. En tanto que aquellos nobles conocían en detalle su relación genealógica con el gobernante, no se consideraban a sí mismos estrechamente relacionados con el estrato de los plebeyos. En muchos estados mesoamericanos se creía que los nobles eran descendientes de seres sobrenaturales y que los plebeyos habían surgido del lodo.[4]

En lo interno, los estados arcaicos estaban sumamente diversificados, con pautas residenciales —sobre todo en las áreas urbanas— basadas con frecuencia en profesiones compartidas o en una combinación de profesión y parentesco. Los gobernantes también esperaban que los ciudadanos renunciaran en lo individual a la violencia, en tanto que el estado podía sufragar la guerra, reclutar soldados, cobrar impuestos e imponer tributo.

Esos estados solían tener poblaciones que ascendían a decenas de miles, cientos de miles e incluso millones de habitantes, pero no todos se ocupaban en la producción de alimentos; muchos eran artesanos de tiempo completo que vivían en barrios residenciales urbanos o, en el caso de los zapotecas, en poblados con alguna especialidad artesanal. Aquellas sociedades alcanzaron un elevado nivel de logro artístico y "científico", con frecuencia gracias al apoyo estatal a los artesanos de todas clases (y a la constante demanda de que eran objeto).

Los estados arcaicos tenían edificios, obras y servicios públicos de varias clases, habitualmente realizados por arquitectos, ingenieros, albañiles y otros profesionales especialistas. Entre esos edificios públicos se incluían templos, dirigidos por sacerdotes de tiempo completo que conocían el ritual esotérico de la religión de

[4] Marcus, 1992a, pp. 274-276.

Etnogénesis y evolución social

estado, y patrocinados por reyes que deseaban ser admirados por su devoción. Los estados primitivos también podían estar burocratizados, pero el estado zapoteca no tenía tantos puestos burocráticos como otros estados mesoamericanos, por ejemplo el azteca o el tarasco.

En cuanto a *etnogénesis,* es un término usado en un registro arqueológico (o histórico) para el momento en que un grupo étnico llega a ser reconocible por primera vez. Creemos que los ocupantes del Valle de Oaxaca llegaron a ser reconocibles como "zapotecas" en algún momento ubicado entre 400 a.C. y 100 d.C.

1920-1960: el estudio de la etnogénesis

Los primeros arqueólogos que trabajaron en Oaxaca no se interesaron mucho por la evolución social. En cambio, les fascinó la etnogénesis. Conscientes de que tanto los zapotecas como los mixtecas habían ocupado el valle en el siglo XVI, estaban empeñados en identificar los logros de cada grupo étnico.

En el transcurso de sus viajes, muchos visitantes decimonónicos del Valle de Oaxaca encontraron piedras talladas que mostraban glifos no descifrados. Aquellos glifos llamaban la atención por ser distintos de los glifos mayas más conocidos, a pesar de tener algunas semejanzas, como el sistema numérico en que un punto equivalía a uno y una barra a cinco.

Durante la década de 1920, un joven y brillante arqueólogo mexicano, Alfonso Caso, identificó estos jeroglifos como zapotecas y emprendió su estudio sistemático.[5] Caso notó las diferencias entre la escritura zapoteca y la de otras regiones y empezó a sospechar que el calendario y el sistema de escritura zapotecas podían ser más antiguos que los de los mayas. El grado del talento de Caso se demuestra por el hecho de que todos los estudios subsecuentes de los glifos zapotecas se basan en sus esfuerzos precursores.[6, 7]

Caso decidió que el lugar clave para entender la escritura y la civilización zapotecas era Monte Albán, por lo que en 1931 empezó a excavar en aquel sitio. Sus excavaciones se realizaron durante 18 temporadas de campo, en ocasiones dirigidas por su alumno Ignacio Bernal o por su colega Jorge Acosta. Caso, Bernal y Acosta establecieron la primera secuencia cronológica para el Valle de Oaxaca, que cubre el periodo de 500 a.C. a la conquista española.[8] Esos arqueólogos revelaron que Monte Albán fue una de las primeras ciudades de México, capital de la civilización zapoteca por más de 1 000 años.

Al retirarse Caso de la excavación, la antorcha pasó a Ignacio Bernal. Hombre de visión global, fascinante, erudito y generoso, dotado de un agudo sentido del humor, Bernal imaginó un estudio de todo el Valle de Oaxaca, el cual pondría a Monte Albán en perspectiva y respondería muchas interrogantes surgidas en las excavaciones practicadas en el sitio. Monte Albán había nacido en 500 a.C., sien-

---

[5] Alfonso Caso, 1928, *Las estelas zapotecas*.
[6] Marcus, 1980.
[7] Marcus, 1992a.
[8] Caso, Bernal y Acosta, 1967.

FIGURA II.4. *Excavaciones de Jorge Acosta cerca de la Plataforma Sur de la principal plaza ceremonial de Monte Albán, 1946.*

do ya urbana, y sin antecedentes conocidos. Por razones que ignoramos entró en decadencia hacia 800 d.C. ¿De dónde llegaron sus fundadores y por qué declinó? ¿Qué papel desempeñaron sus vecinos, los mixtecas, en la desaparición de la civilización zapoteca? ¿Qué tan grande era el área que Monte Albán pudo haber gobernado durante su apogeo?

Por lo menos durante 40 años, hasta su muerte en 1992, Bernal fue el decano indiscutible de la arqueología oaxaqueña. Localizó 280 sitios de uno o más montículos arqueológicos, diciendo con frecuencia en son de broma que habría sido "mas sencillo enumerar los lugares del Valle de Oaxaca que carecían de fragmentos superficiales, que mencionar aquellos que los tenían". En la actualidad se sabe que muchos de los sitios que Bernal encontró —entre ellos San José Mogote, Huitzo, Tierras Largas, Tomaltepec y Abasolo— son anteriores a Monte Albán. Otros sitios, como San Luis Beltrán, Cuilapan, Noriega, Yagul, Mitla y Macuilxóchitl, fueron excavados e inspeccionados por Bernal en un esfuerzo por esclarecer la decadencia de Monte Albán durante el periodo 700-1000 d.C. Las últimas excavaciones de Bernal se practicaron en Dainzú, sitio de la región de Tlacolula que alcanzó prominencia justo cuando Monte Albán se constituía en capital de un estado (capítulo XIII).

La obra de Bernal en sitios como Yagul y Mitla fue proseguida por su dedicado alumno John Paddock, quien a su vez pasó 40 años estudiando la génesis y la interacción de zapotecas y mixtecas.[9] En el transcurso de sus excavaciones, Paddock enseñó arqueología oaxaqueña a varios estudiantes que todavía trabajan allí. Kent Flannery y James Neely trabajaron con Paddock en Yagul; Stephen Kowalewski, en Lambityeco. Más tarde, Richard Blanton y Charles Spencer estudiaron con Flannery; por su parte, Gary Feinman y Laura Finsten fueron alumnos de Blanton. El último en llegar fue el alumno de Feinman, Andrew Balkansky, miembro de la séptima generación de arqueólogos de Oaxaca que desciende en línea directa de Alfonso Caso.

[9] Paddock (comp.), 1966.

Etnogénesis y evolución social

1960-1990: el estudio de la evolución social

Hacia la década de 1960, el interés central de la arqueología en el Valle de Oaxaca dejó de ser la etnogénesis y se dirigió al estudio de la evolución social. Para entonces, todos estaban de acuerdo en que el estado de Monte Albán era zapoteca. Lo que ahora interesaba era descubrir cómo y por qué había surgido.

Tres proyectos de investigación de los últimos 30 años fueron concebidos para arrojar luz sobre el surgimiento de la civilización zapoteca. El primero fue Prehistoria y Ecología Humana del Valle de Oaxaca (en lo sucesivo proyecto de Ecología Humana), iniciado por Kent Flannery en 1964 y planeado para durar hasta el próximo siglo. El interés original de Flannery había radicado en los orígenes de la agricultura y la vida en pueblos, pero el investigador ensanchó sus metas al ver que Oaxaca tenía una secuencia ininterrumpida que conducía a la civilización urbana.

Ninguna civilización puede entenderse sin una amplia perspectiva regional de su red de ciudades, pueblos y aldeas. Por tanto, Flannery instó a Richard Blanton, especialista en pautas de asentamiento, a estudiar todo el valle. En 1971, Blanton puso en marcha el proyecto Patrones de Asentamiento Prehistórico del Valle de Oaxaca (en lo sucesivo proyecto de Patrones de Asentamiento). Se unieron a él, en orden alfabético, Gary Feinman, Laura Finsten, Stephen Kowalewski y Linda Nicholas.

Entre 1971 y 1973, el proyecto de Patrones de Asentamiento estudió los 6 km² de extensión de la ciudad de Monte Albán.[10] Su segunda tarea consistió en estudiar los 2 150 km² del Valle de Oaxaca, lo cual hizo entre 1974 y 1980.[11] Por lo demás, Feinman y Nicholas estudiaron el Valle de Ejutla,[12, 13] en tanto que Donald Brockington y Charles Markman estudiaban el Valle de Miahuatlán,[14, 15] abarcando así todo el sistema de Valles Centrales. Los estudios actualmente en desarrollo se extienden más allá de la región zapoteca hasta los valles de habla mixteca del norte de Oaxaca.

Para 1971, Flannery estaba convencido de que una de las fuentes de información sobre la civilización zapoteca —los textos jeroglíficos estudiados con anterioridad por Caso— había caído en el abandono. Por tanto instó a Joyce Marcus, una arqueóloga que trabajaba con la epigrafista del maya Tatiana Proskouriakoff, a estudiar el sistema de escritura zapoteca. Marcus inmediatamente abordó el proyecto Monumentos Zapotecas e Historia Política (en lo sucesivo proyecto Monumentos Zapotecas) y registró más de 600 monumentos entre 1972 y 1982.[16, 17] Desde 1973, Marcus también ha sido codirectora del proyecto de Ecología Humana.

Los tres proyectos han funcionado de consuno durante más de dos décadas, produciendo en colaboración mejores resultados que los que habrían arrojado por

---

[10] Blanton, 1978.
[11] Kowalewski *et al.*, 1989.
[12] Feinman y Nicholas, 1990.
[13] Feinman y Nicholas, 1993.
[14] Donald L. Brockington, 1973, *Archaeological Investigations at Miahuatlán, Oaxaca*.
[15] Charles W. Markman, 1981, *Prehispanic Settlement Dynamics in Central Oaxaca, Mexico*.
[16] Marcus, 1980.
[17] Véanse varios artículos en Flannery y Marcus (comps.), 1983.

separado. Desde luego, hay divergencia ocasionales entre varias series de datos. Calculada a partir de vestigios superficiales por el proyecto de Patrones de Asentamiento, la población no siempre concuerda con las estimaciones hechas a partir de excavaciones a cargo del proyecto de Ecología Humana. Los tipos de cerámica considerados por los excavadores como "más típicos de un periodo" no siempre son aquellos vistos por los equipos de estudio como "los más reconocibles en la superficie". Pese a estas divergencias —inevitables cuando se recurre a múltiples líneas de indicios para atacar un problema de investigación común—, los tres proyectos arriba descritos concuerdan 90% de las veces.

Los marcos teóricos empleados en este libro

Todos los arqueólogos que estudian la evolución de la sociedad desde los grupos de cazadores y recolectores hasta los estados arcaicos lo hacen dentro del marco de una teoría. Los propósitos gemelos de esa teoría son explicar el testimonio arqueológico y aportar hipótesis comprobables de las razones por las cuales evolucionó la sociedad. Puesto que, hasta la fecha, ninguna teoría de la evolución social ha mostrado ser universalmente satisfactoria, al correr de los años los arqueólogos han trabajado de manera resuelta para mejorar sus estructuras, conservando lo que parece funcionar y desechando o modificando lo que no lo hace.

La mayor parte de las teorías de la evolución social proceden de la antropología, y no es difícil explicar por qué. Los antropólogos han estudiado grupos vivos de cazadores y recolectores, sociedades aldeanas autónomas, sobre todo sociedades y estados de varios tipos. Dominan detalles que ningún arqueólogo podría conocer acerca de las sociedades extintas que estudia. Por otra parte, los arqueólogos pueden analizar cambios ocurridos en milenios, procesos de largo plazo difíciles de documentar en sociedades vivas. Por tanto, en cierto modo la arqueología puede servir como una especie de "terreno de prueba" para la teoría antropológica.

Esto ocurre así particularmente en cierto marco teórico surgido durante la década de 1980. Se le denominó "teoría de la práctica", "praxis" o "teoría de la acción" y se presenta en varias versiones. Nos referimos a ella como "teoría de la acción", porque el término *praxis* nos exaspera. También nos limitaremos a la versión descrita concienzudamente por el antropólogo Sherry Ortner hace una década,[18] importante por haber despertado en los antropólogos mayor interés por la historia. Todo lo que pueda despertar interés por la historia también debe ser benéfico para la arqueología.

La antropología evolucionista

La antropología entró en la década de 1960 con lo que Ortner llama "tres paradigmas importantes, pero ya algo agotados": el funcionalismo estructural británico,

---

[18] Ortner, 1984.

la antropología psicológica y cultural estadunidense y la antropología evolucionista estadunidense. Un "paradigma ya algo agotado" es un marco teórico usado tanto tiempo y tantas veces que ha llegado al punto de los rendimientos decrecientes.

La antropología evolucionista fue rejuvenecida en esa década por Marshall Sahlins, Elman Service, Morton Fried y Robert Carneiro.[19-22] Extrayendo información de centenares de sociedades (y respondiendo a muchas críticas de sus colegas) por espacio de dos décadas, estos investigadores empezaron a definir las etapas de la evolución a que nos referimos en este libro: los grupos, las sociedades aldeanas igualitarias, las sociedades jerarquizadas, los señoríos y los estados.

Como toda estructura teórica que se usa constantemente, hacia fines de los años setenta aquel paradigma evolutivo rejuvenecido se hallaba a su vez "ya algo agotado". La mayor parte de los arqueólogos que lo usaban habían aprendido de él todo lo posible tomando en cuenta lo limitado de sus datos. Quienes no lo usaban, simple y sencillamente estaban aburridos de oírlo mencionar, al grado de que algunos deseaban abolir por completo las etapas evolutivas.

Como lo han señalado arqueólogos teóricos de la talla de Charles Spencer, abolirlas habría sido una tontería.[23] Así como a los paleontólogos les parecería difícil estudiar la evolución biológica sin etapas como "pez", "anfibio", "reptil" y "mamífero", a los arqueólogos les sería difícil estudiar la evolución social si simplemente aglutináramos como "sociedades prehistóricas" a los grupos de cazadores y recolectores, los señoríos y los estados arcaicos.

Sin embargo, en 1990 era claro que la antropología evolutiva (tanto como la arqueología) necesitaba un nuevo rejuvenecimiento. La queja que se oía con mayor frecuencia era que las explicaciones del cambio prehistórico resultaban sobradamente deterministas, por depender en exceso de las presiones ecológicas y demasiado poco de las decisiones humanas. Lo que se necesitaba era un marco que diera a los seres humanos individuales, o "actores", un papel más importante en el cambio social. La teoría de la acción ofrece ese marco.

El nacimiento de la teoría de la acción

Ortner describe la teoría de la acción como algo que surge, parcialmente, como una reacción contra algunos de los marcos más estáticos y formales usados por los antropólogos durante las décadas de 1960 y 1970. Igual que cierta arqueología "ecológico-funcionalista" de la misma época, esos marcos parecían dejar poco espacio para que los seres humanos fueran más que engranajes de una máquina.

La moderna teoría de la acción "busca explicar la relación o relaciones que se obtienen entre la acción humana, por una parte, y alguna entidad global a la que podemos llamar 'el sistema', por la otra".[24] Este "sistema" no sólo incluye el entor-

---

[19] Marshall D. Sahlins y Elman R. Service (comps.), 1960, *Evolution and Culture*.
[20] Elman R. Service, 1962, *Primitive Social Organization: An Evolutionary Perspective*.
[21] Morton A. Fried, 1967, *The Evolution of Political Society*.
[22] Robert L. Carneiro, 1970, "A Theory of the Origin of the State", *Science* 169, pp. 733-738.
[23] Spencer, 1990.
[24] Ortner, 1984, p. 148.

no natural en que los seres humanos se encuentran, sino también su propia cultura o conjunto de creencias, cosmologías, ideologías, costumbres y tradiciones, que dan forma a sus metas. El sistema también tiene una historia previa, cuya trayectoria ha sido determinada no sólo por factores que escapan del control de los seres humanos, sino también por decisiones tomadas a su libre albedrío.

Interactuando con el sistema, hay "actores" concebidos como esencialmente individualistas, egoístas, racionales y pragmáticos. Estos actores van en pos de lo que quieren, y lo que quieren son cosas que material y políticamente les son útiles de acuerdo con las situaciones culturales e históricas en que se encuentran. Como estas situaciones culturales e históricas son en parte producto del "sistema", éste desempeña determinado papel en la conformación de la acción humana. No obstante, los actores agresivos pueden alterar el sistema y muchos de los cambios que producen pueden tener, a largo plazo, consecuencias no buscadas. En este libro veremos ejemplos de ellas.

¿Cómo el actor cambia el sistema? Marshall Sahlins, uno de los principales contribuidores a la teoría de la acción, sugiere que comúnmente no es mediante movimientos revolucionarios que promuevan la caída total del sistema. Antes bien, es probable que sea a través de un cambio egoísta en el significado de las relaciones, un cambio cuyas implicaciones cabales tal vez no se sientan sino mucho tiempo después.[25] También veremos ejemplos de estas modificaciones.

Por tanto, tras décadas de modelos arqueológicos en que se consideraba que ciertos aspectos del "sistema" —presión demográfica, deterioro ambiental, lucha de clases— conducían a las sociedades humanas a una nueva etapa evolutiva, surge un modelo en que se pueden producir muchos cambios debido a las decisiones de los propios actores.

A decir verdad, el cambio puede originarse tanto en el sistema como en el actor. Destacando este punto, Clifford Geertz ha hecho una útil distinción entre *esfuerzo* e *interés* en la teoría de la acción.[26] En los "modelos de esfuerzo", el peso de la explicación recae en el sistema, al que se considera causante de un problema que el actor debe resolver. En los "modelos de interés", el peso de la explicación recae en el actor, cuyas acciones egoístas alteran el sistema. Ortner dice que, en el transcurso del tiempo, esa interacción del sistema y del actor aleja a la antropología de los "análisis estáticos y sincrónicos" en dirección de los "análisis diacrónicos y procesales". En este libro veremos cómo ambos modelos —de "esfuerzo" y de "interés"— contribuyeron al proceso diacrónico.

Métodos de campo y argumentos de relación

Sea cual fuere su marco teórico, todos los arqueólogos que estudian la evolución social deben decidir respecto a un conjunto de métodos de campo y argumentos de relación. Los métodos son los medios por los cuales se recaban datos arqueo-

---

[25] Marshall D. Sahlins, 1981, *Historical Metaphors and Mythical Realities: Structure in the Early History of the Sandwich Islands Kingdom.*
[26] Clifford Geertz, 1973, "Ideology as a Cultural System", en *The Interpretation of Cultures*, C. Geertz (comp.).

Etnogénesis y evolución social

lógicos en bruto. Los argumentos de relación vinculan esos datos con el marco teórico que se utiliza.

Los datos arqueológicos en bruto presentados en este libro incluyen los resultados de los estudios de superficie y las excavaciones: patrones de asentamiento, plantas de casas y edificios públicos, entierros, restos de plantas y animales y objetos de muchos tipos. Nuestros principales argumentos de relación provienen de la analogía etnográfica y del enfoque histórico directo.

Los precursores del enfoque histórico directo fueron algunos arqueólogos estadunidenses de la década de 1930 como William A. Ritchie, William Duncan Strong y Waldo R. Wedel.[27-30] Es ésta una manera de proceder retrospectivamente en el tiempo desde lo conocido hasta lo desconocido valiéndose de datos antropológicos o históricos para interpretar sitios prehistóricos. Por ejemplo, en el caso de los zapotecas, se pueden emplear relaciones testimoniales españolas sobre los indios del siglo XVI, a fin de interpretar vestigios dejados antes de la llegada de los españoles.

Como es obvio, el enfoque histórico directo funciona mejor cuando se puede demostrar una continuidad desde el pasado arqueológico hasta el presente histórico. Los sitios arqueológicos de menos de 2 000 años de antigüedad, ocupados por sociedades claramente identificables como zapotecas, son los más apropiados para esta clase de argumento de relación. A medida que nos alejamos en el tiempo, encontramos sociedades tan diferentes de los zapotecas del siglo XVI que aquellos argumentos resultan menos apropiados.

Para las sociedades más antiguas, nuestro argumento de relación elegido es la analogía etnográfica. Al paso de los años, los etnógrafos, o los antropólogos sociales, han estudiado miles de grupos vivos del mundo entero. Muchos de esos grupos comparten patrones generales, hecho que ha permitido a los antropólogos agruparlos en categorías como el grupo cazador y recolector, la sociedad aldeana autónoma y el señorío.

Muchos de aquellos patrones también son compartidos por las antiguas sociedades del Valle de Oaxaca, tanto antes como después del surgimiento de una cultura zapoteca reconocible. Esta afortunada circunstancia nos ayuda a interpretar comportamientos prehistóricos de hace 10 000, 5 000 y 3 000 años.

Por consiguiente, en gran parte de este estudio de campo empleamos dos clases de argumentos de relación. Cuanto más antigua sea la sociedad, más nos apoyamos en los patrones generales de la analogía etnográfica. Cuanto más joven sea ésta, más lo hacemos en los patrones específicos de la historia zapoteca.

Invitación

Como hemos visto, desde 1930 siete generaciones académicas de arqueólogos han trabajado en el Valle de Oaxaca. Muchos de aquellos especialistas prefirieron tra-

---

[27] William A. Ritchie, 1932, "The Algonkin Sequence in New York", *American Anthropologist* 34, pp. 406-414.
[28] William A. Ritchie, 1938, "A Perspective of Northeastern Archaeology", *American Antiquity* 4, pp. 94-112.
[29] William Duncan Strong, 1933, "The Plains Culture Area in the Light of Archaeology", *American Anthropologist* 35, pp. 271-287.
[30] Waldo R. Wedel, 1938, "The Direct-Historical Approach in Pawnee Archaeology", *Smithsonian Miscellaneous Collections* 97(7).

bajar allí que en regiones más extensas con ciudades mayores, pirámides más altas y tumbas más ricas, aun a costa de un mayor reconocimiento personal. Vinieron porque la conservación de las características arquitectónicas, las plantas, los animales, los objetos y los vestigios de esqueletos humanos hacen del sistema de Valles Centrales un lugar gratificante para probar ideas acerca de la evolución de la sociedad humana.

Una de las cosas que compartían aquellas siete generaciones es que eran trabajadores de campo y no arqueólogos de escritorio. Creían que muchas de las respuestas que buscaban yacían sepultadas bajo la tierra, y estaban dispuestos a cavar tan hondo como se necesitara para llegar a ellas. En nombre suyo, invitamos ahora al lector a abordar nuestro destartalado vehículo de campo y a viajar con nosotros a través de uno de los grandes estratos fósiles de la prehistoria.

III. La Edad de Hielo Tardía y la estrategia de la gran movilidad

Los arqueólogos creen que los antepasados de los indios americanos entraron en el Nuevo Mundo a través del Estrecho de Bering. Todos convienen en que aquellas migraciones tuvieron lugar a fines del Pleistoceno o "Edad de Hielo", cuando los niveles marítimos menguados dejaron al descubierto un puente terrestre entre Siberia y Alaska. No hay acuerdo sobre la fecha de las primeras llegadas, pero se estima que ocurrieron entre 15000 y 20000 a.C.

Si bien durante la Edad de Hielo, partes de América del Norte habían estado cubiertas de glaciares, algunos inmigrantes se trasladaron al sur por corredores

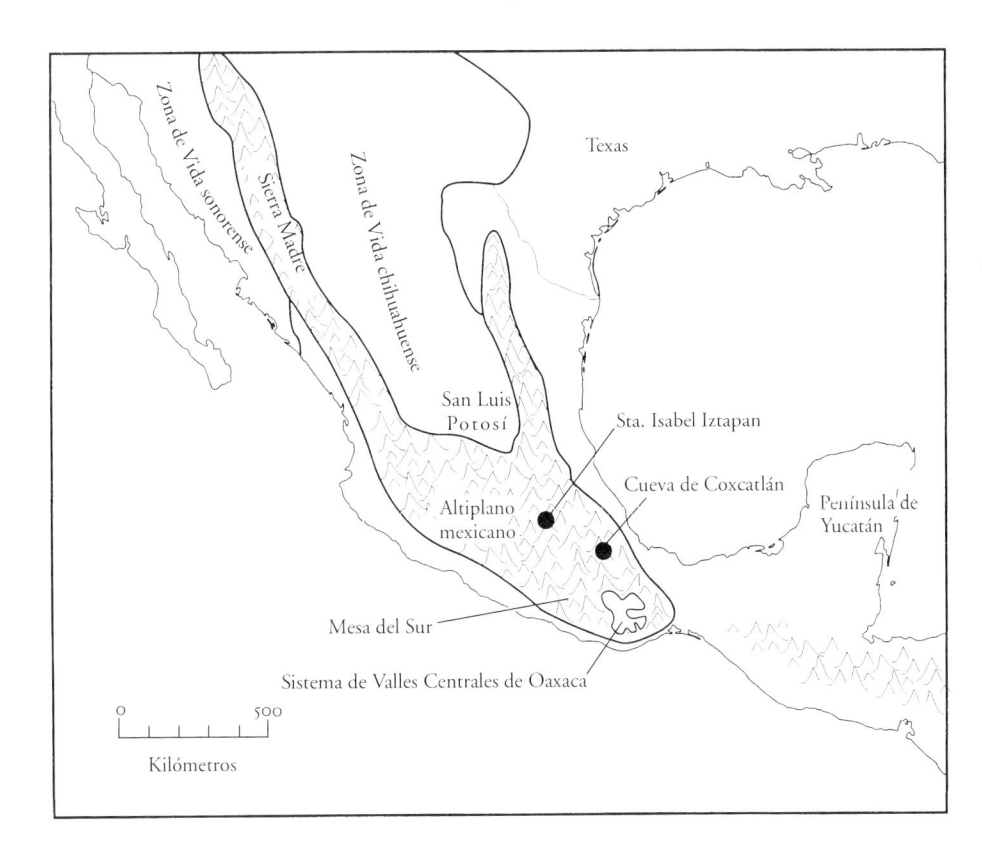

Figura III.1. *En la actualidad, el Altiplano mexicano se localiza al sur de la Zona de Vida chihuahuense. Sin embargo, en las condiciones más frías de la Edad de Hielo Tardía, algunas especies chihuahuenses vivían incluso más hacia el sur, como Oaxaca.*

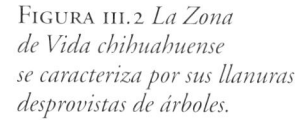

La Edad de Hielo Tardía y la estrategia de la gran movilidad

Figura III.2 *La Zona de Vida chihuahuense se caracteriza por sus llanuras desprovistas de árboles.*

libres de hielo, en busca de alimento, a lo que hoy son los estados de Texas, Nuevo México y Arizona, en los Estados Unidos, y Sonora, Chihuahua y Coahuila, en el norte de México.

Los geógrafos de la actualidad atribuyen gran parte de esa región a dos entornos principales: la Zona de Vida sonorense al oeste y la Zona de Vida chihuahuense al este. Ambas son áridas. La zona sonorense se caracteriza por sus montañas escarpadas y sus desiertos poblados de órganos. La chihuahuense tiene llanuras onduladas donde se dan la yuca y el nopal. Aquellas zonas fueron una especie de "terreno de prueba" para los indios que, andando el tiempo, colonizaron las tierras altas mexicanas localizadas al sur. A menos de que aprendieran a sobrevivir en las condiciones prevalecientes en las zonas sonorense y chihuahuense, jamás llegarían al sur a áreas como Oaxaca, Puebla o la Cuenca de México. Además de sobrevivir, aquellos indios llevaron al centro y al sur de México gran parte de la tecnología que habían desarrollado en esas zonas.

Desde luego, los límites geográficos de las zonas sonorense y chihuahuense debieron de ser diferentes a fines de la Edad de Hielo, pues en aquel entonces el clima del mundo era más frío. Los especialistas creen que las bajas temperaturas del Pleistoceno Tardío hicieron que los cinturones de vegetación se desplazaran hacia el sur. Ello significa que las especies chihuahuenses tal vez se hayan extendido más al sur de México de lo que lo están en la actualidad. Esta reconstrucción se apoya en los granos de polen fosilizados de los depósitos de lechos lacustres del Pleistoceno Tardío, los esqueletos de pequeños roedores dejados atrás en cuevas antiguas y una gran variedad de otros estudios paleoambientales.[1]

Por ejemplo, los granos de polen y los restos de animales indican que el clima del Pleistoceno Tardío del Altiplano Central mexicano era más frío y más seco que en la actualidad.[2, 3] El especialista paleoclimático Geoffrey Spaulding ha producido

Figura III.3. *El antílope americano* (Antilocapra americana).

---

[1] Harry J. Shafer, 1986, *Ancient Texans: Rock Art and Lifeways along the Lower Pecos*, pp. 40-41.
[2] W. A. Watts y John P. Bradbury, 1982, "Paleoecological Studies at Lake Patzcuaro on the West-Central Mexican Plateau and at Chalco Bog in The Bassin of Mexico", *Quaternary Research* 17, pp. 56-70.
[3] Kent V. Flannery, "Vertebrate Fauna and Hunting Patterns", en Byers (comp.), 1967, pp. 132-177.

un modelo computarizado para explicar este fenómeno.[4] De acuerdo con el modelo de Spaulding, durante el Pleistoceno Tardío las diferencias de radiación solar dieron lugar a inviernos más fríos y a la supresión de la temporada de lluvias veraniegas de las tierras altas mexicanas. En el apogeo de la Edad de Hielo Tardía, la lluvia de invierno puede haber sido más importante que la de verano. Es probable que el cambio en el patrón actual de predominio pluvial veraniego haya tenido lugar a fines del Pleistoceno, alrededor del 8000 a.C.

Durante la Edad de Hielo Tardía, algunos animales típicamente chihuahuenses se hallaban muy al sur de sus límites actuales. Por ejemplo, el antílope americano vivía al sur hasta el Valle de Tehuacán, en México, en tanto que la tortuga terrestre de Texas se ha encontrado todavía más al sur, en el Valle de Oaxaca.[5-7] Todo lo anterior fortalece nuestra sospecha de que los primeros habitantes que llegaron a Oaxaca debieron de llevar consigo toda una diversidad de habilidades adquiridas en la Zona de Vida chihuahuense.

La Edad de Hielo Tardía y la estrategia de la gran movilidad

FIGURA III.4. *La tortuga terrestre de Texas* (Gopherus berlandieri).

Modos de vida del Pleistoceno en el Altiplano mexicano

En comparación con periodos posteriores de la prehistoria de México, poco es lo que sabemos acerca de los primeros habitantes de las tierras altas del centro y del sur, conocidas como Altiplano mexicano. Inferimos que el número de pobladores era muy bajo —mucho menos de una persona por 100 km²—, y que éstos vivían de la caza de animales salvajes y de la recolección de plantas silvestres. Con una tecnología que carecía de herramientas de piedra afilada y la falta de indicios de recipientes para cocción, es probable que haya habido muchas plantas que no podían utilizar cabalmente.

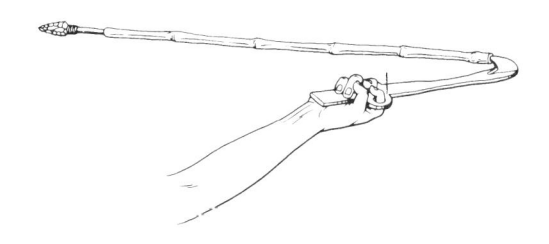

FIGURA III.5. *El* átlatl, *dispositivo de madera que servía como extensión del brazo humano, aumentaba la fuerza con que podía dispararse un dardo.*

---

[4] W. Geoffrey Spaulding, 1989, "Environment of the Last 18 000 Years in Extreme Southwestern North America", trabajo presentado en la Texas A&M Conference on the Archaic of Southern Texas and Northern Mexico.

[5] Kent V. Flannery, 1966, "The Postglacial 'Readaptation' as Viewed from Mesoamerica", *American Antiquity* 31, pp. 800-805.

[6] Kent V. Flannery, "Pleistocene Fauna and Early Ajuereado Type from Cueva Blanca, Oaxaca", en Flannery y Marcus (comps.), 1983, pp. 18-20.

[7] *Idem.*

La Edad de Hielo Tardía y la estrategia de la gran movilidad

Ya que habían sobrevivido en la zona chihuahuense, es muy probable que aquellos seres supieran asar plantas suculentas como los agaves, las yucas y el sotol (*Dasylirion* spp.) en hornos de tierra. Entre sus herramientas de caza se contaban la lanza y el *átlatl* o lanzadardos (figura III.5). Los venablos o "dardos" para sus *átlatls* tenían una larga asta principal y otra delantera más corta y desmontable. La delantera estaba rematada por una punta de pedernal, calcedonia, toba volcánica silicificada o un vidrio volcánico llamado obsidiana. El arco y la flecha no habían llegado a México y no lo harían sino mucho después del periodo que cubre este libro.

La mayor parte de los sitios arqueológicos del Pleistoceno Tardío —llamado por los arqueólogos periodo Paleoindio— caen dentro de dos categorías. Algunos parecen ser "campamentos base" en donde vivían hasta 25 personas por periodos de una semana o un mes. Otros sitios parecen haber sido lugares en que se mataba y se descuartizaba un solo animal. Presumimos que aquellos "mataderos" o "destazaderos" fueron para ocupaciones breves por parte de gente que provenía de algún campamento base y luego regresaba a él.

Dos de los mataderos más interesantes de aquella era se encontraron en Santa Isabel Iztapan, en la Cuenca de México. Los animales destazados eran mamutes imperiales (*Mammuthus imperator*), elefantes del Pleistoceno, nativos del Nuevo Mundo pero extintos desde la Edad de Hielo. Ambos mamutes habían sido perseguidos hasta el humus que rodeaba la orilla de algún lago del Pleistoceno o se

FIGURA III.6. *La excavación de Mamut 1 en Santa Isabel Iztapan, Cuenca de México, 1952.*

atascaron allí por sí mismos, lo cual redujo su movilidad y permitió a los cazadores asaetearlos.[8, 9]

Tan interesantes como los propios mamutes resultaron las 10 herramientas halladas con ellos (siete con uno de los animales y tres con el otro). Todas ellas parecen ser objetos acabados, hechos en otro lugar y llevados al sitio; junto a ninguno de los mamutes se encontraron vestigios de manufactura de herramientas. Había tres puntas de dardo o *átlatl*, dos raederas y varias cuchillas retocadas. Al parecer, algunas de las herramientas habían sido reafiladas luego de quebrarse, sugiriendo que las pudieron haber conservado y usado durante algún tiempo.

Varias herramientas se hicieron de materia prima cuyos yacimientos se encuentran fuera de la Cuenca de México. Se cree que una de las puntas fue hecha de piedra volcánica roja de Guanajuato o San Luis Potosí, tal vez a 300 km al norte.[10] El uso, la conservación y el reafilado de herramientas procedentes de lugares lejanos no eran insólitos en América del Norte durante el Pleistoceno Tardío. Se sabe que antiguos cazadores de bisontes convergieron en el sitio de Lindenmeier, Colorado, llevando obsidiana de fuentes tan lejanas como el Parque de Yellowstone (600 km al noroeste) y Jemez, Nuevo México (550 km al sur).[11] Se considera que este fenómeno es característico de grupos de cazadores y recolectores nómadas que recorrían enormes distancias, uniéndose periódicamente con otros grupos para cazar, recolectar plantas e intercambiar objetos.

El entusiasmo que suscitó el descubrimiento de los mamutes de Iztapan hizo que muchos arqueólogos empezaran a calificar a los paleoindios de "cazadores de grandes presas", dejando implícito que ésta era su fuente primaria de subsistencia. Sin embargo, la excavación de la Cueva de Coxcatlán, en el Valle de Tehuacán, practicada por Richard S. MacNeish,[12, 13] restableció el equilibrio de la idea que teníamos de aquellos cazadores y recolectores del Pleistoceno Tardío.

Los cuatro niveles más profundos de aquella cueva fueron "pisos de estar" de una serie de campamentos, probablemente instalados entre 12000 y 9000 a.C. Los ocupantes, pertenecientes a un periodo conocido como Ajuereado Temprano, habían dejado atrás 1200 huesos identificables de 15 especies de mamíferos, reptiles y aves. Había allí restos del extinto caballo del Pleistoceno, del antílope americano, del zorro rojo y de la tortuga terrestre de Texas, ninguno de los cuales vive actualmente en el área; más de 700 huesos de conejo, y abundantes especies más pequeñas como zorrillo, ardilla terrestre, rata silvestre, codorniz y otras. No se encontró ningún hueso de mamut.[14]

En particular, los escombros del Nivel 26 permitieron entrever la vida de los cazadores del Ajuereado Temprano: al parecer, pueden haber atrapado liebres por

FIGURA III.7. *Reconstrucción artística del mamut imperial* (Mammuthus imperator).

---

[8] Luis Aveleyra Arroyo de Anda y Manuel Maldonado Koerdell, 1953, "Association of Artifacts with Mammoth in the Valley of Mexico", *American Antiquity* 18, pp. 332-340.
[9] Luis Aveleyra Arroyo de Anda, 1956, "The Second Mammoth and Associated Artifacts at Santa Isabel Iztapan, México", *American Antiquity* 22, pp. 12-28.
[10] *Idem.*
[11] Edwin N. Wilmsen, 1974, *Lindenmeier. A Pleistocene Hunting Society.*
[12] Richard S. MacNeish, 1964, "Ancient Mesoamerican Civilization", *Science* 143, pp. 531-537.
[13] Richard S. MacNeish, Melvin L. Fowler, Ángel García Cook, Frederick A. Peterson, Antoinette Nelken-Terner y James A. Neely, 1972, *The Prehistory of the Tehuacán Valley*, vol. 5: *Excavations and Reconnaissance.*
[14] Kent V. Flannery, "Vertebrate Fauna and Hunting Patterns", en Byers (comp.), 1967, pp. 132-177.

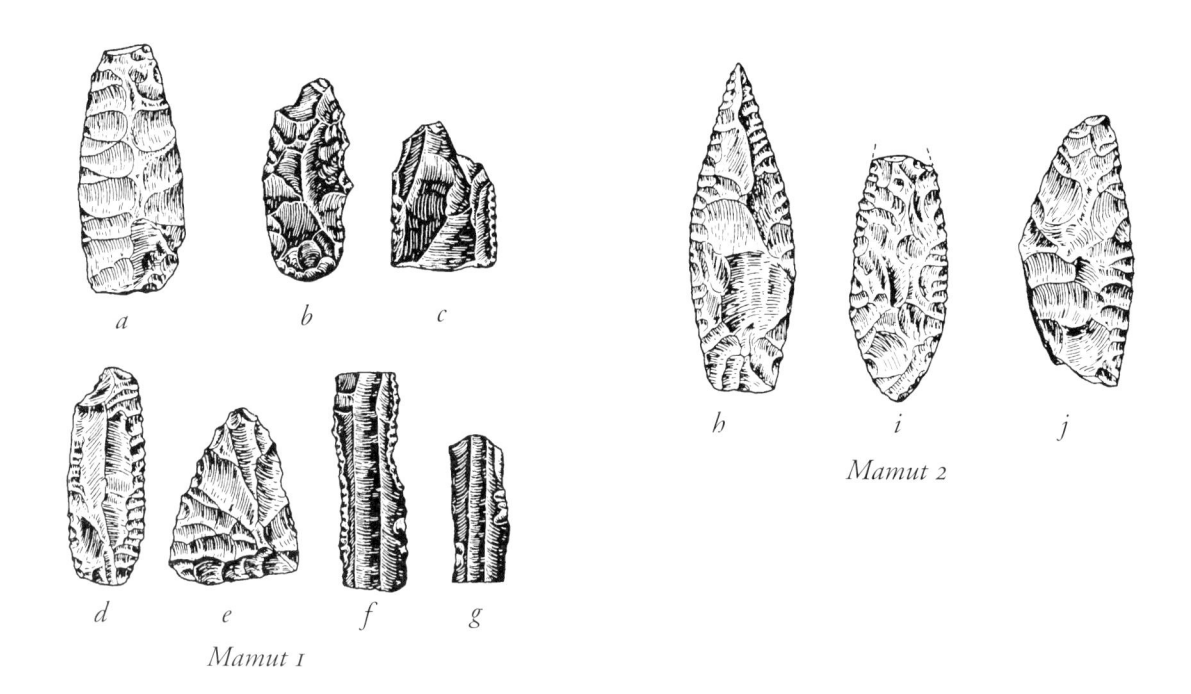

FIGURA III.8. *Herramientas de piedra halladas con los Mamut 1 (a-g) y 2 (h-j) en Santa Isabel Iztapan.* a) *Punta de dardo Scottsbluff de pedernal gris;* b) *cuchilla de obsidiana;* c) *raedera de obsidiana de doble filo;* d) *cuchilla retocada de pedernal gris;* e) *raedera triangular de pedernal gris claro;* f) *cuchilla de obsidiana retocada;* g) *cuchilla de obsidiana;* h) *punta de dardo Angostura de piedra volcánica roja;* i) *punta de dardo Lerma de calcedonia pardo claro;* j) *cuchillo bifacial de calcedonia pardo claro. Longitud de* h) *: 80.2 mm.*

medio de batidas comunales como las de los indios de la Gran Cuenca de América del Norte. En aquel piso de estar había cerca de 400 huesos de conejo, muchos de ellos pertenecientes a patas cortadas cuando menos a 40 ejemplares, aparentemente muertos en una sola sesión.[15, 16]

Existen varias razones por las cuales es posible pensar que las liebres eran atrapadas mediante batidas comunales. Las liebres son criaturas de entornos abiertos, que dependen de la velocidad para su defensa. No cavan madrigueras, sino que viven en "camas" o seminidos de hierba en la superficie. Los indios de la Gran Cuenca pronto aprendieron que, a medida que se desplazaban por una llanura abierta golpeando la maleza, podían ahuyentar de sus camas a centenares de liebres y conducirlas a alguna cañada sin salida, cerca temporal o red larga donde se las podía golpear con garrotes. Montones de conejos muertos se desollaban, destazaban y cortaban en tiras para su conservación en seco. Al parecer, esos cazadores de la fase Ajuereado Temprano habían aprendido aquella técnica, lo cual no es sorprendente, pues para llegar al Valle de Tehuacán, sus antepasados habían tenido que atravesar miles de kilómetros de campo de liebre chihuahuense.

[15] Kent V. Flannery, 1966, "The Postglacial 'Readaptation' as Viewed from Mesoamerica", *American Antiquity* 31, pp. 800-805.
[16] Kent V. Flannery, "Vertebrate Fauna and Hunting Patterns", en Byers (comp.), 1967, pp. 132-177.

*La Edad de Hielo Tardía
y la estrategia
de la gran movilidad*

Figura III.9. *Cueva de Coxcatlán en el Valle de Tehuacán.*

Sitios paleoindios en el Valle de Oaxaca

Los dardos paleoindios o puntas de *átlatl* pueden encontrarse ocasionalmente en la superficie del Valle de Oaxaca, a pesar de que la superficie terrestre de la Edad de Hielo a menudo yace enterrada profundamente. Por ejemplo, una punta llamada del tipo Scottsbluff fue encontrada en una mesa ubicada al oeste de Mitla, cerca de una cantera de calcedonia usada durante toda la prehistoria. Una punta similar se encontró junto a uno de los mamutes de Iztapan (figura III.8).

En una milpa cercana a San Juan Guelavía, en el subvalle de Tlacolula, miembros del proyecto de Patrones de Asentamiento hallaron la importante punta acanalada que se muestra en la figura III.11; hecha de calcedonia amarillenta, la punta fue adelgazada (presumiblemente para ponerle mango) quitándole una larga y angosta "laminilla de canal" a lo largo de su eje longitudinal.[17] Puntas acanaladas similares pueden encontrarse en sitios del Pleistoceno Tardío en los Estados Unidos y en el norte de México.

Cerca de Mitla, en los límites orientales del subvalle de Tlacolula, el paisaje está dominado por elevadas montañas, cañones rocosos y mesas aisladas de toba volcánica. En aquellas montañas hay numerosos abrigos rocosos y vetas de toba silicificada que se puede lascar tan fácilmente como la mayor parte del pedernal. Es posible que Cueva Blanca, caverna que cubre 165 m² en el costado de uno de aquellos cañones, fuera visitada brevemente por algunos de los habitantes oaxaqueños de la Edad de Hielo Tardía.

El depósito más antiguo de Cueva Blanca, llamado Nivel F, es una capa de

---

[17] Laura Finsten, Kent V. Flannery y Barbara Macnider, "Preceramic and the Cave Occupations", en Kowalewski *et al.*, 1989, pp. 39-53.

La Edad de Hielo Tardía y la estrategia de la gran movilidad

pequeñas partículas desprendidas de las paredes de la cueva. En ella hay lascas de huesos animales del Pleistoceno Tardío, que guardan las similitudes más cercanas con la fauna del Ajuereado Temprano de la Cueva de Coxcatlán. Allí se encuentran tanto la tortuga terrestre de Texas como el mismo zorro rojo visto en tiempos del Ajuereado Temprano; asimismo, hay venados, conejos, liebres y ratas silvestres. Significativamente, muchos huesos muestran signos de haber sido quemados y fracturados de manera deliberada.

De acuerdo con el botánico James Schoenwetter, los granos de polen del Nivel F pueden reflejar, en el Pleistoceno Tardío, un clima un poco más frío que el actual.[18] En la muestra predomina el polen de pino, con granos ocasionales de abeto, pinabete y olmo. Sin embargo, el polen de mezquite, cactáceas, agaves y otras plantas es lo bastante común para sugerir la presencia de un monte de plantas espinosas en las pendientes ubicadas por debajo de los pinos.

Tal vez a causa de lo reducido del área cubierta por las lascas del Nivel F no se hallaron objetos asociados a ella. La falta de herramientas fue decepcionante, pero no muy sorprendente si se considera que con los 1 200 huesos animales identificables en los cuatro niveles inferiores de la Cueva de Coxcatlán sólo se hallaron 11 objetos.[19] Sospechamos que la ocupación principal del Nivel F pudo hallarse más lejos de la entrada de la cueva, área lamentablemente alterada por ocupantes ulteriores.

FIGURA III.10. *Liebres americanas* (Lepus *spp.*).

El modo de vida paleoindio

El arqueólogo Richard Gould ha definido dos estrategias contrastantes para los cazadores y recolectores que vivían en regiones áridas.[20] Una de ellas, a la que él llama "escape de la sequía", equivale a huir del propio territorio agotado de recursos a una región de alimentos temporalmente abundantes. Ello significa migrar a grandes distancias, para luego compartir recursos con gente a la que tal vez ni siquiera se conozca bien. Aquella estrategia exigía una red de relaciones con conocidos lejanos, reforzada tal vez mediante el intercambio de regalos.

La segunda estrategia de Gould, a la que proponemos llamar "amortiguación de la sequía", exige que un grupo resuelva sus problemas dentro de su propio territorio. Esta estrategia implica el uso de una gran variedad de recursos, entre ellos algunos menospreciados con anterioridad, útiles en años secos y, otros, en años húmedos. Más que largas migraciones, una serie de desplazamientos cortos se combina aquí con nuevas tecnologías para la consecución más eficiente de víveres.

Si bien las dos estrategias anteriores no son mutuamente excluyentes, creemos que el "escape de la sequía" caracteriza mejor el periodo Paleoindio. Como las

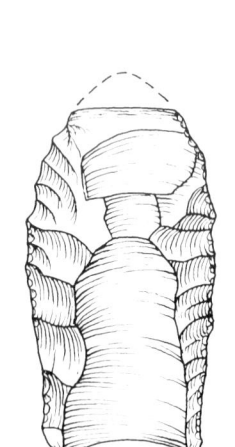

FIGURA III.11. *Punta de dardo acanalada de calcedonia amarillenta procedente de San Juan Guelavía, en el Valle de Oaxaca. Longitud (quebrada): 35 mm.*

[18] Comunicación personal, James Schoenwetter, 1980.
[19] Richard S. MacNeish, Antoinette Nelken-Terner e Irmgard W. Johnson, 1967, *The Prehistory of the Tehuacán Valley*, vol. 2: *Non-Ceramic Artifacts,* cuadro 32.
[20] Richard A. Gould, 1989, "The Archaeology of Arid-Land Foraging: A Critical Review of Theories and Assumptions", trabajo presentado en la Texas A&M Conference on the Archaic of Southern Texas and Northern Mexico.

obsidianas de Jemez y Yellowstone halladas en Lindenmeier, la punta de dardo hecha con piedra de Guanajuato o San Luis Potosí encontrada con el mamut de Iztapan sugiere que los cazadores paleoindios viajaban centenares de kilómetros e intercambiaban regalos cuando se encontraban. Más aún, dos de los principales recursos de la Zona de Vida chihuahuense, el antílope americano y la liebre, son adecuados para una estrategia de migraciones a lugares donde se podían organizar cacerías comunales.

Los antílopes americanos son animales de estepa templada sin árboles, que viajan grandes distancias en temporada de secas. También son muy sociables, pues machos y hembras viven juntos en grandes rebaños. Para el cazador paleoindio, ello significaba que durante largos periodos no había antílopes a la vista, después de lo cual llegaban noticias de un rebaño de 50 o 100 integrantes. Aquellos rebaños se podían cazar mejor mediante batidas comunales, gracias a los grupos dispersos de cazadores que migraban de un área extensa para compartir un abundante abasto de carne.

Las liebres también se cazan mejor mediante batidas comunales, porque están sujetas a grandes oscilaciones poblacionales con el transcurso del tiempo. Por razo-

FIGURA III.12. *Cueva Blanca se ubica en un cañón del pie de la montaña, al oriente del Valle de Oaxaca.*

La Edad de Hielo Tardía y la estrategia de la gran movilidad

nes aún no bien entendidas, ciertas áreas pueden tener muy pocas liebres en un año y sobreabundancia unos años después. El número de liebres disponibles durante los aumentos poblacionales puede ser sorprendente. En las regiones cercanas a Mud Lake, al este de Idaho, las poblaciones de liebres fueron explosivas en diciembre de 1981. Preocupados por la destrucción de sus cosechas, los agricultores locales organizaron tres batidas de liebres durante las cuales mataron más de 28 000 animales.[21] Aquellos momentos de sobreabundancia ofrecían una razón para que, desde regiones lejanas, grupos paleoindios migraran a compartir la caza.

Imaginamos que, en comparación con los recolectores que les sucedieron (capítulo IV), los paleoindios del Altiplano mexicano recorrían mayores distancias y explotaban una variedad más reducida de recursos. Una de las razones radicaba en su tecnología. En su entorno había muchas plantas que podían ser comestibles mediante el uso de piedras de moler, pero los paleoindios carecían de aquellos utensilios. Otras plantas se podían comer tras ser remojadas o cocidas largamente, pero los paleoindios carecían de cerámica. Nuestros indicios sugieren que los paleoindios solían asar alimentos sobre un fogón abierto o en hornos de tierra, lo cual limitaba la variedad de alimentos que podían usarse y dificultaba más la amortiguación de la sequía sobre una base local. De ahí nuestra sospecha de que aquellos grupos dependían considerablemente del "escape de la sequía".

Los habitantes del Ajuereado Temprano y Cueva Blanca F nos ofrecen la línea básica a partir de la cual evolucionaron las sociedades subsecuentes del Altiplano mexicano. Nuestros datos son tan escasos que debemos confiar en las analogías etnográficas con los pueblos cazadores de antílopes y liebres en el oeste de América del Norte. Aquellos pueblos vivían en grupos débilmente estructurados y tenían una ética igualitaria que apenas permitía un liderazgo efímero. Por ejemplo, las cacerías comunales entre algunos grupos de la Gran Cuenca, al oeste de los Estados Unidos, exigían la elección de un líder de caza, individuo respetado que, durante un breve lapso, era investido de autoridad sobre los miembros de varios grupos. Siendo sólo un puesto temporal, su posición era importante porque la capacidad del líder podía hacer de la caza un éxito.

Nuestros datos sobre la Edad de Hielo de Tehuacán y Oaxaca contribuyen a la desaparición de un viejo estereotipo: la idea de que aquellos seres eran "cazadores de mamutes", pertenecientes a una "fase cazadora de grandes presas". Cuando tenían oportunidad de acampar durante algún tiempo en determinada región, por ejemplo siguiendo una manada de conejos, la gente del Ajuereado Temprano cazaba o atrapaba una gran variedad de animales: algunas criaturas tan grandes como el venado, el antílope americano y el caballo del Pleistoceno, y otras tan pequeñas como el conejo común, la ardilla terrestre, la rata silvestre y la codorniz. Desde luego, ocasionalmente se juntaban para cazar presas muy grandes, pero este hecho debe ser visto con reservas. "Es probable —sugiere Richard MacNeish— que hayan matado sólo un mamut en su vida y no dejaran de hablar al respecto."

FIGURA III.13. *Venado de cola blanca* (Odocoileus virginianus).

[21] Informes de la Associeted Press, publicados en *The Ann Arbor News*, diciembre de 1981.

IV. Enfrentando el riesgo en el sitio

El régimen climático de la Edad de Hielo tocó a su fin en algún momento alrededor del 8000 a.C. Al aumentar las temperaturas en todo el mundo, los glaciares continentales se fundieron de nuevo en toda América del Norte, devolviendo el agua a un mar en ascenso. Los patrones de circulación del viento cambiaron, la Zona de Vida chihuahuense se reintegró al norte de México y el patrón climático actual se estableció en las tierras altas mexicanas. Es un patrón de inviernos fríos y secos y veranos cálidos y lluviosos.

Sospechamos que, en áreas como el Valle de Tehuacán, los cambios ambientales fueron profundos. Se cree que el Tehuacán de la Edad de Hielo era una estepa relativamente abierta, con antílopes americanos, liebres y tortugas terrestres de Texas. Las temperaturas ascendentes y el establecimiento de las lluvias estivales monzónicas la transformaron en bosques espinosos de árboles leguminosos, monte denso y altos cactos columnarios. El antílope, la tortuga terrestre y muchas especies de liebres se retiraron al norte. Tomaron su lugar el venado de cola blanca, los conejos comunes, los pecaríes y las tortugas de cenegal.[1]

Figura IV.1. *Conejos comunes* (Sylvilagus *spp.*).

En el Valle de Oaxaca, los bosques de pinos de las montañas dieron paso a un bosque mixto de roble, pino, manzanita y madroño. Las estribaciones de aquellas montañas habrían sido un bosque de esmirriados cactos espinosos, con árboles leguminosos, nopales, órganos, yucas y agaves; en el piso aluvial del valle habría habido un territorio boscoso de mezquites y acacias; siguiendo el curso del Río Atoyac y sus principales afluentes, un corredor boscoso de cipreses, alisos, sauces e higueras.[2] Al igual que el Valle de Tehuacán, éste también habría sido un entorno para el venado de cola blanca, los pecaríes, los conejos comunes, las palomas, la codorniz y las tortugas de cenegal. El Altiplano mexicano tenía entonces su propia mezcla distinta de especies templadas semitropicales, separado por 1000 km de la Zona de Vida chihuahuense.

En términos de la teoría de la acción, la transición ambiental del Pleistoceno al Holoceno sería un ejemplo de sistema mayor en proceso de cambio, que plantea a

Figura IV.2. *Tortuga de cenegal* (Kinosternon integrum).

[1] Kent V. Flannery, "Vertebrate Fauna and Hunting Patterns", en Byers (comp.), 1967, pp. 132-177.
[2] C. Earle Smith, Jr., 1978, *The Vegetational History of the Valley of Oaxaca*.

Enfrentando el riesgo en el sitio

Figura IV.3. *Pecarí* (Dicotyles tajacu).

Figura IV.4. *Monte de pequeños cactos espinosos al pie de las montañas del Valle de Oaxaca.*

los actores un problema por resolver. Por suerte, la transición fue más gradual que abrupta y algunas especies de plantas y animales subsistieron después del cambio.

Una de las mayores adaptaciones que los indios debieron realizar fue reducirse a los dos animales más adecuados para las batidas de caza comunales: la liebre y el antílope americano. Los pequeños grupos de cazadores que conocían bien la región perseguían mejor al venado de cola blanca, que se desplazaba solo o en pequeños rebaños a través del bosque. Los conejos comunes son poco adecuados para las batidas comunales porque viven bajo la maleza y cavan madrigueras para escapar; mejor estrategia consiste en ponerles trampas en las proximidades de su hábitat. Al parecer, los grupos de cazadores deben de haber sido mucho más reducidos, a juzgar por los vestigios dejados en cuevas y refugios rocosos.[3]

Después del 8000 a.C., las especies de plantas comestibles fueron más variadas y abundantes, gracias a las temperaturas más elevadas y a las mayores precipitaciones. Para entonces, se podía encontrar lo que hombres y mujeres necesitaban, sin las largas migraciones de la Edad de Hielo. Sin embargo, aquellas plantas también dependían de un régimen impredecible de precipitaciones de gran variación anual. Por ejemplo, en el Valle de Oaxaca, las lluvias de verano producen en la región un promedio de 550 mm de precipitación. Sin embargo, en un año seco, caen menos de 300 mm; en uno húmedo, el volumen puede ser superior a 800 mm. Las cifras de precipitación pluvial recientes sugieren que los años húmedos, secos y promedio se presentan en orden impredecible, de suerte que en cualquier año se puede producir una cosecha excelente o haber sequía.[4,5] Aprender a enfrentar aquella variación

[3] Kent V. Flannery, 1966, "The Postglacial 'Readaptation' as Viewed from Mesoamerica", *American Antiquity* 31, pp. 800-805.
[4] Kirkby, 1973.
[5] Anne V. T. Kirkby, 1974, "Individual and Community Responses to Rainfall Variability in Oaxaca, Mexico", en *Natural Hazards: Local, Regional, and Global*, Gilbert F. White (comp.), pp. 119-128.

FIGURA IV.5. *Bosque de mezquites y acacias en el piso del Valle de Oaxaca.*

FIGURA IV.6. *Cipreses* (Taxodium *sp.*) *en un afluente del Río Atoyac.*

*Enfrentando
el riesgo en el sitio*

Órgano (frutos en febrero-marzo)

Boscaje de mezquite (vainas en mayo-agos

Cantera de calcedonia

FIGURA IV.7. *Rodeados de muchos de los mismos recursos silvestres que usaron sus antepasados, un grupo de trabajadores zapotecas excavan el refugio rocoso de Martínez (1966).*

sin abandonar la región constituyó para los indios la segunda adaptación importante.

Este capítulo trata del periodo de 8000 a 2000 a.C., conocido como Arcaico. Durante esa etapa, los cazadores y recolectores de Oaxaca y Tehuacán aprendieron a enfrentarse al riesgo de un entorno impredecible pero potencialmente productivo. Algunas de sus decisiones cambiaron para siempre el curso de la prehistoria mexicana.

Patrones arcaicos de asentamiento

Lewis Binford ha sugerido que la mayor parte de las sociedades de cazadores y recolectores ocupan determinada posición a lo largo de un *continuum* que va de la "búsqueda" a la "recolección".[6] Los buscadores de provisiones, más móviles, viajan adonde está el alimento; su patrón de asentamiento es disperso o agregado en la medida en que los recursos son dispersos o agregados. Los recolectores, más inclinados al sedentarismo, tienden a permanecer en un lugar favorecido, en tanto que grupos de trabajo más pequeños salen y vuelven con recursos para el campamento mayor.

[6] Lewis R. Binford, 1980, "Willow Smoke and Dogs' Tails: Hunter-gatherer Settlement Systems and Archaeological Site Formation", *American Antiquity* 45, pp. 4-20.

*Enfrentando
el riesgo en el sitio*

Agave (se puede asar el centro)

Nopal (hojas tiernas y fruto en junio-octubre)

Pauline Wiessner ha sugerido un *continuum* similar de "aceptación del riesgo".[7] En un extremo de este *continuum* están los cazadores y recolectores que aceptan el riesgo dentro del grupo local, mediante la asociación y el amplio reparto de recursos entre las familias que acampan juntas. En el otro, están las sociedades en que se acepta el riesgo individualmente o como familia nuclear, con menos oportunidades para recurrir a la asociación, a fin de equilibrar las diferencias de éxito en la búsqueda de alimentos.

En tanto que en el Arcaico Temprano no se ubicaban en el extremo de uno u otro *continuum*, los ocupantes del Valle de Oaxaca se pueden calificar de "buscadores", porque cambiaban de residencia varias veces al año, viajando adonde los recursos fueran más abundantes. También pasaban partes del año en "microgrupos" de cuatro a seis personas, formados tanto por hombres como por mujeres.[8] Es probable que aquellos pequeños grupos fueran análogos a los grupos recolectores familiares de indios paiutes y shoshones del oeste de los Estados Unidos, que aceptaban el riesgo entre la familia.[9]

Sin embargo, en determinados momentos, aquellos grupos familiares dispersos se juntaban para formar campamentos de "macrogrupos" mayores, de 15 a 25 perso-

---

[7] Pauline Wiessner, 1982, "Beyond Willow Smoke and Dogs' Tails: A Comment on Binford's Analysis of Hunter-gatherer Settlement Systems", *American Antiquity* 47, pp. 171-178.
[8] Richard S. MacNeish, 1964, "Ancient Mesoamerican Civilization", *Science* 143, pp. 531-537.
[9] Julian H. Steward, 1938, *Basin-Plateau Aboriginal Sociopolitical Groups*.

nas. Ya que los antílopes y las liebres de la Edad de Hielo Tardía ya no eran abundantes, aquellos campamentos de mayor dimensión no estaban hechos para las batidas de caza comunales. En cambio, sí lo estaban para la recolección de plantas estacionalmente abundantes que se encontraban en la vegetación más densa del periodo posterior al Pleistoceno. El registro arqueológico no nos dice aún si aquellos pobladores arcaicos se asociaban y compartían recursos en sus campamentos mayores, pero tal vez lo hayan hecho. Tampoco sabemos si enviaban grupos de trabajo más pequeños a recolectar recursos específicos para el macrogrupo, pero hay indicios de que esta práctica tal vez estaba en uso hacia el Arcaico Tardío (véase adelante).

Los periodos en que acampaban juntas hasta 25 personas deben de haber sido interesantes para las familias que habían pasado gran parte del año dispersas en la soledad. En uno de aquellos campamentos de macrogrupos oaxaqueños, llamado Gheo-Shih, hallamos indicios de actividad ritual y manufactura de ornamentos a una escala desconocida en campamentos microgrupales. Ello sugiere que algunas actividades, como el ritual de grupo, el intercambio de regalos, el trueque e incluso tal vez la iniciación y el galanteo se diferían hasta el momento en que se reunían todos los buscadores que vivían en determinada región.

Como los sitios arcaicos son efímeros en comparación con los sitios de periodos ulteriores, es difícil estimar la población del Valle de Oaxaca. A juzgar por los sitios conocidos, quizá no haya habido más de 75-150 personas en todo el sistema de valles.[10] Por otra parte, siendo sus sitios tan poco atrayentes para el estudio, podemos haber subestimado la población arcaica. Tal vez se hayan registrados 15 dispersiones de herramientas de pedernal al aire libre en las partes menos aluviales del valle, y otra media docena de hallazgos de puntas aisladas de *átlatl* (lanzadardos) arcaicas en la superficie.[11]

Una idea más aproximada de la vida durante el Arcaico la podemos tener en las cuevas y refugios rocosos de los cerros circundantes, pues allí es más frecuente la conservación de objetos, plantas y huesos de animales. Sin embargo, la población arcaica fue tan reducida que en sólo ocho o 10 cuevas de las 70 estudiadas hasta ahora hubo vestigios de aquel periodo. Tres de las más conocidas son Guilá Naquitz, Cueva Blanca y el Refugio Martínez.

La Cueva de Guilá Naquitz

En el periodo Arcaico, gran parte del terreno aluvial del Valle de Oaxaca se hallaba cubierto de un bosque de mezquites *(Prosopis* sp.), cuyas vainas llenas de almíbar maduraban en la temporada de lluvias, de mayo a septiembre, durante la cual también se disponía de los pequeños frutos amarillos de almez *(Celtis* sp.). Como la disponibilidad de estos alimentos empezaba a disminuir a fines del verano, los buscadores arcaicos se dirigían al monte espinoso de las estribaciones superiores, cuyos recursos alcanzaban su madurez en el otoño.

[10] Flannery (comp.), 1986, p. 39.
[11] Laura Finsten, Kent V. Flannery y Barbara Macnider, "Preceramic and Cave Occupations", en Kowalewski *et al.*, 1989, pp. 39-53.

Un lugar donde ocasionalmente aquellos buscadores acampaban fue Guilá Naquitz, pequeña cueva ubicada a una altura de 1926 m, en las montañas del sur de Mitla.[12] Debido a la sequedad de este sitio, las plantas antiguas se conservan por desecación, lo que nos permite reconstruir muchas actividades de los buscadores de alimento cuyos desechos produjeron el Nivel D de la cueva. Se trataba de miembros de un microgrupo del Arcaico Temprano, tal vez una familia de cuatro a seis personas, lo cual sugiere que durante la ocupación del Nivel D las condiciones favorecían la dispersión en pequeños grupos.

Tres de los primeros actos de la familia consistieron en la recolección de grandes cantidades de hojas de encino para emplearlas como colchones en la cueva; en la excavación de cuando menos un foso en el suelo de la cueva para el almacenamiento y en la preparación de un fogón poco profundo cerca del centro de la cueva. Al hacerlo, inauguraron una división conceptual de la zona de la cueva en áreas de trabajo para hombres y mujeres. Cerca del fogón apareció un área para que las mujeres procesaran alimentos vegetales y cocinaran los alimentos, en tanto que entre el fogón y el foso de almacenamiento se empezó a formar un sendero. En el foso estaban almacenadas vainas de mezquite llevadas del terreno del valle, tras haberles extraído el almíbar comestible. Cuando menos dos personas, tal vez mujeres, se sentaron a comer almezas y escupieron las semillas en discretos montones sobre el suelo de la cueva.

FIGURA IV.8. *Guilá Naquitz durante la excavación.*

[12] Flannery (comp.), 1986.

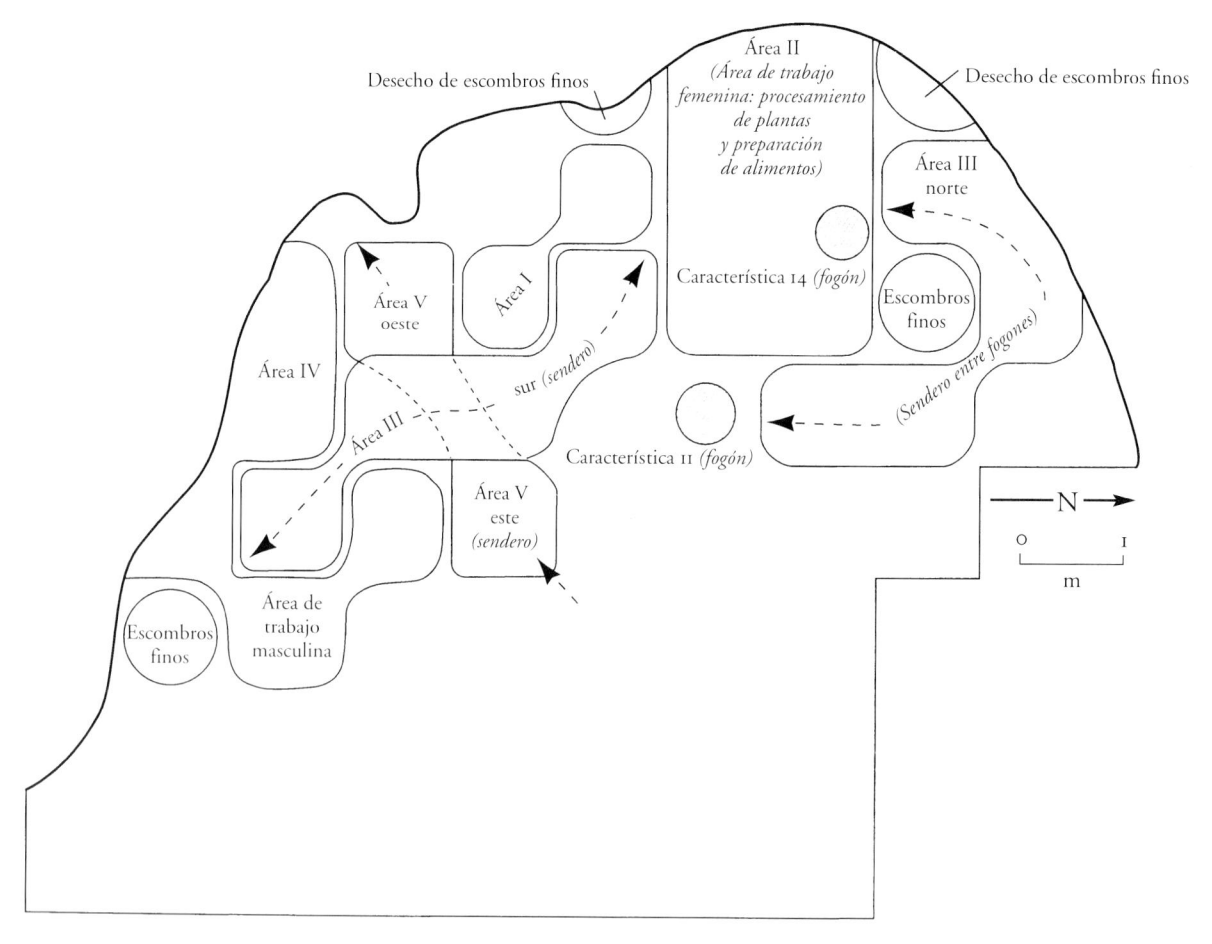

FIGURA IV.9. *Áreas de actividad reconstruidas y senderos en el Nivel B1 de Guilá Naquitz. Esta planta de estar tenía una división entre áreas de trabajo para hombres y para mujeres, similar a la del Nivel D.*

A lo largo de la pared sur de la cueva se desarrolló un área de trabajo masculina. Allí se desecharon los huesos de cuando menos un venado joven, algunos conejos y una tortuga de cenegal, junto con un pedernal bifacial que, tallado, quizá sirvió como punta de *átlatl*.

El fin del verano y el principio del otoño es buen momento para recolectar los frutos maduros y pencas tiernas del nopal (*Opuntia* spp.). Ya sin espinas, se asaban sobre el fogón en pinchos de madera. Hombres y mujeres comieron de aquellos frutos, cuyas sobras apiladas indican que habían recolectado más de los que podían comer. También comieron frutos del capulín, o cereza de las Indias Occidentales (*Malpighia* sp.), cuyas semillas escupieron en cierta cantidad alrededor del fogón.

El fin del otoño maduró los productos de las estribaciones de las montañas y de los cerros más bajos. En aquel momento, la capacidad de almacenamiento de la cueva fue triplicada gracias a la excavación de otros fosos, lo cual hicieron con anticipación a la cosecha de bellotas, actividad de enorme importancia. Son de imaginar los miles de bellotas recolectadas por la familia, ya que en el Nivel D quedaron 3 000 sin ser comidas. A juzgar por las piedras halladas en la cueva, miles se molieron para hacer harina de bellota.

Los piñoneros crecían entre los encinos o más arriba; a juzgar por los lugares en que se desecharon las cáscaras, sus nueces se recolectaron junto con las bellotas. También se recolectaron otros alimentos del bosque espinoso, como las nueces

*Enfrentando
el riesgo en el sitio*

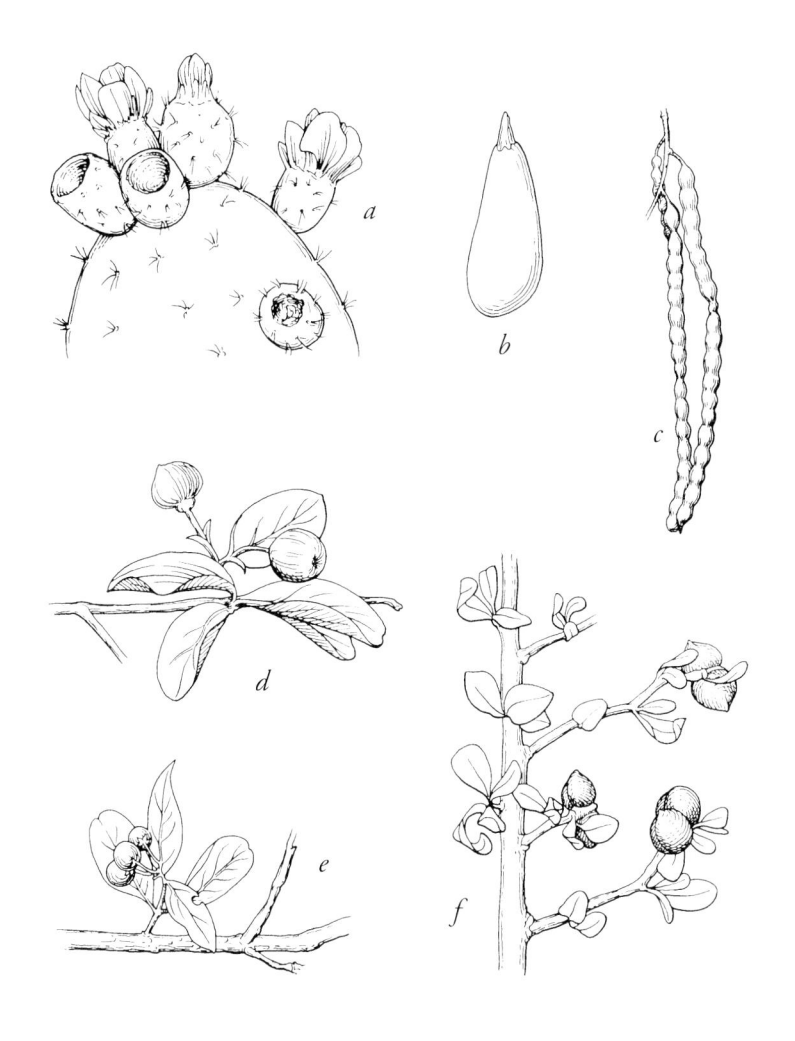

FIGURA IV.10. *Plantas silvestres comestibles del área de Guilá Naquitz* a) *tuna o higo chumbo, fruto del nopal* (Opuntia *spp.*); b) *aguacate silvestre* (Diospyros *sp.*); c) *vainas de mezquite* (Prosopis juliflora); d) *capulines o cerezas de las Indias Occidentales* (Malpighia *sp.*); e) *frutas del almez* Celtis *sp.*); f) *nueces de* yak susí (Jatropha neodioica).

del arbusto de *susí (Jatropha neodioica)* y las semillas del guaje *(Lysiloma* sp. y *Leucaena* sp.). Los buscadores de Guilá Naquitz hicieron viajes a las áreas de manantiales y ríos cercanos, a fin de recolectar bulbos de cebolla silvestre *(Allium* sp.) para condimentar sus comidas.

El fin de otoño es también una buena temporada para cazar venados, pues el venado de cola blanca se siente atraído por las bellotas, las puntas de los vástagos de encino y los capullos. Los ocupantes del Nivel D mataron cuando menos un gamo, un pecarí y una serie de conejos comunes.

Una de las plantas comestibles más importantes de la temporada que se extiende de noviembre a abril debe de haber sido el agave o maguey *(Agave* spp.). Resistente miembro de la familia *amaryllis,* el agave sobrevive a la sequía invernal almacenando agua en el corazón de la planta. En la época en que sólo se dispone de unas cuantas plantas, es posible desenterrar el agave, podar sus hojas y cocer el corazón por espacio de 24 a 72 horas, en un horno de tierra. El corazón se corta entonces en pedazos, que saben a dulce de chocolate; sin embargo, los trozos cercanos a la base de las hojas contienen fibras no digeribles que deben escupirse tras mucho masticarlas. En las habitaciones del Nivel D se encontraron cerca de 50 mascaduras

Enfrentando el riesgo en el sitio

FIGURA IV.11. *Plantas silvestres recogidas por los buscadores arcaicos de Guilá Naquitz y conservadas gracias a la aridez de la cueva.* a-b) *bellotas;* c-f) *piñones;* g-i) *semillas de cereza de las Indias Occidentales;* j-m) *cáscaras de* yak susí; n) *semillas de mezquite;* o) *semillas de almeza;* p) *fruta seca de nopal;* q) *bulbo de cebolla silvestre;* r, s) *mascaduras de fibras de agave. Longitud de* a: *18 mm.*

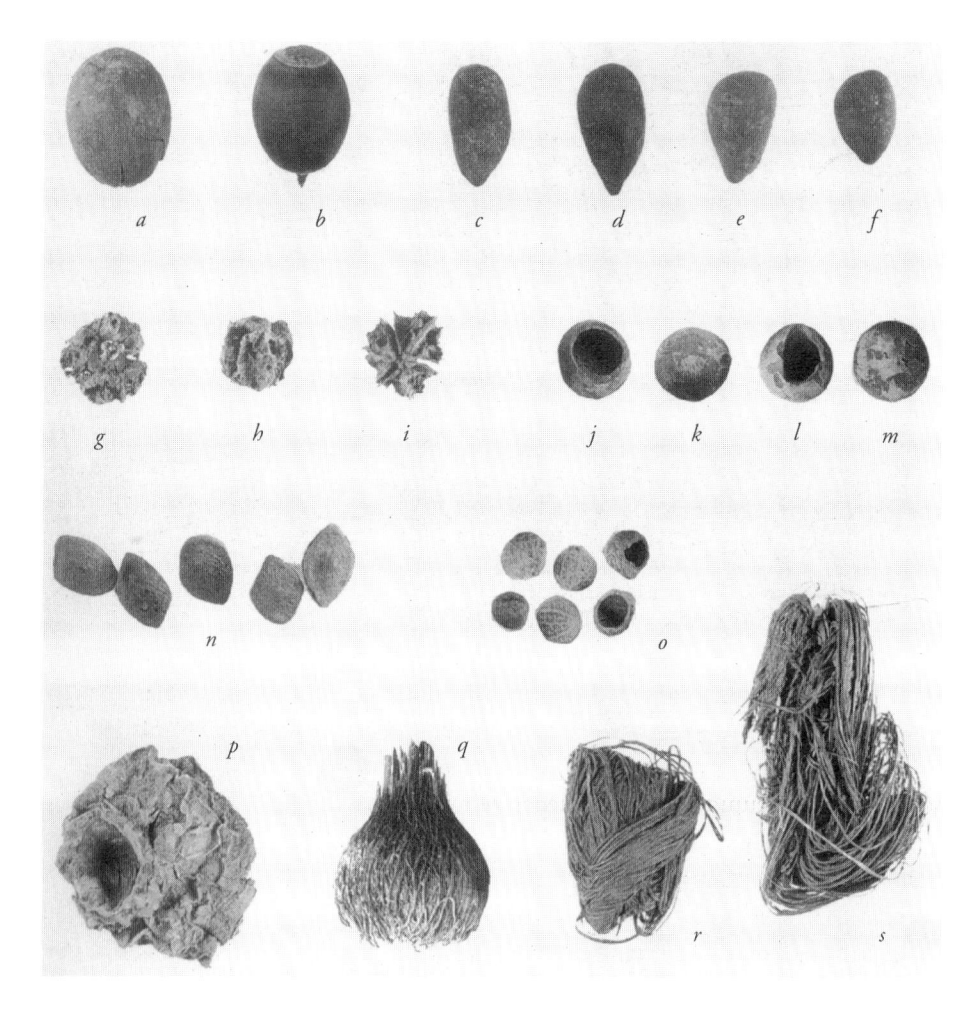

de fibra de agave. Los buscadores también dejaron lascas de pedernal cuyos filos muestran el pulido o "lustre" característico de una herramienta usada para mondar las duras hojas del maguey.

Andando el tiempo, a medida que transcurría el invierno seco, los recursos vegetales del monte espinoso escasearon y la familia decidió trasladarse a otro lugar. Evidentemente, en febrero ya se había marchado, pues en la cueva no se encontró ningún fruto del *Myrtillocactus* sp., órgano que produce hasta 900 frutas por planta en febrero y marzo. No sabemos hacia dónde se dirigió la familia, pero sospechamos que ascendió a los bosques más húmedos de las montañas más elevadas, tal como lo hace el venado durante la temporada de secas. Sus integrantes abandonaron no sólo centenares de plantas sin ingerir, sino que, a ojos vistas, dejaron el fuego encendido, pues posteriormente éste quemó muchas de las hojas de encino que habían usado como colchón.

Gheo-Shih

Cuando las primeras lluvias de mayo hicieron reverdecer el terreno del Valle de Oaxaca, los buscadores emprendieron su regreso anual a elevaciones menores. Hacia julio, los mezquites estaban cargados de vainas, los almeces tenían fruto y,

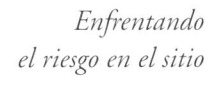

FIGURA IV.12. *Los arqueólogos examinan la superficie del sitio de Gheo-Shih, en busca de objetos.*

en el bosque aluvial, abundaban los venados y los conejos. En un año más lluvioso que el promedio y con recursos que superaban la cantidad que una sola familia podía cosechar antes del fin de temporada, es posible que grupos de hasta 25 personas se hayan reunido en las arboledas de mezquites.

Creemos que así ocurrió varias veces en un lugar que los zapotecas llaman Gheo-Shih, "Río de los Calabazos". Gheo-Shih es un sitio de campamento arcaico al aire libre, localizado en una exposición de aluvión antiguo cercana al Río Mitla, afluente del Salado. Con una superficie aproximada de 1.5 ha, cuando los arqueólogos lo descubrieron su superficie se hallaba sembrada de piedras de moler, herramientas de pedernal, raspaderas profundamente dentadas y puntas de *átlatl*.[13]

La excavación de Gheo-Shih, practicada por Frank Hole, reveló una característica insólita: dos líneas paralelas de cantos rodados que se prolongaban a lo largo de 20 metros, con un espacio de siete metros entre ambas. Los 140 m² del espacio delimitado habían sido limpiados de objetos; sin embargo, éstos abundaban en ambos lados. El espacio de cantos alineados se asemejaba sobre todo a un espacio despejado para danzar, como los instalados por algunos indios del oeste estadunidense en sus campamentos de macrogrupo.

Afuera del espacio delimitado, Gheo-Shih tenía concentraciones ovales de pedernal y rocas fracturadas por el fuego, lo que sugiere que en el campamento se construyeron pequeños refugios o rompevientos temporales. Había áreas con grandes concentraciones de piedras de moler, otros lugares con abundantes puntas de *átlatl* y raspaderas, e incluso un área en donde se habían perforado guijarros de río para hacer ornamentos.

En ninguno de los sitios menores del Arcaico se habían encontrado áreas similares para manufactura de ornamentos. Como el "terreno para danzar" delimitado por cantos rodados, aquella área para manufactura de ornamentos significa que

[13] Kent V. Flannery y Ronald Spores, "Excavated Sites of the Oaxaca Preceramic", en Flannery y Marcus (comps.), 1983, pp. 23-25.

Enfrentando el riesgo en el sitio

FIGURA IV.13. *Una de las características insólitas de Gheo-Shih fue el área de cantos rodados alineados al frente. En la parte posterior está una densa dispersión de piedras y pedernales que podrían indicar la presencia de un refugio o rompevientos.*

cuando la abundancia temporal permitía a los buscadores arcaicos reunirse en campamentos de 15 a 25 personas, éstas se entregaban a actividades sociales, rituales y artesanales no realizadas en campamentos menores. Sin embargo, al término de la temporada de lluvias, los recursos menguantes del bosque aluvial debieron de imponer limitaciones a aquellos campamentos de macrogrupo.

Cueva Blanca

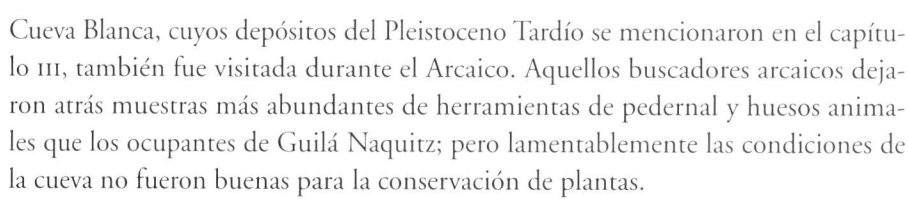

Cueva Blanca, cuyos depósitos del Pleistoceno Tardío se mencionaron en el capítulo III, también fue visitada durante el Arcaico. Aquellos buscadores arcaicos dejaron atrás muestras más abundantes de herramientas de pedernal y huesos animales que los ocupantes de Guilá Naquitz; pero lamentablemente las condiciones de la cueva no fueron buenas para la conservación de plantas.

Debido a la mayor cantidad de herramientas en Cueva Blanca, el científico en informática Robert Reynolds pudo hallar asociaciones estadísticamente importantes entre distintos tipos de herramientas, asociaciones que condujeron al descubrimiento del grupo de herramientas de hombres y mujeres.[14] Lo que Reynolds hizo fue determinar qué herramientas solían aparecer juntas en la misma pequeña área del suelo de la cueva. El investigador dedujo que era probable que las herramientas que aparecían juntas hubieran sido usadas por la misma persona (véase recuadro "La búsqueda de la caja de herramientas de hombres y mujeres").

Los resultados obtenidos por Reynolds enriquecen nuestra información acerca de la división del trabajo en el Arcaico. El investigador encontró que en el grupo de herramientas masculinas se incluían puntas de *átlatl;* pedazos ovales o "formas previas" a partir de las cuales se cincelaban las puntas, y toda una serie de raspaderas

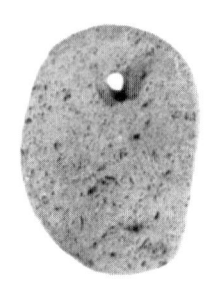

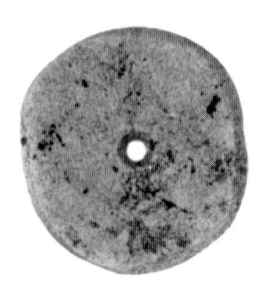

FIGURA IV.14. *Los ocupantes de Gheo-Shih perforaron guijarros de río para usarlos como ornamentos. Diámetro de la muestra inferior: 3.5 cm.*

[14] Robert G. Reynolds, 1993, manuscrito inédito.

*Enfrentando
el riesgo en el sitio*

FIGURA IV.15. *Cueva Blanca se localiza en un risco de toba volcánica rodeado de monte espinoso.*

La búsqueda de la caja de herramientas de hombres y mujeres

Para la excavación de Cueva Blanca se delineó una cuadrícula subdividida en casillas de 1 × 1 m. Robert Reynolds dedujo que en una misma casilla podrían haber sido desechadas las herramientas usadas simultáneamente. Se valió de una medida de asociación estadística común: si la herramienta A y la herramienta B aparecían siempre en la misma casilla, entonces su asociación era positiva, +1.0; si nunca aparecían en la misma casilla, su asociación era negativa, −1.0 La mayor parte de los pares de herramientas tenían asociaciones casi perfectas, como +0.8 o −0.4.

Reynolds partió del supuesto de que las puntas de *átlatl* eran herramientas masculinas de caza y buscó qué otras herramientas se desechaban junto con ellas. En la mayor parte de las habitaciones arcaicas de Cueva Blanca, las puntas se asociaron *positivamente* tanto con los "pedazos de cantera" bifaciales de los que estaban hechas como con las raspaderas inclinadas, las raspaderas de punta, las raspaderas laterales o las raspaderas ovoides. Se asociaron *negativamente* con los tajadores; en algunas plantas de estar también se asociaron *negativamente* con las cuchillas en bruto y las laminillas con lustre.

Puesto que, en Guilá Naquitz, las laminillas con lustre estuvieron asociadas con el corte de las hojas del corazón del agave, Reynolds cree posible que fueran herramientas usadas con frecuencia (aunque no exclusivamente) por mujeres. En la mayor parte de las habitaciones de Cueva Blanca, las laminillas con lustre se asociaron *positivamente* con los centros de pedernal discoidales y las cuchillas en bruto. Las laminillas con lustre se asociaron *negativamente* con herramientas masculinas como puntas de *átlatl* sin tallar, lo que refuerza nuestra sospecha de que las mujeres con frecuencia hicieron sus propias laminillas y luego las usaron para cortar material duro hasta que los filos desarrollaron cierto lustre.

Raspadera ovoide   Núcleo de laminilla   Forma previa   Punta de *átlatl*   Raspadera de punta   Raspadera lateral/cuchillo

Figura iv.16. *Herramientas probablemente empleadas por los hombre en Cueva Blanca. Longitud de la forma previa: 9 cm.*

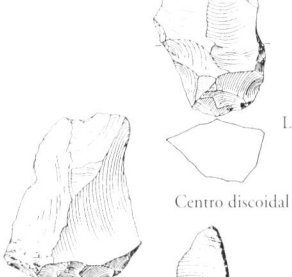

Laminilla utilizada
Centro discoidal
Laminillas con brillo   Cuchillo en bruto

Figura iv.17. *Herramientas probablemente usadas por mujeres en Cueva Blanca. Las áreas punteadas indican lustre. Longitud de la cuchilla en bruto: 5.8 cm.*

que probablemente se usaron para tratar pieles de animal. Entre las herramientas femeninas se incluían núcleos discoidales de los cuales se habían hecho las laminillas con "lustre" o "pulimento en el filo", que probablemente resultaba de cortar reiteradamente material duro como las hojas de agave. Una de las inferencias más interesantes fue que hombres y mujeres habían usado centros, o núcleos de pedernal, ligeramente distintos, a partir de los cuales separaron las laminillas que posteriormente fueron transformadas en herramientas.

"Zonas de caída" y "zonas de desecho"

En las tres habitaciones arcaicas de Cueva Blanca hubo áreas relativamente tupidas de escombros de pedernal y hueso y áreas con pocos escombros. Al trazar mapas para relacionar las áreas más pobladas de escombros, como se ve en la figura iv.19, éstas semejan lo que Lewis Binford ha llamado "zonas de caída", áreas en que uno o más ocupantes de la cueva colocaban las herramientas en el suelo cerca de donde trabajaban. Las áreas con menos escombros semejan las "zonas de desecho" de Binford, áreas más apartadas, adonde se arrojaban las herramientas desechadas.[15]

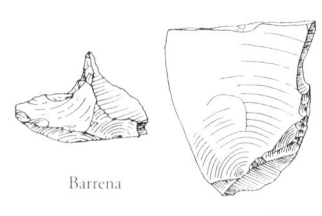

Barrena
Buril

Figura iv.18. *Herramientas no asociadas estrechamente con áreas de actividad masculina ni femenina en Cueva Blanca. No sabemos quién empleó estas "herramientas para hacer otras herramientas". Longitud del buril: 5.2 cm.*

La sustitución de la búsqueda por la recolección

Al parecer, pequeños grupos de familias, formados por hombres y mujeres, fueron responsables de crear habitantes arcaicas más antiguas de Cueva Blanca. El Nivel C, ilustrado en la figura iv.19, es diferente de los campamentos anteriores. Fechado en el Arcaico Tardío, puede haber sido un campamento exclusivamente masculino para caza de venado, pues faltan o son ambiguos los indicios habituales de actividades y grupos de herramientas femeninas. A menos que futuros análisis contradi-

[15] Lewis R. Binford, 1983, *In Pursuit of the Past*, fig. 89.

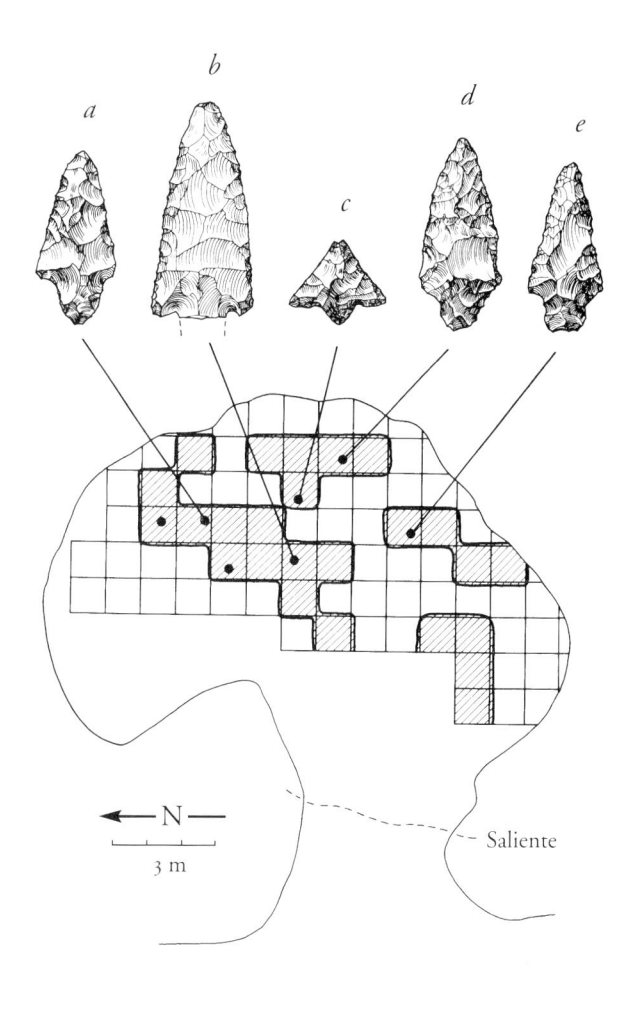

FIGURA IV.19. *El Nivel C de Cueva Blanca tiene áreas de escombros densos (sombreadas). Casi todas las puntas de* átlatl *(puntos negros) se dejaron en ellas. Algunas de las puntas más completas eran de tipo San Nicolás* (a, d), *tipo Coxcatlán* (c) *y tipo La Mina* (e). *No se ha clasificado la punta* b.

gan esta idea, el Nivel C podría ser nuestro primer indicio de una nueva estrategia para el Arcaico Tardío.

El Nivel C puede indicar que los indios del Valle de Oaxaca pasaban en aquel entonces de la "búsqueda" (viajar adonde se hallaban las plantas) a la "recolección" (dejar a la mayor parte del grupo en un gran campamento base, en tanto que se enviaban "grupos de trabajo" más reducidos a recolectar y llevar de regreso un recurso específico). Los cazadores de venado que vivieron en el Nivel C podrían representar a un pequeño grupo de hombres enviado desde un campamento base mayor para conseguir carne de venado. Por razones que se plantean líneas adelante, ello podría representar un cambio de estrategia importante.

La ética igualitaria

Una noción más sobre los cazadores y recolectores del Arcaico Tardío surge de la distribución de sus puntas de *átlatl*. En contraste con algunos cazadores arcaicos de América del Norte, que emplean sólo uno o dos tipos de puntas durante un periodo de tiempo prehistórico, los cazadores oaxaqueños del Arcaico Tardío utilizaron una gran variedad de ellas; el mismo microgrupo puede haber usado hasta seis o siete

Enfrentando el riesgo en el sitio

tipos de puntas. Tanta variedad sugiere una sociedad en que cada cazador hacía su propio tipo de punta distintivo. Algunos grupos de cazadores del pasado reciente lo hacían así porque para ellos era importante saber qué proyectil había matado al animal. Esta información podía afectar la distribución de la carne entre los cazadores.

Si ése fuera el caso de Cueva Blanca, sería de esperar que cada tipo de punta de *átlatl* se agrupara en la zona de caída de determinado cazador. Una mirada a nuestro mapa del Nivel C (figura IV.19) muestra que ése no fue el caso. Por ejemplo, existen puntas del tipo San Nicolás en dos zonas de caída diferentes, a menudo en asociación con otros tipos.

Por tanto, podríamos tener una situación similar a la de los bosquimanos kung de Bostwana, África, estudiados 30 años atrás por Richard Lee. Aunque cada cazador kung hacía sus propias flechas distintivas, las intercambiaba profusamente con compañeros de caza. En 1964, Lee hizo un inventario de los carcajes de cuatro cazadores kung. Salvo uno, todos tenían flechas fabricadas por cuatro o seis hombres distintos y "dos de los cuatro no tenían en sus carcajes flechas *propias*".[16]

De acuerdo con Lee, aquel difundido intercambio de flechas fortalecía la ética igualitaria kung diluyendo la responsabilidad de la distribución de carne y extendiendo el prestigio de que una flecha propia matara a la presa. Sin aquel intercambio, los cazadores más diestros podían convertirse en una envidiada meritocracia. Sospechamos que los cazadores del Arcaico oaxaqueño pueden haber tenido una ética igualitaria similarmente sólida.

¿Qué extensión puede haber tenido el área en que los cazadores del Arcaico tal vez hayan intercambiado puntas de *átlatl* con sus amigos y parientes? La punta del tipo Coxcatlán, marcada como *c* en la figura IV.19, puede haber llegado de un lugar tan distante como el Valle de Tehuacán, 160 km al noroeste de Cueva Blanca. Es probable que una concha marina procedente del Océano Pacífico, perforada como ornamento, procediera de algún punto igualmente distante del sureste. Sin embargo, aquellas distancias palidecen en comparación con las que recorrieron algunas puntas de dardo del periodo Paleoindio anterior (capítulo III).

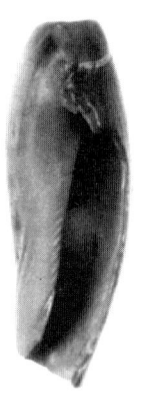

FIGURA IV.20. *Conchas marinas poco frecuentes, como ésta del Nivel C de Cueva Blanca, llegaron al Valle de Oaxaca durante el Arcaico Tardío. Longitud: 26 mm.*

El modo de vida arcaico: las implicaciones para el futuro

Sería fácil ver la estrategia arcaica de las tierras altas mexicanas del sur como simple respuesta al cambio climático. La Zona de Vida chihuahuense se retiró hacia el norte a fines de la Edad de Hielo. Con ella partió toda una serie de plantas y animales, poniendo fin a un modo de vida basado en el "escape de la sequía" mediante la migración de larga distancia y las batidas de caza comunales.

En el lugar de la estepa chihuahuense había un complejo mosaico de montes espinosos templados y semitropicales y bosques de mezquites. Para entonces, los buscadores podían resolver sus problemas entre ellos, sabiendo exactamente cuán-

[16] Richard B. Lee, 1979. *The !Kung San: Men, Women, and Work in a Foraging Society*, p. 247.

do desplazarse a lugares estacionales colmados de plantas comestibles, exactamente cuándo dispersarse en grupos familiares y exactamente cuándo juntarse en grupos de 15 a 25 personas. Una tecnología que entonces incluía piedras de moler hacía mayor la diversidad de especies comestibles. El almacenamiento prolongaba la temporada de disponibilidad de las plantas. Lograron atenuar los efectos de la sequía mediante desplazamientos más cortos y programados en vez de migraciones largas e imprevistas.

Sin embargo, esta explicación ecológico-funcionalista deja fuera las decisiones tomadas por los actores humanos. Entre la familia, la decisión de aceptar el riesgo durante una parte del año no fue impuesta a nuestros actores por el cambio climático. La decisión de fortalecer su ética igualitaria intercambiando puntas de *átlatl* no les fue impuesta por la población de venados de cola blanca. Tampoco la de dividir el trabajo siguiendo los lineamientos del sexo, que dio por resultado el grupo de herramientas masculinas y femeninas. Todas aquellas decisiones fueron opciones elegidas por personas que las consideraron favorables a sus intereses.

En 1986, Robert Reynolds elaboró una simulación computarizada de la búsqueda en Guilá Naquitz.[17] La simulación fue una especie de juego computarizado, en el que un microgrupo imaginario trataba de sobrevivir en un mundo de vegetación agreste semejante a la existente a unos pasos de la cueva. Se permitía a los buscadores tomar sus propias decisiones acerca de las plantas que habrían de recolectar. Sus únicas instrucciones fueron recordar lo que habían intentado en el pasado y hacer el menor esfuerzo posible para proveer a cada miembro del grupo de 2 000 kilocalorías y 40 gramos de proteínas diarios.

Tras un largo periodo de prueba y error, el ordenamiento jerárquico de especies vegetales utilizado por los buscadores imaginarios fue muy semejante al del Nivel D de Guilá Naquitz. Cuando Reynolds revisó los datos de la computadora para examinar las decisiones de los buscadores, encontró lo siguiente: *1)* habían elegido hacer viajes más largos a lugares de vegetación más densa y no viajes más cortos a lugares de menor densidad; *2)* se habían concentrado en plantas de elevado contenido calórico, logrando siempre sus 2 000 kilocalorías, aunque ello significara falta de proteínas; *3)* habían desarrollado dos estrategias: una más conservadora para años de sequía y otra más experimental para años húmedos; *4)* en años húmedos se habían logrado muchas mejoras vitales en la eficiencia de la búsqueda, que luego se extendieron a los años de sequía por haber demostrado su utilidad al paso del tiempo. Una de las inferencias importantes de la simulación de Reynolds es que cuando se permite a los actores tomar sus propias decisiones y tener largos periodos de tiempo para considerar los resultados, éstos pueden desarrollar estrategias afortunadas que no necesitan explicarse mediante el determinismo ambiental.

Insinuada en el Nivel C de Cueva Blanca, otra de las decisiones de los pobladores del Arcaico Tardío puede haber sido desplazarse más lejos del extremo de "búsqueda" del *continuum* y más cerca del extremo de "recolección". Aquel desplazamiento tuvo consecuencias en los orígenes de la aldea. Es difícil ver cómo unos cazadores de la Edad de Hielo sumamente móviles, o incluso microgrupos busca-

[17] Robert G. Reynolds, "An Adaptive Computer Model for the Evolution of Plant Collecting and Early Agriculture in the Eastern Valley of Oaxaca", en Flannery (comp.), 1986, pp. 439-500.

Enfrentando el riesgo en el sitio

dores del Arcaico Temprano, podían aportar un contexto a partir del cual surgieran asentamientos permanentes. Sin embargo, una vez que un patrón de establecimiento de campamentos de microgrupo dominó en el largo plazo, podemos imaginar diversas tramas que conducen a la vida aldeana.

Es probable que los cazadores arcaicos hayan previsto vivir en campamentos de macrogrupo como Gheo-Shih, a causa de la vida social y ritual más intensa que éstos brindaban. Lo que faltaba a los buscadores era un recurso que pudiera cosecharse en abundancia y almacenarse todo el año en aquellos grandes campamentos, lo que eliminaba la necesidad de desplazarse. Hacia el Arcaico Tardío cada vez fue más claro cuál podía ser aquel recurso.

V. La agricultura como extensión de la estrategia de búsqueda

En el transcurso de los milenios del Arcaico, los indios de las tierras altas del sur de México continuaron mejorando su capacidad para enfrentar el riesgo y adaptarse a la sequía. Ante una sucesión impredecible de años húmedos, secos y promedio, tuvieron que desarrollar una tecnología de cepos, redes, taladros para hacer fuego, canastas y almacenamiento de alimentos que fueron un legado para periodos ulteriores. Aprendieron a asar el agave para hacerlo comestible; a hacer tenazas con las cuales tomar los frutos del nopal; a quemar las espinas de aquellos frutos y partirlos a fin de secarlos al sol; a moler las bellotas para hacer harina; a extraer el almíbar de las vainas de mezquite; a lixiviar el ácido tánico de la bellota; a encontrar entre la maleza flores silvestres de frijol y cebolla, y a predecir a partir de esas flores cuándo podrían cosecharse las partes comestibles.

La estructura social flexible de aquellos buscadores les permitía dividirse en grupos familiares y dispersarse por la campiña durante las temporadas magras, para luego juntarse con otras familias a fin de formar grupos mayores cuando abundaban los recursos. Algunas de las plantas que comían eran duras, ásperas y fibrosas, pero los estudios nutricionales de John Robson y Joel Elias muestran que probablemente los ocupantes de Guilá Naquitz no tuvieron mayores dificultades para obtener 2 000 kilocalorías y 40 gramos de proteínas al día durante el tiempo que vivieron en la cueva.[1]

Ya hemos dicho que, más que "escapar" de la sequía, aquellos buscadores arcaicos la "atenuaban": aceptaban el riesgo en el seno familiar, dividían el trabajo en atención al sexo y obedecían a una ética igualitaria. Hacia fines del Arcaico Tardío, habían agregado otra estrategia a su repertorio de buscadores: el aumento artificial de la densidad y la disponibilidad de ciertas plantas, sembrándolas cerca de sus campamentos.

Figura v.1. *Los buscadores arcaicos utilizaban bolsas de red para llevar alimentos al volver al campamento. Este fragmento de red fue hallado en la Cueva de Guilá Naquitz. Tamaño 4.5 por 5 cm.*

---

[1] J. R. K. Robson y J. N. Elias, "Nutritional Significance of the Guilá Naquitz Food Remains", en Flannery (comp.), 1986, pp. 297-301.

La agricultura como extensión de la estrategia de búsqueda

FIGURA V.2. *Para hacer fuego los buscadores arcaicos hacían girar un taladro de madera dura dentro de un "hogar" hecho con madera más suave hasta que éste se encendía. El "hogar" que aparece aquí, hecho con la inflorescencia de una planta de agave, se encontró en Guilá Naquitz. Longitud: 20.7 cm.*

Las cucurbitáceas y el frijol

Sospechamos que la primera planta domesticada en México fue una especie de calabaza, el ococote o *Lagenaria siceraria*. Esta calabaza podría haberse encontrado entre los recipientes portátiles de agua potable más importantes de que disponían los cazadores y recolectores nómadas. No sabemos en dónde inicialmente fueron domesticadas las calabazas, pero sí que la *Lagenaria* se adapta mejor a condiciones lluviosas y húmedas que a entornos áridos y fríos.[2] Los cazadores-recolectores del Altiplano mexicano deben de haber atravesado un sinnúmero de regiones frías y áridas en donde no encontraron esta especie de calabaza. Al parecer, en algún momento empezaron a llevar consigo semillas de calabaza y a plantarlas donde no las había. Algunas cortezas secas de *Lagenaria* sugieren que esto ocurrió hacia la época en que Guilá Naquitz estaba ocupada. De tal suerte, es posible que los primeros intentos de cultivo de los buscadores arcaicos se orientaran más a proveerse de recipientes para agua que de alimento.

La *Lagenaria* pertenece a la familia botánica de las cucurbitáceas, la familia de las calabazas güiras, los chayotes y la calabaza de Castilla. Una vez que se cultivaron con éxito las calabazas güiras, los buscadores arcaicos deben de haber reconocido como potencialmente cultivables los demás miembros de la familia.

En México, docenas de especies de calabaza crecen en el monte. Generalmente dan pequeños frutos del tamaño de una naranja y sólo sirven por sus semillas comestibles, pues la pulpa es amarga o inexistente. Es seguro que los buscadores arcaicos consideraran sabrosas las semillas de calabaza, fáciles de secar y almacenar, ligeras para transportar y fáciles de llevar de un campamento a otro. Lo que no sabían es que las semillas de calabaza también contenían más proteínas que casi cualquier otra planta de las que disponían.[3] Por lo tanto, el cultivo de la calabaza encerraba la posibilidad de mejorar una dieta que solía concentrarse en las plantas con alto contenido de calorías.

Tenemos la sospecha de que, andando el tiempo, los buscadores arcaicos empezaron a cultivar chayotes al mismo tiempo que sus calabazas güiras. Los chayotes son notorios "seguidores de campamentos", plantas herbosas que se dan bien en hábitats alterados por los seres humanos. Incluso habría sido posible cultivarlos en la modificada ladera en talud debajo de una cueva ocupada, o en alguna llanura de creciente fluvial. De aquel modo, los buscadores podían reducir su tiempo de búsqueda cultivando un sembradío relativamente denso de una planta comestible en un lugar predecible.

Dos especies de calabaza aparecen en los desechos arcaicos de Guilá Naquitz. Una es una diminuta calabaza pardo amarillenta, posiblemente pariente lejana de la calabaza de Castilla actual *(Cucurbita pepo)*; está constituida por semillas, tallos y cortezas. Los zapotecas de la región se refieren a esta planta simplemente como *giht,* término genérico para designar "calabaza". La otra calabaza de la cueva es la

---

[2] Thomas W. Whitaker y Hugh C. Cutler, "Cucurbits from Preceramic Levels at Guilá Naquitz", en Flannery (comp.), 1986, pp. 277.
[3] J. R. K. Robson y J. N. Elias, "Nutritional Significance of the Guilá Naquitz Food Remains", en Flannery (comp.), 1986, fig. 23.1.

Apodanthera o melón de coyote silvestre; ésta sólo está constituida por sus semillas comestibles, dado que su fruto sabe y huele mal. Los zapotecas locales la denominan *giht lahn* o "calabaza maloliente".[4]

Con anterioridad, Richard MacNeish había encontrado grandes muestras de calabaza de Castilla arcaica en cuevas de Tamaulipas, al norte de México.[5] Otras especies más de chayote *(Cucurbita mixta* y *C. moschata)* se habían hallado en niveles del Arcaico Tardío de la Cueva de Coxcatlán, en el Val!e de Tehuacán. Estas antiguas variedades de calabaza son muy primitivas en comparación con las actuales, y puesto que no conocemos la cabal variación morfológica de sus semillas y tallos, toda pretensión acerca de la fecha de domesticación debe considerarse tentativa.

También son nativas de las tierras altas de México docenas de especies de frijol silvestre. Muchas tienen semillas tan pequeñas que en la actualidad sólo se usa su raíz comestible; así ocurre con el frijol silvestre *Phaseolus heterophyllus,* que todavía crece cerca de Guilá Naquitz. Los zapotecas de la región lo llaman simplemente *gužehl* o "pequeño tubérculo".

En el desecho arcaico de Guilá Naquitz había más de 100 pequeñas semillas negras de un frijol rastrero que aún no se ha identificado con ninguna especie. Tan numerosos eran aquellos frijoles que su densidad tal vez se haya incrementado de manera artificial al plantarlos cerca de la cueva. No obstante, de ser así, se trató de un intento de cultivo abandonado en última instancia, pues esta especie particular de frijol rastrero no dejó descendientes domésticos.[6]

Los zapotecas de hoy siguen cultivando el frijol negro, al que llaman *bisya lǎs*. Sin embargo, la especie que más cultivan actualmente es el frijol común, *Phaseolus vulgaris.* De tal suerte, es posible que, al paso del tiempo, ciertos frijoles domésticos primitivos superaran a sus parientes de manera tan abrumadora que se abandonaron los intentos por cultivarlos. Es probable, además, que así ocurriera porque en la combinación genética de algunas especies hubo genes mutantes ocasionales que hicieron a la planta más grande, sabrosa, fácil de procesar, o las tres cosas a la vez. Luego, particulares semillas mutantes pueden haberse seleccionado para su siembra, aumentando su frecuencia en la generación siguiente.

La agricultura tal vez haya empezado simple y sencillamente como una de tantas estrategias arcaicas, concebida para dar a los buscadores más kilos de alimento con menos viajes y menor tiempo de recolección. No obstante, andando el tiempo la selección dio paso a variedades domésticas de chayote que eran de mayor tamaño, producían más semillas y tenían una pulpa de mejor sabor. También dio lugar a un tipo de frijol de semillas más grandes y más solubles en agua, así como vainas resistentes y flexibles, mucho más fáciles de cosechar que las vainas explosivas y en espiral del frijol silvestre, que podían romperse al tacto y dispersar las semillas.

A la postre, la agricultura fue un proceso casi irreversible, dado que las recién creadas variedades domésticas no podían sobrevivir sin ayuda humana y, a su vez,

La agricultura como extensión de la estrategia de búsqueda

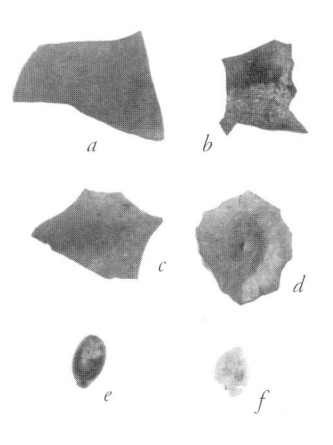

FIGURA V.3. *Restos de calabazas güiras y chayotes hallados en la Cueva de Guilá Naquitz.* a-c) *Fragmentos de corteza de calabaza güira;* d) *base de rabillo de calabaza;* e) *semilla de melón de coyote silvestre* (Apodanthera *sp.);* f) *semilla de chayote. Longitud de* e: *1 cm.*

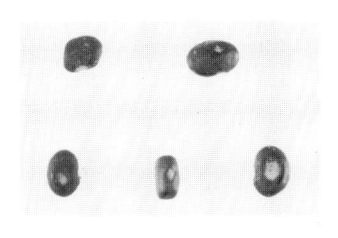

FIGURA V.4. *Frijoles negros silvestres de tipo rastrero* (Phaseolus *sp.) de la Cueva de Guilá Naquitz. Longitud de la muestra inferior izquierda: 5 mm.*

---

[4] Ellen Messer, 1978, *Zapotec Plant Knowledge: Classification, Uses, and Communication about Plants in Mitla, Oaxaca, Mexico,* pp. 58-59.
[5] Hugh C. Cutler y Thomas W. Whitaker, "Cucurbits from the Tehuacán Caves", en Byers (comp.), 1967, pp. 212-219.
[6] Lawrence Kaplan, "Preceramic *Phaseolus* from Guilá Naquitz", en Flannery (comp.), 1986, pp. 281-284.

La agricultura como extensión de la estrategia de búsqueda

los seres humanos empezaron a depender cada vez más de las variedades domésticas. Luego, el mayor esfuerzo dedicado a la agricultura quitó tiempo a la recolección de ciertas plantas silvestres. Por ejemplo, a medida que aumentó el uso de la calabaza y el frijol, cerca de Guilá Naquitz, también aumentó el de vainas de mezquite, en tanto que declinaba el uso de bellotas, piñones, nueces de *susí* y almezas.[7] Sospechamos que aquellos cambios tuvieron lugar porque las familias del Arcaico Tardío dedicaban más tiempo al terreno aluvial del valle rico en mezquites —la mejor tierra agrícola del valle— y menos al bosque superior de pinos y encinos.

La domesticación del maíz

Las calabazas güiras, el chayote y el frijol fueron apenas las primeras entre innumerables plantas cultivadas por los buscadores arcaicos del centro y sur de México. Hacia el Arcaico Tardío, aparecen chiles *(Capsicum annuum)* en las cuevas secas del Valle de Tehuacán, y están presentes semillas carbonizadas de tomate cereza *(Physalis* sp.) en un campamento de macrogrupo del Lago de Chalco, en la Cuenca de México.[8] En estas dos regiones se usaron también granos de amaranto *(Amaranthus* spp.). El algodón *(Gossypium hirsutum),* cuya domesticación aportó

FIGURA V.5. *Comparación entre teosinte y maíz.*

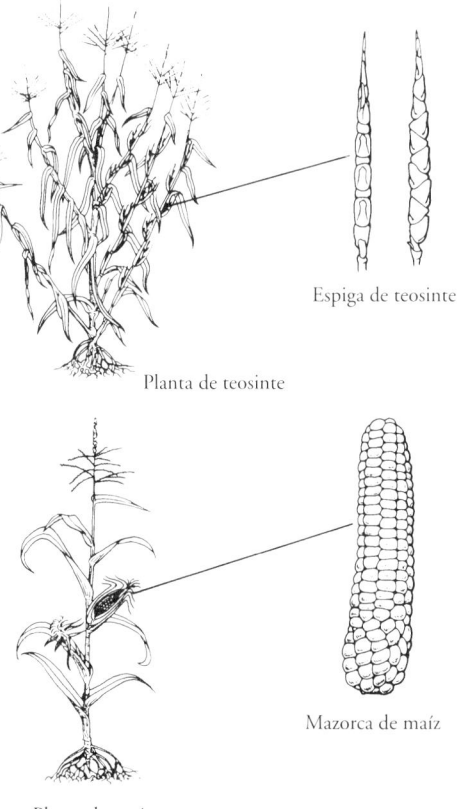

[7] Flannery (comp.), 1986, p. 503.
[8] Christine Niederger, 1979, "Early Sedentary Economy in the Basin of Mexico", *Science* 203, pp. 141-142.

La agricultura como extensión de la estrategia de búsqueda

FIGURA V.6. *Un gran plantío de teosinte, crecido en un terreno montañoso en barbecho, a 120 km al suroeste de la Cuenca de México.*

fibra para cuerdas, redes y textiles primitivos, puede haberse cultivado en el Valle de Tehuacán hacia el Arcaico Tardío.[9]

Sin embargo, entre todos los cultivos del Arcaico mexicano, ninguno tuvo mayor repercusión que el maíz *(Zea mays)*. Desde su humilde principio como hierba silvestre de granos difíciles de procesar y relativamente poco apetitosos, con el transcurso del tiempo el maíz se transformó en el alimento básico de la civilización mexicana. En palabras del botánico George Beadle, ganador del premio Nobel, a los buscadores arcaicos de México "se les puede dar crédito por haber producido el mayor cambio morfológico de cualquier planta cultivada" y "por haber adaptado el maíz a la mayor extensión geográfica de cualquier planta cosechada importante".[10]

La mayoría de los botánicos cree que el antepasado silvestre del maíz fue una hierba que los aztecas llamaron *teocentli*, o "maíz de los dioses".[11, 12] Ahora castellanizada como *teosinte*, esta hierba silvestre crece en una multiplicidad de variedades desde el estado mexicano de Chihuahua hasta la frontera entre Guatemala y Honduras.[13] No se sabe con exactitud en dónde, de esta gran extensión, se domesticó el teosinte por primera vez, pero en la actualidad algunos botánicos concentran su atención en la variedad *parviglumis* del teosinte, que crece en el centro-oeste de México.[14]

Para el observador informal, un plantío de teosinte es muy similar a una milpa. Es preciso estar muy cerca para ver la diferencia: en vez de

FIGURA V.7. *Frijol trepador silvestre apareado alrededor de una caña de teosinte.*

[9] Byers (comp.), 1967.
[10] George W. Beadle, 1971, carta a Kent V. Flannery.
[11] Walton C. Galinat, 1983, "The Origin of Maize as Shown by Key Morphological Traits of its Ancestor, Teosinte", *Maydica* 30, pp. 121-138.
[12] Walton C. Galinat, 1985, "The Missing Links between Teosinte and Maize; A Review", *Maydica* 28, pp. 137-160.
[13] H. Garrison Wilkes, 1967, *Teosinte: The Closest Relative of Maize*.
[14] John Doebley, 1992, "Mapping the Genes that Made Maize", *Trends in Genetics* 8, pp. 302-307.

La agricultura como extensión de la estrategia de búsqueda

mazorca, el teosinte tiene una espiga de siete a 12 granos en una sola hilera, cada uno de los cuales está envuelto por una vaina dura como piedra. Esta vaina no deja brotar el grano sin antes ser empapada de manera persistente por la lluvia, defensa natural en tiempos de sequía. Cómo determinaron siquiera los buscadores arcaicos que el teosinte era comestible, es una buena pregunta; tal vez hayan descubierto que "estalla" como roseta de maíz cuando se calienta al fuego. De otro modo, habría que pasar horas triturando las vainas del grano en un mortero.

El teosinte anual es una planta precursora cubierta de malas hierbas, que coloniza los pliegues naturales del terreno. En algunas áreas del centro-oeste de México, los buscadores que desbrozaron un lugar para acampar en el monte espinoso quizá al volver el año siguiente encontraron que el antiguo campamento se había convertido en un campo de teosinte. En este plantío secundario también pueden darse la calabaza y el frijol trepador silvestre que se enreda alrededor de los tallos de teosinte. Por tanto, tal vez no haya sido casualidad que, andando el tiempo, los indios de México sembraran en un mismo campo de cultivo maíz, frijol y calabaza; quizá la naturaleza haya puesto el modelo.

No sabemos cuándo los buscadores arcaicos empezaron a comer teosinte. Los granos carbonizados se han encontrado en niveles del Arcaico Medio pertenecientes a un campamento de macrogrupo de la Cuenca de México.[15] En Oaxaca no se han hallado semillas comparables en sitios arcaicos, pero en el desecho arcaico de Guilá Naquitz, Gheo-Shih y Cueva Blanca se han encontrado granos de polen parecidos a los del teosinte.[16]

Es posible que ni siquiera el teosinte cultivado deliberadamente haya sido un alimento muy apetitoso; el secreto de su éxito radica en su plasticidad genética. Por ejemplo, una sola posición genética llamada *tga1* controla una diferencia clave entre el teosinte y el maíz: la diferencia entre la dura vaina del grano de teosinte y la mazorca expuesta del maíz.[17] No sabemos cuántas mutaciones de ese tipo ocurrieron antes de que el teosinte fuera maíz. En cierta ocasión, Beadle estimó que entre ambas formas sólo mediaban "cinco diferencias genéticas importantes heredadas de manera independiente". Sean cuales fueren los pasos que intervinieron, parece ser que, con sus duras vainas, la espiga de teosinte de una sola hilera se

FIGURA V.8. *Cuatro de las mazorcas de maíz más antiguas procedentes de la Cueva de San Marcos, en el Valle de Tehuacán.*

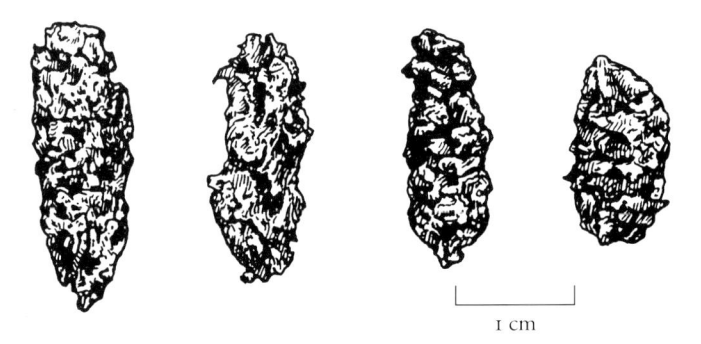

1 cm

---

[15] Christine Niederberger, 1979, "Early Sedentary Economy in the Basin of Mexico", *Science* 203, pp. 131-142.
[16] Comunicación personal, James Schoenwetter, 1980.
[17] Jane Dorweiler, Adrian Stec, Jerry Kermicle y John Doebley, 1993, "Teosinte Glume Architecture I: A Genetic Locus Controlling a Key Step in Maize Evolution", *Science* 262, pp. 233-235.

convirtió con el tiempo, mediante la mutación y la selección humana, en una mazorca de maíz de múltiples filas de granos contenidos dentro de cúpulas blandas.

Las mazorcas de maíz doméstico más antiguas que se conocen provienen de dos refugios rocosos del Valle de Tehuacán: la Cueva de Coxcatlán y la Cueva de San Marcos.[18] Aquellas diminutas y primitivas mazorcas no son más largas que un filtro de cigarrillo (19-25 mm) y sólo tienen 4-8 hileras de pequeños granos. Los granos están contenidos en cascarillas que muestran rasgos de su antepasado, el teosinte. Aunque el maíz más antiguo puede haber tenido más mazorcas por planta que el maíz moderno, aquéllas eran tan pequeñas que el rendimiento tal vez haya sido de sólo 60-80 kg/ha.[19] Más aún, como la mazorca de maíz había perdido su mecanismo de dispersión de los granos cuando la espiga de teosinte perdió su capacidad para quebrarse, el maíz fue entonces una monstruosidad genética dependiente de los seres humanos para su supervivencia.

Fechas definitivas de la agricultura antigua

Hemos aplazado el tratamiento de las fechas definitivas de la agricultura arcaica hasta el final de este capítulo porque, en el momento de escribir, toda la cronología del Arcaico mexicano pasa por una reevaluación.

Hasta épocas recientes, virtualmente todas las fechas definitivas de cuevas secas de los valles de Tehuacán y Oaxaca proceden de muestras de carbón, fechadas con carbono radiactivo durante la década de 1960. Se considera que aquellas muestras de carbón databan las capas de vida en que se habían encontrado diversas plantas domésticas antiguas: calabazas güiras, chayote, frijol, maíz, chile, tomate y así sucesivamente. Los arqueólogos sabían que podían encontrar algún nivel de vida ocasional en que el carbón y las plantas desecadas, o ambos, se hubieran introducido desde otro nivel. Esperaban que ello ocurriera pocas veces, de manera que, si obtenían un conjunto de fechas lo suficientemente numeroso, quedaría claro el patrón general.

Las fechas de la década de 1960 sugieren que las calabazas güiras pueden haberse domesticado hacia 7000 a.C. En 7000-6000 a.C. aparecieron domesticadas en Oaxaca algunas semillas de chayote, y una muestra mayor en Tehuacán en 5000-3000 a.C. El frijol trepador silvestre estuvo presente en Oaxaca hacia 8000-7000 a.C., y los primeros frijoles domésticos aparecieron en las cuevas de Tehuacán entre 4000 y 2000 a.C. Las primeras mazorcas de maíz doméstico aparecieron en capas de la fase Coxcatlán, en el Valle de Tehuacán. Muestras de carbón de aquellas capas sugirieron que esa fase databa del 5000-3500 a.C.

A partir de la década de 1960 se ha desarrollado una alternativa a la datación tradicional mediante carbono radiactivo. Se trata de la datación espectrométrica mediante acelerador de masa (AMS) y puede realizarse directamente sobre material no carbonizado como las mazorcas de maíz disecadas. En 1989, un equipo de geo-

---

[18] Paul C. Mangelsdorf, Richard S. MacNeish y Walton C. Galinat, "Prehistoric Wild and Cultivated Maize", en Byers (comp.), 1967, pp. 178-200.
[19] Kirkby, 1973, fig. 48.

La agricultura como extensión de la estrategia de búsqueda

físicos y botánicos sometió 12 de las mazorcas de maíz más antiguas a la datación AMS y obtuvo fechas 1 500 años menores de las esperadas.[20] Las fechas AMS sitúan el maíz más antiguo, del Nivel F de la Cueva de San Marcos, en la categoría de 3640-3360 a.C., hacia el fin de la fase Coxcatlán definida en la década de 1960. Algunas de las mazorcas del Nivel XIII de la Cueva de Coxcatlán produjeron fechas aún más recientes, muy entrado el tercer milenio de nuestra era.

¿Qué podemos inferir de estas nuevas fechas? En tanto que algunos arqueólogos ya se apresuran a explicar la diferencia entre las fechas de carbono radiactivo de la década de 1960 y las fechas AMS, nosotros recomendamos paciencia. Durante la década siguiente se obtendrán más fechas AMS y, cuando éstas se combinen con la datación tradicional mediante carbono radiactivo, podremos llegar a un consenso respecto a la fecha definitiva de la agricultura más antigua de Tehuacán. Por ahora no tenemos pruebas de que ninguna de las dos series sea la "correcta" en un sentido absoluto, y lo único que podemos hacer es formular argumentos especulativos acerca de por qué no concuerdan.

El contexto de la agricultura antigua no cambiaría aun cuando resultara que la fase Coxcatlán date de 3500-2500 a.C. y no de 5000-3500 a.C. Tras un largo periodo de usar los antepasados silvestres del maíz, del frijol y de la calabaza, los cazadores y recolectores seminómadas de Tehuacán y Oaxaca empezaron a cultivarlos. Hacia el Arcaico Tardío la agricultura se había instalado, sea cual fuere su fecha definitiva. Con tiempo y paciencia, gracias a la cuidadosa selección de las mayores y mejores semillas para cada siembra anual y al aliento de cada mutación favorable una vez aparecida, los indios del Altiplano de México gradualmente produjeron una serie de cultivos que constituyeron la base de una civilización.

---

[20] Austin Long, B. F. Benz, D. J. Donohue, A. J. T. Jull y L. J. Toolin, 1989, "First Direct AMS Dates on Early Maize from Tehuacán, Mexico", *Radiocarbon* 31, pp. 1035-1040.

VI. Aprendiendo a vivir en aldeas

Es PROBABLE que, en los valles de Tehuacán y Oaxaca, el tipo de agricultura más antiguo practicado en el Arcaico Tardío se basara en las precipitaciones pluviales. Incluso en la actualidad, el cultivo de maíz de temporal es el tipo de agricultura más común en el Valle de Oaxaca, y también el de mayor riesgo. El valle recibe un promedio anual de 550 mm de lluvia, pero ésta apenas es suficiente para sustentar una cosecha de maíz en un año promedio.[1] Es probable que en tres de cada 10 años la precipitación decline por debajo de 500 mm, amenazando con la pérdida de las cosechas.

Sin embargo, a lo largo de los ríos principales del Valle de Oaxaca, corre una faja de tierra en la que el manto freático se halla tan cerca de la superficie que crea una zona de aluvión permanentemente húmeda —que los zapotecas llaman *yuh kohp* en su lengua—. Cuando el maíz se siembra en aquella zona, sus raíces pueden extraer agua continuamente por acción capilar, ayudando a la planta a sobrevivir entre lluvia y lluvia. Los campesinos zapotecas también conservan el agua en el suelo mediante una cuidadosa escarda, a fin de que la humedad no sea acaparada por otras plantas. En las áreas en donde aún se siembra con el antiguo bastón de plantar, los campesinos hacen cavidades poco profundas para cada semilla, alterando lo menos posible el resto de la superficie.

La faja de manto freático alto, o *yuh kohp*, fue esencial para el establecimiento de la vida sedentaria en el Valle de Oaxaca, ya que casi todas las primeras aldeas del valle (1700-1200 a.C.) se hallan contiguas a este tipo de terreno. Debido a que la *yuh kohp* sólo existe en menos de 10% del terreno del valle, los sitios de las aldeas antiguas deben de haberse escogido con cuidado, a más de hallarse muy espaciados para reducir al mínimo la competencia por aquel preciado recurso. Incluso Gheo-Shih, el campamento de macrogrupo arcaico descrito en el capítulo IV, se hallaba situado cerca de una faja de *yuh kohp* a lo largo del Río Mitla.

No sabemos cuándo decidieron los indios de Oaxaca hacer del cultivo del maíz su actividad económica más importante, opción que cambió para siempre tanto

FIGURA VI.1. *Hacia la época en que la vida aldeana se estableció en el Altiplano mexicano, las mazorcas del maíz habían alcanzado el tamaño de esta muestra procedente de una cueva seca de las cercanías de Tehuacán.*

[1] Kirkby, 1973, p. 35.

FIGURA VI.2. *Crecida del Río Atoyac, cerca del Sitio 5-8-128 (Santa Inés Yatzeche) en el Valle Grande, 1970. La faja de aluvión permanentemente húmedo a lo largo del río se llama* yuh kohp *en zapoteco.*

*Aprendiendo a vivir
en aldeas*

FIGURA VI.3. *Las casas de bajareque con techos de paja, semejantes a las de 1500-1000 a.C., todavía se usan en algunas partes del Valle de Oaxaca.*

los patrones de asentamiento como las instituciones sociales. Sin embargo, su decisión puede haberse basado en la creciente productividad del maíz al aumentar el tamaño de la mazorca a lo largo de siglos de selección humana.

Los estudios de campo de la geógrafa Anne Kirkby muestran que los campesinos zapotecas no consideran que valga la pena limpiar y cultivar la tierra a menos que se pueda esperar un rendimiento de 200 a 250 kg/ha de maíz desgranado.[2, 3] Kirkby también descubrió una relación estadística entre la longitud y el rendimiento promedios de la mazorca de maíz. Según sus cálculos, el maíz primitivo de Tehuacán puede haber rendido únicamente de 60 a 80 kg/ha. Con aquel rendimiento era difícil que valiera la pena erradicar los árboles de mezquite (que a su vez producen de 160 a 180 kg/ha de vainas) para sembrar maíz.[4] Sin embargo, hacia 1700-1500 a.C., las mazorcas de maíz habían aumentado de tamaño gracias a la selección humana, al grado de que tal vez hayan rendido 200-250 kg/ha. Este hecho notable ocurrió cerca de la fecha en que los indios de Oaxaca se habían propuesto vivir en aldeas permanentes cercanas a la mejor tierra de labranza.

¿Cuáles fueron las implicaciones de aquel propósito? Es evidente que nuestros actores prehistóricos habían decidido que *1)* erradicar árboles de la *yuh kohp; 2)* sembrar maíz, frijol y calabaza con bastón de plantar; *3)* escardar; *4)* cosechar, y *5)* almacenar granos constituía una mejor estrategia que recorrer miles de kilómetros cuadrados en busca de alimento. Sin duda, siguieron cazando animales del monte y recolectando plantas silvestres, pero estas actividades ahora corrían a cargo de "grupos de trabajo" enviados desde la aldea.

Cada familia construía su casa en el sitio escogido para establecer la aldea. Los pilares de las casas eran postes de pinos traídos de las montañas, y sus techos estaban

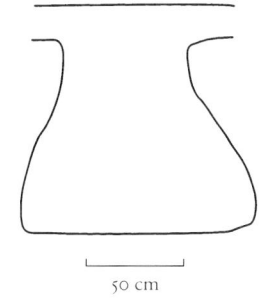

FIGURA VI.4. *Los fosos de almacenamiento usados por los primeros aldeanos oaxaqueños tenían forma de botella de acuerdo con su corte transversal.*

---

[2] Kirkby, 1973.
[3] Anne V. T. Kirkby, 1974, "Individual and Community Responses to Rainfall Variability in Oaxaca, Mexico", en *Natural Hazards: Local, Regional, and Global*, Gilbert F. White (comp.), pp. 119-128.
[4] Kent V. Flannery, 1973, "The Origins of Agriculture", *Annual Review of Anthropology* 2, pp. 298-299.

Aprendiendo a vivir en aldeas

Figura VI.5. *Lecho rocoso bajo una de las primeras aldeas de Oaxaca. Los hoyos pequeños son para los pilares de la casa; los más grandes son fosos de almacenamiento u hornos de tierra.*

cubiertos de juncos o hierbas. Las paredes se hacían de fardos de cañas atadas unas a otras y luego recubiertas de arcilla según el estilo arquitectónico llamado de "bajareque". Sobre el simple suelo de tierra apisonada iba una capa de arena del río para proveer una superficie seca y tal vez una o dos esteras de juncos para dormir. Cerca de la casa, cada familia cavaba fosos de almacenamiento para el maíz cosechado. De mayor tamaño que los fosos vistos en Guilá Naquitz, aquellas unidades de almacenamiento tal vez hayan contenido hasta una tonelada métrica de maíz desgranado, o el abasto anual para una familia de cuatro a cinco personas.

La vida en asentamientos mayores

Una de las consecuencias involuntarias del sedentarismo fue que, para entonces, la gente vivía de manera permanente en grupos mayores. Algunas aldeas primitivas tenían de 50 a 100 personas, superando por amplio margen a los campamentos de macrogrupo del Arcaico. La población humana se hallaba en crecimiento. Una de las posibles razones es que la productiva agricultura en terreno de aluvión húmedo había elevado la capacidad del valle para alimentar a la gente. Una menos obvia es que, por sí solo, el proceso de volverse sedentarios incrementa la población. Con frecuencia, los cazadores y recolectores migrantes sufren de mortalidad infantil relacionada con el viaje, y es posible que espacien los nacimientos de sus hijos a lo largo de muchos años por resultarles problemático llevar niños pequeños en viajes largos. Habiéndose animado a vivir en aldeas en forma sedentaria, algunos cazadores y recolectores antes nómadas vieron crecer sus poblaciones, en parte por la menor mortalidad infantil y en parte debido al menor espaciamiento entre uno y otro alumbramiento.[5]

---

[5] Lewis R. Binford y W. J. Chasko, Jr., 1976, "Nunamiut Demographic History: A Provocative Case", en *Demographic Anthropology: Quantitative Approaches*, Ezra B. W. Zubrow (comp.), pp. 63-143.

Sea como fuere, hacia 1700-1200 a.C., los ocupantes del Valle de Oaxaca vivían, como nunca antes, en asentamientos mayores. Durante todo el Arcaico, es posible que cualesquiera conflictos sociales se resolvieran dividiendo el campamento, siendo las familias descontentas o mal avenidas las que tenían que partir. Así, las familias antes nómadas empezaron a establecerse, pues habían adquirido vínculos con una franja de tierra húmeda del fondo del valle, tal vez una o dos hectáreas que habían sido apartadas para su uso. También habían invertido trabajo en una casa y una serie de hoyos de almacenamiento, por lo que se mostraban reacios a abandonar el lugar.

Por consiguiente, uno de los grandes retos a los que se enfrentaron los aldeanos del periodo de 1700-1200 a.C. fue hallar modos para integrar comunidades mayores y resolver los conflictos sin escindirse. Otro de los desafíos consistió en defender el área de buena tierra en que se habían asentado, protegiendo su autonomía de los vecinos envidiosos. Ambos retos condujeron hacia instituciones sociales desconocidas en periodos anteriores.

De nuestra lectura de los datos etnográficos y de la teoría social de la evolución, hemos inferido la aparición de esas instituciones; sin embargo, como hemos de ver en capítulos subsiguientes, detectarlas en el registro arqueológico exige cierta labor.

Aprendiendo a vivir en aldeas

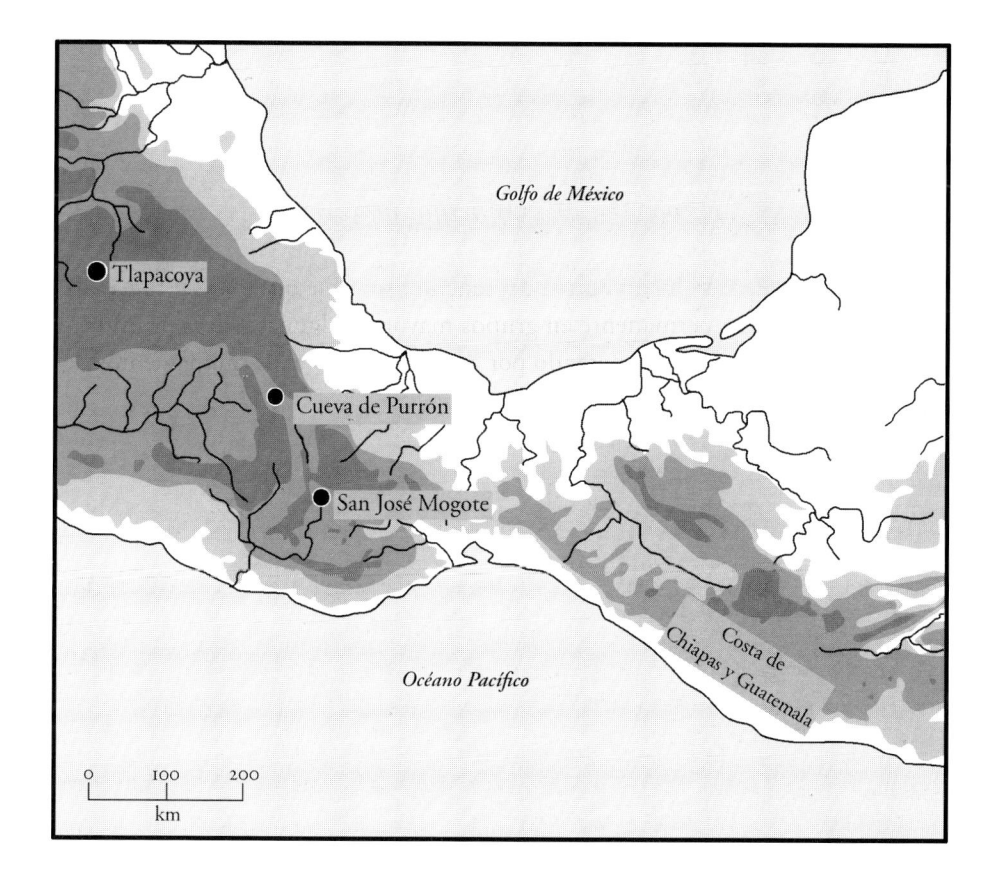

FIGURA VI.6. *Algunos de los lugares donde los arqueólogos buscan ahora los orígenes de la vida sedentaria y la fabricación de alfarería en Mesoamérica.*

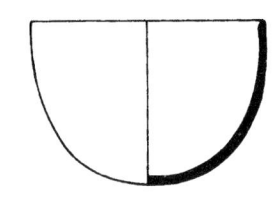

FIGURA VI.7. *Algunas de las vasijas de cerámica más antiguas de México imitaban la forma de una escudilla de calabaza.*

FIGURA VI.8. *Una escudilla de calabaza* (arriba) *comparada con una primitiva vasija de barro en forma hemisférica de Oaxaca* (abajo). *Nótese que la vasija de barro incluso tiene "hoyuelos" en el borde, en donde la escudilla de calabaza tiene las marcas de su rabillo. Diámetro de la escudilla de calabaza: 13.5 cm.*

Los orígenes de la aldea

Nadie está seguro de cómo ocurrió la transición a la vida aldeana. Puede haber sido un proceso errático, en el cual varios grupos arcaicos se aproximaron al sedentarismo en años buenos, alejándose de él en años de sequía para luego volver a aproximarse. La cada vez mayor dependencia de las plantas domésticas ejerce una atracción centrípeta para permanecer en la mejor tierra, en tanto que la dificultad de transportar una tonelada métrica de maíz desalienta la migración. Por otra parte, es posible que un año de sólo 200 mm de precipitación pluvial constituyera un fuerte impulso centrífugo a dispersarse de nuevo en microgrupos familiares.

En Tlapacoya, a orillas del Lago de Chalco, en el sur de la Cuenca de México, Christine Niederberger excavó los restos de un grupo arcaico que a su juicio ya había establecido "residencia prolongada o permanente en el mismo sitio".[6] Su argumento es que el entorno insólitamente rico de las riberas del Lago de Chalco puede haber proporcionado alimento para todo el año; pero no se encontraron casas permanentes en el sitio. En el desecho había plantas y animales de las temporadas de lluvias y de secas; lo mismo puede decirse de Guilá Naquitz. Todo lo que se necesitaba para recolectarlos era que un grupo llegara en agosto (a fines de la temporada de lluvias) y se quedara hasta enero (a mediados de la temporada de secas).

Sea como fuere, los datos de Niederberger nos recuerdan que el Altiplano mexicano era un mosaico de entornos ricos y pobres. Algunos entornos ricos, como la ribera del Lago de Chalco, pueden haber aportado suficiente alimento silvestre complementario para mantener juntos en un campamento de macrogrupo (o en una aldea incipiente) a los primeros campesinos durante los años de bajo rendimiento de maíz.

En el surgimiento de las artesanías, que resultan más comunes en una aldea que en un campamento temporal, pueden encontrarse indicios de creciente sedentarismo. Una de esas artesanías es la manufactura de cerámica. La cerámica tiene ventajas sobre las calabazas, dado que con ella se pueden fabricar recipientes de mucho mayor tamaño y ponerse directamente sobre el fuego. A su vez, aquellos recipientes más grandes y más pesados son lo último que un buscador hubiera querido arrastrar a lo largo de 50 km de senderos montañosos. En una aldea, una tinaja de agua de 10 litros se constituye en trasto permanente en la esquina de la cabaña techada de paja, con una escudilla de calabaza más pequeña que sirve de cucharón.

Los complejos de Purrón y Espiridión

En algún momento entre 1900 y 1400 a.C., los indios de los valles de Tehuacán y Oaxaca empezaron a hacer cerámica de color amarillo a marrón, sin decorar, de algunas formas simples: vasijas hemisféricas y jarrones redondos con y sin cuello. La mayor parte de esas formas semejan imitaciones en cerámica de recipientes de calabaza. La muestra que obtuvimos de esta antigua cerámica está limitada a 389 fragmentos provenientes de dos sitios arqueológicos. La muestra más antigua, 127 frag-

---

[6] Christine Niederberger, 1979. "Early Sedentary Economy in the Basin of Mexico", *Science* 203, p. 137.

Aprendiendo a vivir en aldeas

FIGURA VI.9. *Parte de la cerámica más antigua de México fue hallada en la Cueva de Purrón, en el árido Valle de Tehuacán.*

FIGURA VI.10. *San José Mogote, un sitio al aire libre en el menos árido Valle de Oaxaca, produjo igualmente cerámica primitiva.*

mentos, proviene de la Cueva de Purrón, en el Valle de Tehuacán, que ha sido denominada Complejo de Purrón.[7] Una muestra más reciente, 262 fragmentos, procede de San José Mogote, a orillas del Río Atoyac, en el Valle de Oaxaca.[8] Esta última muestra, llamada Complejo Espiridión, fue asociada a los vestigios de una casa de bajareque localizada en lo que aparentemente había sido una aldea. La muestra de Purrón, que provino de dos habitaciones ubicadas en un abrigo rocoso, tal vez fue abandonada por un "grupo de trabajo" enviado desde alguna aldea todavía no descubierta, localizada en algún lugar de los alrededores.

Contamos con tan pocos indicios de este periodo que nos es imposible reconstruir nuestro patrón de asentamiento y subsistencia, y con mayor razón su organización social. Todo lo que podemos decir es que la primera aldea permanente dominaba ya el aluvión húmedo del Río Atoyac, en el Valle de Oaxaca.

[7] Richard S. MacNeish, Frederick A. Peterson y Kent V. Flannery, 1970, *The Prehistory of the Valley of Tehuacán*, vol. 3: *Ceramics*, pp. 3-6.
[8] Flannery y Marcus, 1994, pp. 45-54.

VII. La creación del prestigio en la sociedad igualitaria

La palabra "igualitario" es una de las peor entendidas en la teoría evolucionista. Casi todas las sociedades de cazadores y recolectores son descritas como igualitarias; lo mismo ocurre con las sociedades aldeanas autónomas.[1]

Sin embargo, pídase a 10 arqueólogos definir una sociedad igualitaria y cinco de ellos contestarán: "una sociedad en que todos son iguales en prestigio y posición". Respuesta errónea, dado que no hay ninguna sociedad en la que todos sean iguales en prestigio o posición. El hombre diestro al que se elige como líder de caza durante una batida de antílopes en la Gran Cuenca goza de mayor prestigio que el cazador y recolector común y corriente.[2] En Nueva Guinea, el comerciante chimbú que acumula recursos a fin de construir la Casa de los Hombres para su pueblo tiene mayor prestigio que el miembro promedio de la tribu.[3]

Los etnólogos que califican de "igualitarias" a las sociedades de cazadores y recolectores y de aldea autónoma no quieren decir que carezcan de diferencias de posición. Quieren decir que cualesquiera diferencias de posición *se adquieren, no se heredan*. En las sociedades igualitarias, los individuos pueden adquirir prestigio por su edad avanzada, por sus hazañas personales o por la acumulación de bienes cuantificables. Pero no *heredan* una posición elevada, como ocurre en las sociedades compuestas principalmente de linajes o de un estrato noble.

Lamentablemente, muchos arqueólogos consideran que "igualitario" significa "homogéneo". Asumen que las personas de aquellas sociedades son una especie de monedas acuñadas en la misma casa, y cuando encuentran indicios de heterogeneidad —como es inevitable que ocurra—, erróneamente concluyen que han descubierto un "señorío".

Con frecuencia cada vez mayor, en los libros de arqueología vemos frases como "recolectores complejos de alimentos" o "complejidad precoz". Los adjetivos son superfluos. Sólo nos dicen que, en la sociedad igualitaria, algunos de nuestros colegas esperaban una simplicidad y una homogeneidad que, por principio de

---

[1] Morton A. Fried, 1967, *The Evolution of Political Society*.
[2] Julian H. Steward, 1938, *Basin-Plateau Aboriginal Sociopolitical Groups*.
[3] Paula Brown, 1972, *The Chimbu: A Study of Change in the New Guinea Highlands*.

La creación del prestigio en la sociedad igualitaria

cuentas, no estaba allí. Para gritar "sociedad jerárquica", lo único que algunos arqueólogos necesitan es hallar unos cuantos entierros con objetos de concha, como si los miembros de las sociedades igualitarias nunca hubieran usado ornamentos.

El prestigio en las sociedades igualitarias

Como ejemplo de heterogeneidad en la sociedad igualitaria, podemos volvernos a los indios pueblo del suroeste de los Estados Unidos. Sus aldeas tal vez sean autónomas, pero su sociedad está llena de diferencias de posición social. Por ejemplo, entre los tewas, hay tres niveles de "ser" en la tierra y tres más en el mundo del espíritu.[4]

En lo alto de la escala terrestre están los *patowas* o Personas Hechas, cuyos años de servicio calificado a la comunidad han hecho de ellos líderes rituales. Se han elevado a su posición por medio de una jerarquía de órdenes fraternas, empezando por la sociedad de la "cabellera" para elevarse por las sociedades de "caza", "bufón ardiente" y "medicina de oso". En el fondo de la escala se hallan las Personas de Comida Seca, tewas comunes que no ocupan ninguna posición oficial en el sistema político o ritual. Por lo general, las Personas Hechas pueden escoger asistentes rituales o *towa é* entre las Personas de Comida Seca, pero tras determinado periodo de servicio, estos asistentes regresan a la reserva de la Comida Seca. En tanto están de servicio, los *towa é* median entre las Personas Hechas y las Personas de Comida Seca; por otra parte, las Personas Hechas median entre el mundo humano y el mundo de los espíritus.

Los tewas nos enseñan muchas cosas acerca de las instituciones de la sociedad de aldea autónoma. La aldea se divide en grupos de familias ligadas entre sí, en tanto que los grupos se vinculan mediante órdenes fraternas que atraen a miembros de ambas unidades. La base para pertenecer a una de aquellas órdenes es el servicio ritual y comunitario. El punto focal es una estructura especial (llamada *kiva* en el caso de los tewas) y en los ritos se incluyen trajes, artefactos y parafernalia especiales. Si bien no hay jerarquía hereditaria —todos los miembros de la aldea nacen teóricamente iguales—, entre los adultos existen grandes diferencias de prestigio porque algunos tienen la habilidad y la ambición de ascender en la escala ritual en tanto que otros no. Significativamente, se cree que los individuos de mayor prestigio mantienen una relación más estrecha con el mundo de los espíritus.

En las tierras altas de Nueva Guinea es posible encontrar otra serie de sociedades aldeanas autónomas.[5-8] Una vez más y en ausencia de jerarquías hereditarias, corresponde al sistema ritual la responsabilidad de producir diferencias de posición adquirida, lo que Raymond Kelly llama "una jerarquía de la virtud".[9]

---

[4] Alfonso Ortiz, 1969, *The Tewa World: Space, Time, Being and Becoming in a Pueblo Society*.
[5] Roy A. Rappaport, 1968, *Pigs for the Ancestors: Ritual in the Ecology of New Guinea People*.
[6] Paula Brown, 1972, *The Chimbu: A Study of Change in the New Guinea Highlands*.
[7] Fredrik Barth, 1987, *Cosmologies in the Making: A Generative Approach to Cultural Variation in Inner New Guinea*.
[8] Bruce M. Knauft, 1993, *South Coast New Guinea Cultures: History, Comparison, Dialectic*.
[9] Raymond C. Kelly, 1993, *Constructing Inequality: The Fabrication of a Hierarchy of Virtue Among the Etoro*.

La creación del prestigio en la sociedad igualitaria

Entre los chimbúes hay *yomba pondo,* o Grandes Hombres prominentes que hablan en las reuniones del clan, participan ampliamente en el intercambio entre regiones y mantienen nexos fuera de su propia comunidad.[10] Por debajo de ellos están los Hombres Prominentes, que son más productivos que el promedio, tienen dos o más esposas y reclaman algunos dependientes y seguidores. Los Hombres Ordinarios producen lo suficiente para sus familias, pero tienen pocas aspiraciones a la prominencia. En el fondo de la escala están los *yogos*, Hombres de Nada u Hombres Basura, que no pueden mantener una esposa, producen poco y sólo participan marginalmente en el intercambio.

Los Grandes Hombres chimbúes se constituyen en líderes sólo por su ambición personal y sus logros en la producción de alimentos, las actividades en grupo, la guerra entre aldeas y las ceremonias. Según Paula Brown, "proponen empresas y atraen seguidores, pero no pueden castigar a quienes no puedan seguirlos".[11] Los Grandes Hombres patrocinan fiestas, son fanfarrones, amenazan, asesinan y encabezan ataques contra otros grupos para vengar insultos o ataques a sus seguidores. También reúnen los recursos y la fuerza de trabajo para construir la Casa de los Hombres que, como la *kiva* de los tewas, es el punto focal de la actividad ritual.

Fredrik Barth nos ha ofrecido una fascinante mirada a aquellas Casas de los Hombres o "templos" de techo de paja entre los oks montañeses de Nueva Guinea.[12] Un ejemplo de ellas es el *katiam,* un templo destinado a curar trofeos de caza y ofrecer sacrificios cuyo objeto es elevar los rendimientos agrícolas. En él se pueden guardar diversos huesos de los antepasados. Entrar en el *katiam* depende de que un hombre no sea iniciado, de que lo sea en parte o de que lo sea por completo en el sistema ritual. En una aldea ok, se encontró a 11 hombres totalmente iniciados que vivían en el *katiam;* 15 parcialmente iniciados habían asistido en diferentes ritos en el templo y a 128 no iniciados nunca se les había permitido la entrada. Los hombres iniciados por completo habían planeado algunas cacerías secretas que luego realizaban con ayuda de los hombres parcialmente iniciados. Luego de la caza, se ofrecía a los antepasados algunos animales que habían sido consumidos alrededor de uno de los diversos fuegos sagrados.

Un segundo tipo de templo ok, el *yolam* o Casa de los Antepasados, es una estructura no residencial dedicada a ritos de mejoramiento agrícola y guerra. El *yolam* puede contener dos fuegos sagrados, así como múltiples cráneos de antepasados de muchos clanes diferentes. Sólo los hombres iniciados por completo pueden entrar en él a decir plegarias y hacer ofrendas; está excluida la mayor parte de los miembros de la aldea. Allí se planean ataques contra enemigos de la aldea y se realizan ritos para que tengan éxito. No es sorprendente que esos templos con frecuencia sean las primeras estructuras incendiadas cuando una aldea es atacada.

Nuestros ejemplos de Nueva Guinea revelan algunas otras instituciones de la sociedad aldeana autónoma: *1)* Es muy importante conservar a los antepasados en las inmediaciones. Un individuo se integra a un gran grupo de familiares mediante

---

[10] Paula Brown, 1972, *The Chimbu: A Study of Change in the New Guinea Highlands.*
[11] *Ibid.,* p 53.
[12] Fredrik Barth, 1987, *Cosmologies in the Making: A Generative Approach to Cultural Variation in Inner New Guinea.*

La creación del prestigio en la sociedad igualitaria

la descendencia compartida; los espíritus de los antepasados están invitados a participar en las actividades de los descendientes; la constante presencia de los antepasados, sea en entierros, sea con partes de esqueleto curadas, hacen que la agricultura y la guerra sean satisfactorias, fortaleciendo el derecho de una persona a determinada parcela. *2)* Los ritos masculinos y femeninos se llevan a efecto en lugares distintos: los masculinos en la Casa de los Hombres, los femeninos en el hogar. *3)* Pese a la ideología igualitaria, el punto focal del rito masculino es una casa en la que no se puede entrar sin antes alcanzar cierto nivel de prestigio. *4)* Es probable que la construcción de la Casa de los Hombres haya sido dirigida por algún comerciante importante: algún hombre que haya acumulado excedentes, comerciado, organizado fiestas, alimentado trabajadores, dirigido la mano de obra y encabezado un ataque.

Opciones de asentamiento en la fase Tierras Largas

Demos ahora una mirada al primer periodo de la prehistoria del Valle de Oaxaca, en que son detectables las instituciones de la aldea autónoma. Aquel periodo fue la fase Tierras Largas (1400-1150 a.C.). Ésta fue también la primera fase cuya alfarería está decorada de tal manera que, al estudiarla, resulta reconocible de inmediato. Aquella decoración —caracterizada por las franjas, las barras y los galones de pintura roja— hizo posible que el proyecto de Patrones de Asentamiento ubicara cuando menos 19 asentamientos permanentes de la fase Tierras Largas.[13]

El examen de los patrones de asentamiento de la fase Tierras Largas revela varias clases de heterogeneidad. Todos menos uno de los 19 asentamientos permanentes fueron aldeas de menos de tres hectáreas. A decir verdad, en su mayor parte no pasan de una hectárea, o sea alrededor de las dimensiones de Gheo-Shih. Ello significa que la aldea más pequeña conocida de la fase Tierras Largas tenía aproximadamente el tamaño del campamento arcaico más grande que se conoce.

El segundo asentamiento de la fase Tierras Largas es un grupo de nueve áreas residenciales discretas en forma de herradura, con un total de apenas siete hectáreas. Esta aldea vagamente totalizada, San José Mogote, tal vez tenga tres veces el tamaño del segundo sitio más grande del periodo y siete veces el de una aldea típica. También posee características que no se encuentran en ninguna comunidad más pequeña, lo cual sugiere que el tamaño no era lo más importante.

Hay varias maneras de estimar la población del valle durante la fase Tierras Largas. El proyecto de Patrones de Asentamiento usó el coeficiente de 10-25 personas/ha[14] de la "aldea compacta de baja densidad"; este coeficiente arroja estimaciones que van de 185 a 463 personas, cuya media es 325. Por otra parte, nosotros basamos nuestras estimaciones en excavaciones practicadas en la aldea de Tierras Largas (el sitio tipo para aquella fase), las cuales sugieren que una hectárea de asentamiento puede haber tenido de cinco a 10 familias o 25-50 personas.[15] Este enfoque produce estimaciones que van de 463 a 925 personas para el valle, con

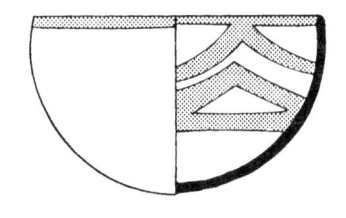

FIGURA VII.1. *Las vasijas de forma hemisférica de la fase Tierras Largas con frecuencia ostentan barras o galones de pintura roja.*

---
[13] Kowalewski *et al.,* 1989, p. 56.
[14] William T. Sanders, 1965, *The Cultural Ecology of the Teotihuacán Valley*, p. 50.
[15] Marcus C. Winter, 1972, tesis de doctorado inédita.

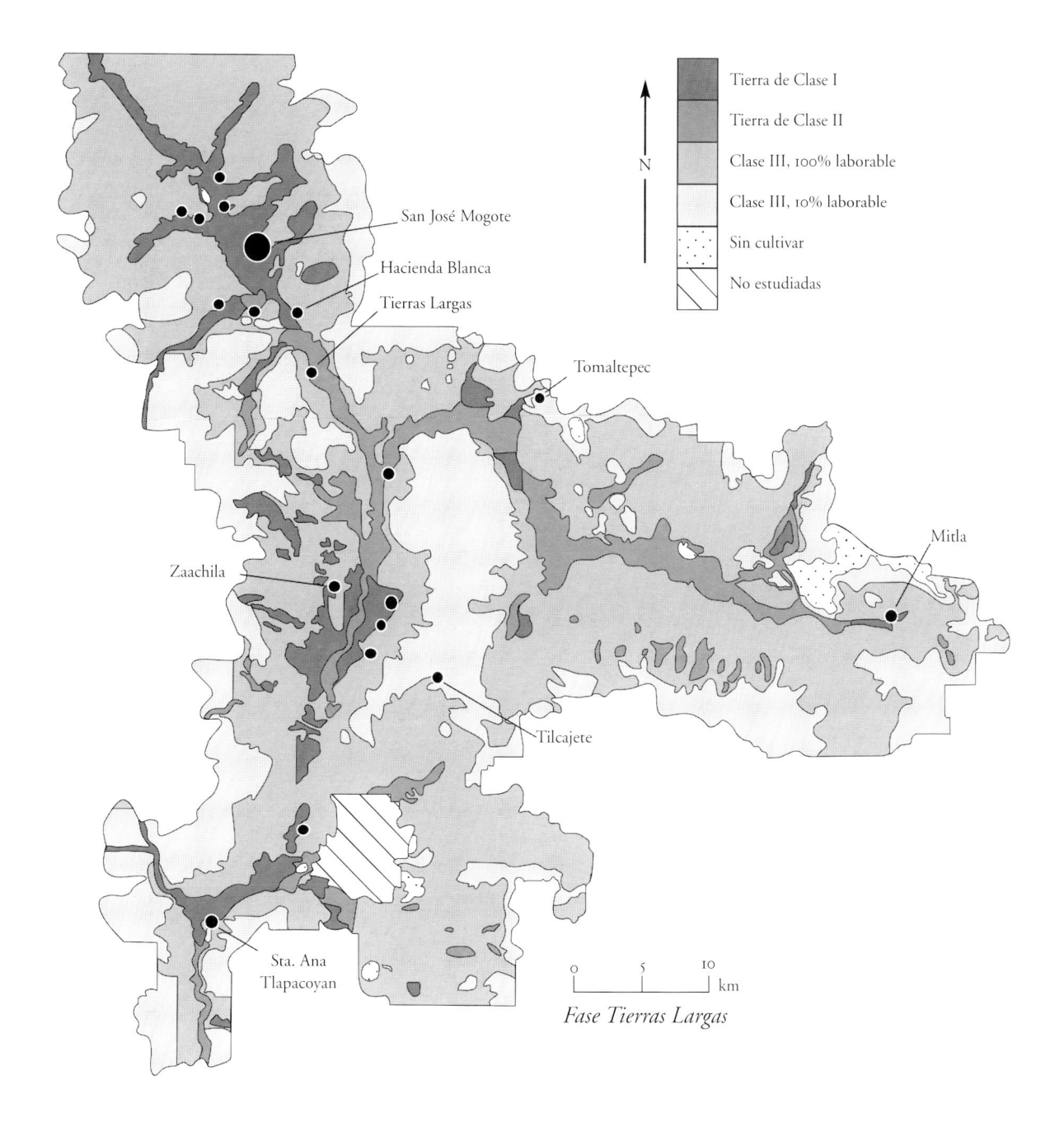

una media de 693. El proyecto de Patrones de Asentamiento estima que San José Mogote, la mayor comunidad del valle, puede haber tenido 71-186 habitantes. Basada en las excavaciones, nuestra estimación sería de 170-340 personas. Pese a los diferentes métodos usados, estas estimaciones se traslapan en el rango de 170-186 personas.

Considérese ahora otra fuente de heterogeneidad: las aldeas de la fase Tierras Largas no estaban distribuidas uniformemente por todo el valle. Más de 50% de la población estimada de Tierras Largas vivía en nueve comunidades de la región de Etla, el menor de los tres brazos del valle. Un grupo de cuatro aldeas se agrupaba en el centro del Valle Grande pero, fuera de ello, este brazo mayor del valle estaba

FIGURA VII.2. *Aldeas de la fase Tierras Largas, sobrepuestas en un mapa del Valle de Oaxaca que muestra clases de tierra agrícola.*

FIGURA VII.3. *El Sitio 1-1-16, cerca de la Hacienda Blanca en el subvalle de Etla, muestra un patrón típico de las aldeas de la fase Tierras Largas. El sitio cubre una estribación baja al pie del monte rodeada de tierra de Clase I (la llanura aluvial del Río Atoyac). Vista hacia el sur (fotografía de 1970).*

poblado de manera dispersa. El más disperso de todos era el asentamiento del subvalle de Tlacolula.

¿Por qué el subvalle de Etla atrajo a tanta gente? Creemos que la respuesta radica en la distribución diferencial de la tierra de Clase I, zona sumamente apreciada que actualmente tiene rendimientos de más de dos toneladas métricas de maíz por hectárea (véase recuadro). De acuerdo con un estudio realizado por Linda Nicholas, de las 12 740 ha de tierra de Clase I del Valle de Oaxaca, 5 117 ha pueden encontrarse en el subvalle de Etla.[16] Otras 3 345 ha existen en el Valle Grande del norte, el área con el segundo mayor número de aldeas de Tierras Largas. Ninguna otra parte del valle se les compara, pues la región oriental de Tlacolula tiene menos de

[16] Nicholas, 1989, p. 460.

> ### La clasificación de tierra agrícola en el Valle de Oaxaca
>
> En 1973, la geógrafa cultural Anne Kirkby hizo una división de la tierra de cultivo del Valle de Oaxaca en seis categorías, con base en el modo en que era usada:
> 1 Agricultura de manto freático
> 2 Agricultura de manto freático marginal
> 3 Riego por canal
> 4 Agricultura de abundante agua de desbordamiento
> 5 Agricultura de poca agua de desbordamiento
> 6 Agricultura seca
>
> En 1989, la arqueóloga Linda Nicholas consolidó las seis categorías de Kirkby en tres clases, con base en los rendimientos del maíz:
>
> I. La *Tierra de Clase I* consiste de "tierra de manto freático" y "tierra de riego por canal" que produce los rendimientos más altos y seguros (habitualmente más de dos toneladas métricas de maíz por hectárea con las variedades de maíz actuales).
>
> II. La *Tierra de Clase II* consiste de tierra "de manto freático marginal" y "de agricultura de abundante agua de desbordamiento", que suele producir 1.2-2.0 toneladas métricas de maíz por hectárea con las variedades de maíz actuales.
>
> III. La *Tierra de Clase III* consiste de tierra "de agricultura de poca agua de desbordamiento", que suele producir menos de 1.2 toneladas métricas de maíz por hectárea con las variedades de maíz actuales.
>
> Para el trazo de los planos de sitios arqueológicos de todo el valle sobre tipos de tierra, son más convenientes las áreas de uso del terreno de Nicholas, por ser mayores y formar menos mosaico que las de Kirkby. Sin embargo, para ciertos periodos primitivos, en ocasiones se debe usar la clasificación más fina de esta investigadora, porque separa la agricultura de manto freático (que era importante hacia 1300 a.C.) del riego por canales (que puede haber surgido con posterioridad).

400 ha. Cuando se sobreponen todas las comunidades de la fase Tierras Largas en el mapa de uso de la tierra del valle trazado por Nicholas, 16 de 19 sitios son adyacentes a tierra de Clase I.

Nuestra conclusión es que, con algunas excepciones no explicadas, las familias de Tierras Largas construían sus casas sobre pendientes libres de inundaciones que dominaban de manera inmediata la tierra de Clase I (habitualmente *yuh kohp* o aluvión húmedo). La región de Etla no sólo contaba con mayor extensión de esta clase de tierra sino que también era el brazo más angosto del valle. Por tanto, para los campesinos de Etla el trayecto era más corto a las montañas boscosas, en las cuales se proveían de venado, plantas silvestres y madera para la construcción. Aquellas diferencias de entorno quizá ayuden a explicar las diferencias de población entre los varios brazos del valle, pero son insuficientes para explicar el tamaño desproporcionadamente grande de San José Mogote.

La creación del prestigio en la sociedad igualitaria

La agricultura de la fase Tierras Largas

Expuestas como están a los elementos, las aldeas primitivas carecen de los abundantes vestigios vegetales de las cuevas secas. No obstante, sumergiendo en agua los residuos de ceniza se puede lograr que la vegetación carbonizada flote en la superficie.[17] Entre las plantas carbonizadas de las comunidades campesinas primitivas del Valle de Oaxaca se incluyen cereales, legumbres y otros vegetales, condimentos e incluso cosechas de huerto. Aunque hubo adiciones posteriores al inventario, la mayor parte de los productos básicos de la civilización zapoteca tardía se hallaban presentes hacia 1500-500 a.C.

Durante el último milenio, del que la fase Tierras Largas no fue sino el capítulo inicial, los aldeanos oaxaqueños cultivaron maíz emparentado con el nal-tel y el chapalote, dos variedades antiguas que todavía se encuentran en México y Centroamérica. Como es obvio, el teosinte crecía junto con el maíz, como hierba del campo o como cultivo deliberado; el maíz adquiere resistencia a la sequía y vigor

FIGURA VII.4. *Plantas carbonizadas de aldeas de 1500-500 a.C. en el Valle de Oaxaca.* a) *Mazorca de maíz fragmentada, fase Tierras Largas;* b, c) *pequeñas mazorcas de maíz con glumas endurecidas (resultado de la cruza con teosinte), fase San José;* d) *fragmento de mazorca de maíz, fase San José;* e) *vaina de teosinte, fase San José;* f) *frijoles comunes, fase Guadalupe;* g) *semilla de calabaza, fase San José;* h) *semilla de tuna, fase Tierras Largas;* i) *semillas de chile, fase San José;* j, k) *semillas de aguacate, fase Guadalupe;* l, m) *mascaduras de fibra de agave, fase Rosario. Longitud de* a: *3.2 cm.*

[17] Flannery (comp.), 1976, pp. 104-105.

híbrido cuando se cruzan ambas plantas. También se sembraba calabaza y frijol común, tal vez directamente entre el maíz. El chile agregaba sabor y vitaminas a la dieta, en tanto que el aguacate se había constituido en el primer cultivo de árbol. Se comían tanto el agave como el nopal, pero como ambas plantas se propagan vegetativamente, es difícil decir si los restos carbonizados eran silvestres o domésticos.

De las estribaciones y las montañas, los aldeanos seguían recolectando plantas silvestres, como nuez negra, vainas de la familia dc las acacias y fruta del almez y del órgano. Con los carbohidratos que aportaban el maíz y el agave asado, la proteína del frijol y de la carne de venado, las grasas del aguacate y de las piezas de caza, además de las vitaminas de la fruta y del chile, los aldeanos de Tierras Largas tenían a su disposición una dieta variada. Es más, dado el tamaño y la productividad de las mazorcas de maíz de la fase Tierras Largas, sospechamos que el Valle de Oaxaca incluso pudo haber mantenido a muchas más personas de las que tenemos noticia.[18]

Aquellos primeros agricultores continuaban cazando venado y pecarí, pero su estrategia de caza había cambiado: al parecer, ya no usaban dardos de *átlatl* con puntas de pedernal, ya que éstas se hallan virtualmente ausentes en su desecho. No está claro lo que significa este cambio. Podría reflejar un paso a partidas de caza más nutridas, que usaban dardos de madera endurecida al fuego y largas redes extendidas entre dos o más cazadores; estas estrategias eran conocidas en Chiapas, al sur de Oaxaca.[19]

Los aldeanos de la fase Tierras Largas también atrapaban conejos, palomas, codornices y otras pequeñas piezas de caza, extraían topos de sus milpas y recogían tortugas de cenegal de los remansos de los ríos. Los perros domésticos —que se cree que fueron introducidos en el Altiplano mexicano desde América del Norte entre 2500 y 1500 a.C.— medraron en las aldeas de la fase Tierras Largas y eran comidos regularmente. Hasta donde podemos decirlo, toda familia disponía de carne de venado. Esta situación igualitaria cambiaría en periodos ulteriores, cuando la población creció tanto que dejó de haber suficiente venado para todos.

La vida en una aldea de la fase Tierras Largas

Para tener una idea de la vida en una aldea de la fase Tierras Largas, veamos el "sitio tipo" que da su nombre al periodo. Situado en las estribaciones de una montaña como la que se muestra en la figura VII.3, Tierras Largas domina el terreno de aluvión del Río Atoyac, en la parte sur del subvalle de Etla. Aunque Tierras Largas técnicamente domina tierras de Clase II (véase recuadro, p. 93), el lugar se halla muy cerca del mínimo de 2 000 kg/ha para la tierra de Clase I.

Durante la fase Tierras Largas, este sitio fue una aldea de cinco a 10 familias que cubría un área de 1.58 a 2.24 ha.[20] Cada propiedad familiar parece haber consistido

La creación del prestigio en la sociedad igualitaria

---

[18] Nicholas, 1989, p. 463.
[19] Gareth W. Lowe, 1959, *Archaeological Exploration of the Upper Grijalva River, Chiapas, Mexico*, p. 7.
[20] Marcus C. Winter, 1972, tesis de doctorado inédita.

La creación del prestigio en la sociedad igualitaria

FIGURA VII.5. *Reconstrucción artística de la Casa LTL-1 en Tierras Largas.*

de una casa, un patio de entrada para actividades en el exterior y una serie de fosos de almacenamiento cercanos. La Casa LTL-1 de la fase Tierras Largas Tardía puede servir de ejemplo. Blanqueada con lechada de cal, la casa de bajareque cubría alrededor de 4 x 6 m; al oeste del patio de entrada, había una serie de fosos de almacenamiento con una capacidad promedio de 1.5 m³.

Aquella familia de quizá cuatro a cinco personas estaba dedicada a la agricultura (como lo demuestran los granos de maíz y las semillas de aguacate carbonizados), a preparar alimentos (como lo demuestran 14 fragmentos de piedras de moler), a cazar y atrapar animales con trampa (como lo demuestran los huesos de venado, conejo, liebre, topo y tortuga de cenegal) y a coser (como lo indican las agujas de hueso). Asimismo había indicios de vida social y ritual. En un foso de almacenamiento se encontraron huesos de ala de *Ara militaris,* o guacamayo azul verdoso, usado profusamente por sus plumas. Otro foso reveló fragmentos de un tambor hecho del caparazón de una tortuga, perteneciente a la especie *Dermatemys mawii* de las tierras bajas.

Tanto el guacamayo como el tambor fueron importados de regiones tropicales fuera del Valle de Oaxaca. Como ya hemos mencionado, las sociedades de aldea autónoma practican numerosos ritos, en los que generalmente se incluye comida, bebida, música y trajes hechos de partes de animales, plumas y concha marina. Es claro que alguien de la sociedad de Tierras Largas negociaba para obtener parafernalia ritual de otras regiones de México, la cual era más valiosa según la distancia de la que provenía.

Desde el Arcaico Tardío en Cueva Blanca, los ocupantes del valle habían recibido pequeñas cantidades de conchas marinas de la costa. Ahora, al aumentar las necesidades rituales y con una población estimada cinco a 10 veces mayor que la del Arcaico, el tráfico de conchas cobraba visos de flujo constante. Las comunidades de la fase de Tierras Largas Tardía importaban de la costa del Pacífico madreperla *(Pinctada* sp.), ostra marina *(Spondylus* sp.) y caracoles de estuario.

Al parecer, durante la ocupación de la Casa LTL-1, varios miembros de la familia murieron y fueron sepultados cerca de ella. Una mujer, de 20-30 años de edad, fue enterrada al oeste del patio de entrada; otra mujer adulta lo fue en un foso de almacenamiento, tal vez por hallarse convenientemente abierto y fuera de uso en el momento de su muerte.

En otro foso de almacenamiento, un hombre de 40 años fue sepultado totalmente extendido boca arriba. Resulta significativo que en el relleno de aquel foso se incluyeran más de 70 fragmentos quemados de argamasa con impresiones de caña procedentes de las paredes de una casa. Es posible que aquel hombre fuera un jefe de familia mayor de edad, tras cuya muerte la casa fue incendiada deliberadamente y sus vestigios enterrados con él. También podría ser que el hombre y su casa hubieran sido víctimas de algún ataque.

La creación del prestigio en la sociedad igualitaria

La muerte y los antepasados

Los antepasados desempeñaron diversos papeles importantes en la sociedad de la fase Tierras Largas. Una de las maneras en que se integran las aldeas autónomas es mediante la pretensión de grandes grupos de personas de descender de un antepasado común. Asimismo, sepultando a sus antepasados en tumbas o cementerios del asentamiento, los aldeanos se demuestran a sí mismos y demuestran a sus vecinos que poseen derechos hereditarios a determinado trozo del mundo.

Los cerros y el pie de la montaña del Valle de Oaxaca seguían siendo "campo abierto" de las tierras no desarrolladas: el *quijxi,* como lo llaman los zapotecas hoy en día. Lo más probable es que aquel campo abierto fuera compartido amistosamente, ya que todos los aldeanos necesitaban disponer de postes de pino, pedernal, cal, pigmento de hematita, piezas de caza y sal. Pero alrededor de cada aldea había entonces un "campo interior" mejorado por la construcción de casas, la excavación de fosos, el desmonte de *yuh kohp* y la sepultura de los antepasados. Existe la certeza implícita de que aquel campo interior era defendido de los forasteros.[21, 22]

Figura vii.6. *Entierro 29 de San José Mogote, un hombre de más de 40 años de edad, sepultado en posición sedente.*

Figura vii.7. *Trabajadores de San José Mogote excavan el entierro de un varón sentado.*

[21] Eric R. Wolf, 1966, *Peasants*, p. 21.
[22] Richard I. Ford, 1968, tesis de doctorado inédita.

FIGURA VII.8. *Vista aérea de San José Mogote, en una estribación del pie de la montaña, rodeado de tierra de la Clase I, en el subvalle de Etla. La parte más antigua del sitio se ubica cerca del Río Atoyac. El sur está en la parte superior de la foto.*

*La creación del prestigio
en la sociedad igualitaria*

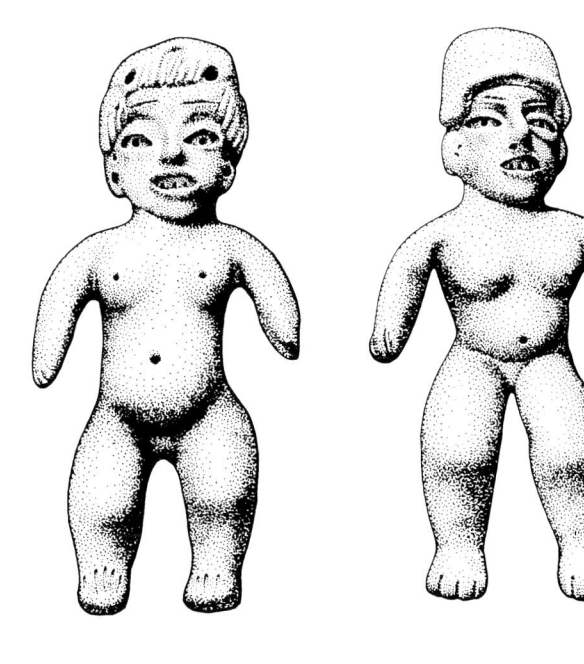

FIGURA VII.9. *Figurillas de la fase Tierras Largas.* (Izquierda) *Femenina;* (derecha) *masculina.*

La forma en que se enterraba a los antepasados nos dice que la sociedad de la fase Tierras Largas aún carecía de muchas de las instituciones ulteriores de los zapotecas históricos. Ninguno de los entierros hallados hasta la fecha muestra algún signo de bienes suntuarios. No tenemos casos de entierros de esposo y esposa; todos, hombre o mujer, eran tratados como individuos. Las posiciones de inhumación no se apegaban a ninguna norma. Si bien la mayoría de los difuntos se colocaban en posición tendida, podían estar pronos o supinos; tener los brazos a los costados o plegados sobre el pecho; y orientarse casi hacia cualquier dirección.

Tres entierros de la fase Tierras Largas Tardía (uno de Tierras Largas y dos de San José Mogote) sobresalen por su diferencia. Todos son hombres de mediana edad y están enterrados en posición sedente, muy flexionados, lo que sugiere que estaban firmemente envueltos. Por diversas razones, sospechamos que eran individuos que habían obtenido elevada posición, tal vez análogos a los hombres "totalmente iniciados" de las tierras altas de Nueva Guinea o las Personas Hechas que habían pasado por todos los niveles de la sociedad de los indios pueblo. A este respecto, estamos influenciados por la importancia de entierros sedentes en sociedades mexicanas y centroamericanas ulteriores (capítulo VIII). Sin embargo, insistimos en que nada de lo encontrado en esos entierros de la fase Tierras Largas implica una posición *heredada*.

Otra clave de la importancia de los antepasados en la vida aldeana puede encontrarse en las figurillas humanas de la fase Tierras Largas; hechas del mismo barro cocido de las vasijas de alfarería, su frecuencia aumentó en el transcurso del periodo. En su mayoría representan mujeres y todas se encontraron en casas o en sus desechos.[23] No estaban presentes dentro ni en los alrededores de los pequeños

---

[23] Robert D. Drennan, "Ritual and Ceremonial Development at the Early Village Level", en Flannery y Marcus (comps.), 1983, pp. 46-50.

La creación del prestigio en la sociedad igualitaria

edificios públicos que se describirán líneas adelante, a los que consideramos análogos a las Casas de los Hombres o a los "templos de iniciados" de las aldeas autónomas. Pensamos que la mayor parte de aquellas figurillas representan antepasados femeninos y forman parte de un complejo ritual femenino centrado en el hogar. Creemos que había un complejo ritual masculino aparte, concentrado en las Casas de los Hombres, a cierta distancia de la casa familiar.

La vida en la aldea más grande del valle

Como ya hemos visto, San José Mogote era la mayor comunidad del Valle de Oaxaca por diversos órdenes de magnitud. El sitio es disperso en el nivel doméstico, pero agrupado respecto del resto de la región de Etla. Consiste de nueve áreas residenciales discretas —cada cual aparentemente de las dimensiones de una aldea en cualquier otro lugar del valle—, que ocupaban siete hectáreas de estribación del pie de la montaña en la margen izquierda del Río Atoyac. La estribación está rodeada por tres lados de tierra de Clase I, hecho que por sí solo no basta para explicar su insólito tamaño y configuración. Alguien, o alguna institución, mantenía aglutinado a un número sin precedente de personas.

Para la comprensión del sitio consideramos importante el área residencial del extremo oeste, donde se destinaron a la arquitectura no residencial 300 m². En cierto momento de la fase, aquella área estuvo dominada por un edificio de una cámara que creemos análogo al *yolam* de los oks montañeses, o el *kiva* de algún pueblo sudoccidental. Periódicamente se arrasaba cada uno de aquellos edificios y se construía uno nuevo, aparentemente en el mismo sitio. Por medir no más de 4 × 6 m, aquellas construcciones sólo podían haber albergado a una fracción de la comunidad. Dado su pequeño tamaño, creemos que estaban restringidas al equivalente de los "totalmente iniciados", esto es, un subgrupo de los hombres de la aldea.

Si bien tenían paredes de cañas y arcilla, los edificios diferían de las residencias ordinarias por diversos conceptos: *1)* se orientaban aproximadamente ocho grados al oeste del norte verdadero, orientación compartida por edificios religiosos ulteriores de Oaxaca; *2)* contenían de dos a tres pilotes de pino más que las casas ordinarias; *3)* a los pisos y las paredes (interiores y exteriores) se les aplicaban múltiples capas de argamasa de cal, que les daban un color blanco puro; *4)* los edificios en sí se colocaban sobre plataformas rectangulares de hasta 40 cm de altura, recubiertas de cal, y el acceso a la puerta se hacía mediante pequeños escalones insertos en la plataforma; *5)* algunos de aquellos edificios tenían un foso de almacenamiento incorporado en el piso, recubierto de cal y ubicado en el centro.

Cuando se les descubría intactos, los fosos mencionados se hallaban llenos de cal en polvo, almacenada tal vez para usarse con alguna planta ritual como el tabaco silvestre (*queèza* en zapoteco), el estramonio (*nocuàna còhui*) o el dompedro. En tiempos de la conquista española, tanto los zapotecas como los mixtecas utili-

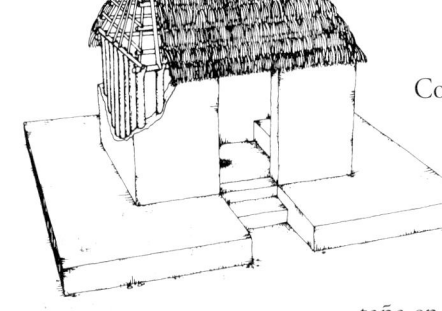

FIGURA VII.10. *Reconstrucción artística de una Casa de los Hombres de la fase Tierras Largas.*

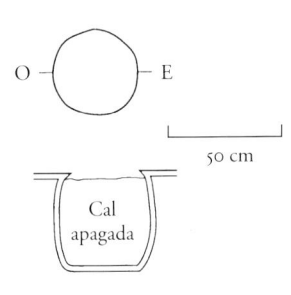

FIGURA VII.11. *Plano y vista transversal de un foso lleno de cal en una Casa de los Hombres de la fase Tierras Largas.*

zaban tabaco silvestre mezclado con cal durante sus ritos.[24-26] Los zapotecas creían que poseía poderes curativos y podía aumentar la fortaleza física,[27] lo que hacía de él una droga adecuada para ser usada antes de las incursiones.[28]

No creemos que alguien viviera realmente en aquellos edificios, los cuales fueron dejados virtualmente limpios. De tal suerte, no pueden compararse con edificios como el *katiam* de Nueva Guinea, donde realmente residen algunos varones mayores. Los consideramos estructuras de entrada restringida en donde un pequeño número de hombres "totalmente iniciados" podían reunirse a planear incursiones o batidas de caza, realizar ritos agrícolas, fumar o ingerir plantas sagradas y/o comunicarse con los espíritus. Aunque en aquellos pequeños edificios blancos no se encontraron huesos ni reliquias de los antepasados, tal vez sea significativo haber encontrado cerca dos de nuestros entierros sedentes de hombres de mediana edad.

¿Quién construyó aquellos edificios? En primer lugar, ni en el esfuerzo de la mano de obra ni en las materias primas involucradas hay alguna sugerencia de que interviniera nadie ajeno a San José Mogote. Pese a sus dimensiones, no poseemos indicios de que esta aldea haya superado la autonomía de las aldeas cercanas. En segundo lugar, un enfoque centrado en el actor nos obliga a reconocer que alguien planeó la construcción de cada uno de aquellos edificios, organizó y alimentó a los obreros, dirigió el trabajo y obtuvo el crédito por hacerlo. Por consiguiente, San José Mogote debe de haber tenido una sucesión de dirigentes socialmente ambiciosos seleccionados por sí mismos, que sabían cómo transformar en obras públicas prestigiosas su excedente agrícola difícilmente logrado. El registro etnográfico nos dice que esta clase de hombres acumula más que su cuota de esposas, familiares y allegados, tanto como un cuerpo de seguidores que les obedecen a cambio de favores y de gloria. Es probable que durante la fase Tierras Largas aquella clase de

La creación del prestigio en la sociedad igualitaria

FIGURA VII.12. *Unos trabajadores construyen un muro de protección alrededor del piso recubierto de cal de la Estructura 6, una Casa de los Hombres de San José Mogote. Es claramente visible el foso ubicado en el centro para la cal en polvo.*

---

[24] Mezclado con cal en polvo, el tabaco era usado por los zapotecas para la adivinación. Véase José Alcina Franch, 1993, *Calendario y religión entre los zapotecos*, pp. 84-85.
[25] Los mixtecas también usaban tabaco pulverizado para sus ritos. Véase Jill L. Furst, 1978, *Codex Vindobonensis Mexicanus I: A Commentary*, pp. 9, 18.
[26] Los mayas masticaban tabaco pulverizado. Véase Cruz Pacheco, 1960, *Usos, costumbres, religión: supersticiones de los mayas*, p. 111.
[27] Whitecotton, 1977, p. 137.
[28] Redmond, 1994.

La creación del prestigio en la sociedad igualitaria

liderazgo y no simplemente la tierra de la Clase I haya atraído a nueve grupos de familias a San José Mogote.

Ahora, permítasenos considerar por un momento cómo puede el "sistema" haber conformado a los actores de la fase Tierras Largas. Recordemos la dicotomía de Wiessner entre: *1)* el riesgo compartido entre los miembros del grupo, y *2)* el riesgo aceptado por la familia.[29] Remontándonos al Arcaico, los habitantes de Oaxaca habían empezado a aceptar el riesgo familiar. En las aldeas de la fase Tierras Largas, la familia nuclear de cuatro a cinco personas aún parece representar una importante unidad de residencia, siembra, almacenamiento y aceptación del riesgo, separada por 20 o 40 m de su vecino más próximo.

En un sistema basado en el almacenamiento privado, siempre hay potencial para que una familia siembre más, trabaje con mayor ahínco y acumule mayor excedente agrícola que sus vecinos. Andando el tiempo, el jefe de esa familia puede sufragar más esposas, atraer más seguidores, realizar mayores intercambios y suscribir la construcción de más edificios públicos que otras familias. Potencialmente, ello podría violar cierta ética igualitaria, pero puede haber circunstancias mitigantes. En algunas sociedades, el éxito agrícola se atribuye a la ayuda sobrenatural del mundo del espíritu y la edificación de una Casa de los Hombres se considera patriótico. Con trabajo arduo, generosidad evidente y un poco de ayuda del mundo espiritual, pueden crearse grandes diferencias de prestigio en una sociedad igualitaria.

El contexto más amplio de la fase Tierras Largas

Desde luego, los cambios sociales de la fase Tierras Largas no se dieron en el vacío. Pese a las agrestes montañas que rodean el Valle de Oaxaca, los aldeanos de la fase Tierras Largas se hallaban en contacto con sociedades que experimentaban cambios similares.

Estilos ampliamente compartidos en la decoración de la alfarería vinculan el Valle de Oaxaca con muchas otras regiones. Por ejemplo, la fase Tierras Largas comparte un complejo de vasijas, botellas y jarras rojo sobre amarillo con comunidades de la Cuenca de México, el Valle de Tehuacán en Puebla, el Valle de Nochixtlán en el norte de Oaxaca y la Cañada de Cuicatlán. Esta esfera del "rojo sobre amarillo" de las tierras altas se disipa a medida que se llega a las tierras bajas de Tehuantepec, donde la sustituye una esfera cerámica que vincula a Chiapas con el sur de Veracruz.[30]

Las familias de Tierras Largas recibían productos exóticos de otras regiones, tal vez mediante la estrategia de establecer "socios comerciales". Algunos, como la obsidiana, aparentemente llegaban a las familias, incluso en las aldeas más pequeñas. Otros, como la cerámica negra lustrosa de barro no local, sólo parecen haber llegado a San José Mogote. Otros productos más, como las conchas mari-

---

[29] Pauline Wiessner, 1982, "Beyond Willow Smoke and Dogs' Tails: A Comment on Binford's Analysis of Hunter-gatherer Settlement Systems", *American Antiquity* 47, pp. 171-178.
[30] John E. Clark, "The Beginnings of Mesoamerica: *Apologia* for the Soconusco Early Formative", en *The Formation of Complex Society in Southeastern Mesoamerica*, William R. Fowler, Jr. (comp.), 1991, fig. 8.

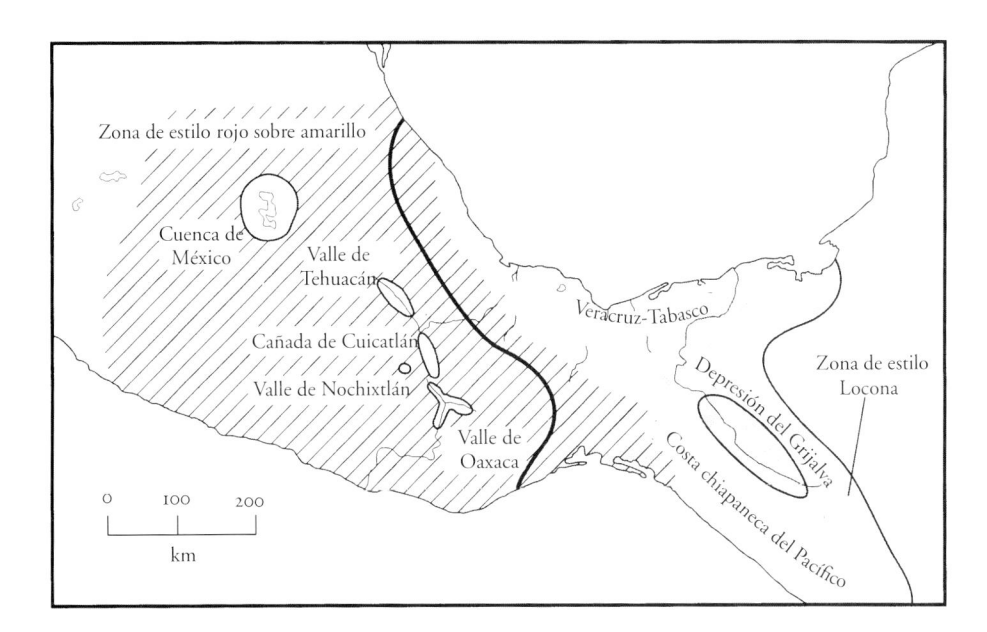

FIGURA VII.13. *Límites aproximados de la zona de estilo cerámico "rojo sobre amarillo" a la que pertenecía el Valle de Oaxaca durante la fase Tierras Largas. Al este quedaba la zona de estilo cerámico Locona.*

nas, llegaban a San José Mogote en mayores cantidades que a las aldeas pequeñas. Ello podría significar que los mismos Grandes Hombres que atraían a tantos seguidores a San José Mogote también participaban intensamente en el intercambio.

Algunos de los mecanismos de aquel intercambio se pueden deducir siguiendo la pista del movimiento de la obsidiana gris desde un yacimiento cercano a Otumba, en la Cuenca de México. Un estudio de Jane Pires-Ferreira muestra que cuanto más lejos de Otumba quedara una aldea menos obsidiana recibía de aquel yacimiento.[31] Las aldeas ubicadas en un radio de 40 km de Otumba (un viaje de uno a dos días) recibían casi toda su obsidiana; aquellas localizadas a una distancia de 245-390 km (un viaje de 8-12 días) recibían tal vez una tercera parte. Este patrón sugiere que la obsidiana de Otumba pasó lentamente de las aldeas de la Cuenca de México a las aldeas de Tehuacán y Oaxaca, guardando cada aldea parte de lo que recibía y pasando el resto "a lo largo de la línea".[32]

Igualmente interesante era la heterogeneidad de su uso una vez que la obsidiana había llegado a aldeas como Tierras Largas.[33] Al parecer, todos los hogares tenían cierto acceso a ella, pero las fuentes y las cantidades variaban considerablemente de una casa a otra. La Casa LTL-1 (descrita previamente en este capítulo) recibía 84% de su obsidiana de una fuente situada a 100 km al norte de Tehuacán. Una casa cercana recibía 70% de la suya de Otumba. Algunas casas tuvieron hasta 25 piezas de obsidiana, otras sólo una. Éste es el patrón que podría esperarse si cada casa se hubiera procurado su obsidiana por sí sola. Se trata de un patrón típico de las sociedades aldeanas autónomas, en el que cada familia puede tener socios comerciales, parientes políticos, amigos o parientes ficticios en las regiones vecinas.

Creemos que este tipo de intercambio, negociado individualmente por cada

---

[31] Jane W. Pires-Ferreira, "Obsidian Exchange in Formative Mesoamerica", en Flannery (comp.), 1976, pp. 292-306.

[32] El concepto de intercambio "a lo largo de la línea" fue propuesto primeramente por A. A., Rendrew, J. E. Dixon y J. R. Cann, 1968, "Further Analysis of Near Eastern Obsidians", *Proceedings of the Prehistoric Society* 34, p. 329.

[33] Marcus C. Winter y Jane W. Pires-Ferreira, "Distribution of Obsidian Among Households in Two Oaxacan Villages", en Flannery (comp.), 1976, pp. 306-311.

La creación del prestigio en la sociedad igualitaria

FIGURA VII.14. *Cuarte planta del Montículo 6 de Paso de la Amada, base de un posible "templo de iniciados" en la costa de Chiapas. Nótese el doble pórtico.*

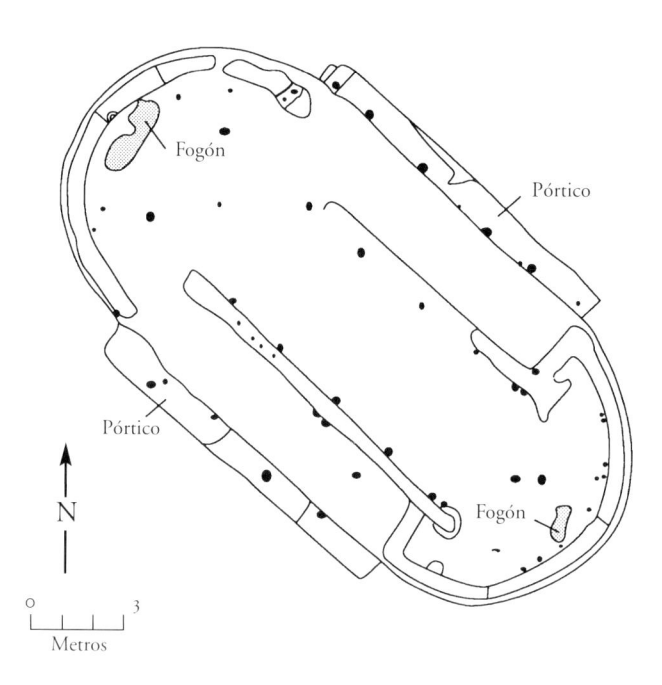

familia con socios comerciales —y presumiblemente recíproco—, era el "comercio" dominante de la fase Tierras Largas. Sólo en San José Mogote vemos indicios de que empezaba a surgir un comercio más elaborado, acaso negociado por los mismos Grandes Hombres que dirigieron la construcción de las Casas de los Hombres. Aquel comercio puede haberse extendido más allá de la esfera del rojo sobre amarillo, vinculando a Oaxaca con regiones más lejanas.

¿Qué estaba ocurriendo en aquellas regiones más lejanas? Algunas de ellas pasaban por cambios evolutivos similares a los de Oaxaca, en tanto que otras no.

Al parecer, la costa chiapaneca del Pacífico fue una segunda región de Mesoamérica en la que surgían dirigentes fuertes de la comunidad, atrayendo seguidores y compitiendo para erigir "templos de iniciados" cada vez más grandes. Sin embargo, las estructuras de Chiapas no eran similares a las de San José Mogote, que actualmente son únicas en su forma rectangular, su uso primitivo del estuco blanco, sus fosos llenos de cal y su orientación. Los edificios de Chiapas son tan diferentes que sugieren una tradición arquitectónica independiente de las tierras bajas; también son mucho mayores que sus contrapartes oaxaqueñas.

Para echar un vistazo a aquellos edificios nos volvemos hacia el villorrio costero de Paso de la Amada, excavado por John Clark y Michael Blake.[34, 35] El Montículo 6, uno de los mayores túmulos de tierra de aquel sitio, contenía una secuencia de *cuando menos* siete estructuras —tal vez más— reconstruidas una sobre otra entre 1400 y 1100 a.C. Al parecer, todas tenían idéntica orientación, aproximadamente noroeste-sureste.

[34] John E. Clark y Michael Blake, 1990, "Investigaciones del Formativo Temprano del litoral chiapaneco, Temporada 1990", informe multicopiado dirigido al Instituto Nacional de Antropología e Historia.
[35] Michael Blake, "An Emerging Early Formative Chiefdom at Paso de la Amada, Chiapas, Mexico", en *The Formation of Complex Society in Southeastern Mesoamerica*, William R. Fowler, Jr. (comp.), 1991, pp. 27-46.

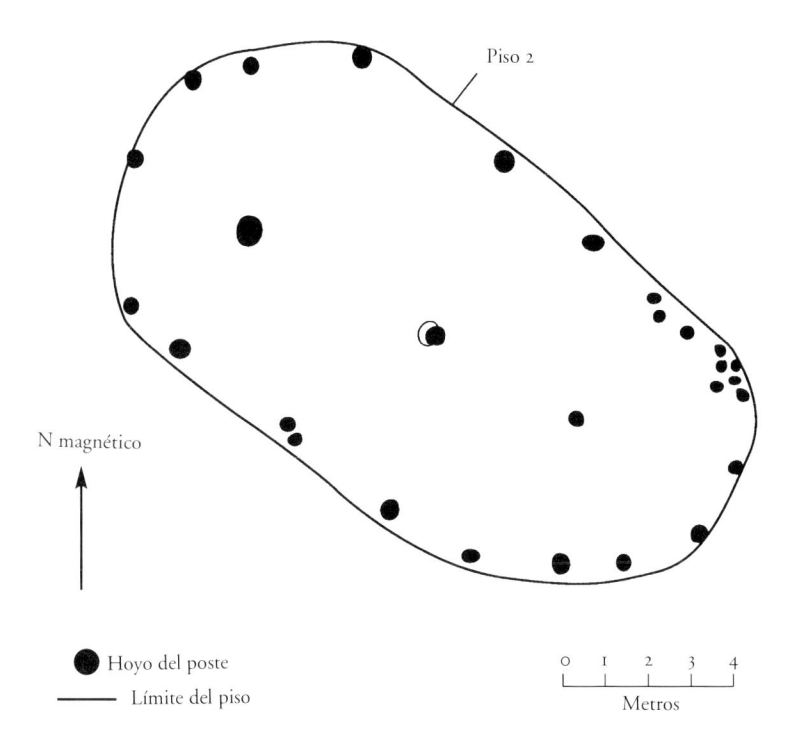

FIGURA VII.15. *Segunda planta del Montículo 6 en Paso de la Amada, base de un posible "templo de iniciados" construido sobre la cuarta planta, con la misma orientación.*

Como puede apreciarse en las figuras VII.14 y VII.15, aquellas estructuras eran edificios ovales de bajareque. El que se asocia con la cuarta planta (véase la figura VII.14) tenía 21 m de largo y 11 de ancho y descansaba sobre una plataforma de tierra de 0.75 m de alto. Estaba abierta en ambos de sus lados longitudinales y cada una de aquellas entradas estaba flanqueada por un pórtico que remataba una escalinata de tierra. En los extremos opuestos del edificio había un par de fogones, que recuerdan los "fuegos sagrados" gemelos del *yolam* de Nueva Guinea.

A semejanza de las Casas de los Hombres de la fase Tierras Largas, de las que son contemporáneas, las estructuras chiapanecas se construyeron una encima de otra sobre el Montículo 6. Una etapa posterior, asociada a la segunda planta, medía 17.5 por 9 m y tenía un plano absidal con tres grandes pilotes centrales para soportar el techo; cuando menos 25 pilotes más aparecían a lo largo de las paredes, que no estaban recubiertas de mortero de cal sino de arcilla. Blake estima que 25 personas se habrían llevado 20 días en construir aquella estructura.[36]

Si bien no siempre es fácil saber si las estructuras de bajareque son residencias o edificios públicos, existen siete razones por las cuales interpretamos como públicas aquellas importantísimas estructuras de Paso de la Amada. *1)* Todas ellas fueron construidas sobre uno de los montículos más elevados de la aldea, ubicación típica para edificios públicos. *2)* Varias de las estructuras contenían ofrendas de dedicación debajo del piso, rasgo común de los templos, pero no de las residencias primitivas. *3)* Cada estructura representaba inversión en mano de obra muy superior a las posibilidades de una familia; asociamos ese esfuerzo con la construcción pública. *4)* Si bien no era raro que los templos mesoamericanos primi-

[36] *Idem.*

tivos se reconstruyeran sobre el mismo lugar, siguiendo el mismo plano, no conocemos ejemplos de residencias primitivas reconstruidas siete veces de ese modo. *5)* Los fogones gemelos y las grandes puertas gemelas de la cuarta planta nos parecen características de una estructura ritual. A semejanza de los templos posteriores de Monte Negro (véase el capítulo XII), sugieren un edificio en el que los iniciados entraban por una puerta, participaban en el rito y salían por la puerta opuesta. *6)* Varios edificios de la secuencia fueron incendiados, posiblemente de manera intencional. Como hemos visto en el caso de los oks montañeses y los que veremos posteriormente en Oaxaca, los templos eran con frecuencia blanco de incursiones. *7)* Varios de los edificios contenían grandes vasijas decoradas de servicio y desecho de alimentos asociados con ellas. Los banquetes rituales son una de las actividades frecuentes en edificios donde se congregan las personas "totalmente iniciadas".

Por tanto, abrigamos la fuerte sospecha de que el Valle de Oaxaca fue la única de varias regiones de México en la que individuos carismáticos fueron capaces de organizar la mano de obra para obras públicas, atraer gran número de seguidores, organizar asimismo el comercio y estimular la producción de artesanías. Sin embargo, en ninguna de aquellas áreas encontramos todavía testimonio de que los dirigentes dominaran más de una aldea. Como los de la fase Tierras Largas, los edificios de Paso de la Amada no muestran indicios de materiales de construcción aportados por otras comunidades. Lo que sí muestran es una forma y una orientación tan diferentes de las de Oaxaca que las dos tradiciones arquitectónicas deben de haber tenido orígenes independientes. Éste es un punto importante, porque sugiere que nos hallamos ante una evolución paralela.

Por último, nos sorprende nuestra actual falta de indicios de edificios públicos similares en la costa del Golfo, al sur de Veracruz y Tabasco. Hace 30 años, aquella llanura costera, en ocasiones denominada región olmeca, se calificaba de "precoz" por su evolución social. Las dos últimas décadas han mostrado que aquel criterio era en parte acertado, en parte hiperbólico y en parte resultado de nuestro desconocimiento previo de Chiapas y Oaxaca. Entre 1400 y 1200 a.C., ciertamente hubo aldeas en la región olmeca, pero en fechas recientes su cerámica ha sido calificada de "versión provinciana" de la cerámica más evolucionada de sitios contemporáneos de la costa chiapaneca.[37]

Las limitaciones al crecimiento: continuidades con el Arcaico

Una de las continuidades más importantes con el Arcaico que muestra la sociedad de Tierras Largas es que la dirigencia todavía no se heredaba. Al acumular seguidores, un Gran Hombre elegido por él mismo puede superar temporalmente la tendencia de su aldea a la escisión cuando ésta alcanza determinado tamaño; cuando él muere, ya no hay modo de mantenerla unida. Mediante su liderazgo en las incursiones, puede inspirar la alianza efímera de dos aldeas en contra de un ene-

[37] Michael D. Coe y Richard A. Diehl, 1980, *In the Land of the Olmec*, vol. I: *The Archaeology of San Lorenzo Tenochtitlán*, p. 137.

migo común; cuando muere, cada cual va por su lado. Sin dirigencia permanente, es menos probable que las aldeas realmente lleguen a ser grandes o que a su alrededor se desarrollen redes de caseríos dominados.

Estas limitaciones al crecimiento fueron puestas en claro por Douglas Oliver en su estudio de los *mumis* o Grandes Hombres de Bougainville, en las Islas Salomón.[38] La competencia de estos líderes carismáticos por el prestigio estimulaba la producción agrícola, la construcción de las Casas de los Hombres, la acumulación de los ornamentos de concha, la manufactura de artículos para los ritos y la toma de prisioneros de otras aldeas. El alto nivel de prestigio del *mumi* se toleraba porque otros hombres creían que poseía magia o recibía ayuda de poderosos demonios; cuando moría, su deceso se atribuía al sortilegio realizado por hechiceros de alguna aldea enemiga. La muerte de un *mumi* excepcionalmente poderoso con frecuencia conducía a la ruptura violenta de su reino de influencia, a menudo para evitar la magia negra que había causado su fallecimiento. Gran parte de su "dinero" de concha podía incinerarse en su pira funeraria y su fantasma ser invocado mucho tiempo después de su muerte, en la creencia de que aquel fantasma conservaba su magia.

Si bien nos muestra lo estimulante que un Gran Hombre puede ser para la productividad de una sociedad igualitaria, el estudio de Oliver también enseña las limitaciones del *mumi*. Éste podía organizar veintenas de seguidores, pero no trasmitir el papel de dirigente a su hijo. Se le consideraba poseedor de ayuda sobrenatural, pero no se esperaba que sus hijos la tuvieran. Podía ordenar a sus propios seguidores que lo ayudaran y multarlos si se negaban; también podía pagar a miembros de otras aldeas por su ayuda, pero como aquellas aldeas seguían siendo autónomas, no podía ordenarles que lo hicieran ni multarlos en caso de que se negaran.

¿Qué otros cambios deben producirse para que se superen las limitaciones anteriores? Primero, una manera de garantizar que la aldea *siempre* estuviera bajo la dirección de alguien con relaciones sobrenaturales poderosas; segundo, una manera de inducir a pequeñas aldeas a renunciar a su autonomía y ser satélites de aldeas mayores. Creemos que ambos cambios tuvieron lugar en Oaxaca en el transcurso de los 300 años siguientes.

La creación del prestigio en la sociedad igualitaria

[38] Douglas L. Oliver, 1955, *A Solomon Island Society: Kinship and Leadership among the Siuai of Bougainville*.

VIII. El surgimiento de la jerarquía y la pérdida de la autonomía

EN LA EVOLUCIÓN de cualquier civilización hay momentos definitorios, puntos decisivos en los que se adopta una nueva estructura social. Creemos que el periodo que va de 1200 a 1150 a.C. puede haber sido ese punto en la evolución de la civilización zapoteca. Parecería que en aquel entonces se dio un paso importante, un paso cuyos efectos se pueden ver durante el periodo de los 300 años siguientes. A ese periodo se le denomina fase San José (1150-850 a.C.), y creemos que fue entonces cuando surgió la *jerarquía* en el Valle de Oaxaca. Este capítulo estará dedicado a la interrogante de cómo empezó la jerarquía y a la manera en que pueden identificarla los arqueólogos.

Los arqueólogos difieren en sus explicaciones acerca de la jerarquía. Para algunos, es el resultado inevitable de la presión poblacional sobre los recursos; para otros, es resultado de un cambio de *ideología* o filosofía política. Irónicamente, es probable que incluso aquellos que buscan las causas de la desigualdad hereditaria en la presión poblacional o en el dominio de los recursos estratégicos se valgan del cambio ideológico como prueba de que ha surgido la jerarquía. Esto es, se vuelven hacia los símbolos de la posición hereditaria y las maneras especiales en que se sepulta a las personas de elevada jerarquía.

En este capítulo, consideramos primero el testimonio de desigualdad hereditaria, sello distintivo de la sociedad jerárquica. Luego consideramos los indicios de la pérdida de autonomía aldeana, sello distintivo que Roberto Carneiro otorga al señorío.

Un modelo de los orígenes de la jerarquía

Uno de los estudios clásicos sobre la jerarquía es el trabajo de Edmund Leach sobre los kachines de las tierras altas de Birmania.[1] A lo largo de los siglos, aquel pueblo de montañeses mantuvo una *gumlao*, o sociedad igualitaria, que contrastaba con la de los reinos shanes de las tierras bajas cercanas. Pero la región kachín era fuente del jade

---

[1] Edmund R. Leach, 1954, *Political Systems of Highland Burma: A Study of Kachin Social Structure*.

El surgimiento de la jerarquía y la pérdida de la autonomía

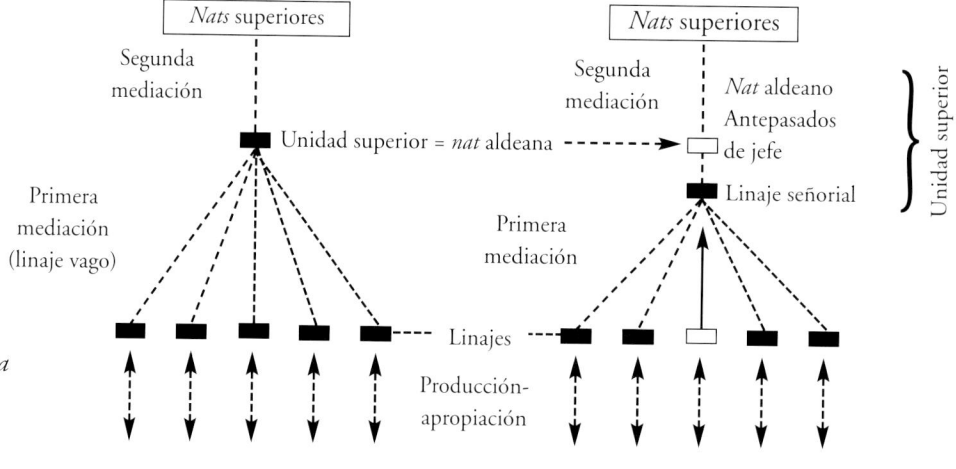

Figura VIII.1. *El modelo de Jonathan Friedman para el cambio de sociedad igualitaria a sociedad jerárquica en el sudeste asiático.*

codiciado por los príncipes shanes, razón por la cual éstos empezaron a enviar mujeres de la nobleza a casar con dirigentes kachines. Aquellos matrimonios elevaron la posición de los dirigentes kachines y abrieron las puertas del jade a sus suegros shanes.

El casamiento con mujeres shanes se impuso a la filosofía igualitaria de algunos linajes kachines, dando lugar a la sociedad *gumsa* o jerárquica. Considerándose entonces una élite hereditaria, algunos kachines empezaron a vestirse y a actuar como nobles shanes, emulándolos incluso en la adopción del budismo. Sin embargo, el cambio no fue irreversible, pues aquel comportamiento aristocrático irritaba a otros kachines que no habían aceptado la nueva ideología. Éstos derrocaban periódicamente a sus "nobles" kachines y regresaban al viejo sistema igualitario. Los kachines oscilaron durante décadas entre la *gumlao* y la *gumsa*.

El estudio de Leach nos advierte que no se puede obligar a la gente a aceptar la jerarquía si ésta va en contra de su filosofía política. Como aprendimos de los Grandes Hombres de Bougainville, una cosa es dar órdenes y otra muy distinta ser obedecido.

En tanto que los kachines sólo aceptaban la sociedad jerárquica periódicamente, muchos pueblos del sudeste asiático lo hacen de manera permanente. Basándose tanto en la obra de Leach como en la propia, Jonathan Friedman ha modelado los cambios filosóficos necesarios para la evolución de aquellas "formaciones sociales asiáticas".[2] Su reconstrucción del cambio ideológico de la sociedad igualitaria a la sociedad jerárquica es pertinente para nuestro estudio de los zapotecas.

El modelo de Friedman empieza con una sociedad igualitaria como las de Birmania (figura VIII.1). Aquellas sociedades están compuestas de una serie de linajes de igual prestigio. Cada linaje local tiene su propio grupo de espíritus ancestrales, dispuesto en genealogías de tres o cuatro generaciones. También hay un espíritu aldeano, llamado *nat*, que representa el territorio local y al que se considera su propietario. Este *nat* aldeano se concibe como antepasado remoto de todos los

[2] Jonathan Friedman, 1979, *System, Structure, and Contradiction: The Evolution of "Asiatic" Social Formations*.

linajes locales. En un plano todavía más elevado, se ubica una serie de *nats* celestiales a los que, en su etapa igualitaria, puede acercarse cualquier linaje con ayuda de sus espíritus ancestrales.

En el nivel igualitario, todos los linajes se turnan para patrocinar fiestas rituales a las que se invita a miembros de las comunidades vecinas. Ofrecer una fiesta verdaderamente impresionante se considera testimonio de que los *nats* han sonreído al linaje del anfitrión, puesto que sólo con la aprobación sobrenatural puede éste amasar suficientes recursos. Es un poco como la creencia que existe en Bougainville de que los Grandes Hombres logran el éxito gracias al respaldo sobrenatural.

Se da por sentado que cada linaje asume su turno patrocinando ritos comunales. Sin embargo, en el modelo de Friedman, un linaje trabaja con extraordinario ahínco, acumulando gradualmente suficientes recursos para empezar a hacerse cargo de la tarea de anfitrión sobre bases permanentes. En muchas sociedades, este hecho despertaría celos, pero en el modelo de Friedman se interpreta como indicio de una asociación más cercana con los *nats*, en otras palabras, indicio de que el linaje opulento realmente *desciende* de espíritus poderosos.

La transición a una sociedad jerárquica se logra cuando los vecinos de este linaje opulento empiezan a verlo como descendiente directo del *nat* de la aldea que posee todas las tierras pertenecientes a la comunidad. Andando el tiempo, también los *nats* celestiales se transforman; ahora se les ordena por edad (siguiendo las reglas terrenas de sucesión), razón por la que el linaje humano de alcurnia puede hacerse remontar hasta el *nat* celestial más alto.

Puesto que genealógicamente se lo relaciona con los espíritus en cuyas manos está el bienestar de la aldea, el jefe de aquel linaje de élite se constituye en dirigente hereditario, y sirve como mediador entre su comunidad y lo sobrenatural. Su ubicación genealógica favorecida le da derecho a privilegios especiales, que se toleran porque la vieja filosofía igualitaria ya ha sido remplazada por una filosofía de desigualdad hereditaria.

En términos de teoría de la acción, este cambio se realiza adoptando uno de los viejos teoremas de la vida igualitaria —la creencia de que para amasar recursos se debe contar con ayuda sobrenatural— y convirtiéndolo en la creencia de que el linaje más exitoso debe tener antepasados sobrenaturales. Está listo ya el escenario de la pérdida de la autonomía aldeana. Como el *nat* celestial más alto gobierna una región entendida mucho más allá de la aldea individual, la autoridad de esos descendientes humanos también debe ser regional. Entonces se pueden usar matrimonios estratégicos para atar a los dirigentes de las aldeas cercanas al linaje de élite de la aldea de mayor dimensión.

El surgimiento de la "Tierra" y el "Cielo"

El modelo de Friedman sobre los orígenes de la jerarquización es pertinente para el Valle de Oaxaca por su insistencia en la relación genealógica entre los seres humanos y los espíritus celestiales. Durante la fase San José vemos en el valle de Oaxaca, grabados en cerámica, nuestros primeros ejemplos de los que pudieran ser los antepasados celestiales de los linajes humanos.

El surgimiento de la jerarquía y la pérdida de la autonomía

Para la mayor parte de los hablantes de lenguas otomangueanas, entre ellas el zapoteco, la Tierra y el Cielo eran entidades sobrenaturales importantes. En tanto que, por lo general, se le consideraba benévola, la Tierra poseía la capacidad de mostrar ira. La Tierra resentía que la hirieran o la quemaran, como cuando se cavaban fosas para pilotes en su superficie, se recogían cosechas o se desbrozaba la tierra incendiándola.[3] Una de las maneras en que la Tierra mostraba su ira a los zapotecas era a través de Xóo, o el Terremoto, cuando su superficie rugía y se abrían grietas en ella. Fue aquella faz iracunda de la Tierra la que más mostraron en el arte los zapotecas posteriores, valiéndose de un glifo para movimiento o de un mascarón terrestre malencarado, con una hendidura en el cráneo. Era frecuente representar plantas que crecían desde la hendidura de la tierra.

El Cielo era un lugar tanto de espíritus celestiales como de antepasados metamorfoseados en nubes; él también tenía su lado iracundo, mejor ejemplificado por un Rayo (Cocijo), cuyo acompañante era el Trueno o Xóo Cocijo, "Terremoto del Rayo". Los antiguos oaxaqueños representaban al Rayo como a una fiera serpiente de lengua bífida, de cuyos ojos brotaban llamas.

La primera vez que el Terremoto y el Rayo aparecieron en la cerámica del Valle de Oaxaca —alrededor de 1150 a.C.— fueron sumamente estilizados. De tal suerte que bien pueden haber sido fuerzas sobrenaturales en las que se creía desde tiempo atrás y que sólo en fechas recientes sido habían representadas en a la cerámica. El Rayo se representaba mediante barras grabadas profundamente, como "U" invertidas equivalentes a las encías de la "serpiente de fuego" y volutas o curvas que figuraban las llamas de sus cejas. La Tierra podía representarse como un mapa, con un centro y cuatro cuadrantes, o como Terremoto: un mascarón finamente inciso con la boca rugiente de un felino de cráneo hendido.

Al parecer, la Tierra y el Cielo fueron antepasados de ciertos grupos de descendientes masculinos de algunas aldeas de la fase San José. Algunas vasijas que ostentaban esos motivos fueron halladas en entierros de, al parecer, personajes varones; pero las sepulturas son tan viejas que no es posible saber con precisión el sexo de los personajes. Estas vasijas aparecen también en entierros de niños, pero tan pequeños, que tampoco se ha podido determinar su sexo, aunque presumimos que eran varones, pues se han encontrado otros entierros de niños con vasijas, como las anteriores, pero con mujeres adultas.

Estos dos motivos fueron casi mutuamente excluyentes por su distribución. Las aldeas pequeñas como Abasolo y Tomaltepec tuvieron únicamente vasijas de Cielo (o Rayo); Tierras Largas tuvo casi exclusivamente vasijas de Tierra (o Terremoto). En la gran aldea de San José Mogote hubo diferentes barrios residenciales, algunos de ellos ocupados por personas descendientes de la Tierra y otros por descendientes del Cielo. Aquella dicotomía de los "espíritus celestiales" de los antepasados se refleja tanto en los entierros como en el desecho doméstico.[4]

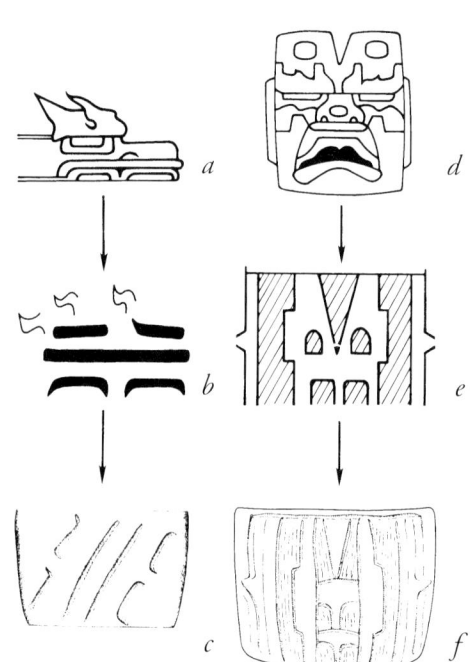

FIGURA VIII.2. *La evolución de motivos estilizados del Rayo y del Terremoto en la cerámica de la fase San José.* a) *El Rayo como "serpiente de fuego realista"*; b) *versión estilizada típica de* a; c) *vasija labrada de Abasolo;* d) *el Terremoto como mascarón de "cabeza hendida" realista;* e) *versión estilizada típica de* d; f) *vasija labrada e incisa de Tierras Largas.*

---

[3] Julio de la Fuente, 1949, *Yalalag: una villa zapoteca serrana,* p. 265.
[4] Flannery y Marcus, 1994, pp. 136-149.

El surgimiento de la jerarquía y la pérdida de la autonomía

El surgimiento del estatus en los descendientes

Pese a nuestra incapacidad para identificar el momento preciso en que tuvo lugar el cambio a sociedad jerárquica, para la sociedad de la fase San José se puede documentar una esfera de posiciones sociales mucho mayor que para la fase precedente de Tierras Largas. Una línea de indicios involucra diferencias de posición social que podrían ser heredadas o adquiridas, cuando no lo uno y lo otro. Una segunda línea implica diferencias que *deben de haber sido heredadas,* pues se presentan en niños demasiado pequeños como para haber alcanzado por sí solos una elevada posición social.

Un posible testimonio de autoridad y subordinación

En periodos ulteriores de la prehistoria mesoamericana, los gobernantes realzaban su nobleza evitando que varias partes de sus cuerpos tocaran el suelo. Usaban sandalias en vez de ir descalzos; ponían esteras de junco o palma sobre los pisos de sus salas de audiencia, y se sentaban sobre taburetes, bancas o troncos. Con el tiempo, los artistas mesoamericanos usaron motivos de esteras y taburetes como símbolos de autoridad.[5]

En la fase San José vemos por primera vez el uso del motivo de estera, grabado en cerámica de San José Mogote. En aquel entonces tenemos también nuestras primeras copias en miniatura de los taburetes de cuatro patas, hechas del mismo barro y en la misma escala de las figurillas humanas. En el siglo XVI, muchos jefes centroamericanos tenían taburetes especiales que llevaban adondequiera que viajaban, a modo de estar sentados siempre por arriba de sus subordinados. Sospechamos que nuestras versiones en miniatura fueron hechas para usarse con figurillas sedentes de individuos de elevada posición social. Creemos que esto es posible, porque en el cercano Chiapas se han hallado figurillas de aquella época de varones vestidos de traje y sentados sobre taburetes de cuatro patas.[6]

De los entierros y las figurillas de la fase San José provienen más indicios de diferenciación social. Unos y otras muestran una dicotomía entre: *1)* individuos en posturas de autoridad estereotipadas, y *2)* individuos en "posturas de obediencia" estereotipadas, como las descritas respecto a los señoríos de otras latitudes.[7]

Cerca de Tomaltepec, localizado al pie de las montañas del subvalle de Tlacolula, Michael Whalen descubrió un gran cementerio en las inmediaciones de una aldea de 1.2 ha, perteneciente a la fase San José.[8] En el cementerio había más de 60 tumbas y, como algunas de ellas contenían más de una persona, el número de individuos se acercaba a los 80. Por primera vez vemos allí entierros apareados de hombres y mujeres, lo cual significa que para entonces se trataba a algunas per-

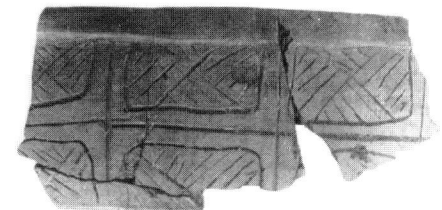

FIGURA VIII.3. *El motivo de estera, símbolo de autoridad, grabado sobre cerámica de la fase San José.*

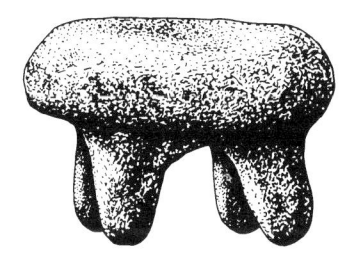

FIGURA VIII.4. *Taburete en miniatura de cuatro patas perteneciente a una casa de la fase San José. Diámetro: 3 cm.*

---

[5] Marcus 1992a, pp. 195, 198, 304-305, 334.
[6] John E. Clark, "The Beginnings of Mesoamerica: *Apologia* for the Soconusco Early Formative", en *The Formation of Complex Society in Southeastern Mesoamerica*, William R. Fowler (comp.), 1991, fig. 5 c, d.
[7] Marshall D. Sahlins, 1958, *Social Stratification in Polynesia*.
[8] Whalen, 1981.

El surgimiento de la jerarquía y la pérdida de la autonomía

Huesos de dos entierros secundarios

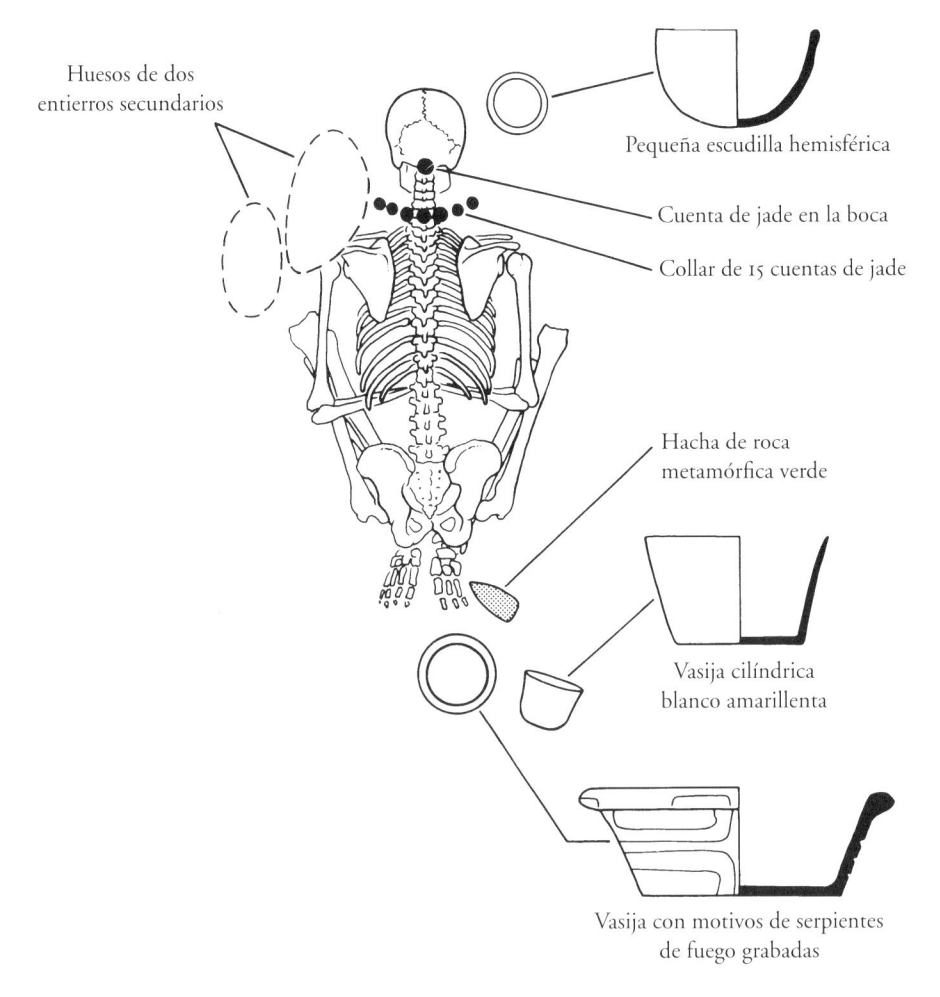

Pequeña escudilla hemisférica

Cuenta de jade en la boca

Collar de 15 cuentas de jade

Hacha de roca metamórfica verde

Vasija cilíndrica blanco amarillenta

Vasija con motivos de serpientes de fuego grabadas

FIGURA VIII.5. *Entierro 11 de Tomaltepec, varón de elevada posición de entre 30-40 años, sumamente flexionado, acompañado de dos entierros secundarios.*

sonas como esposo y esposa y no individualmente. Una de aquellas parejas consistía de una mujer con un espejo de mineral de hierro y un hombre con una vasija grabada para representar el Rayo. También había entierros primarios acompañados de entierros secundarios, lo cual sugiere que, en ocasiones, las personas que morían antes eran exhumadas, a fin de sepultarlas de nuevo con sus cónyuges o sus familiares. El cementerio contiene únicamente personas de edad suficiente como para haber pasado por la iniciación de la pubertad: esto es, no había menores ni niños pequeños. Casi todos los entierros primarios se hallaban totalmente extendidos, boca abajo con los brazos a los costados.

Sin embargo, en el cementerio destacaba, por su diferencia, un grupo de seis hombres. Todos fueron sepultados de rodillas, tan flexionados que deben de haber sido atados o envueltos. Aunque constituían sólo 12.7% del cementerio, aquellos seis varones tenían 50% de las vasijas con motivos de Rayo y 88% de las cuentas de jade. Dos tercios de los entierros cubiertos con losas de piedra pertenecían a aquel pequeño grupo; la mayor parte de las inhumaciones secundarias del cementerio también se habían agregado a las tumbas de los seis hombres flexionados, sugiriendo que algunos pueden haber tenido más de una esposa. Es casi seguro que se tratara de entierros de dirigentes de la comunidad de Tomaltepec.

Un pequeño cementerio vecinal de San José Mogote agrega más información a

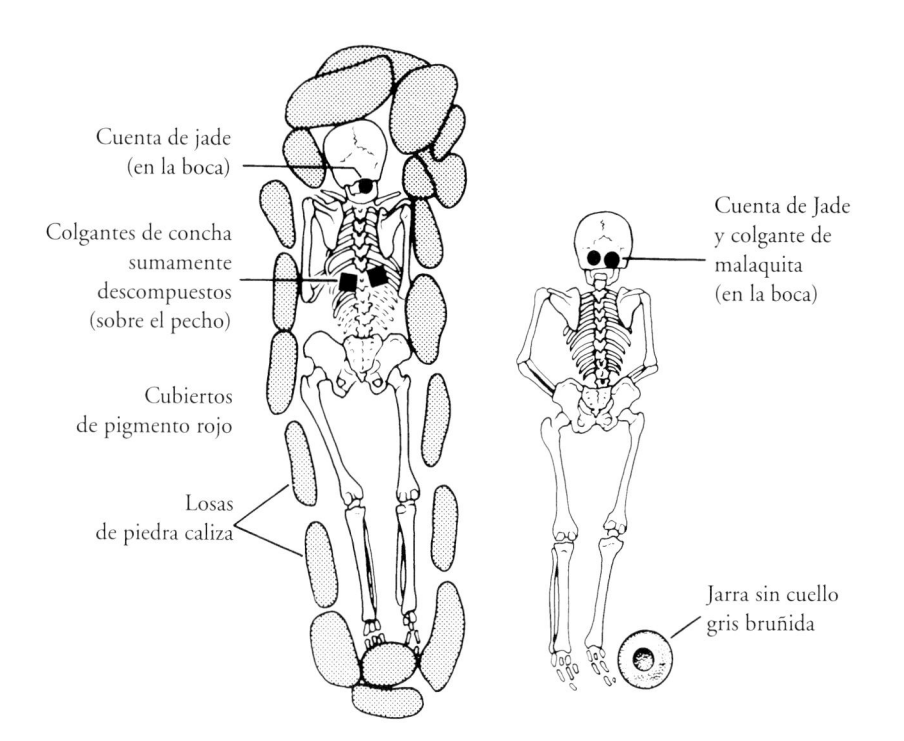

FIGURA VIII.6. *Una probable pareja de marido y mujer sepultados en San José Mogote. El hombre* (izquierda) *tenía 35-40 años de edad, y la mujer* (derecha), *20-29 años.*

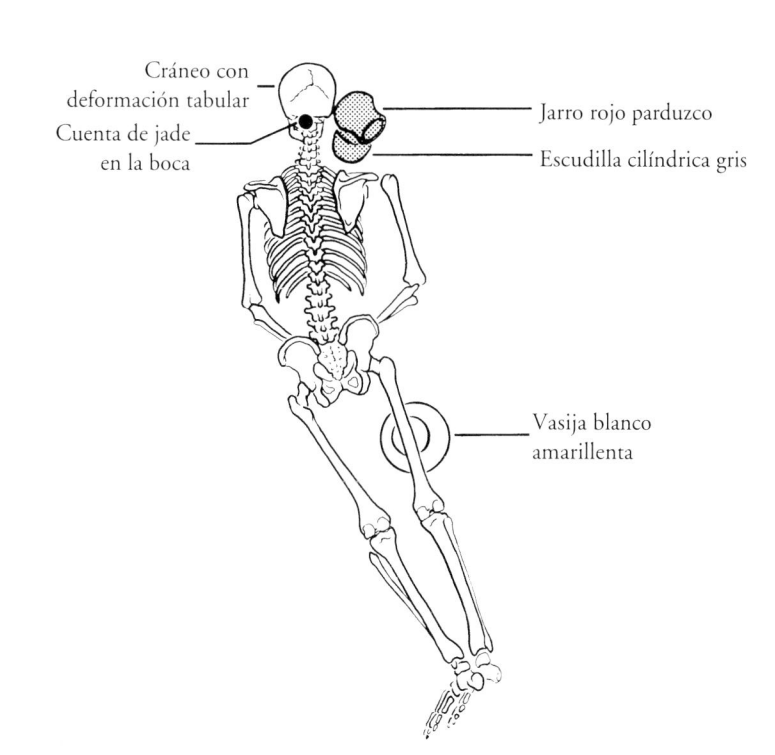

FIGURA VIII.7. *Entierro 17 de San José Mogote, una mujer de más de 50 años de edad, enterrada boca abajo.*

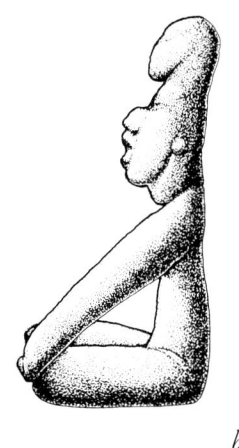

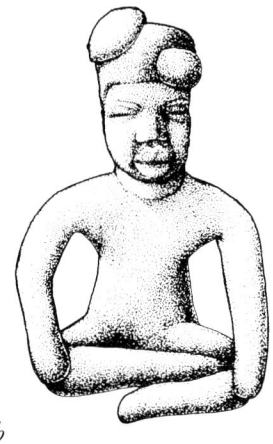

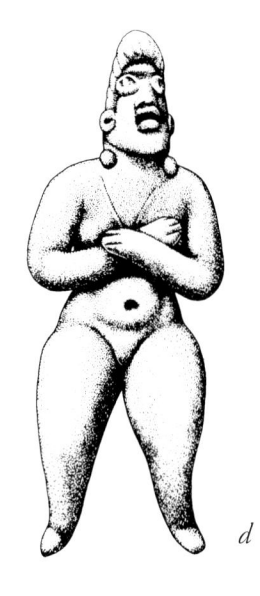

FIGURA VIII.8. *a) Figurilla de un hombre sentado con colgante, orejeras y posiblemente dientes afilados, de San José Mogote. Altura: 6.8 cm. b) Figurilla de hombre sentado, hallada en un entierro del cementerio de Tomaltepec (vistas frontal y lateral). Altura: 8.1 cm. c) Esta figurilla de San José Mogote podría representar a un hombre preparado para su entierro en posición sedente. Altura: 8.5 cm. d) Una figurilla en posible "postura de obediencia", San José Mogote. Altura: 15 cm.*

la posición funeraria. A diferencia del cementerio aldeano mayor de Tomaltepec, éste contenía menores y niños pequeños, además de adultos. Estaban presentes ambos sexos y en su mayoría se hallaban sepultados totalmente extendidos, boca abajo. Casi todos los adultos tenían una sola cuenta de jade en la boca y una o más vasijas de barro; como de costumbre, las vasijas con representaciones de Cielo (el Rayo) se encontraron únicamente con los hombres. Había parejas de marido y mujer, como la pareja de la figura VIII.6. El varón se hallaba inclinado en una tumba delimitada y cubierta de losas de piedra, precursora tal vez de la tumba zapoteca ulterior; la mujer fue sepultada a su lado, pero sin losas. Todos los entierros de este vecindario tenían ofrendas relativamente modestas y no había hombres en posición sedente o flexionada.

Consideramos que los entierros sumamente flexionados de esta fase eran personas de importancia, cuyos cuerpos fueron liados y conservados durante algún tiempo antes de su sepultura. Algunos parecen haber sido enterrados con las piernas plegadas, en tanto que otros tenían las rodillas hacia arriba. Algunos individuos de uno u otro grupo tal vez fueron sepultados en posición sedente sobre taburetes de madera que posteriormente se desintegraron.

En cambio, consideramos que los hombres y las mujeres enterrados boca abajo y totalmente extendidos se hallaban en posición más subordinada. Es la posición sepulcral más común del periodo y parecería aplicarse al mayor grupo de adultos de la sociedad de San José. Enterrados en esa posición, sus cabezas siempre habrían estado más abajo que alguien de posición superior. Al mismo tiempo, las ofrendas con estos entierros inclinados forman un *continuum* que va de pobre (esto es, nada en absoluto) a relativamente rico (es decir, orejeras de jade, colgantes de madreperla y cerámica fina).

Cuando miramos las pequeñas figuras hechas a mano de la fase San José, nos impresiona una dicotomía de posiciones similar a la de los entierros. Algunas figurillas, como las que mostramos en las figuras VIII.8a y VIII.8b, representan hombres sentados con las manos sobre las rodillas. Otras, como la de la figura VIII.8c, podrían representar cadáveres masculinos envueltos herméticamente para ser enterrados. Otras más, como la que se muestra en la figura VIII.8d, representan a hombres y mujeres en posición erecta, algunas con los brazos a los costados y otras plegados sobre el cuerpo. La posición de los brazos plegados se antoja estereotipada, como si el creador de la figurilla hubiera tratado de representar una "postura de obediencia".

Independientemente de lo que tratara de comunicar el conjunto de figurillas de aquel periodo, uno de sus mensajes parece ser que había personas con autoridad y personas subordinadas a ellas. Creemos que aquellas figurillas fueron hechas por mujeres y usadas en ritos de invocación a sus antepasados recientes, algunos de los cuales tal vez hayan sido personas de autoridad en tanto que otros eran subordinados.

El surgimiento de la jerarquía y la pérdida de la autonomía

La posible representación de un entierro de alcurnia

En su oportunidad, las figurillas al parecer fueron dispuestas a modo de formar pequeñas escenas rituales. Una de aquellas escenas había sido enterrada bajo el piso de la Casa 16, colgadizo agregado a la Casa 17 de San José Mogote. Tres figuras humanas yacen enteramente extendidas boca abajo, con los brazos cruzados sobre el pecho. Arriba de ellas estaba una figurilla en posición sedente con las manos sobre las rodillas. Originalmente, ésta puede haberse hallado en posición vertical, antes de caer bajo el peso de la tierra. Todas las figurillas usan colgante y orejeras.

Esta escena puede representar a un individuo en una de nuestras posiciones de autoridad, enterrado sobre tres individuos en posición de subordinación. Aunque a diferente escala, la escena hace recordar la Tumba 26 del sitio de Coclé, en Panamá, el entierro de un jefe con 21 dependientes. Éstos fueron enterrados totalmente extendidos (18 boca abajo, uno boca arriba, dos de costado). El Esqueleto 12, el jefe, se hallaba en posición sedente sobre ellos. Sin duda, el entierro de

Figura VIII.9.
Esta escena ritual compuesta de cuatro figurillas podría representar el entierro de un individuo de alcurnia con tres dependientes. Casa 16, San José Mogote. Altura de la figurilla más alta: 15 cm.

El surgimiento de la jerarquía y la pérdida de la autonomía

Coclé era más elaborado que todo lo encontrado en la fase San José. Pero el concepto —sentar a un individuo de la élite sobre sus subordinados reclinados— tal vez haya sido el mismo.

Los datos etnohistóricos sugieren que los jefes panameños con frecuencia eran sepultados en bultos compactos, tras ser desecados en una cámara de ahumar.[9] A algunos se les enterraba sentados en taburetes. Los dependientes sepultados con ellos podían ser prisioneros tomados de señoríos enemigos o incluso mujeres de su propio grupo que se ofrecían como voluntarias para que se les enterrara con el jefe. Los dependientes sepultados en posición inclinada tenían los brazos a los costados o plegados sobre el pecho. Algunos de los entierros boca abajo incluso llevaban oro consigo, sugiriendo que la posición boca abajo no necesariamente implicaba situación inferior. Postrarse uno mismo en presencia de un jefe quizá sólo haya sido una manera de mostrar deferencia.

FIGURA VIII.10. *Tumba 26 de Coclé, Panamá: el entierro de un jefe en posición sedente (Esqueleto 12) con 21 dependientes. Se cree que esta tumba puede fecharse aproximadamente en 1000 a.C.*

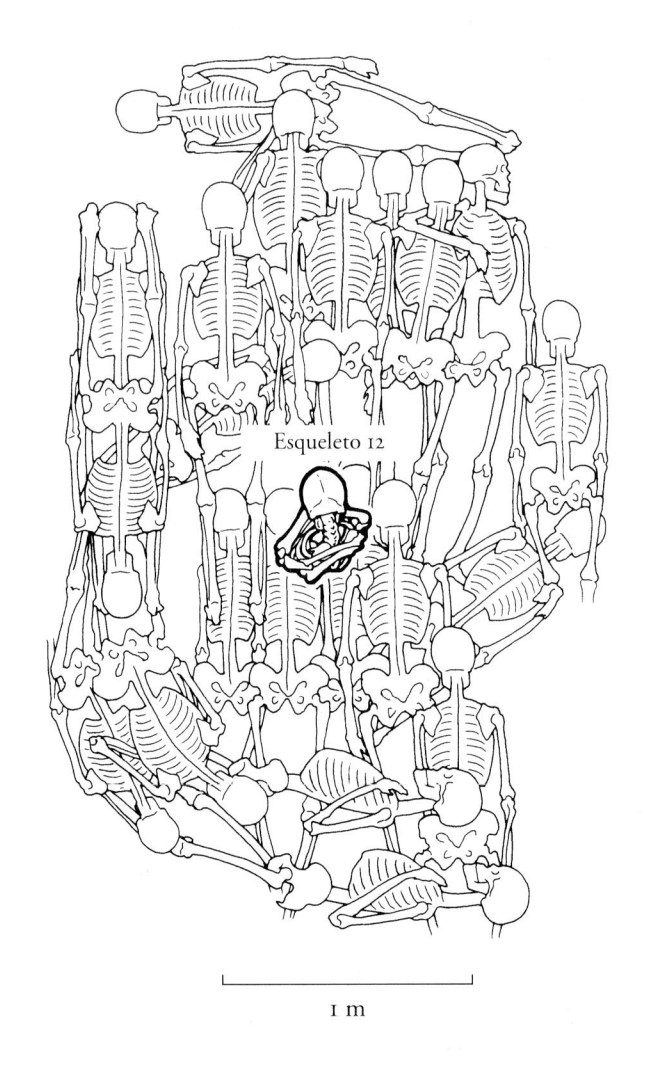

[9] Samuel K. Lothrop, 1937, *Coclé: An Archaeological Study of Central Panama*.

Posibles bienes suntuarios

El surgimiento de la jerarquía y la pérdida de la autonomía

En las sociedades mesoamericanas ulteriores, los individuos de la élite utilizaban una variedad de bienes suntuarios para distinguirse de los plebeyo. La nobleza vestía mantos de algodón, mientras que los plebeyos usaban mantos de fibra de agave. La nobleza usaba carretes de jade en los lóbulos de las orejas, collares de jade, obturaciones de jade o turquesa para los labios y ornamentos en el tabique nasal. Sus prendas tenían flecos de tubos de concha que campanillaban cuando se movían; usaban capas tejidas con plumas de variedades de quetzal, colibrí, cardenal y pico duro. El jade, la turquesa y el plumaje de quetzal eran apreciados por ser azul verdosos, color compartido con el centro del universo.

Muchos de aquellos materiales aparecen en la fase San José y algunos sin duda estaban asociados a las diferencias de posición. El problema es demostrar que aquellas diferencias de posición eran *heredadas* y no *adquiridas*. Con frecuencia nos es imposible mostrar una clara dicotomía entre las personas que podían o no usar bienes suntuarios. Para la mayor parte de los materiales hay un *continuum* de uso mayor a menor; este *continuum* es típico de las sociedades jerárquicas.

Son ejemplos de él la concha marina, la mica y el jade. Los aldeanos de la fase San José evidentemente se engalanaban con piezas de mica, cortadas de "atados" de surgimiento espontáneo o de capas de hojas de este material. Algunas casas no los tenían; otras poseían unos cuantos fragmentos; otras más los tenían por docenas, evidencia de sobra del trabajo real de la mica.

No era inusual que hombres y mujeres tuvieran una simple cuenta de jade colocada en la boca al ser sepultados. Sin embargo, no cualquiera tenía un collar de jefe como el hallado en el Entierro 40 de Tierras Largas. Y el Entierro 18 de San José

FIGURA VIII.11. *Trozo de mica negra decorada, fase San José. Longitud: 7 cm.*

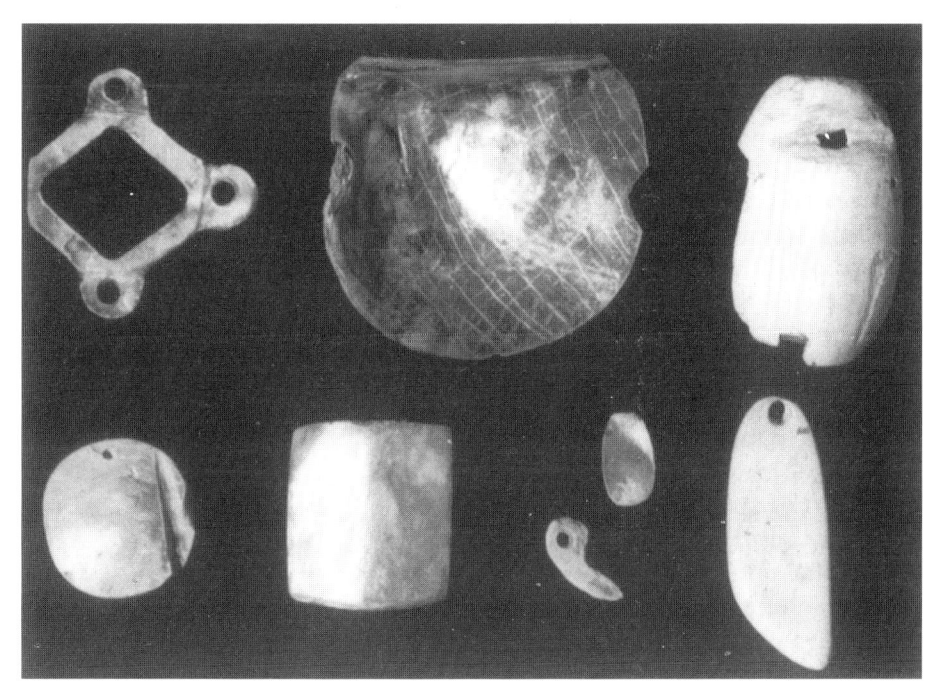

FIGURA VIII.12. *Ornamentos de concha de San José Mogote. El objeto de arriba a la izquierda podría ser un soporte de madreperla para un espejo de magnetita; a la derecha está una valva casi completa de ostra perlífera.*

119

El surgimiento de la jerarquía y la pérdida de la autonomía

FIGURA VIII.13. *En San José Mogote se usaron perforadores de calcedonia para hacer ornamentos de concha. Cada cual tiene una o más pequeñas proyecciones en forma de tetilla en el borde superior. Altura de la herramienta superior izquierda: 2.4 cm.*

FIGURA VIII.14. *Pequeños espejos de magnetita de San José Mogote.*

Mogote, una mujer de 50 años, resultó extraordinario por tener dos orejeras de jade y tres cuentas del mismo material. Aunque las sociedades mesoamericanas ulteriores restringieron el uso de las joyas de jade a la nobleza, en la sociedad de la fase San José hubo un *continuum* de las personas que no tenían ninguna, a las que poseían unas cuantas y a aquellas que tenían muchas.

Las variaciones en disponibilidad de concha eran aún más complejas, porque los artesanos que hacían los ornamentos pueden haber tenido diferentes socios comerciales o patrocinadores de la élite. Cerca de los límites occidentales de San José Mogote, los ocupantes de la Casa 4 trabajaban principalmente concha del Pacífico; los de la Casa 9 trabajaban sobre todo la del Atlántico. Incluso hay casos en que una familia parecía haber trabajado un tipo de concha, pero haber tenido acceso a ornamentos acabados de otro tipo. La Casa C3, próxima al extremo oriental de la aldea, poseía ornamentos de concha de la costa del Pacífico, entre ellos un soporte de madreperla para un espejo de mineral de hierro; por otra parte, los productos hechos con el desperdicio familiar de concha estaban constituidos principalmente de almeja del Atlántico.[10]

Pese a nuestra sospecha de que los ornamentos de madreperla y de ostra espinosa pueden haber servido como bienes suntuarios, no nos es posible mostrar ninguna dicotomía entre la gente que podía o no usarlos. En cambio, tenemos familias con poca o nula disponibilidad de concha; familias con unos cuantos ornamentos, pero sin indicios de trabajos de concha, y familias con finísimos ornamentos e indicios de trabajos de concha. Algo que tal vez complique nuestro

[10] Pires-Ferreira, 1975, p. 78.

análisis es el hecho de que los artesanos que hacían los ornamentos de concha no siempre constituían la élite sobre cuyos cuerpos eventualmente se haría gala de ellos.

Irónicamente, es gracias a los minerales de hierro disponibles localmente y no a las importaciones exóticas extranjeras como podemos dar la mejor explicación sobre los bienes suntuarios. Un estudio superficial de San José Mogote reveló una única concentración en una hectárea de 500 trozos de mineral de hierro, entre ellos magnetita, hematita e ilmenita.[11] Esta cifra equivale a 99% de todo el mineral de hierro arqueológico hallado en el valle. Cada casa excavada en aquella parte de la aldea se dedicaba al bruñido y el pulimento de pequeños espejos, en su mayor parte de magnetita, usando como abrasivo polvo de hematita.

La magnetita no muestra el *continuum* de disponibilidad observado en la mica, la concha y el jade; al parecer, su uso fue mucho más restringido. Una mujer de alcurnia de Tomaltepec fue sepultada con un espejo de magnetita, pero en el sitio no hubo indicio de que se trabajara el mineral de hierro. En Tierras Largas se encontró un trozo de magnetita, pero no se hallaron ornamentos. Tampoco las demás áreas residenciales de San José Mogote muestran signos del trabajo de la magnetita, lo cual sugiere que el pulimento de espejos puede haberse hallado bajo el estricto control de un grupo de familias.

Más aún, algunos de los espejos hechos en San José Mogote fueron destinados al intercambio con individuos de la élite de otras regiones de México. Dos espejos hechos de magnetita de Oaxaca fueron encontrados en San Lorenzo, Veracruz, en la costa sur del Golfo; otro se halló en Etlatongo, Valle de Nochixtlán. Un terrón de magnetita oaxaqueña de alta calidad llegó al sitio de San Pablo, en el estado de Morelos.[12] Hay razón para sospechar que en las tres aldeas hubo una élite naciente.

Es claro que los gobernantes de la sociedad de la fase San José se engalanaban con mica, concha, jade y magnetita. Sin embargo, sólo en el caso de la magnetita podemos argumentar que su uso estuvo restringido por las reglas suntuarias. En cuanto a la concha, el jade y la mica, apreciamos un *continuum* que va de la gente que poseía muy poco a la que poseía demasiado.

Hay dos razones por las cuales no debe sorprendernos el patrón mencionado. Primero, porque los señoríos muestran tendencia a tener una gradación de posiciones sociales más que una división en dos clases. Segundo, porque las diferencias en logros, como la habilidad para acumular artículos comerciales, sigue siendo importante incluso en las sociedades con jerarquía hereditaria.

Gradaciones en la posición social de la casa familiar

Las moradas de la sociedad de San José también sugieren una gradación de prestigio que va de lo bajo a lo alto, sin división en estratos sociales. Cerca de uno de los extremos había modestas residencias como la Casa 13 de San José Mogote; cerca del otro había residencias más elaboradas como las Casas 16-17. Además de sus

---

[11] Pires-Ferreira, 1975, p. 58.
[12] *Ibid.*, p 60.

El surgimiento de la jerarquía y la pérdida de la autonomía

FIGURA VIII.15. *Reconstrucción artística de la Casa 17 de San José Mogote, residencia de posición social relativamente alta, con tejabán anexo o área de trabajo techada (Casa 16). La característica 61 era un horno subterráneo usado para calentar calcedonia, a fin de facilitar su astillamiento.*

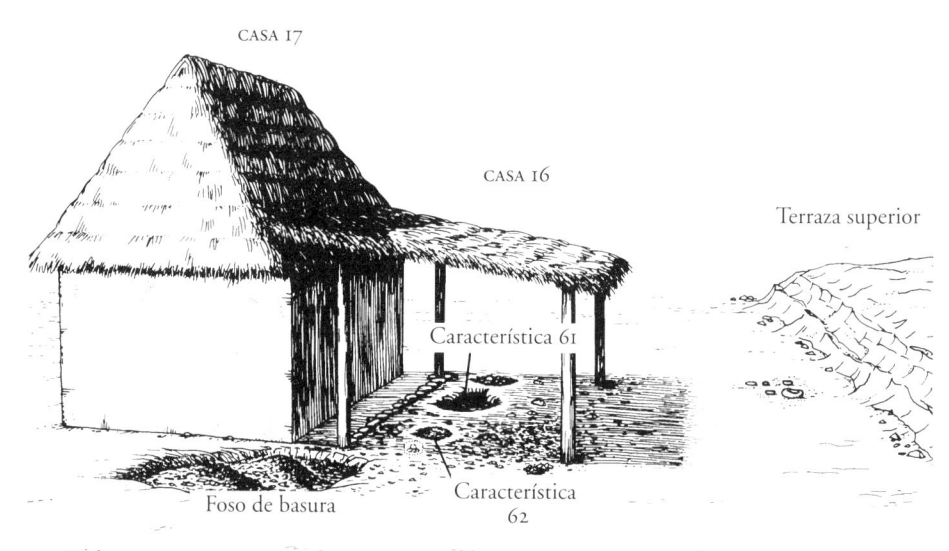

FIGURA VIII.16. *Reconstrucción artística de la Casa 13 de San José Mogote, residencia de posición social relativamente baja.*

diferencias en construcción, aquellas residencias muestran disponibilidad diferencial en carne de venado, mica y concha marina.

La Casa 13 se reconstruye en la figura VIII.16. Su tamaño aproximado era de 3 × 5 m y su hechura era relativamente pobre, con pilotes delgados y sin recubrimiento de lechada. Sus esquinas estaban ligeramente redondeadas y no limpiamente acabadas a escuadra. En su contenido se incluían pequeñas agujas para coser de hueso, pero no las agujas más largas para la elaboración de cestería encontradas en mejores casas. Los ocupantes fueron modestos productores de ornamentos de ostra espinosa y almeja de agua dulce, además de haber sido consumidores de ornamentos de madreperla hechos en otros lugares. Fueron numerosos los vestigios de mica, pero hubo pocos indicios de jade. La Casa 13 se ubicaba en la parte de la aldea dedicada al trabajo de espejos de magnetita, pero sólo contenía seis fragmentos de mineral no procesados. Tenía menos piedra astillada y huesos de venado que otras casas de aquella área residencial. La cerámica importada de otras regiones se limitaba a unos cuantos tiestos.[13]

Las Casas 16-17 se reconstruyen en la figura VIII.15. La Casa 17 era una residencia bien construida de esquinas perfectamente escuadradas y una gruesa capa de lechada sobre las paredes de bajareque. La Casa 16 era un cobertizo o área de trabajo techada de cierto tipo, probablemente agregada a la Casa 17 de la manera en que se muestra en el dibujo. Este cobertizo contenía un horno subterráneo para tratar la calcedonia por calentamiento; sus ocupantes se dedicaban a la manufactura de bifaciales de calcedonia.[14] Otras artesanías evidentes eran la cestería hecha con largas agujas de hueso, la manufactura de ornamentos de madreperla y la producción de alfarería moldea-

[13] Flannery y Marcus, 1994, pp. 329-341.
[14] William J. Parry, 1987, *Chipped Stone Tools in Formative Oaxaca, Mexico: Their Procurement, Production, and Use*, pp. 98-106.

FIGURA VIII.18. *a) El entierro 18, una mujer de mediana edad, estaba asociado a la Casa 17 de San José Mogote. La mujer tenía consigo cinco ornamentos de jade. b) Dos orejeras de jade (longitud: 14 mm) y tres cuentas de jade asociadas al Entierro 18 de San José Mogote.*

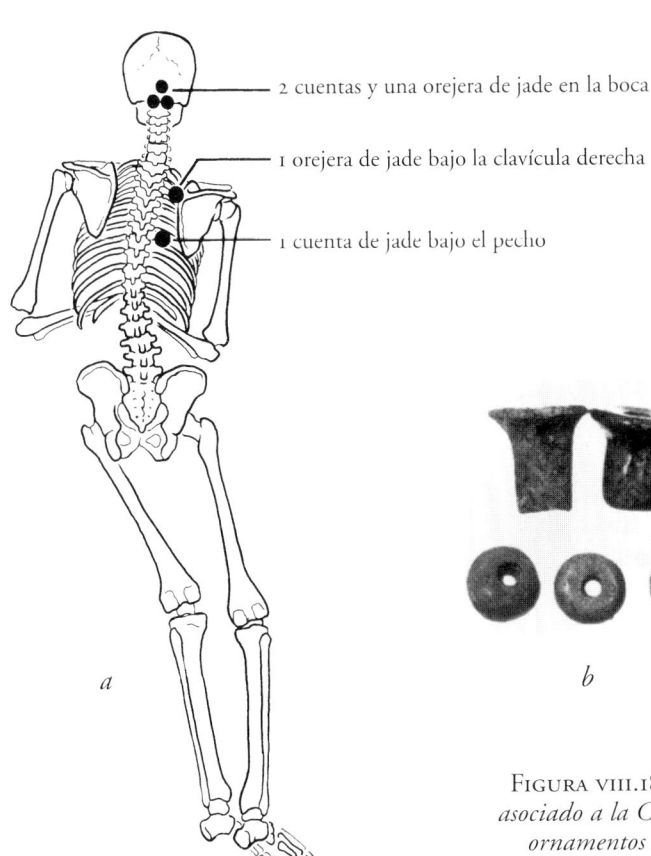

FIGURA VIII.17. *Esta elegante orejera de jade fue encontrada en la Casa 16, el cobertizo asociado a la Casa 17, de San José Mogote. Diámetro: 2.8 cm.*

da.[15] Escondidas bajo el piso de la Casa 17 había dos herramientas que pueden haberse usado para aplanar y alisar madera. Las Casas 16-17 mostraron mayores indicios de huesos de venado que la Casa 13. También tenían más conchas de ostra espinosa, mascarones de barro, espinas de pastinaca y cerámica importada de la Cuenca de México, de la costa del Golfo y del Valle de Tehuacán. Una ocupante de la Casa 17, una mujer de mediana edad, fue sepultada bajo el piso; llevaba consigo dos orejeras de jade y tres cuentas del mismo material. Una orejera de jade aún más elegante fue hallada sobre el piso de su cobertizo aledaño.

Aquellas casas, y otras de la fase San José, sugieren que cuanto más alta era la posición social de una familia en la comunidad, era más probable que aquella familia estuviera involucrada en actividades artesanales y tuviera mayor disponibilidad de carne de venado, concha marina, jade y cerámica importada.

Posibles rasgos hereditarios

Hasta ahora hemos estudiado una serie de fenómenos —posiciones de autoridad y obediencia, posibles bienes suntuarios, gradaciones en la disponibilidad de recursos—,

[15] Flannery y Marcus, 1994, p. 333.

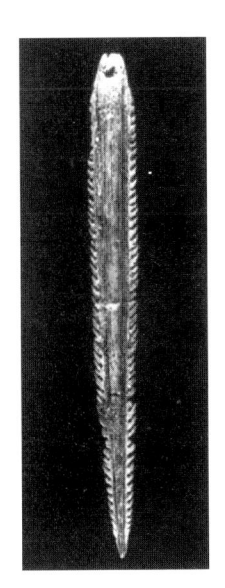

FIGURA VIII.19. *Probablemente los residentes de la Casa 17 de San José Mogote utilizaban esta espina de pastinaca en los rituales de sangrado. Longitud: 9.7 cm.*

El surgimiento de la jerarquía y la pérdida de la autonomía

todos los cuales reflejan diferencias de posición en la sociedad de San José. Sin embargo, todos ellos comparten el mismo problema: no podemos demostrar que las diferencias eran *heredadas,* en vez de *adquiridas.* A fin de probar la desigualdad hereditaria debemos hallar *diferencias de posición que se revelen en menores o niños pequeños, individuos demasiado jóvenes para haber logrado prestigio en vida.* A decir verdad, dos son las diferencias que aparecen entre individuos de la fase San José durante su niñez. Veamos algunos ejemplos.

Como hemos visto, la asociación de ciertos individuos con la Tierra o el Cielo parece estar presente desde el nacimiento. Incluso se podía enterrar a niños pequeños con vasijas que portaban motivos de Rayo o Terremoto y, en ocasiones, sus ofrendas eran más impresionantes que las del adulto promedio de la misma aldea.

Los Entierros 1, 2 y 4 de Abasolo eran de niños pequeños, sepultados en un pequeño yacimiento arqueológico del vecindario. Si bien no se pudo determinar el sexo debido a su edad, sus ofrendas fúnebres muestran la misma dicotomía apreciada entre hombres y mujeres adultos.

En el Entierro 2 había dos jarras pequeñas sin cuello, una de ellas en forma de calabaza. Estas jarras parecen ser las versiones en tamaño infantil de las ofrendas halladas en muchas tumbas femeninas. En los Entierros 1 y 4 había un juego de tres vasijas colocadas una dentro de otra; dos de cada juego tenían grabados motivos de Rayo. Estas vasijas eran versiones en pequeño de las ofrendas halladas en algunas tumbas de varones. Como ninguno de aquellos niños tenía edad suficiente para haber "logrado" nada en la vida, llegamos a la conclusión de que la descendencia del Rayo era hereditaria por línea masculina. La pregunta es: ¿aquella descendencia también confería alta jerarquía?

Los entierros en los que había motivos de Rayo y Terremoto no necesariamente tenían más concha, jade o magnetita que otros. Sin embargo, fuerza es recordar que el éxito no es factor irrelevante por el simple hecho de que haya surgido la jerarquía heredada. No todos los nacidos de un linaje de jefes llegan a jefes. En la sociedad de San José se reconocía la descendencia del Rayo desde el nacimiento, pero éste puede haber sido sólo el primer asalto de la competencia. Tal vez hayan sido necesarios años de éxito, iniciación ritual y eliminación de rivales para hacer jefe a uno de los "hijos del Rayo".

Veamos ahora otro atributo que no puede reflejar el éxito: la deformación craneana deliberada. En tiempos de la conquista española, este atributo era considerado signo de nobleza, como usar plumas de quetzal y orejeras de jade. La deformación craneana debe hacerse precozmente, cuando el cráneo todavía se halla en crecimiento y sus huesos están separados por cartílagos. Entre los antiguos mayas, la deformación craneana se efectuaba poco después del nacimiento. Diego de Landa, español del siglo XVI, dice que "a los cuatro o cinco días de nacida la criatura la acostaban en un lecho pequeño, hecho de varillas de mimbre y carrizo, y allí, con la cara hacia arriba, colocaban su cabeza entre dos tablillas una detrás y la otra en la frente, entre las cuales se la comprimían reciamente y la tenían allí padeciendo hasta que después de algunos días la cabeza quedaba plana y moldeada".[16]

FIGURA VIII.20.
Dos pequeñas jarras sin cuello halladas con el Entierro 2 de Abasolo. La vasija de arriba, en forma de calabaza, mide 11 cm de diámetro. Estas vasijas habitualmente fueron encontradas con mujeres.

[16] Citado en Alfred M. Tozzer, 1941, *Landa's Relación de las Cosas,* p. 125.

Algunos informantes aztecas del siglo XVI revelaron que "cuando los niños son muy jóvenes, sus cabezas son suaves y pueden moldearse en la forma en que se ve que es la nuestra, usando dos trozos de madera ahuecada en el medio. Esta costumbre, dada a nuestros antepasados por los dioses, nos confiere un aspecto noble".[17]

La deformación craneana es resultado de acciones emprendidas por los padres de alguien mucho antes de que tenga edad suficiente para haber logrado algo; de tal suerte, si la deformación craneana refleja alcurnia, ésta debe ser alcurnia *heredada*. En las antiguas aldeas mesoamericanas se practicaban dos tipos de deformación. La más común, la deformación *tabular*, se provocaba presionando el cráneo entre una tablilla fija occipital y otra tablilla libre en la frente. La deformación *anular* se causaba atando una venda alrededor de la cabeza. Cada tipo de deformación podía ser *recta* u *oblicua*, dependiendo del ángulo en que se aplicara.[18]

En la fase San José, el tipo más común era la deformación tabular y podía presentarse en ambos sexos; así estaban deformados algunos hombres enterrados con vasijas de Rayo. Sin embargo, una adolescente de San José Mogote mostraba deformación anular, práctica todavía rara en aquel entonces. Es posible que se tratara de una novia de otra región étnica, donde fuera más común la deformación anular. La posición de la muchacha en el entierro —boca arriba, con los brazos plegados sobre el pecho— también era atípica para aquel barrio residencial.

Creemos que ciertos niños heredaban el derecho a que se les deformara el cráneo y algunos niños varones el de ser sepultados con motivos de Tierra o Cielo. Puesto que en aquellos entierros no siempre había bienes suntuarios impresionantes, no puede hacerse ninguna afirmación simplista de "entierros señoriales". Sospechamos que eran niños nacidos en grupos de descendencia de los que habrían de salir los futuros dirigentes. Sin embargo, no todos los nacidos en ese grupo se constituían automáticamente en líderes. Es casi seguro que, para recibir presentes funerarios en verdad elegantes, fuera preciso agregar logros al linaje de alcurnia.

Patrones de asentamiento de la fase San José

De 1150 a 850 a.C., el Valle de Oaxaca fue testigo de un apreciable y asimétrico crecimiento de la población. El número de comunidades se duplicó a alrededor de 40; la población estimada aumentó cuando menos a 2 000 habitantes, más del triple. Aquel crecimiento no logró reducir la heterogeneidad vista en la fase Tierras Largas, puesto que la mitad de las comunidades seguía ocupando el subvalle de Etla.

Se calcula que la mayor parte de los asentamientos —incluso virtualmente

FIGURA VIII.21. *Dos pequeñas vasijas cilíndricas con motivos grabados de Rayo, halladas en el Entierro 4 de Abasolo. Las vasijas de este tipo habitualmente se encontraban con varones. Diámetro de la vasija superior: 8.3 cm.*

[17] Torquemada es citado en Alfred M. Tozzer, 1941, *Landa's Relación de las Cosas*, p. 88.
[18] Javier Romero, 1970, "Dental Mutilation, Trephination, and Cranial Deformation", en *Handbook of Middle American Indians* (vol. 9), Robert Wauchope y T. Dale Stewart (comps.), pp. 50-67.

El surgimiento de la jerarquía y la pérdida de la autonomía

todos los recién fundados— fueron aldeas de 100 personas o menos. En cambio, es probable que la mitad de la población del valle haya vivido en San José Mogote. El proyecto de Patrones de Asentamiento lo reconstruye como un grupo de tres sitios que cubren 79 ha, con un cálculo de 791-1 976 habitantes.[19] Lo hemos reconstruido como una aldea principal con numerosos barrios exteriores. La aldea principal cubría 20 ha y, si todos los barrios exteriores verdaderamente fueron parte de una extensa comunidad, estimamos su tamaño total en 60-70 ha y su población en 1 000 habitantes. Por tanto, nos quedamos con dos asimetrías por explicar. Una de ellas es la desproporcionada población del subvalle de Etla; la otra el hecho de que la aldea principal del valle era 10 veces mayor que la segunda.

La figura VIII.23, que sobrepone aldeas sobre clases de tierra, muestra que la estrategia de elección siguió siendo la agricultura de temporal en tierras de Clase I. Por lo menos las tres cuartas partes de todos los asentamientos estaban en ese tipo de tierra o en estribaciones cercanas del pie de la montaña. Sin embargo, el asentamiento se fue ensanchando gradualmente más allá de la zona de *yuh kohp* o tierra de fondo permanentemente húmeda. Dos de las técnicas de irrigación usadas por los zapotecas actuales pueden haber facilitado aquella expansión.[20] Una de ellas es la técnica que consiste en excavar pozos poco profundos para extraer el agua subterránea, permitiendo irrigar a mano por medio de cántaros especiales. La otra consiste en excavar pequeñas acequias, para desaguar campos anegados o para desviar corrientes del pie de la montaña al aluvión. Se han hallado pozos de la fase San José en Abasolo, perteneciente al subvalle de Tlacolula, y acequias de desagüe en San José Mogote y Tierras Largas, en el subvalle de Etla.[21] El hecho de que se conocieran estas tecnologías puede explicar la difusión de la agricultura allende los límites de la *yuh kohp*. Ambas técnicas son tan simples que se hallan dentro de la capacidad de trabajo de una sola familia.

Figura VIII.22. *Entierro 1 en San José Mogote, una mujer de 15-20 años de edad, con deformación craneana deliberada.*

[19] Kowalewski *et al.*, 1989, p. 61.
[20] Kirkby, 1973.
[21] Kent V. Flannery, "Precolumbian Farming in the Valleys of Oaxaca, Nochixtlán, Tehuacán, y Cuicatlán: A Comparative Study", en Flannery y Marcus (comps.), 1983, pp. 323-339.

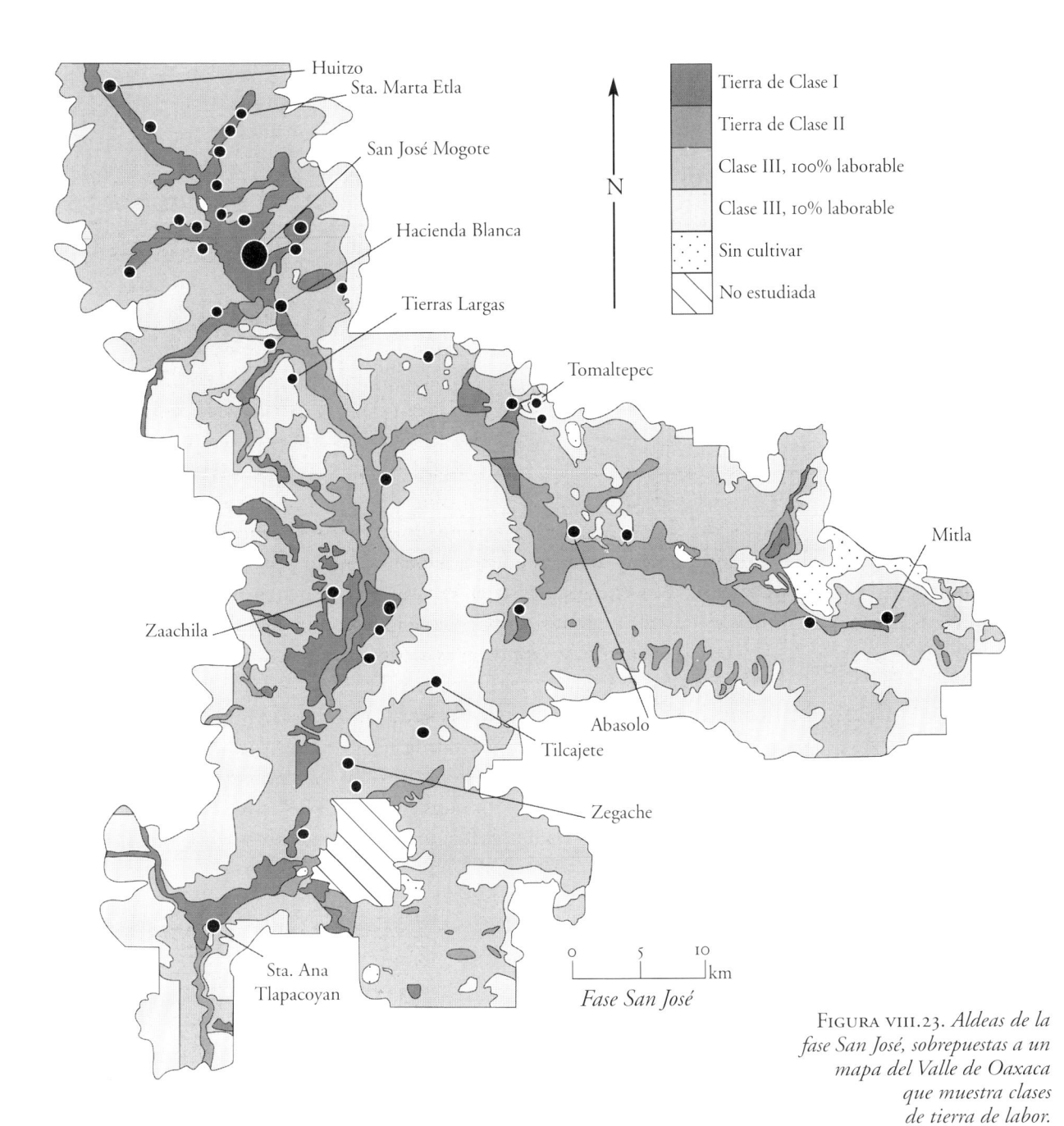

FIGURA VIII.23. *Aldeas de la fase San José, sobrepuestas a un mapa del Valle de Oaxaca que muestra clases de tierra de labor.*

Sin embargo, hay signos de que en el asentamiento de la fase San José intervino una expansión agrícola más que gradual. En los 800 km² del Valle Grande, aún permanecían desocupadas grandes extensiones de tierra de Clase I. En el subvalle mucho más pequeño de Etla, unas 12-14 comunidades se concentraban dentro de un radio de ocho kilómetros alrededor de San José Mogote. Es claro que la tendencia a dispersarse de las crecientes poblaciones agrícolas se equilibraba con las ventajas de permanecer a dos horas de marcha de la mayor aldea del valle. También es claro que, aunque hubiera tierra de Clase I disponible, ya había varios asentamientos en tierra de Clase III.

Por consiguiente, hemos llegado a la conclusión de que si bien la disponibili-

El surgimiento de la jerarquía y la pérdida de la autonomía

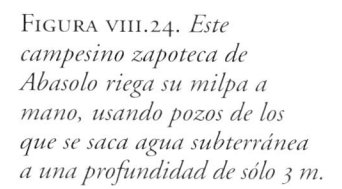

FIGURA VIII.24. *Este campesino zapoteca de Abasolo riega su milpa a mano, usando pozos de los que se saca agua subterránea a una profundidad de sólo 3 m.*

dad de tierra de primera clase seguía siendo una de las consideraciones principales, *las relaciones sociales* —entre ellas los intentos de los dirigentes aldeanos encaminados a concentrar a sus seguidores en las proximidades— desempeñaban un papel mayor en la ubicación del asentamiento del que habían tenido en la fase Tierras Largas.

La pérdida de la autonomía

Una de las claves más importantes sobre el surgimiento de la sociedad señorial es la pérdida de la autonomía aldeana. Un Gran Hombre de Bougainville puede multar a los miembros de su propia aldea por no ayudarlo en la organización de las fiestas o en la construcción ritual. Sin embargo, no es obedecido por los aldeanos vecinos; sólo pagándola puede obtener ayuda de otras comunidades.[22] Un dirigente de su clase no surge como jefe de un señorío por mínimo que sea en tanto no lo obedezcan varias aldeas diferentes.[23]

Por consiguiente, nuestra tarea consiste en documentar la pérdida de la autonomía aldeana. Inmediatamente llaman nuestra atención San José Mogote y las 12-14 comunidades más pequeñas que lo rodean. Estos sitios circundan al primero como lunas en órbita en torno a una estrella: un sol de 79 ha con diminutos satélites atrapados por su fuerza gravitacional. Entre 1400 y 1150 a.C., los dirigentes de San José Mogote atrajeron a más de 170 personas a su aldea. Al parecer, entre 1150 y 850 a.C., convencieron a más de 1 000 de que permanecieran dentro de un radio de ocho kilómetros.

[22] Douglas L. Oliver, 1955, *A Solomon Island Society: Kinship and Leadership among the Sivai of Bougainville*.
[23] Robert L. Carneiro, 1991, "The Nature of the Chiefdom as Revealed by Evidence from the Cauca Valley of Colombia", en *Profiles in Cultural Evolution*, A. Terry Rambo y Kathleen Gillogly (comps.), pp. 167-190.

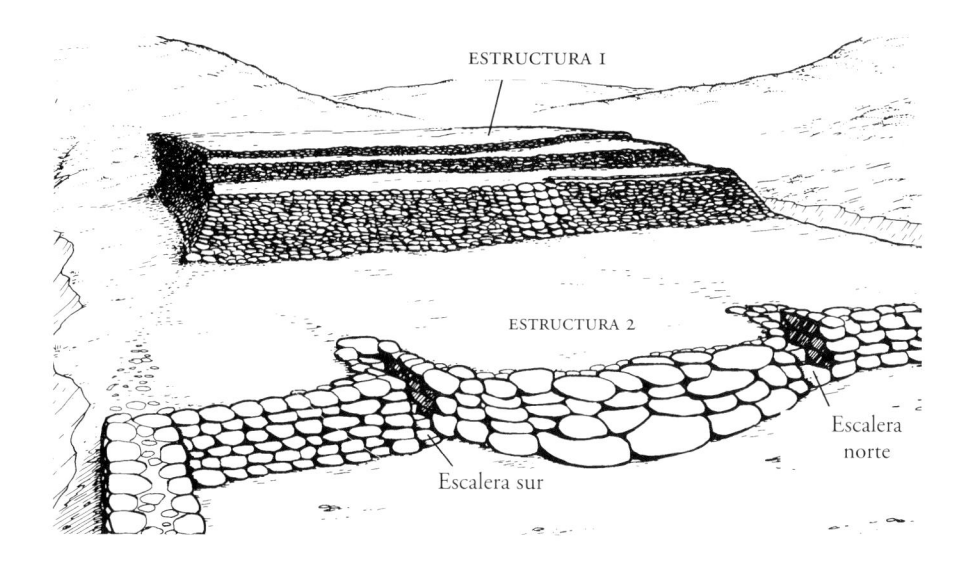

El surgimiento de la jerarquía y la pérdida de la autonomía

FIGURA VIII.25. *Reconstrucción artística de las Estructuras 1 y 2 de San José Mogote. Muchas de las piedras usadas en su construcción provenían de las tierras de comunidades cercanas más pequeñas.*

La gran disparidad entre San José Mogote y sus satélites nos arroja una jerarquía de tamaños de sitio de dos niveles claros, con intervención de algo más que el mero tamaño, ya que San José Mogote también poseía una serie de edificios públicos que no se encontraban en sitios más pequeños. Durante la fase temprana de San José, aquellas estructuras eran principalmente las Casas de los Hombres, con recubrimiento de cal; no obstante, hacia fines de la era San José, en el centro de la aldea empezó una construcción sin precedentes.

Las Estructuras 1 y 2 fueron dos de los edificios más impresionantes de la fase San José. Cada cual parece ser la plataforma primordial para un edificio público de bajareque, en cuya construcción se usó por primera vez un ladrillo de adobe, hasta entonces desconocido en Oaxaca. Usados principalmente para pequeños muros de retención dentro del relleno de tierra, aquellos primeros adobes eran de planta circular, con sección transversal plano convexa o en "forma de buñuelo".

La Estructura 2 tenía un metro de altura y por lo menos 18 m de ancho. Su

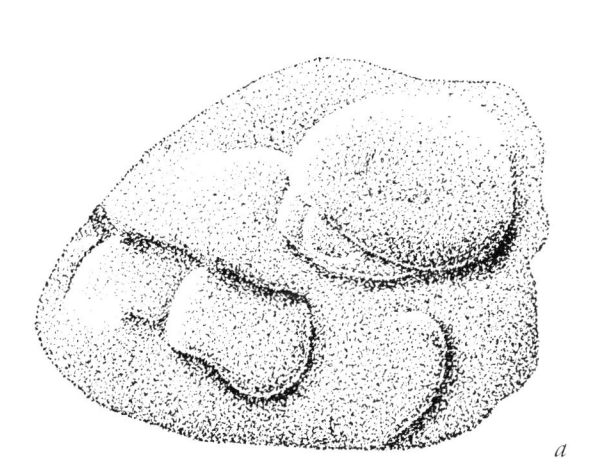

FIGURA VIII.26. *Dos piedras labradas de la Estructura 2 de San José Mogote representan* a) *un felino y* b) *un ave de rapiña. Longitud de* a: *20 cm.*

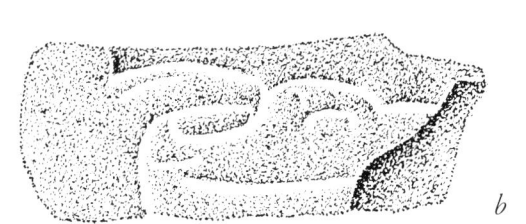

El surgimiento de la jerarquía y la pérdida de la autonomía

fachada en talud se había construido con pedrejones, algunos obtenidos localmente y otros llevados de lugares ubicados a 5 km de distancia. Entre éstos, algunos eran de piedra caliza procedentes del oeste del Río Atoyac, en tanto que otros eran de travertino llevados del este del río. De una sección colapsada del muro habían caído dos piedras labradas, una con la representación de un felino y otra con la de un ave de rapiña. La cara este de la plataforma incluía dos escaleras de piedra que, aunque angostas, son las primeras de su tipo en la región. Arriba y al oeste, la Estructura 1 se alzaba en varios niveles que bien pueden haber alcanzado 2.5 m de altura. Su fachada estaba hecha de piedras más pequeñas asentadas en barro, de manera un tanto tosca pero eficaz; era claramente de mampostería, como primera etapa dentro de una tradición arquitectónica desarrollada de manera brillante por los zapotecas subsecuentes.

Aquellas dos estructuras reflejan la habilidad de un líder local para organizar la mano de obra a una escala regional no vista con anterioridad. La variedad de materias primas usadas significa la llegada de cuadrillas de trabajadores de una diversidad de localidades. Algunos trabajadores habían llevado toba volcánica, extraída de crestones cercanos. Otros habían hecho adobes redondos, usando como moldes bases de grandes tinajas rotas.[24] De áreas de tierra aluvial negra, se había llevado en canastos, para relleno, tierra roja del pie de la montaña y tierra gris verdosa de los cerros pedregosos. Lo más significativo es que la piedra caliza y el travertino procedían de canteras conocidas localizadas en tierras de otras comunidades. Por consiguiente, al parecer los dirigentes de San José Mogote podían convocar la mano de obra de otras aldeas para la obra pública: se había perdido la autonomía.

Vale la pena señalar que los dirigentes de San José Mogote en realidad no *necesitaban* ni la piedra caliza ni el travertino, ya que estaban asentados en una fuente de toba volcánica. Es casi seguro que lo que deseaban dominar era la *mano de obra*. Tal como lo han expresado en fechas recientes Edward Schortman y Patricia Urban: "la meta de todas las élites consiste en dominar la mano de obra y los excedentes de producción de tantos subordinados como les sea posible".[25]

La demostración de que se posee un señorío

Vale la pena esmerarnos en nuestra idea final: en este capítulo hemos hecho uso de más de 10 líneas testimoniales, a fin de demostrar que en la sociedad de la fase San José había desigualdad hereditaria. Hemos usado tantas líneas porque, de manera aislada, ninguna de ellas habría sido suficiente.[26]

Algunos arqueólogos parecen creer que hallar dos entierros, uno con ornamento de jade y otro sin él, es indicativo de "señorío". No lo es; como tampoco lo es la

---

[24] Flannery y Marcus, 1994, pp. 367-371.
[25] Edward Schortman, Patricia Urban, M. Ausec, E. Bell, S. Connell, D. Schafer y S. Smith, 1992, *Sociopolitical Hierarchy and Craft Production: The Economic Bases of Elite Power in a Southeast Mesoamerican Polity*, Segunda Parte, p. 3.
[26] Feinman y Neitzel, 1984.

mera presencia de un edificio público. Las sociedades aldeanas autónomas poseen todo esto y más. Sólo al comprobar un patrón extensivo de relaciones asimétricas en múltiples aspectos de la sociedad, incluso de desigualdades presentes desde el nacimiento, pueden los arqueólogos presentar argumentos convincentes respecto de la jerarquía hereditaria.

IX. La construcción de alianzas y la competencia entre las élites

Una vez que la jerarquía hereditaria ha surgido en cualquier parte del mundo, es de esperar que el camino de la evolución social sea aún más errático y desordenado que antes. Lo único que necesitan los Grandes Hombres es humillar a sus rivales con obras públicas espectaculares. A decir verdad, los jefes competidores tal vez tengan que suprimir rivales cuyas credenciales genealógicas superen las suyas. El registro etnográfico de las sociedades señoriales muestra incursiones intensas, abruptos ascensos al poder y derrotas igualmente abruptas.[1] Sin embargo, se necesitan excavaciones de largo plazo y suerte para recuperar el testimonio de aquellos procesos en el registro arqueológico.

Algunas de nuestras pistas más interesantes de la construcción de alianzas y la competencia entre señores datan de 850 a 700 a.C. Fue éste un periodo durante el cual algunos de los procesos vistos en la anterior fase San José se reforzaron sólidamente, en tanto que otros fueron interrumpidos de manera periódica. Por una parte, iban en aumento las diferencias entre familias de elevada y de baja condición social. Por la otra, es probable que a los centros señoriales como San José Mogote les haya sido difícil mantener el dominio de las aldeas vecinas, a causa de la naciente competencia de los centros rivales.

Uno de aquellos rivales fue Huitzo, aldea situada a 16 km al noroeste de San José Mogote. Si bien nunca fue tan grande como San José Mogote, Huitzo construyó sus propios impresionantes edificios públicos entre 850 y 700 a.C. y parece haber hecho considerable "trabajo de red" con las aldeas del Valle de Nochixtlán, a unos 50 km al norte del Valle de Oaxaca. La cerámica de Huitzo comparte varios rasgos estilísticos con la de Yucuita, gran asentamiento del Valle de Nochixtlán, al mismo tiempo que mantiene diversas diferencias con la cerámica de San José Mogote.

El surgimiento de centros competidores, algunos de los cuales declinaron para seguir los cánones estilísticos de San José Mogote, ha complicado nuestros esfuerzos por definir una asociación cultural para 850 a 700 a.C. Aquella variación regional de la cerámica constituye un obstáculo para el estudio superficial, porque

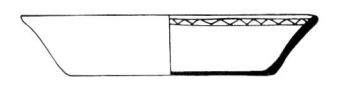

Figura ix.1. *El motivo inciso de esta escudilla de la fase Guadalupe procedente de Huitzo comparte rasgos estilísticos con la cerámica del Valle de Nochixtlán, localizado al norte.*

Figura ix.2. *Esta vasija de efigie de la fase Guadalupe procedente de Tierras Largas compartes rasgos estilísticos con la cerámica ulterior del valle de Oaxaca. Altura: 12.8 cm.*

[1] Redmond, 1994.

La construcción de alianzas y la competencia entre las élites

FIGURA IX.3. *La Estructura 8 de San José Mogote, plataforma de la fase Guadalupe para un edificio público, tenía muros de contención hechos de adobes en forma de buñuelo y una superficie de barro cimentado.*

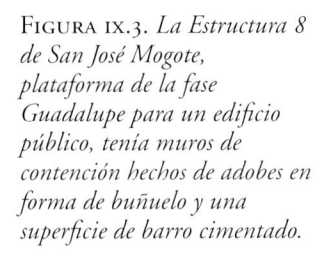

algunas cerámicas de diagnóstico no parecen haber llegado a todas partes del Valle de Oaxaca.

En el subvalle de Etla, hemos llamado fase Guadalupe al periodo que va de 850 a 700 a.C., cuya cerámica de diagnóstico puede reconocerse desde Huitzo, en el norte, hasta Tierras Largas, en el sur. Sin embargo, cuanto más nos desplazamos al sur y al este de la región de Etla, menos encontramos estos diagnósticos; en el Valle Grande, al sur, y en el subvalle de Tlacolula, al este, la cerámica de 850-700 a.C. es suficientemente distinta para hacer que el uso del término "fase Guadalupe" resulte un tanto inapropiado. Por una parte, su diversidad regional nos dice que estaban en marcha cambios dinámicos, con el surgimiento de centros competidores en diferentes áreas del valle. Por la otra, hace difícil definir un complejo cerámico para todo el valle y por ende aún más difícil aventurar cálculos de población.

Nuestra mejor conjetura es que, en aquel entonces, había en el Valle de Oaxaca entre 2 000 y 2 500 personas, tal vez distribuidas en unas 45 comunidades. Aproximadamente la mitad de ellas se encontraban en el subvalle de Etla, que todavía se llevaba la tajada del león en lo tocante a población. El proyecto de Patrones de Asentamiento estima que San José Mogote era entonces un villorrio de 791-1 976 personas distribuidas sobre 60-70 ha. San José Mogote era todavía la mayor comunidad del valle y seguía ejerciendo cierta atracción centrípeta sobre las aldeas vecinas; en un radio de 8 km de San José Mogote se agrupaban 16 aldeas más pequeñas.

Edificios públicos de 850-700 a.C.

Si asumimos que la construcción de edificios públicos fue patrocinada por la élite, entonces debemos concluir también que en diversas comunidades de la fase

La construcción de alianzas y la competencia entre las élites

FIGURA IX.4. *Reconstrucción artística de la Estructura 3 de Huitzo, un gran edificio público de bajareque y recubrimiento sobre una plataforma de adobe con una escalera intercalada.*

Guadalupe hubo familias de la élite. Para entonces, ya se había constituido en práctica común el uso de adobes en forma de buñuelo para los muros de contención interiores de las plataformas de tierra. Las áreas delimitadas por aquellas paredes se podían rellenar entonces con cargas de tierra, para dar a la plataforma en sí una fachada de pedrejos. Orientada ocho grados al oeste del norte, la Estructura 8 de San José Mogote tenía el muro este de piedras sin recubrimiento de un metro de ancho, combinado con muros de contención de adobe de hasta 70 cm de altura. Arriba estaba el piso de adobe cimentado de un enorme edificio de bajareque, lamentablemente destruido por la erosión subsecuente.

El centro rival de Huitzo construyó estructuras comparables durante la fase Guadalupe. La más antigua fue la Estructura 4, plataforma piramidal de dos metros de altura y más de 15 m de ancho, construida de tierra con fachada de piedra, a la manera de la Estructura 8 de San José Mogote. Sobre aquella plataforma, los arquitectos de Huitzo construyeron una serie de edificios que tal vez hayan sido templos de una sola cámara. El mejor conservado era la Estructura 3, un gran edificio de bajareque sobre una plataforma de adobe con una escalera. Construida de adobes en forma de buñuelo y de relleno, aquella plataforma medía 1.3 m de altura por 11.5 de largo. Su ancha escalinata tenía tres escalones, cada uno de los cuales iba intercalado en la plataforma a fin de fortalecerlo. Toda la estructura fue recubierta con mortero de cal. Pese al pequeño tamaño de la comunidad de Huitzo en relación con San José Mogote, su arquitectura pública era tan impresionante como cualesquiera de las construcciones de este último sitio durante la fase Guadalupe.

Una línea de indicios adicional sugiere que San José Mogote y Huitzo fueron centros rivales. En 1976, Stephen Plog comparó el repertorio de motivos de los dibujos incisos en la cerámica de San José Mogote, Huitzo, Fábrica San José, Tierras Largas y Abasolo.[2] La mayor parte de ellos eran versiones simplificadas de

---

[2] Stephen Plog, 1976, "Measurement of Prehistoric Interaction Between Communities", en Flannery (comp.), 1976, pp. 255-272.

La construcción de alianzas y la competencia entre las élites

los motivos de Tierra descritos en el capítulo VIII; eran especialmente comunes las versiones incisas de la cabeza hendida de la Tierra.

En tanto que San José Mogote compartía muchas preferencias de diseño con Abasolo, Tierras Largas y Fábrica San José, su repertorio de dibujos mostraba con el de Huitzo mucho menos similitud de la que se hubiera previsto por la poca distancia que separaba a ambas comunidades. Aunado a que Huitzo compartía atributos estilísticos con el Valle de Nochixtlán más lejano, este hecho refuerza nuestra idea de que los dos sitios interactuaban con menor frecuencia de la esperada, probablemente porque sus respectivas familias de élite competían por los seguidores.

La construcción de alianzas por medio de la hipogamia

Sospechamos que uno de los métodos usados por los líderes de San José Mogote para la construcción de alianzas fue la *hipogamia*, que consistía en enviar a una mujer de alcurnia de un centro señorial a casarse con el dirigente de una comunidad subordinada. La hipogamia eleva la posición del gobernante de la comunidad subordinada, al mismo tiempo que lo obliga con el donante de la novia. Fue aquélla una estrategia usada por muchas civilizaciones mesoamericanas ulteriores.[3]

FIGURA IX.5. *Vista aérea de Fábrica San José, importante aldea de la fase Guadalupe, al pie del monte localizado al este de San José Mogote. La pequeña colina de travertino ubicada en el centro de la fotografía es un manantial de aguas salobres para la fabricación de sal.*

[3] Marcus, 1992a, pp. 227-228, 250-254.

La construcción de alianzas y la competencia entre las élites

Jarra rojo parduzca

1 colgante de jade, 53 cuentas del mismo material y una cuenta parda en la boca

Vasija blanco amarillenta (bajo el pecho)

Vaso Blanco Delia (bajo el pecho)

Vasija incisa blanco amarillenta

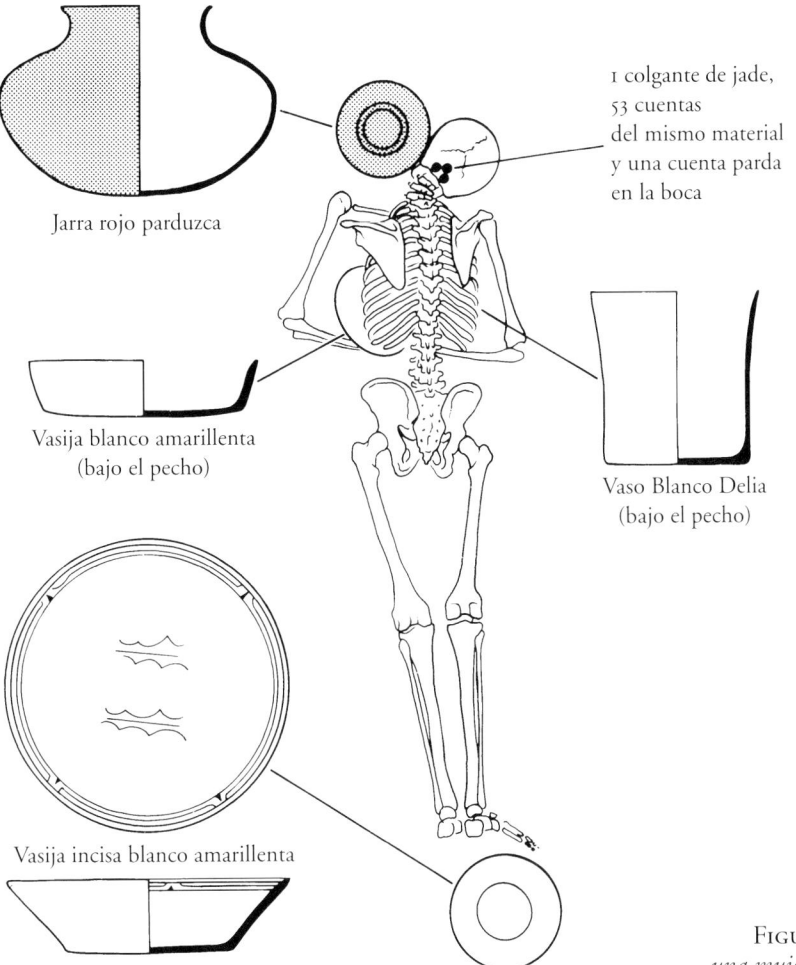

Figura ix.6. *Entierro 39 de Fábrica San José, una mujer de posición social relativamente elevada.*

Cinco kilómetros al este de San José Mogote está la aldea Fábrica San José, excavada por Robert D. Drennan.[4] Fábrica San José se localiza al pie del monte oriental, un área adecuada para la agricultura de riego. Entre sus recursos se incluyen manantiales salinos, que se usaron como fuente de sal desde la fase Tierras Largas, y canteras de travertino, usado como piedra de construcción desde la fase San José.

Drennan estima que, durante la fase Guadalupe, Fábrica San José cubría dos hectáreas y consistía de 11 familias, con un total de 50 a 65 personas. Pese al pequeño tamaño de la comunidad, había importantes diferencias de posición social entre las familias, tal como se refleja en el tipo de casas, la cerámica, la disponibilidad de productos artesanales y el tratamiento fúnebre. De acuerdo con Drennan, los entierros más ricos de la fase Guadalupe fueron los femeninos, lo cual sugiere que las familias de la élite de San José Mogote tal vez hayan practicado la hipogamia con los dirigentes de esta aldea productora de sal.

El Entierro 39 de Fábrica San José tipifica a aquellas mujeres de alcurnia de la fase Guadalupe. Con una edad calculada de entre 40 y 60 años, se sepultó a esta

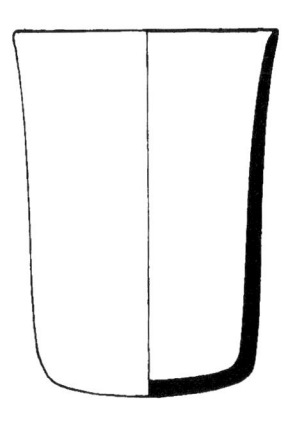

Figura ix.7. *El vaso Blanco Delia, primer claro ejemplo en Oaxaca de un recipiente para beber de la élite.*

[4] Drennan, 1976.

137

La construcción de alianzas y la competencia entre las élites

mujer boca abajo y totalmente extendida, con los brazos cruzados sobre el pecho, acompañada de 53 cuentas, un colgante de jade y una cuenta de piedra parda en la boca. Bajo el pecho tenía un vaso Blanco Delia (véase figura IX.7). También tenía una jarra burda y dos vasijas blanco amarillentas. El Entierro 39 fue asociado con la Casa LG-1, la residencia más elaborada que se conozca de la fase Guadalupe Tardía. Esta casa tenía una parte de cimientos de mampostería, cinco firmes de arena sobrepuestos, varios fogones, seis entierros humanos, uno canino, y una tinaja que se había usado para obtener sal del agua salobre.

El vaso Blanco Delia es particularmente importante, pues durante la fase Guadalupe servía de símbolo de posición social a las familias de la élite. Aquellas vasijas eran típicamente vasos altos, de borde ligeramente acampanado, hechos de barro muy fino, al que se daba un acabado blanco brillante que semeja laca automotriz. Por tener habitualmente una capacidad de 600-800 cc de líquido, es probable que se hayan usado para servir alguna bebida como chocolate o pulque (savia de agave fermentada) a una persona de la élite. El vaso Blanco Delia es nuestro ejemplo de recipiente para beber más antiguo de la élite; la tradición habría de proseguir en épocas subsecuentes.

La construcción de alianzas mediante los banquetes

Uno de los métodos más difundidos para impresionar a los vecinos y construir alianzas fue la promoción de banquetes. Desde luego, el banquete no es diagnóstico de ninguna etapa evolutiva particular; en un capítulo anterior vimos que fue común en las sociedades aldeanas autónomas, aunque también se usó en estados precolombinos como el inca.[5]

El testimonio de un banquete de la fase Guadalupe proviene de Tierras Largas, a unos 10 km al sur de San José Mogote. Basándonos en las excavaciones, estimamos que, en aquel entonces, Tierras Largas era una comunidad de 3 ha con 9-10 familias y un total de 45 a 50 personas; con base en el estudio de superficie, el proyecto de Patrones de Asentamiento estima la población en 31-157 habitantes.

En algún momento de la fase Guadalupe, Tierras Largas fue escenario de un banquete en que se comieron varios perros domésticos.[6] La Característica 99, un foso usado para desechos, contenía por lo menos los restos de cinco perros (y probablemente más), todos ellos descuartizados sistemáticamente. Se encontraron juntas varias patas delanteras, algunas patas traseras y varios elementos craneanos, como si alguien hubiera hecho una división sistemática de la carne, con objeto de dar a ciertas personas partes específicas del animal. Todas las paletillas habían sido trituradas de manera similar a fin de desprender el húmero y el resto de la extremidad delantera, como si un solo jefe se hubiera encargado de todo el destazamiento.

No sabemos si en aquella fiesta participaron invitados de alguna comunidad vecina o sólo residentes de Tierras Largas. La evidencia de descuartizamiento sistemático, cocimiento e ingestión de grandes cantidades de carne canina —en este

[5] Craig Morris y Donald Thompson, 1985, *Huánuco Pampa*, pp. 90-91.
[6] K. V. Flannery, "The Faunal Remains from Tierras Largas", manuscrito inédito.

La construcción de alianzas y la competencia entre las élites

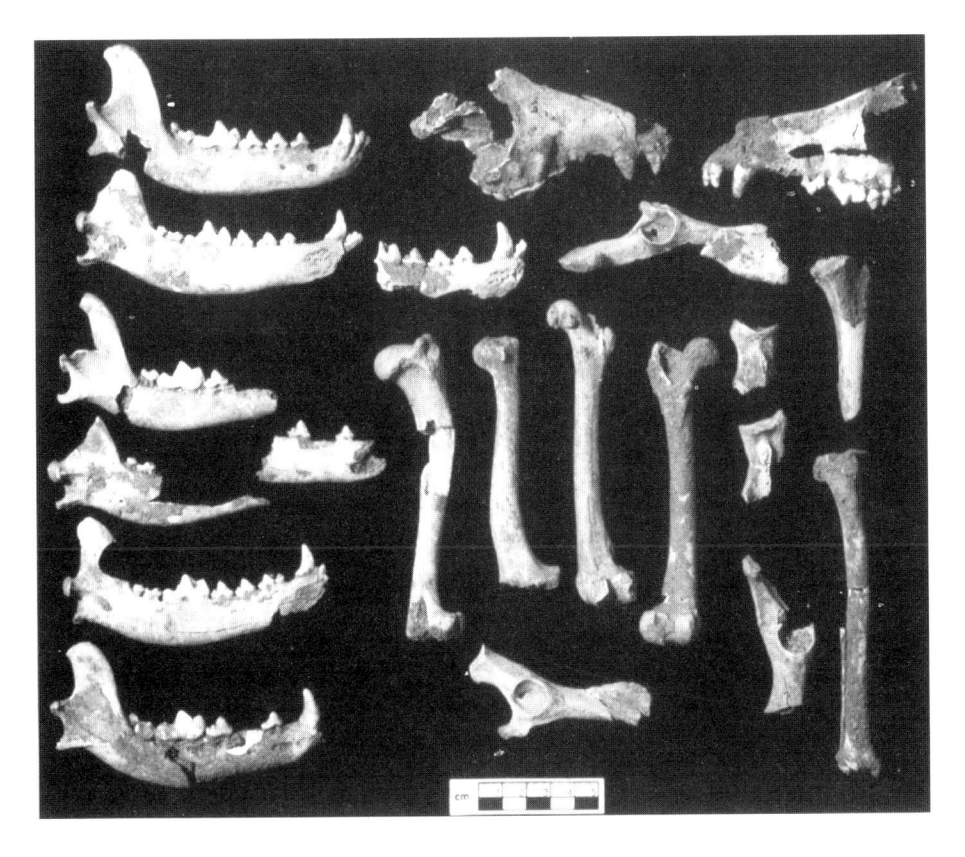

FIGURA IX.8. *Una parte de los restos caninos de una posible fiesta celebrada en la aldea de Tierras Largas. Fase Guadalupe.*

caso por lo menos 50 kg— es rara en la fase Guadalupe, lo cual sugiriere que la Característica 99 registra un especial acontecimiento.

La aparición de linajes mayores y menores

Por medio de la excavación de Fábrica San José, Robert Drennan revela otro patrón que puede tener importancia evolutiva. Al parecer, Fábrica San José fue fundada durante la fase temprana de Guadalupe por una sola familia, seguida pronto por una segunda. Hacia fines de la fase Guadalupe, cuando la aldea había crecido a 11 familias, aquellas que aportaron los mayores indicios de elevada posición social fueron las que ocupaban los mismos lugares que los fundadores originales. Este fenómeno concuerda con los sistemas de jerarquización zapotecas subsecuentes, en los que las líneas de descendencia "mayores" o "fundadoras" más antiguas tenían jerarquía superior que las líneas "jóvenes" o "menores" surgidas de ellas. Cuando las personas emigraban de las comunidades en crecimiento, los que se mudaban solían ser los linajes jóvenes; los miembros del linaje mayor se quedaban atrás.

Entierros de marido y mujer

Uno de los desarrollos más interesantes de la fase Guadalupe fue un aumento de entierros múltiples que podían incluir a marido y mujer. El patrón es particular-

La construcción de alianzas y la competencia entre las élites

mente claro en Tierras Largas, donde cada entierro múltiple de la fase Guadalupe incluía a un varón adulto, presumiblemente el jefe de familia. El Entierro 46 de aquel sitio consistía de un hombre de 35-40 años de edad, una mujer adulta y un niño menor de un año. El Entierro 36 consistía de un hombre de 25-35 años en posición sedente, un niño de nueve años y otro adulto identificado de manera tentativa como mujer. El Entierro 18 consistía de un hombre adulto acompañado de una mujer de menos de 40 años de edad.[7]

Aquella inclinación por los entierros de "marido y mujer" o "familiares" se acentuó al paso del tiempo, suplantando el patrón más viejo de entierros de varones solos con vasijas de Tierra o de Cielo. Con frecuencia cada vez mayor, al parecer era importante destacar la pertenencia de una persona a una élite familiar y no a una línea masculina descendiente de la Tierra o del Cielo. La mayor parte de las élites mesoamericanas posteriores suponían descender bilateralmente, destacando a cualquier familiar que perteneciera al linaje más noble.[8, 9] En las comunidades más pequeñas que recibían esposas hipogámicas, poco se habría ganado al insistir en una relación del padre con la Tierra, al mismo tiempo que se despreciaba a una madre de posición aún más elevada.

Información social en las figurillas de la fase Guadalupe

Durante la fase Guadalupe y en contextos familiares, fueron comunes las pequeñas figurillas sólidas que presumiblemente elaboraban y usaban entonces sobre todo las mujeres. Sin embargo, aquellas figurillas de la fase Guadalupe diferían de las figurillas de la fase San José en aspectos que tal vez reflejen el aumento de la parafernalia jerárquica entre 850 y 700 a.C. En tanto que los rasgos faciales se conservaban simples y estereotipados, se dedicaba una gran parte del tiempo a poner a las figurillas femeninas elaborados turbantes, collares y ornamentos para las orejas. Los creadores de aquellas figurillas también se tomaron grandes molestias para representar detalles de sus sandalias, haciendo suelas y correas por separado y mostrando la manera en que éstas se entrelazaban. Es casi seguro que la intención de los creadores fue mostrar que las mujeres de elevada posición social podían distinguirse por el tocado, los ornamentos y el hecho de que las bien confeccionadas sandalias evitaban que sus pies tocaran el suelo.

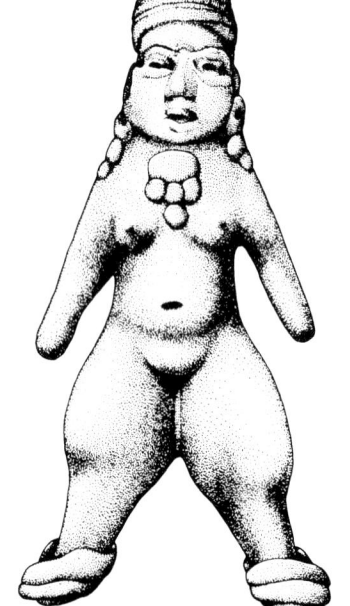

FIGURA IX.9. *Reconstrucción artística de una figurilla de la fase Guadalupe, basada en numerosos modelos rotos. Esta mujer perteneciente a la élite usa elaborados ornamentos en las orejas, un probable pectoral de concha y elaboradas sandalias.*

Las relaciones de Oaxaca con otras regiones de México

En los capítulos VIII y IX, hemos presentado indicios del surgimiento de los señoríos o las sociedades jerarquizadas en el Valle de Oaxaca, con la consiguiente pérdida de autonomía aldeana. No deseamos dar la impresión de que toda aquella evolución

---

[7] Marcus C. Winter, 1972, tesis de doctorado inédita.
[8] Joyce Marcus, 1976, *Emblem and State in the Classic Maya Lowlands*, pp. 157-177.
[9] Marcus, 1992a, pp. 15, 435-436, 443.

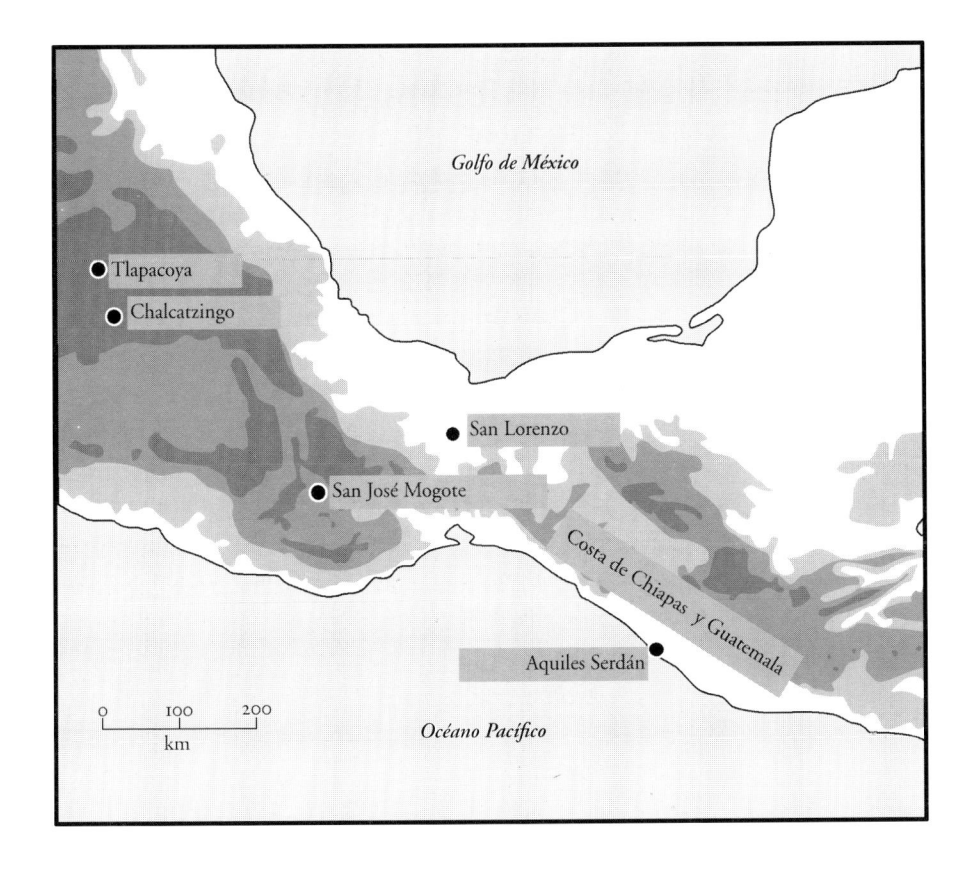

*La construcción de alianzas
y la competencia
entre las élites*

FIGURA IX.10. *Algunos
de los centros señoriales
importantes mencionados
en este capítulo.*

social ocurrió dentro de los límites del Valle de Oaxaca, impasible ante los desarrollos surgidos en otras latitudes de México. Si bien no creemos que la evolución de la sociedad señorial oaxaqueña fuera causada por acontecimientos externos al valle, aquella evolución ciertamente no tuvo lugar en el vacío. Otras sociedades mexicanas alcanzaron el nivel de señorío casi al mismo tiempo y todas ellas estaban en contacto unas con otras. A decir verdad, es un misterio la similitud que parece guardar aquel proceso en regiones tan ambientalmente distintas como el templado Valle de Oaxaca, el semitropical Valle de Morelos y la tropical costa de Veracruz.

Considérese, por ejemplo, el sitio de Chalcatzingo, en el Valle de Morelos, excavado en fechas recientes por David Grove,[10, 11] en tanto que su región interior era estudiada por Kenneth Hirth.[12] En 1500 a.C., Chalcatzingo era una aldea de dos hectáreas, uno entre tal vez cinco asentamientos locales ubicados dentro de un área de 800 km². Hacia el año 1000 a.C., Chalcatzingo había empezado a crecer rápidamente en superficie, población e importancia regional. El centro pronto cubrió 20 ha —una de las cuales estaba dedicada a los edificios públicos— y contó con presas y terrazas construidas en las pendientes cercanas, intensificando la agricultura, con objeto de alimentar a su creciente población nucleada.

Hacia 800 a.C., Chalcatzingo se había constituido en el centro cívico ceremo-

[10] David C. Grove, Kenneth G. Hirth, David Bugé y Ann Cyphers, 1976, "Settlement and Cultural Development at Chalcatzingo", *Science* 192, pp. 1203-1210.
[11] David C. Grove (comp.), 1987, *Ancient Chalcatzingo*.
[12] Kenneth G. Hirth, 1987, "Formative Period Settlement Patterns in the Río Amatzinac Valley", en *Ancient Chalcatzingo*, David C. Grove (comp.), pp. 343-367.

La construcción de alianzas y la competencia entre las élites

nial dominante de más de 50 asentamientos. Como en el caso de San José Mogote, su atracción centrípeta fue tan grande que 50% de la población de la región se agrupaba dentro de un radio de seis kilómetros alrededor de Chalcatzingo. A semejanza de San José Mogote, el centro atraía y conservaba a la mayor parte de los artesanos de su región y servía de intermediario para el movimiento local de caolín blanco, obsidiana de la Cuenca de México y jade. Entre 750 y 500 a.C., Chalcatzingo había alcanzado una extensión de 25 ha, de las cuales seis estaban dedicadas a edificios públicos. Su élite también había ordenado varios relieves monumentales, labrados en la roca viva de las montañas que dominan el sitio.

Un proceso similar puede apreciarse en San Lorenzo, al sur de Veracruz, excavado en la década de 1960 por Michael Coe y Richard Diehl[13] y en la de 1990 por Ann Cyphers Guillén.[14] En 1350 a.C., San Lorenzo no parece haber sido más que una aldea, cuyas dimensiones exactas quedaron ocultas bajo la sobrecarga posterior. Hay indicios de que, entre 1350 y 1150 a.C., se construyeron túmulos de tierra, pero aún no se tiene información de que se construyeran Casas de los Hombres o "templos de iniciados", como los de Oaxaca.

Durante la fase San Lorenzo (1150-850 a.C.), el sitio creció enormemente; si bien no se han descubierto sus límites exactos, Coe y Diehl estiman que su población ascendía a 1 000 personas.[15] En aquel punto, San Lorenzo había pasado por su propia etnogénesis, constituyéndose en centro señorial de la cultura olmeca. La labor de Coe y Diehl no puso al descubierto edificios reales de la fase San Lorenzo ni ningún entierro, pero sí un poco de jade. Sin embargo, los investigadores presentaron varios espejos de magnetita y considerable evidencias de construcción de túmulos de tierra.

En contraste con los habitantes de San José Mogote, quienes dedicaban la mayor parte de su trabajo comunal a la arquitectura, los vecinos de San Lorenzo destinaron gran parte del suyo a labrar y transportar grandes esculturas de basalto. La fuente de basalto se localizaba a 60 km y los monumentos individuales pesan muchas toneladas, de suerte que la logística de trasladarlos por tierra y llevarlos en balsa por las vías fluviales es impresionante. Se cree que por lo menos un grupo de esculturas, las llamadas "cabezas colosales", representan jefes supremos. Entre otros monumentos se incluyen altares, bancas o asientos para la élite y criaturas mitológicas.

Igual que Chalcatzingo y San José Mogote, San Lorenzo atraía artesanos de una extensa región, los cuales producían objetos valiosos de concha y mineral de hierro, cerámica blanca fina y otros materiales. Aquel centro señorial puede haber sido fuente de múltiples trompetas de caracol, espinas de pastinaca y tambores de caparazón de tortuga comerciados con las tierras altas, dado que San Lorenzo tenía fácil acceso tanto a la costa marítima como a los grandes ríos de las tierras bajas.

Entre 900 y 700 a.C., hubo periodos en que este gran centro, tal vez ante el

[13] Michael D. Coe y Richard A. Diehl, 1980, *In the Land of the Olmec*, vol. I: *The Archaeology of San Lorenzo Tenochtitlán*.
[14] Ann Cyphers Guillén, 1993, "From Stone to Symbols: Olmec Art in Social Context at San Lorenzo Tenochtitlán", trabajo presentado en Dumbarton Oaks, Washington, D. C.
[15] Michael D. Coe y Richard A. Diehl, 1980, *In the Land of the Olmec*, vol. I: *The Archaeology of San Lorenzo Tenochtitlán*.

ataque de señoríos rivales, sufrió pérdida de población y padeció la mutilación e incluso la destrucción de muchos de sus monumentos. Es probable que aquellos actos destructivos hayan sido el equivalente, en la costa del Golfo, del incendio ulterior de la Estructura 28 de San José Mogote (véase capítulo x). San Lorenzo conoció un breve renacimiento entre 600 y 400 a.C., al cual sucedió el abandono.

Es incuestionable que San José Mogote estuvo en contacto con aquellas sociedades señoriales, tanto como con otras de la Cuenca de México y Chiapas. Estudios de cerámica con microscopio muestran que la lujosa cerámica gris del Valle de Oaxaca se comerció con San Lorenzo, con Aquiles Serdán, en la costa chiapaneca del Pacífico, y con Tlapacoya, en la Cuenca de México. En todas estas regiones circuló la obsidiana de la Cuenca de México, de una fuente ubicada a 100 km al norte de Tehuacán y de otra localizada en las tierras altas de Guatemala. La magnetita de Oaxaca llegaba a San Lorenzo y al Valle de Morelos. La cerámica de blanco puro, algunas de cuyas piezas posiblemente se hacían en Veracruz, se comerciaba con Chalcatzingo, Tehuacán, Oaxaca y la costa de Chiapas y Guatemala.[16] Ello significa que ninguna sociedad jerárquica de 1150-859 a.C. surgió en el aislamiento; todas tomaban unas de otras ideas sobre el comportamiento y el simbolismo señoriales.

Es relevante que aquellos primeros señoríos, todos los cuales mostraban en su cerámica representaciones de la Tierra y del Cielo, surgieran virtualmente al mismo tiempo. También lo es que, en su mayor parte, muestren un patrón evolutivo similar, sea que hayan surgido en la Sierra de Oaxaca, o que lo hayan hecho al nivel del mar, en las tierras bajas del Golfo de México.

En cada caso, una pequeña aldea, poco atractiva en su fundación, pasó por un periodo de crecimiento rápido y espectacular, constituyéndose en centro de gravedad demográfico para una red de sitios menores. Cada centro naciente —San José Mogote, Chalcatzingo y San Lorenzo— no sólo empequeñeció a los demás sitios de su región, sino que parece haber ejercido cierta fuerza centrípeta sobre toda la región circundante. Todos ellos crecieron tan rápido que deben de haber alentado la inmigración y no sólo el crecimiento normal; todos vaciaron de artesanos la región circundante, para concentrarlos en la aldea del jefe supremo. Todos estaban conscientes de los demás y tal vez eran incluso competidores; algunos sufrieron a las claras ataques ocasionales que dejaron mutilados sus monumentos o incendiados sus edificios públicos.

¿A qué conclusiones tentativas podemos llegar a partir de estos patrones? En primer lugar, no creemos que ninguno de aquellos primeros señoríos fuera la "cultura madre" de la que surgieron las restantes. Nosotros las vemos como "culturas hermanas", surgidas de manera simultánea a través de muchos procesos idénticos, aunque también creemos que esos procesos fueron acelerados por el hecho de que todas estuvieron en contacto, lo que significaba que cualquier innovación surgida en una sociedad podía ser retomada rápidamente por las demás; a pesar de esto, no se adoptaron todas las innovaciones. Las tierras altas tenían materias primas adecuadas, pero nunca adoptaron la escultura de las cabezas colosales de la costa del

La construcción de alianzas y la competencia entre las élites

[16] Flannery y Marcus, 1994, pp. 254-259.

La construcción de alianzas y la competencia entre las élites

Golfo. Por su parte, la costa del Golfo al parecer fue lenta en adoptar la mampostería, la construcción de adobe y el mortero de cal que se usaron en las tierras altas.

Pese a sus entornos ambientales sumamente distintos, todos aquellos señoríos surgieron simultáneamente y de maneras tan similares que no es posible explicarlas mediante el funcionalismo ecológico. Algunos de nuestros colegas han argumentado en el pasado que las diferencias en riesgo ambiental, la diversidad y la productividad determinan la velocidad y el curso de la evolución social.[17] Los defensores de la Mesoamérica de las tierras altas consideran la irrigación como clave de la sociedad compleja; los abogados de las tierras bajas consideran que la clave son los suelos de las márgenes de los ríos tropicales. Por otra parte, nosotros argumentaríamos que los *procesos sociales* similares hicieron que la trayectoria hacia los señoríos poderosos fuera muy semejante tanto en las selvas de Veracruz como en los montes espinosos de Morelos y Oaxaca.

Lo que parecen haber deseado los jefes de aquellas regiones fue la *concentración del potencial humano,* y esto es lo que nosotros vemos en el crecimiento hiperdesarrollado de San José Mogote, Chalcatzingo y San Lorenzo. Alguna región puede haberse irrigado mediante corrientes montañosas; otra, cultivando las márgenes de un río tropical. Una puede haberse ocupado en transportar cabezas de basalto de 20 toneladas, otra en acarrear 20 toneladas de bloques para construcción de piedra caliza. Sin embargo, todas muestran la misma concentración poblacional cerca de la aldea del jefe supremo, el mismo monopolio de producción artesanal en esa comunidad y la misma formación de núcleos familiares en un enorme centro señorial, independientemente de la manera en que se hallaran distribuidas la tierra y el agua.

San José Mogote, Chalcatzingo y San Lorenzo no necesariamente se asentaron en las mayores concentraciones de tierra y agua de sus respectivas regiones. Crecieron porque sus jefes habían logrado lo que ni siquiera el Gran Hombre más ambicioso de Bougainville podía esperar: habían vencido la autonomía de las aldeas más pequeñas que los rodeaban, para luego dominar el potencial humano de toda una región.

---

[17] William T. Sanders y David Webster, 1978, "Unilinealism, Multilinealism, and the Evolution of Complex Societies", en Charles L. Redman, Mary Jane Berman, Edward V. Curtin, William T. Langhorne, Jr., Nina M. Versaggi y Jeffrey C. Wanser (comps.), pp. 249-302.

X. La guerra entre señores y la escritura primitiva

> Es idea común entre los antropólogos que los señoríos surgieron por medios pacíficos... Pero el Valle del Cauca desmiente esa idea... Señala el hecho de que los señoríos nacieron de la guerra, se formaron en gran parte por la guerra y, al evolucionar, continuaron muy involucrados en la guerra.
>
> Robert Carneiro[1]

Durante el periodo 700-500 a.C., conocido como fase Rosario, la organización del Valle de Oaxaca empezó a parecer lo que los antropólogos han llamado un señorío máximo[2] o complejo.[3] El patrón de asentamientos de aquella sociedad muestra una jerarquización en tres niveles. En lo alto de la jerarquía encontramos la aldea de un jefe supremo, por lo general la comunidad de mayor tamaño y más fácilmente defendible de la región. En el segundo nivel de la jerarquización encontramos varias aldeas de tamaño intermedio, cada cual bajo el mando de un subjefe, a menudo algún familiar de confianza que ejecuta las órdenes del jefe supremo. En el tercero y último nivel encontramos pequeños villorrios o aldeas, cuyos dirigentes se hallan a las órdenes del subjefe de una aldea cercana de mayor dimensión.

Las sociedades de este tipo, entre las que alguna vez se incluyeron los indios natchez de Mississippi y los habitantes de Tahití y Hawai, muestran grandes diferencias jerárquicas. Con frecuencia, aquellas diferencias se reflejan en la cerámica de la sociedad; las vasijas de la fase Rosario son un caso al respecto. La fase tiene: *1)* cerámica utilitaria, que se encuentra en los hogares de todos los niveles de la jerarquía, y *2)* recipientes mucho más elegantes, que se presentan sobre todo en las áreas residenciales y en los alrededores de los edificios públicos importantes.

Las diferencias jerárquicas afectan las distribuciones cerámicas, incluso en las aldeas pequeñas de los dos niveles inferiores de la jerarquía de asentamientos. Robert Drennan informa que en Fábrica San José, aldea de tres hectáreas de la región de Etla, las familias de elevada posición social tenían mayor porcentaje de escudillas, especialmente escudillas decoradas de cerámica gris sumamente bruñida.[4] Las familias de posición inferior poseían mayor porcentaje de jarras y otras vasijas de almacenamiento ordinarias, sobre todo de cerámica parda y color ante opaco. Drennan sospecha que aquellas diferencias resultan del hecho de que las familias

---

[1] Robert L. Carneiro, 1991, "The Nature of the Chiefdom as Revealed by Evidence from the Cauca Valley of Colombia", en *Profiles in Cultural Evolution*, A. Terry Rambo y Kathleen Gillogly (comps.), pp. 180-181.

[2] Robert L. Carneiro, 1981, "The Chiefdom: Precursor of the State", en *The Transition to Statehood in the New World*, Grant D. Jones y Robert R. Kautz (comps.), pp. 37-79.

[3] Henry T. Wright, 1984, "Prestate Political Formulations", en *On the Evolution of Complex Societies: Essays in Honor of Harry Hoijer, 1982*, Timothy K. Earle (comps.), pp. 41-77.

[4] Drennan, 1976, pp. 111-113.

FIGURA X.1. *Vaso gris fino con motivo de "pata de cocodrilo" en blanco resistente. Altura: 17.4 cm.*

FIGURA X.2. *"Vajilla" de recipientes gris fino en miniatura, algunos con motivos blancos resistentes.*

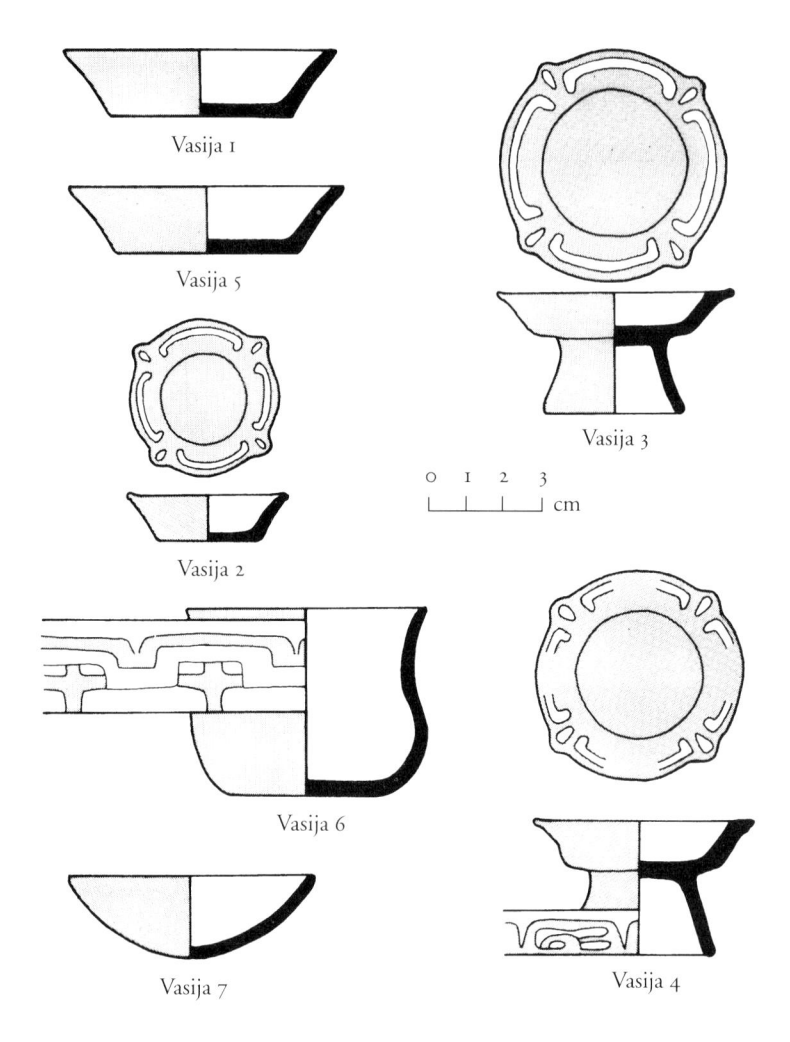

de elevada posición se veían obligadas a recibir mayor número de visitantes. A esos huéspedes tal vez les haya gustado comer en platos de cierta cerámica denominada Gris Fino Socorro.

En San José Mogote, el mayor centro señorial del valle, abundan ejemplos de cerámica Rosario para la alta jerarquía. Uno de los recipientes de élite más conspicuos de aquel periodo fue un vaso alto de cerámica gris fino, decorado con motivos blancos "negativos" o "resistentes". La técnica resistente se lograba protegiendo ciertas partes de la superficie con una sustancia parecida a la resina, a fin de que no se colorearan de gris en el horno.

Aquel vaso fue revelado por el Entierro 66 de San José Mogote, con los restos de dos personas jóvenes de la élite. Como muchos vasos elegantes de ese periodo, éste tenía una versión abstracta de la "pata de cocodrilo" en blanco resistente. Este motivo era una referencia taquigráfica a la Tierra, que muchos antiguos mesoame-

FIGURA X.3. *Las cabezas de figurillas de la fase Rosario con frecuencia mostraban elaborados peinados. Altura de la figura superior: 6.7 cm.*

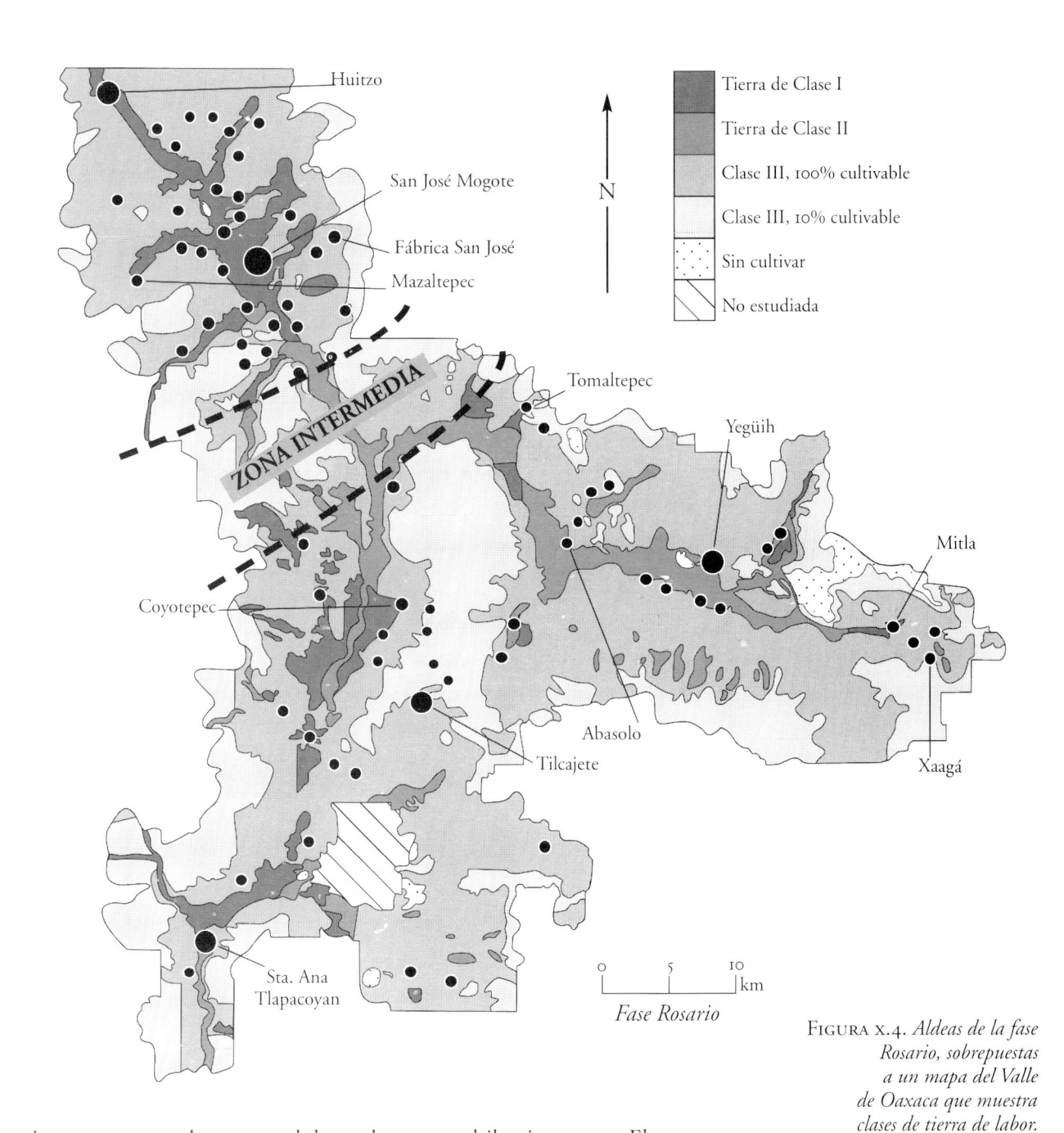

FIGURA X.4. *Aldeas de la fase Rosario, sobrepuestas a un mapa del Valle de Oaxaca que muestra clases de tierra de labor.*

ricanos representaban como el dorso de un cocodrilo gigantesco.[5] El vaso, que se muestra en la figura X.1, era un sucesor de la fase Rosario de los vasos Blanco Delia presentados en el capítulo IX.

El Entierro 68, cercano, nos ofrece una miniatura de la "vajilla" que tal vez hayan usado los anfitriones de la élite de la fase Rosario. La ofrenda consistía de siete diminutos recipientes Gris Fino Socorro, algunos de los cuales estaban decorados de blanco resistente. Se incluían en ella dos vasijas con pedestal, una jarra decorada y varios tipos de vasijas tendidas. Uno de los pedestales tenía

[5] Joyce Marcus, 1993, "Men's and Women's Ritual in Formative Oaxaca", trabajo presentado en Dumbarton Oaks, Washington, D. C.

La guerra entre señores y la escritura primitiva

dos referencias a la Tierra —la pata de cocodrilo y varias "cabezas hendidas" de mascarones de tierra—, en tanto que una jarra cercana estaba decorada con cabezas hendidas y una cruz que representa la división del universo en cuatro cuadrantes.

Si bien aquella cerámica nos aporta información sobre las diferencias jerárquicas entre familias, también planteó un problema al proyecto de Patrones de Asentamiento. En pocas palabras, la mayor parte de la información cronológica contenida en la cerámica Rosario existe en la loza gris de la élite. Las piezas pardo y de color ante opaco, tan comunes en los barrios residenciales de baja condición, son difíciles de distinguir de los artículos pardos y de color ante del periodo subsecuente. Como la cerámica gris decorada es más común en la superficie cercana a las residencias de elevada posición social y los edificios públicos, es inevitable que todo estudio subestime a los pobladores de baja condición de la fase Rosario. Por tanto, las estimaciones que usamos en este libro son ligeramente superiores a las usadas por nuestros amigos del proyecto de Patrones de Asentamiento.

Patrones de asentamiento de la fase Rosario

La fase Rosario conoció un aumento sustancial en la población del valle, que incluye la ocupación de áreas nunca antes cultivadas. Para entonces había allí entre 70 y 85 comunidades. La expansión aún seguía la vieja estrategia de los asentamientos: una proliferación de pequeñas aldeas que quedaban a una cómoda distancia a pie de las aldeas mayores, de donde habían llegado sus fundadores.

Más de la mitad de todas las comunidades de la fase Rosario eran adyacentes a tierras de Clase I. Tal vez una docena más era contigua a tierras de Clase II, sobre todo en la región central de Tlacolula, donde escaseaba la tierra de Clase I. Sin embargo, docenas más (incluyendo la mayor comunidad de Rosario en el Valle Grande) se ubicaban en tierra de Clase III. Es probable que el riego haya posibilitado aquella expansión, ya que 80% de los sitios de Rosario se hallan a un máximo de 500 m de la tierra irrigable.[6]

Estimamos que aquellas 70-85 comunidades tuvieron un *mínimo* de 3 500 habitantes, y no nos sorprendería que futuras excavaciones demostraran que la población de Rosario fue de 4 000 o más. Incluso las áreas en las que las piezas gris fino decoradas abundaban en la superficie tuvieron una población estimada de 1 800 personas.[7] Consideramos que esta última cifra es una estimación de la *población de élite* de la fase Rosario, ya que en ésta las grandes áreas de ocupación de baja condición social tuvieron menos cerámica gris decorada en la superficie.

FIGURA X.5. *Un trozo de recubrimiento de barro quemado procedente de una casa, en el que se aprecian impresiones tanto de las cañas del muro como de las cuerdas usadas para atarlas entre sí. Tamaño: 7.5 × 8 cm.*

[6] Kowalewski *et al.*, 1989.
[7] *Idem.*

El efecto de la guerra en los patrones de asentamiento

Como rezan las líneas iniciales de este capítulo, la guerra puede "formar en gran parte" los señoríos. Aunque las conclusiones de Carneiro se basen en el Valle del Cauca colombiano, lo que el investigador dice es igualmente válido para el Valle de Oaxaca. Varias líneas testimoniales indican que la guerra había empezado a afectar la fase Rosario.

La guerra entre señores suele ser producto de la competencia entre jefes supremos o entre un jefe supremo y sus ambiciosos subjefes. Los jefes supremos tratan de engrandecerse quitando seguidores a sus rivales. Los subjefes ambiciosos tratan de sustituir al jefe supremo en lo alto de la jerarquía.

Los señoríos pueden chocar ocasionalmente por cuestiones de recursos, como la buena tierra. Sin embargo, a diferencia de los estados, la mayor parte de los señoríos no cuenta ni con los recursos humanos ni con la estructura política para conquistar y conservar las tierras ajenas. Por consiguiente, tal vez se conformen con incendiar una aldea rival, destruyendo su templo o la Casa de los Hombres y dando muerte a su jefe, para luego volver a su lugar de origen a torturar o sacrificar a unos cuantos prisioneros.

La anterior es la clase de incursiones que refleja el testimonio de Rosario. Los trozos de recubrimiento de barro ordinario quemado aparecen en la superficie de las aldeas de Rosario con una frecuencia siete veces mayor a la encontrada en los sitios típicos del Valle de Oaxaca.[8] Aquellos trozos de barro surgen cuando se incendian casas o templos de bajareque, por ejemplo durante las incursiones.[9] Más adelante veremos en este capítulo tanto el ejemplo de un templo incendiado de manera deliberada como la figura esculpida de un prisionero sacrificado.

En señoríos con alto grado de incursiones, las aldeas a veces se defendían mediante empalizadas de postes de madera. En Oaxaca, durante periodos subse-

La guerra entre señores y la escritura primitiva

FIGURA x.6. *Vista aérea de los túmulos de Yegüih (Sitio 4-4-14), en tierras de Clase II del subvalle de Tlacolula. En la esquina inferior izquierda de la fotografía pueden verse vestigios de un canal de agricultura de creciente.*

[8] Kowalewski *et al.*, 1989, p. 70.
[9] Spencer, 1982, pp. 216-218.

La guerra entre señores y la escritura primitiva

cuentes, algunas de ellas se trasladaron a lo alto de los cerros y se fortificaron con murallas de mampostería. A decir verdad, una de las aldeas de Rosario ya puede haber contado en aquel entonces con una muralla defensiva.[10] Al pie de la montaña, del lado oeste de San José Mogote, aquella aldea estaba situada en un lugar desde el cual se podía observar tanto el movimiento de los que entraban en el valle como el de los que salían de él, a lo largo de un viejo camino entre la región de Etla y el Valle de Nochixtlán.

Una de las maneras en que las incursiones pueden afectar el asentamiento es obligando al abandono de regiones defendibles. A menudo, entre los señoríos en guerra se desarrolla una zona intermedia o "tierra de nadie". Al parecer, durante la fase Rosario se desarrolló una zona de ese tipo en la unión del Valle Grande y los subvalles de Etla y Tlacolula.[11]

Entre la aldea situada en el extremo sur del subvalle de Etla y sus vecinos más cercanos del Valle Grande había un vacío de 9.2 km. Un claro mucho mayor separaba de sus vecinos más cercanos de la región de Etla o el Valle Grande a la aldea más occidental del subvalle de Tlacolula. En 80 km² de aquella tierra de nadie, no se ha mostrado ninguna comunidad de la fase Rosario. Pese al hecho de que incluye mucha tierra buena de labor, el área en cuestión al parecer se dejó como zona intermedia entre tres sociedades señoriales en competencia.

Con el discernimiento de la visión retrospectiva, nos parece significativo que en aquella área no ocupada se encontrara la montaña sagrada que hoy conocemos como Monte Albán.

Calculando las poblaciones de la fase Rosario

De los tres brazos del valle, el de Etla fue aquel en donde la sociedad, al parecer, fue más populosa, integrada y económicamente boyante. Es probable que en aquella región hayan vivido 2 000 personas, cuyo centro supremo fue San José Mogote. Esta gran comunidad ocupaba la cima de una jerarquía de 18-23 aldeas. En el extremo norte del subvalle de Etla se hallaba Huitzo, una aldea de tres hectáreas con sus impresionantes edificios públicos propios. Huitzo tal vez haya sido total o parcialmente autónoma, con algunas aldeas satélites propias.

San José Mogote se extendió sobre más de 60-65 ha y creemos que contaba con alrededor de 1 000 habitantes. Dentro de aquella extensión había siete áreas de residencias de élite, según se han definido por las piezas gris fino decorado. Aquellas áreas cubrían 33.7 ha y tenían una población estimada en 564 habitantes. Sólo el área "central" de edificios públicos y residencias de élite cubría por lo menos 42 ha. Las concentraciones de cerámica gris fino se hallaban rodeadas de áreas de habitantes de baja condición social.

Entre las aldeas de la jerarquía situada por debajo de San José Mogote se incluían Fábrica San José, con 50-80 personas que vivían en 10-16 casas, y Tierras Largas, con 50 personas que habitaban en 9-10 casas. Fábrica San José, que abastecía a San José Mogote de sal de cocina y bloques de travertino para la construc-

[10] J. Michael Elam, "Defensible and Fortified Sites", en Kowalewski *et al.*, 1989, pp. 385-407.
[11] Kowalewski *et al.*, 1989, p. 75.

ción, aún parece ligada a esta segunda comunidad mediante matrimonios hipogámicos (véase más adelante).

El subvalle de Tlacolula

Creemos que el subvalle de Tlacolula tuvo una población de 700-1 000 habitantes. El centro señorial más importante de aquella región fue Yegüih, cuya población total calculamos en 200-500 habitantes. En Yegüih hay suficiente cerámica gris fino para sugerir una ocupación de élite de 132 personas y varios túmulos artificiales que tal vez se hayan construido durante aquel periodo. Por debajo de Yegüih había, en la jerarquía, aldeas como Tomaltepec (50-80 personas en 10-15 casas), Abasolo (25-50 personas en 5-10 casas) y Xaagá, cerca de Mitla.

El Valle Grande

Calculamos la población del Valle Grande en 700-1 000 personas. Allí hubo grandes aldeas de Rosario en varios entornos ambientales diferentes. Creemos que el centro principal fue San Martín Tilcajete, que ocupaba una colina baja entre dos corrientes irrigables. En niveles inferiores de la jerarquía hubo aldeas como San Bartolo Coyotepec (en tierras de Clase I del ancho centro del Valle Grande) y Santa Ana Tlapacoyan (muy al sur, en la "Y" situada entre los ríos Atoyac y Mixtepec).

Agrupación, frontera y zona intermedia en la fase Rosario

Pese a sus diferencias de población, los tres brazos del valle muestran similitudes. Cada cual parece haber tenido un grupo de población principal, en cuyo centro se hallaba una gran aldea. Asimismo, cada uno tenía en sus inmediaciones una aldea de tres hectáreas, que parecía vigilar la frontera.

En el brazo de Etla se agrupaban 18-23 aldeas alrededor de San José Mogote, con Huitzo al cuidado de la frontera. En Tlacolula, 10-12 aldeas se agrupaban en torno a Yegüih, cuya frontera oriental era vigilada por Mitla y Xaagá. En el Valle Grande, se agrupaban alrededor de Tilcajete 10-12 aldeas, con Tlapacoyan vigilando la frontera sur. Finalmente, en medio del valle encontramos la antes mencionada zona intermedia, en la que al parecer era demasiado arriesgado establecerse.

Edificios públicos de la fase Rosario

Los edificios públicos de la fase Rosario fortalecen nuestras sospechas respecto de la competencia entre señores: *1)* entre ellos se incluyen algunas de las estructuras más grandes y más ostentosas vistas hasta entonces en el valle, y *2)* al parecer, por lo menos algunos de ellos fueron incendiados por aldeas rivales.

La guerra entre señores y la escritura primitiva

FIGURA X.7. *Plano de las Estructuras 28, 19B, 19A y 19 de San José Mogote, una serie de edificios públicos de la fase Rosario. Los números encerrados en un círculo indican los lugares en que se enterraron cuatro vasijas de ofrendas bajo el piso del templo incendiado de la Estructura 28. Asimismo se muestran la Estructura 14 y el Monumento 3.*

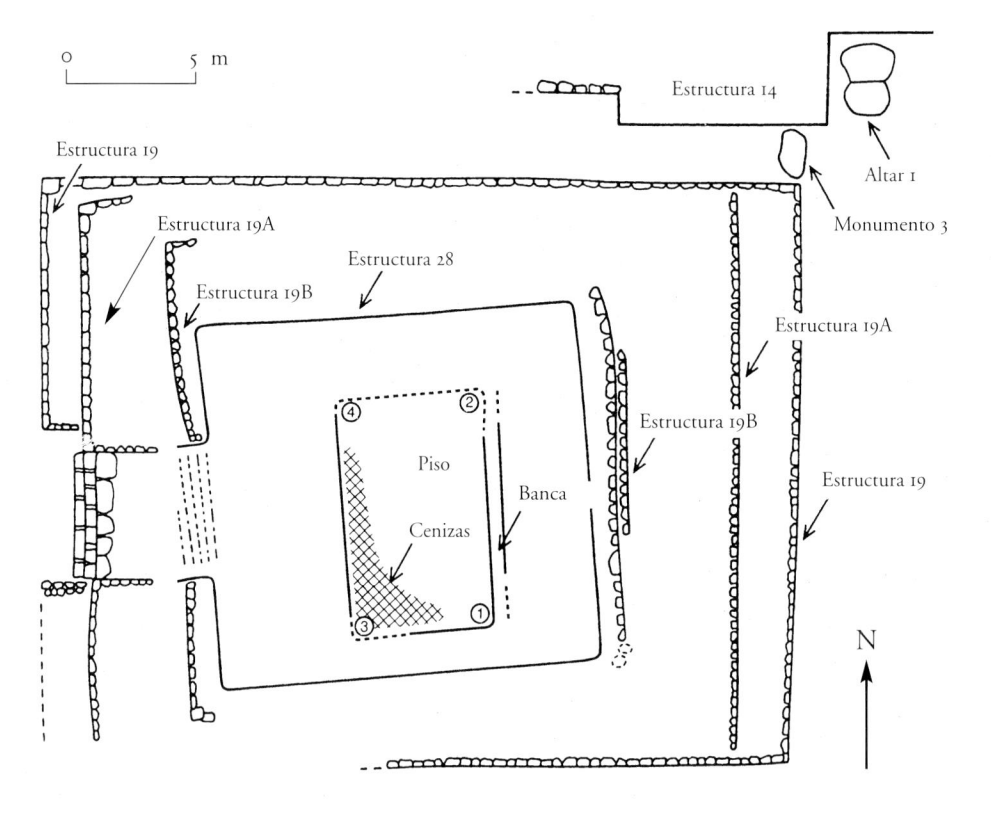

Los edificios públicos de San José Mogote

La señal distintiva más prominente de San José Mogote es el Montículo 1, una colina natural modificada que domina el resto de la aldea. Durante la fase Rosario, los edificios públicos más importantes se ubicaron en esa colina, lo que los hacía visibles desde mayor distancia, pero quizá limitaba la entrada a los aldeanos de baja condición social.

La Estructura 19

Construida en tres etapas, la Estructura 19 fue el edificio de la fase Rosario erigido más al centro del Montículo 1. Su primera etapa, llamada 19B, era una plataforma rectangular de mampostería con 17 m por lado y orientada ocho grados al norte del este. Sobre aquel edificio se asentaba la Estructura 28, una plataforma de mortero de cal hecha de adobes rectangulares y rellena de tierra.

La Estructura 28 a todas luces sostenía un pesado templo de bajareque cuyo piso estaba en un hueco de la plataforma de adobe. Enterrada bajo cada esquina de aquel piso había una gran escudilla de servicio: vasijas pardo bruñido bajo las

FIGURA X.8. *Con su punta rota en la antigüedad, esta imitación de espina de pastinaca, lascada a partir de un cuchillo de obsidiana, fue encontrada sobre el piso del templo de la Estructura 28. Longitud: 12 cm.*

esquinas noreste y suroeste, gris bruñido bajo las esquinas noroeste y sureste. Estos grandes recipientes, que tal vez hayan contenido comida para muchos celebrantes durante la inauguración del edificio, evidentemente fueron enterrados como ofrendas de dedicación. Rota sobre el piso del templo estaba una imitación de espina de pastinaca para sangrías rituales, lascada a partir de un gran cuchillo de obsidiana importada.

En épocas ulteriores de la fase Rosario, los líderes de la aldea ampliaron dos veces la Estructura 19. La segunda etapa, llamada 19A, medía 25.5 × 20 m, estaba orientada hacia el este-oeste y tenía una nueva escalinata de mampostería. La tercera y última ampliación medía 21.7 por 28.5 m y estaba hecha de bloques de piedra caliza —algunos de los cuales pesaban hasta media tonelada— arrastrados desde una cantera localizada en la margen opuesta del Río Atoyac. Aquellos bloques de piedra caliza debían llevarse a través de cinco kilómetros del valle, pasar en balsa a través del río y ser arrastrados a lo alto de una colina de 13 metros.

Testimonio de incursión: parte 1

Volvamos ahora al templo de bajareque construido sobre la Estructura 28. En las postrimerías de su historia, aquel templo había sido escenario de un fuerte incendio que destruyó el edificio y dejó atrás miles de fragmentos de recubrimiento quemado. Fue tan intenso el fuego que el recubrimiento de barro se vitrificó, dando lugar a terrones de cenizas grisáceas y vidriosas.

La guerra entre señores y la escritura primitiva

FIGURA X.9. *Vestigios de la escalinata de piedra en el lado oeste de la Estructura 19.*

FIGURA X.10. *La Estructura 28, (sobre la Estructura 19) vista desde el noroeste, muestra las cuatro vasijas de ofrendas halladas bajo las esquinas del templo.*

La guerra entre señores y la escritura primitiva

FIGURA X.II. *Una muestra de cenizas vitrificadas del piso del templo incendiado en la Estructura 28.*

Recientes incendios experimentales de edificios de bajareque demuestran que es poco probable que el incendio tan destructor que acabó con el edificio fuera accidental. Gary Shaffer, el arqueólogo que dirigió los experimentos, descubrió que para soldar cantidades tan grandes de recubrimiento, el fuego debe haberse iniciado de manera deliberada.[12]

Algunos documentos del siglo XVI nos dicen que cuando las sociedades mesoamericanas se atacaban unas a otras, uno de sus objetivos principales era incendiar el templo de los enemigos. Era tan común aquella práctica que la imagen de un templo en llamas se hizo convencionalismo iconográfico en la representación de ataques entre los aztecas.[13] Sospechamos que el feroz incendio del templo de la Estructura 28 es testimonio de un ataque de ese tipo. Arroja luz sobre el grado en que la guerra se había constituido en una de las tácticas empleadas por los jefes competidores de la fase Rosario.

La Estructura 14

A fines de la fase Rosario, se construyó un segundo edificio de orientación este-oeste, exactamente al norte de la Estructura 19. Sabemos mucho menos acerca de este nuevo edificio, llamado Estructura 14, porque sufrió grandes modificaciones en periodos subsecuentes. Su etapa Rosario era una plataforma baja con una escalinata monumental al este, por la que se descendía a la cresta del Montículo 1. La escalinata estaba hecha de bloques de piedra caliza que pesaban hasta media tone-

[12] Gary D. Shaffer, 1993, "An Archaeomagnetic Study of a Wattle-and-Daub Building Collapse", *Journal of Field Archaeology* 20, pp. 59-75.
[13] Marcus, 1992a, p. 369.

lada; lamentablemente, en épocas ulteriores se tomaron "prestados" tantos bloques que nunca se conocerá el plano original de la Estructura 14. Sospechamos que era algo parecido a los Templos X y T-Sur de Monte Negro, sitio estudiado en el capítulo XII.

La guerra entre señores y la escritura primitiva

Testimonio de incursión: parte 2

Además de las Estructuras 14 y 19, había en San José Mogote un estrecho corredor. En su entrada este, y sirviendo de umbral a aquel corredor, estaba una losa llamada Monumento 3. Quienquiera que entrara en el corredor habría tenido que pasar sobre la figura labrada en la cara superior de aquella losa. La escultura representa a un hombre desnudo tendido desmañadamente sobre sus espaldas, con la boca abierta y los ojos cerrados. Un complejo motivo en forma de voluta nos muestra el lugar en que se le había abierto el pecho para extraerle el corazón durante su sacrificio. Un chorro de sangre en forma de listón se extiende desde aquella voluta hasta el borde del monumento, para terminar en dos motivos que envuelven la orilla de la losa. Formados cada uno con un círculo y un triángulo, estos dos motivos son gotas de sangre estilizadas. En periodos subsecuentes, el mismo motivo habría de labrarse en las escalinatas de templos en los que se realizaban sacrificios.

Labrados entre los pies de esta desdichada víctima hay dos jeroglifos: un punto que equivale al número "uno" y un glifo para la palabra *Xòo* o "Terremoto", nombre del decimoséptimo día del calendario ritual zapoteca. Con base en nuestro conocimiento del zapoteco histórico (capítulo I), podemos sugerir que se trata del

FIGURA X.12. *Muchos pueblos mesoamericanos representaron la incursión y la conquista mediante el dibujo de un templo ardiente. Este templo en llamas y el cadáver insepulto proceden del* Códice Mendoza, *un documento azteca.*

FIGURA X.13. *Vistas superior y lateral del Monumento 3 de San José Mogote, primitiva representación de un prisionero sacrificado con un nombre de día jeroglífico. Longitud: 1.45 m.*

La guerra entre señores y la escritura primitiva

nombre de día personal de la víctima —"1 Terremoto"— tomado del calendario de 260 días.

El Monumento 3 hace posibles las siguientes inferencias acerca de la fase Rosario. *1)* El calendario de 260 días existía claramente en aquel entonces. *2)* El uso de *Xòo*, conocido nombre de día zapoteco, vincula los jeroglifos a una forma arcaica de la lengua zapoteca. *3)* La escultura deja en claro que, en la fase Rosario, el sacrificio no se limitaba a extraer la propia sangre con espinas de pastinaca; ahora incluía el sacrificio humano por extracción del corazón. *4)* Dado que se muestra a 1 Terremoto desnudo, despojado incluso de cualesquiera prendas que pudiera haber llevado, concuerda con nuestras descripciones del siglo XVI de prisioneros tomados en batalla. Combinada con el incendio de un templo construido sobre la Estructura 28, esta escultura de un prisionero sugiere que hacia 600 a.C. se había inaugurado el conocido patrón zapoteca del ataque, el incendio de templos y la captura de enemigos para ser sacrificados. *5)* Muchos pueblos mesoamericanos ulteriores, incluso el maya, colocaban esculturas de sus enemigos derrotados donde literal y metafóricamente pudieran ser "pisoteadas". La colocación horizontal del Monumento 3 sugiere que éste también estaba destinado a aquella metáfora visual.

Los orígenes de la escritura

Finalmente, señalamos que el jefe máximo de San José Mogote no se contentó con representar a su rival en arte vencido y sacrificado: aun tuvo que agregar el nombre calendárico de la víctima. Como tantos patrones de la fase Rosario, el primer ejemplo de escritura zapoteca surge en el contexto de la competencia entre señores. Al parecer, la escritura zapoteca nació de esa competencia y, en épocas subsecuentes, habría de constituirse en un arma en las luchas de poder de los gobernantes.[14]

Las estructuras públicas circulares

Durante la fase Rosario, por primera vez en la secuencia de Oaxaca, vemos estructuras públicas de forma circular. La más conocida es la Estructura 31, sobre el Montículo 1 de San José Mogote. Siendo evidente que se trataba de una plataforma circular de 6 m de diámetro, la estructura poseía paredes exteriores de adobe que alguna vez pueden haber tenido 50-60 cm de altura. Su interior era relleno de tierra, reforzado mediante muros de contención de ladrillo de lodo en forma de escalón.

No tenemos idea de cómo se usaban aquellas plataformas circulares. Las estructuras en círculo son raras en Oaxaca, donde incluso los altares bajos suelen ser rectangulares. Sabemos que las culturas mesoamericanas usaron plataformas circulares para actos que requerían un movimiento rápido. Por ejemplo, había menos probabilidades de que los danzantes cayeran de una plataforma circular porque la

[14] Marcus, 1992a, pp. 32-37, 435.

La guerra entre señores y la escritura primitiva

Figura x.14. *Base de una plataforma circular de adobe, en San José Mogote. El trabajador aparece sentado sobre un muro de contención en forma de escalón mientras remueve el relleno de tierra.*

distancia del centro a la orilla era uniforme. Algunos grupos mesoamericanos también usaron plataformas circulares para luchas entre un guerrero avezado y un prisionero capturado para el sacrificio.

Edificios públicos en aldeas de segundo orden

Se sabe que incluso las aldeas de segunda línea en la jerarquía de asentamientos tuvieron impresionantes edificios públicos. Uno de aquellos lugares era Tomaltepec, al pie de la montaña del Valle de Tlacolula. Aunque es probable que sólo contara con 50-75 personas, su vida ritual giraba en torno a una estructura de adobe de más de tres metros de altura.[15] Aquella plataforma, que probablemente soportaba un modesto templo de varas y recubrimiento, contenía en el relleno cuatro entierros de dedicación.

Huitzo, una aldea de tres hectáreas que tal vez haya permanecido fuera del dominio de San José Mogote, poseía una arquitectura pública particularmente impresionante. La Estructura 2 del sitio era un gran templo plataforma con muros de contención de piedra y adobe, a más de una posible escalinata del lado oeste; el edificio medía más de 20 m de largo y se orientaba ocho grados al norte del este. Bajo uno de los muros de contención se hallaba el esqueleto de un hombre de 35-40 años de edad, triturado bajo el peso de los adobes. Aquel individuo quizás represente una víctima sacrificatoria incorporada en la plataforma.

Las residencias de élite de San José Mogote

No sabemos cuántas diferencias de jerarquía hubo en la sociedad de la fase Rosario. Las residencias conocidas ciertamente implican una diversidad de posiciones sociales mucho mayor que la que vimos en las fases San José o Guadalupe.

Las casas de Rosario de mayor dimensión encontradas hasta la fecha se hallaban sobre el Montículo 1 de San José Mogote. La mejor conocida, consistente de las Estructuras 25, 26 y 30, fue construida sobre las ruinas del templo incendiado que

[15] Whalen, 1981, pp. 64-67.

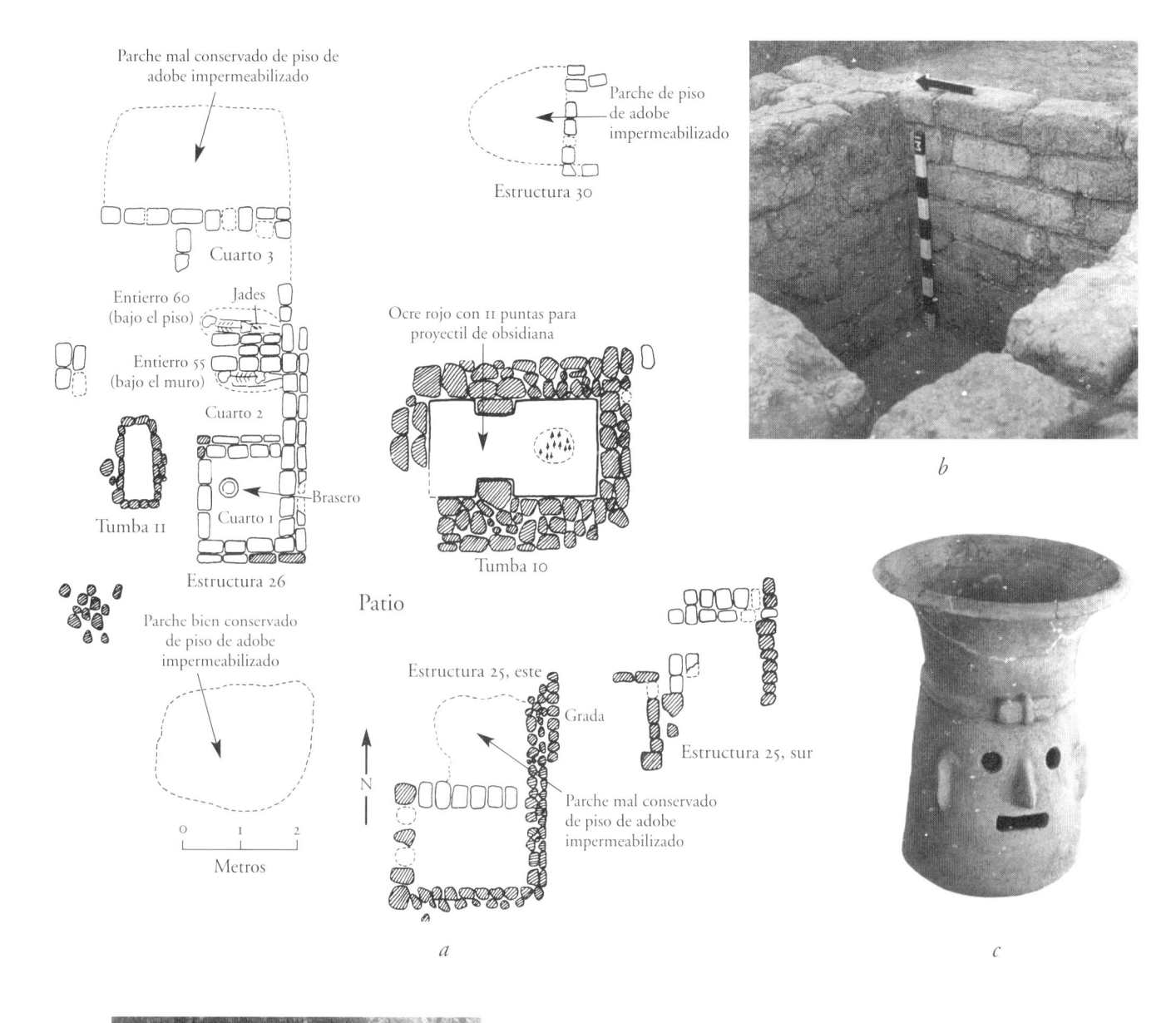

a

Parche mal conservado de piso de adobe impermeabilizado

Cuarto 3

Entierro 60 (bajo el piso)
Jades
Entierro 55 (bajo el muro)

Cuarto 2

Tumba 11

Brasero

Cuarto 1

Estructura 26

Parche de piso de adobe impermeabilizado

Estructura 30

Ocre rojo con 11 puntas para proyectil de obsidiana

Tumba 10

Patio

Parche bien conservado de piso de adobe impermeabilizado

Estructura 25, este

Grada

Estructura 25, sur

Parche mal conservado de piso de adobe impermeabilizado

N

0 1 2
Metros

b

c

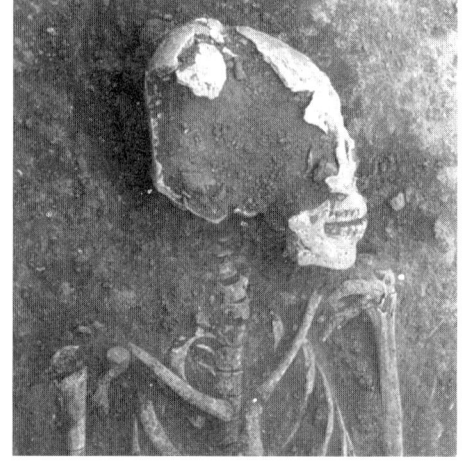

d

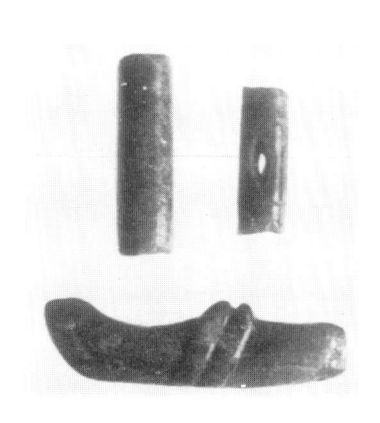

e

FIGURA X.16. *Once puntas de proyectil de obsidiana (y un trozo sobrante de materia prima) de la Tumba 10 de San José Mogote; la figura de la derecha corresponde a una punta rota de un sangrador de obsidiana encontrado cerca de las Estructuras 25, 26 y 30 de San José Mogote. Longitud: 5.5 cm.*

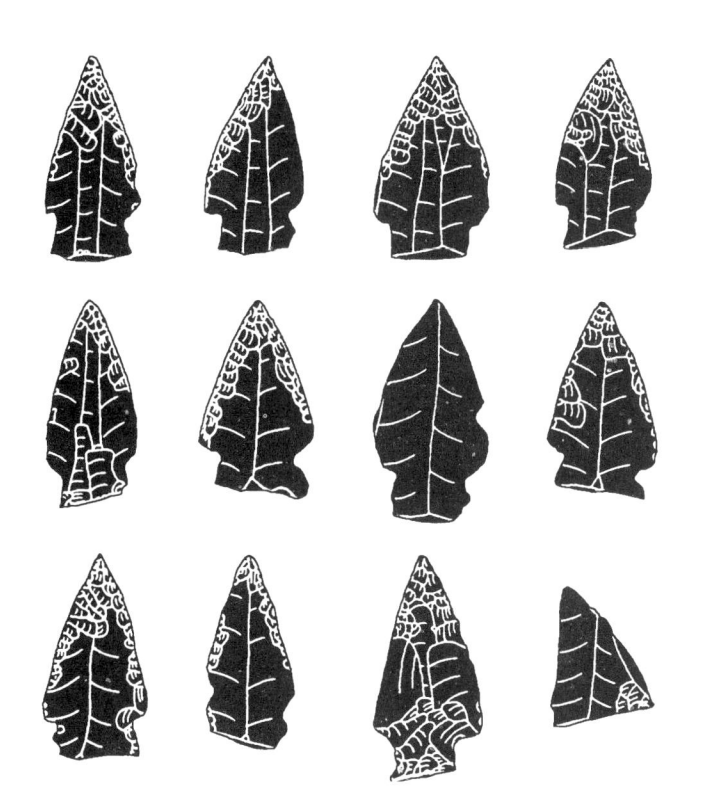

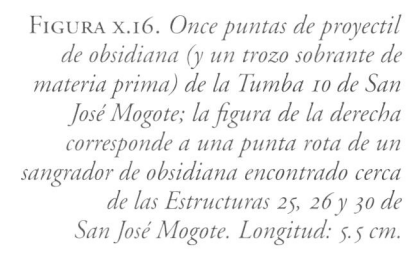

FIGURA X.17. *Tumba 10 de San José Mogote.*

FIGURA X.15. a) *Vestigios de una residencia de la élite de la fase Rosario en San José Mogote, con un patio interior y una tumba.* b) *Cuarto 1 de la Estructura 26 de San José Mogote, una aparente unidad de almacenamiento.* c) *Brasero incensario antropomorfo del Cuarto 1 de la Estructura 26. Altura: c. 30 cm.* d) *Entierro 60 de San José Mogote, una mujer de la fase Rosario con ornamentos de jade y deformación craneana erecta tabular.* e) *Ornamentos de jade hallados en el Entierro 60 de San José Mogote. Longitud de la pieza más larga: 5.3 cm.*

La guerra entre señores y la escritura primitiva

ya hemos descrito; dominaba el resto de la aldea desde una altura de 15 m. Aunque sumamente dañada por la construcción subsecuente, la residencia al parecer consistía de un patio de tierra cimentada rodeado de complejos habitacionales de adobe. Bajo el piso del patio se encontraba una tumba de doble cripta.

El complejo habitacional del lado oeste, llamado Estructura 26, era el más completo; sus muros estaban hechos de adobe rectangular sobre cimientos de mampostería. En su esquina sureste, la Cámara 1 era una unidad de almacenamiento de 1.7 m², hundida más de un metro bajo el nivel del patio. Abandonadas en aquella cámara había cinco vasijas que tal vez se hayan usado para agasajar huéspedes o ejecutar ritos, varias escudillas de servicio, una olla de cocina y un incensario antropomórfico. El incensario es particularmente interesante porque representa la primera etapa de una larga tradición zapoteca: el incensario de efigie, usado para comunicarse con los antepasados nobles idos, que envía una columna de incienso en dirección al cielo, hasta las nubes en donde ellos moraban. En periodos subsecuentes veremos versiones más elaboradas de estos incensarios.

El Cuarto 2 de la Estructura 26 medía apenas un metro de ancho. Aplanado bajo una de las paredes de aquel cuarto se hallaba el esqueleto de un adulto, el Entierro 55, al parecer incorporado al edificio en la época de su construcción. Más al norte estaba el Cuarto 3, bajo cuyo piso se había enterrado a una mujer de alcurnia, llamado el Entierro 60. La mujer estaba boca arriba totalmente extendida, con los brazos a los costados y tres ornamentos de jade; su cráneo mostraba la deformación tabular vista en varios entierros de élite de la fase Rosario.

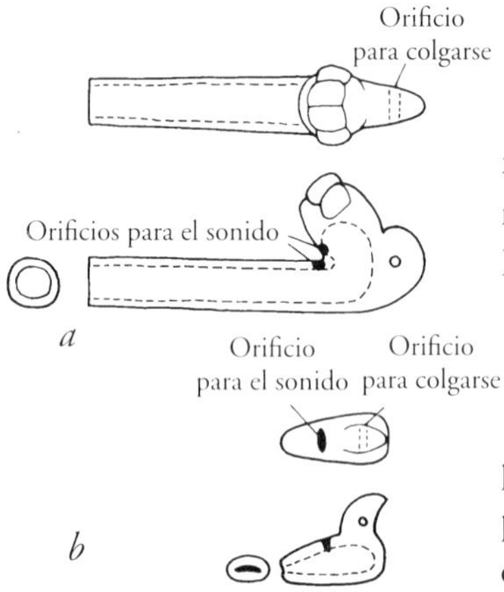

Hallada bajo el piso del patio de esa residencia, la Tumba 10 fue la más grande y más compleja de su época. Con tres metros de largo y casi dos de ancho, estaba dividida por breves muros en una cámara principal y una antecámara: nuestro primer ejemplo de otra tradición zapoteca, que habría de ser más elaborada en periodos ulteriores. Construida de mampostería de piedra, su piso hecho de grandes baldosas, la tumba tenía en su interior una capa de emplasto de lodo. Había sido vaciada a fines de la fase Rosario, tal vez cuando la casa fue abandonada. Es evidente que, junto con la mayor parte de las ofrendas, los restos humanos de la Tumba 10 fueron tomados por los residentes que se iban. Pasaron por alto una rótula y unas cuantas costillas humanas.

También se dejó en la Tumba 10 una ofrenda de 11 pequeñas puntas de proyectil, probablemente perdidas por hallarse enterradas en un depósito de ocre rojo. Un estudio realizado por William Parry demuestra que las 11 puntas fueron hechas de tres grandes cuchillas de obsidiana negro verdosa importada.[16] Aquellas puntas bien pueden haber estado montadas en dardos de *átlatl* y su inclusión en la tumba sugiere que tal vez se haya esperado algún tipo de actividad militar del individuo sepultado allí, quizá incursiones o defensa contra ellas.

Las familias de alcurnia solían estar más involucradas en los ritos aldeanos que las de baja condición social, como lo muestran los objetos hallados cerca de las Estructuras 25, 26 y 30. Entre ellos se incluía la punta rota de un sangrador, her-

FIGURA X.18. *Silbatos de alfarería* a) *en forma de pata de jaguar o puma; longitud; 6.5 cm, y* b) *en forma de ave; longitud: 2 cm. Fase Rosario.*

[16] Willian J. Parry, 1987, *Chipped Stone Tools in Formative Oaxaca, Mexico: Their Procurement, Production, and Use*, fig. 47.

I. *Pectoral de jade con ojos y dientes de concha marina, encontrado en un entierro sacrificatorio de Monte Albán. La parte superior es la máscara de un murciélago gigantesco (17.5 cm de altura). Periodo Monte Albán II (100 a.C.-200 d.C.). (Pintura de John Klausmeyer.)*

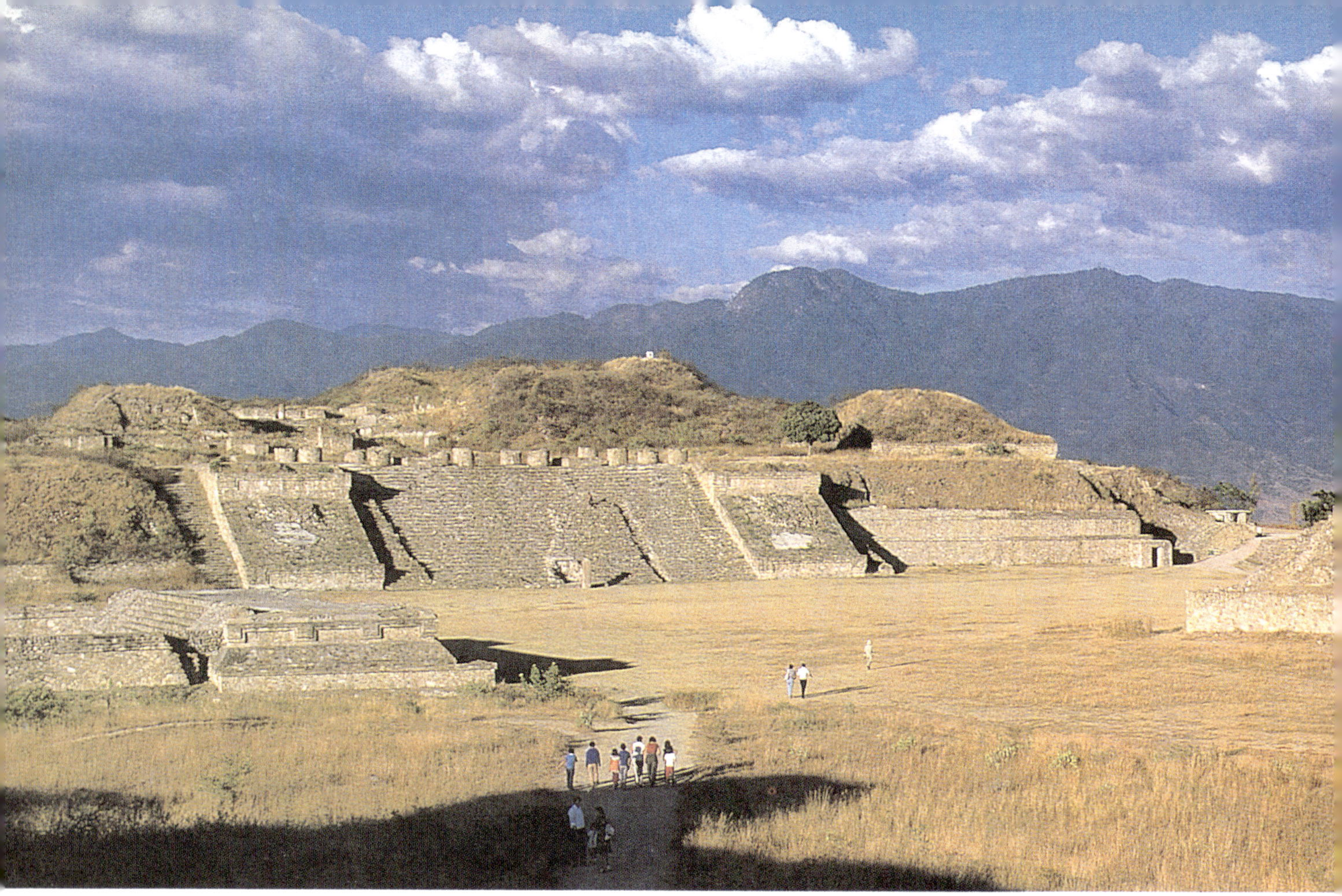

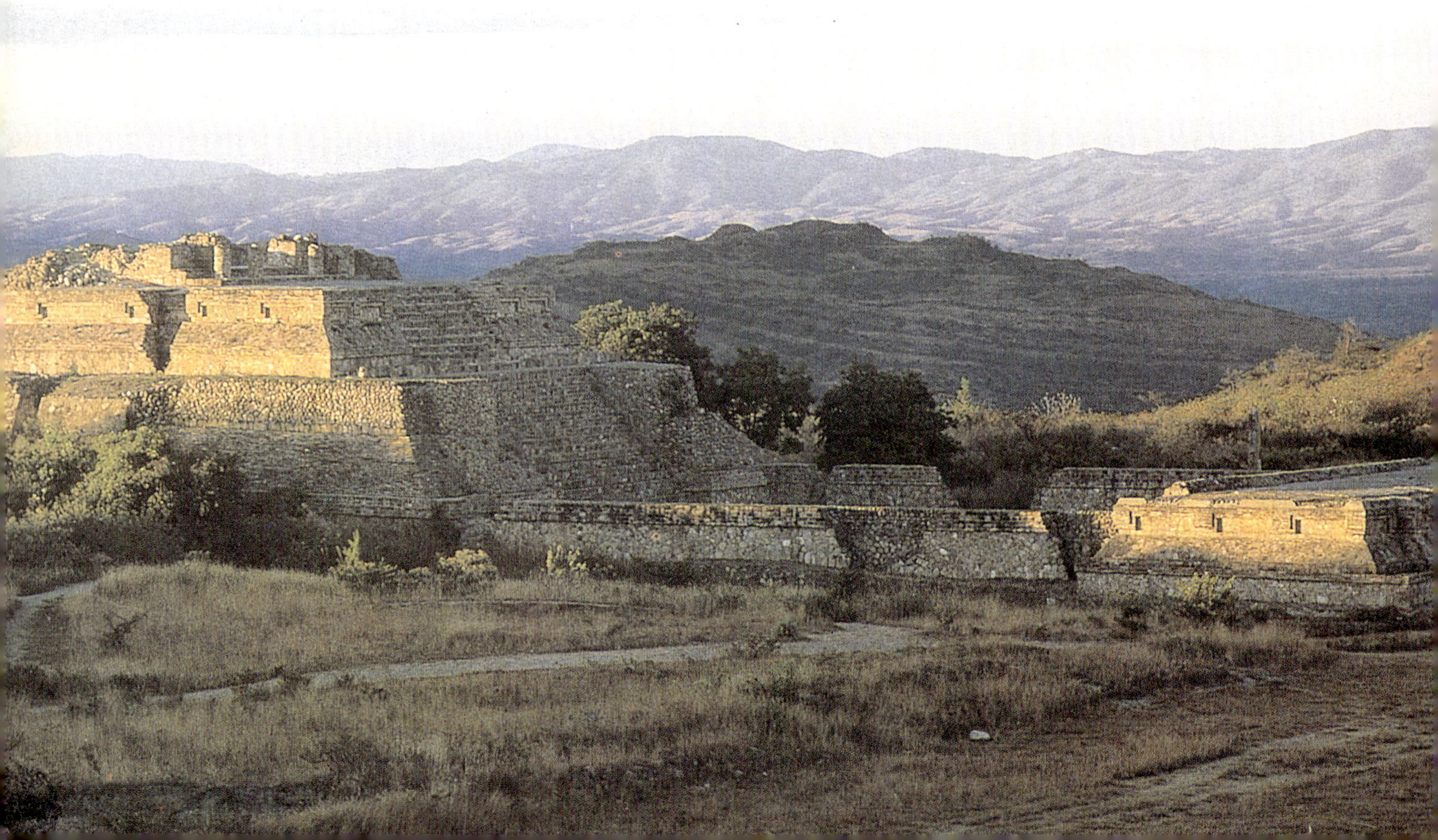

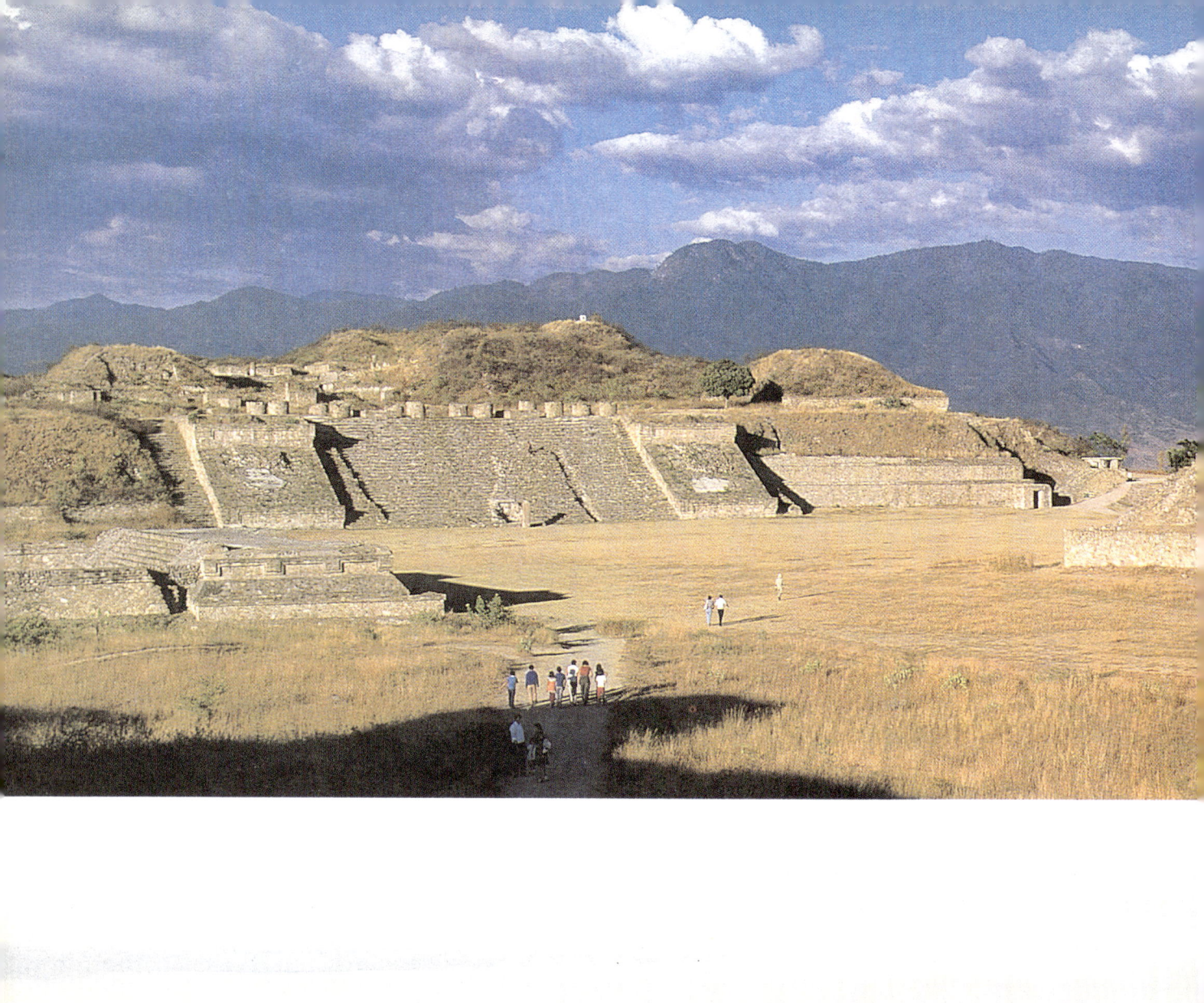

II

II. *La ciudad zapoteca de Monte Albán construida sobre una cima montañosa; la acrópolis de la Plataforma Norte se encuentra a la izquierda.*

III. *Edificio K, un templo pirámide de Monte Albán, visto desde el sur durante el crepúsculo vespertino. Aparecen al fondo las ruinas de Atzompa, el barrio urbano de Monte Albán ubicado más al norte y edificado en lo alto de un cerro.*

IV. *Edificio J de la Plaza Principal de Monte Albán, con la Plataforma Norte al fondo. (Láminas II-IV, cortesía del doctor Colin McEwan).*

III

IV

V. *El piso de aluvión del valle de Oaxaca, despojado de su antiguo bosque de mezquites por 5 000 años de cultivo del maíz.*

VI. *Puntas de pedernal para átlatl o lanzadardos, usadas por los pueblos cazadores y recolectores que ocuparon Oaxaca hace 8000-5000 años (longitud de la punta de la extrema izquierda, 8.3 cm).*
(Pintura de John Klausmeyer.)

VII. *Monumento 3 de San José Mogote, piedra labrada que muestra a un prisionero sacrificado (longitud, 1.45 m), fase Rosario Tardía (siglo VI a.C.).*

VIII. *Estructuras 1 y 2 de San José Mogote, serie de plataformas y escalinatas en terrazas para edificios públicos de la fase San José (1150-850 a.C.).*

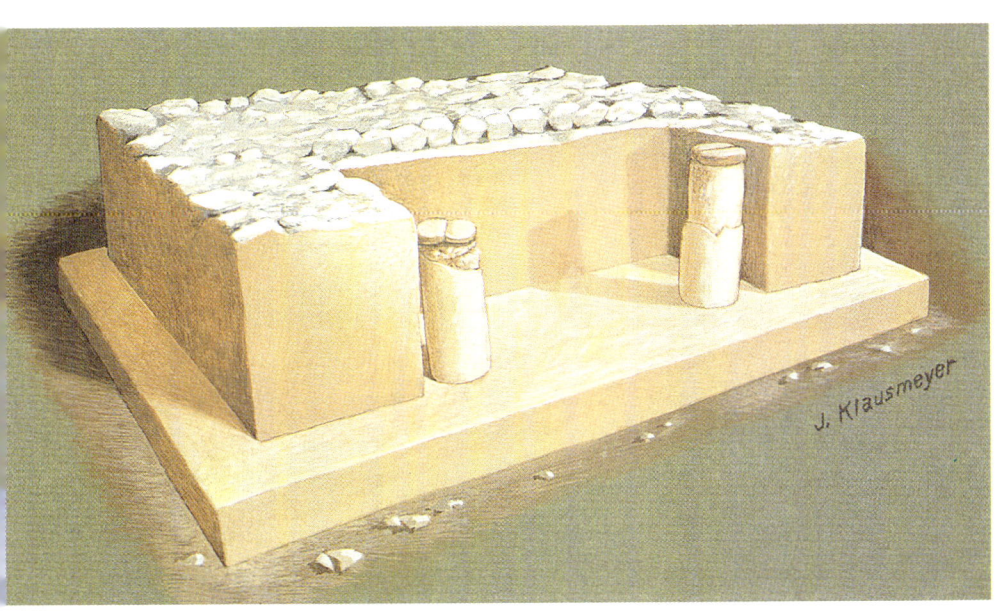

IX. *El Templo Amarillo de Dainzú, construido durante la transición de Monte Albán I a II, refleja una fase primitiva en la evolución del templo zapoteco (siglo I o II a.C.) (ancho de la entrada, 3 m).*

X. *Incensario de efigie cubierto de pigmento bermellón; estaba enterrado bajo un templo de San José Mogote, periodo Monte Albán II (100 a.C.-200 d.C.) (altura, 55 cm). (Pintura de John Klausmeyer.)*

XI. *Figurilla de la fase Guadalupe (850-700 a.C.) (altura, 14.7 cm).*

XII. *Cuatro figurillas colocadas en una escena ritual, y enterradas bajo el piso de la Casa 16 de San José Mogote (1150-850 a.C.) (altura de la figurilla más alta, 15 cm).*

XIII. *Escondite ritual de la fase Rosario, en el que se muestran ejemplos de cerámica blanco sobre gris "resistente" y una vasija labrada procedente de una lapa gigantesca (longitud, 14.5 cm) (700-500 a.C.).*

XIV. *Vaso de la élite perteneciente a la fase Rosario (altura, 17.4 cm).*

XV. *Cerámica de la fase San José (1150-850 a.C.). (Láminas XIV-XV pintadas por John Klausmeyer.)*

XIII

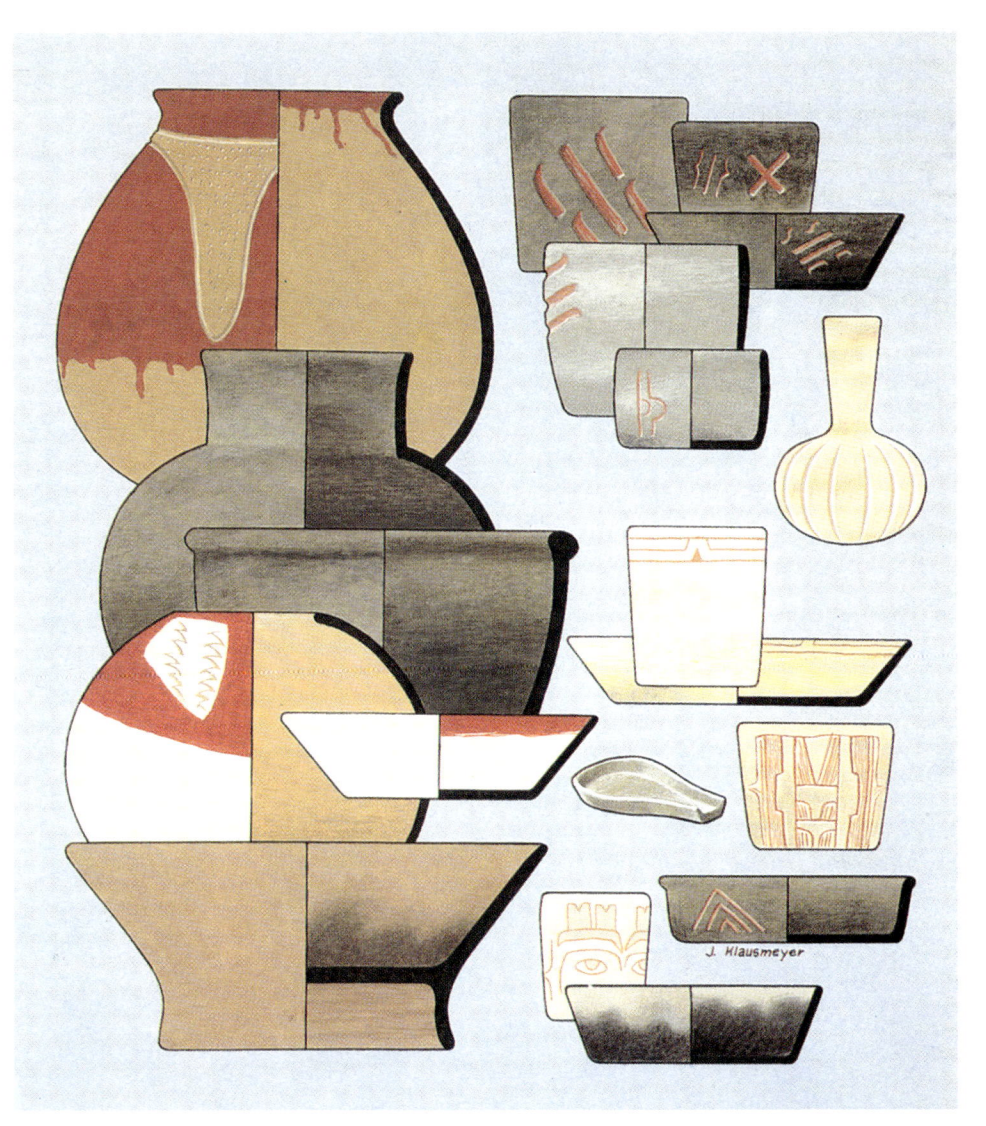

XIV

XV

XVI. *Estatua de jade enterrada bajo el piso de un templo zapoteca (Estructura 35 de San José Mogote), periodo Monte Albán II (100 a.C.-200 d.C.) (altura 49 cm). (Lámina pintada por John Klausmeyer.)*

mosamente lascada en obsidiana importada. Ésta puede haber sido la punta de una "espina de pastinaca" hecha de obsidiana, como la encontrada en el templo incendiado de la Estructura 28.

También se incluía allí un silbato de alfarería, hecho de barro gris fino, en forma de pata posterior de un jaguar o un puma. Este instrumento, que emite un sonido muy agudo, como el silbato de un árbitro, estaba perforado para llevarse suspendido del cuello de su propietario. Su presencia en aquella casa de elevada posición social no carece de precedentes; un segundo silbato gris fino apareció en la Estructura 27, otra de las casas de élite de la fase Rosario encontrada en el Montículo 1. En forma de ave, este segundo silbato también estaba perforado para llevarse suspendido.

No es sorprendente encontrar estos artículos en un contexto de élite. En Mesoamérica, la sangría de los nobles lograba el favor sobrenatural para toda la comunidad, el bramido de la trompeta de caracol se usaba para llamar a los vecinos a los templos y sólo algunos elegidos llevaban al cuello los estridentes silbatos con los que dirigían a los guerreros.

Las residencias de Tomaltepec, una comunidad de segundo orden

Como hemos visto, durante la fase Rosario, Tomaltepec tuvo su propio edificio público. También tuvo familias suficientemente importantes que vivían en casas de adobe, en tanto que sus vecinos lo hacían en casas de bajareque.

Las Casas 5 y 7 de Tomaltepec formaban una unidad en forma de L alrededor de un patio o área de trabajo, teniendo cada edificio aproximadamente 10.5 m^2 de piso. Construida de adobes sobre cimientos de piedra, aquella unidad tal vez represente el hogar de una familia extendida. Asociados a ella había un fogón, un horno de tierra o foso de asar, dos niños sepultados bajo el patio y un fragmento de tambor hecho de un caparazón de tortuga.

Residencias de Fábrica San José, una comunidad de tercer orden

Robert Drennan piensa que, durante la fase Rosario, Fábrica San José, aldea vinculada a San José Mogote a lo largo de toda su historia, consistió de 10-16 casas.[17] Si bien no hay allí indicios de residencias de elevada posición social como las de San José Mogote, en Fábrica San José hubo familias que vivían en casas relativamente grandes, usaban bienes suntuarios y mostraban deformación craneana.

La Casa Rosario 1 de Fábrica San José nos ofrece un ejemplo: la morada tenía un fogón, varios yacimientos arqueológicos, dos entierros y, al parecer, un horno de tierra. Uno de los entierros, mostrado en la figura x.19, era una mujer joven de alrededor de 15 años de edad, con el cráneo deformado artificialmente. Entre sus ofrendas se incluía una gran figura humana hueca de cerámica gris fino (que tal

[17] Drennan, 1976, p. 133.

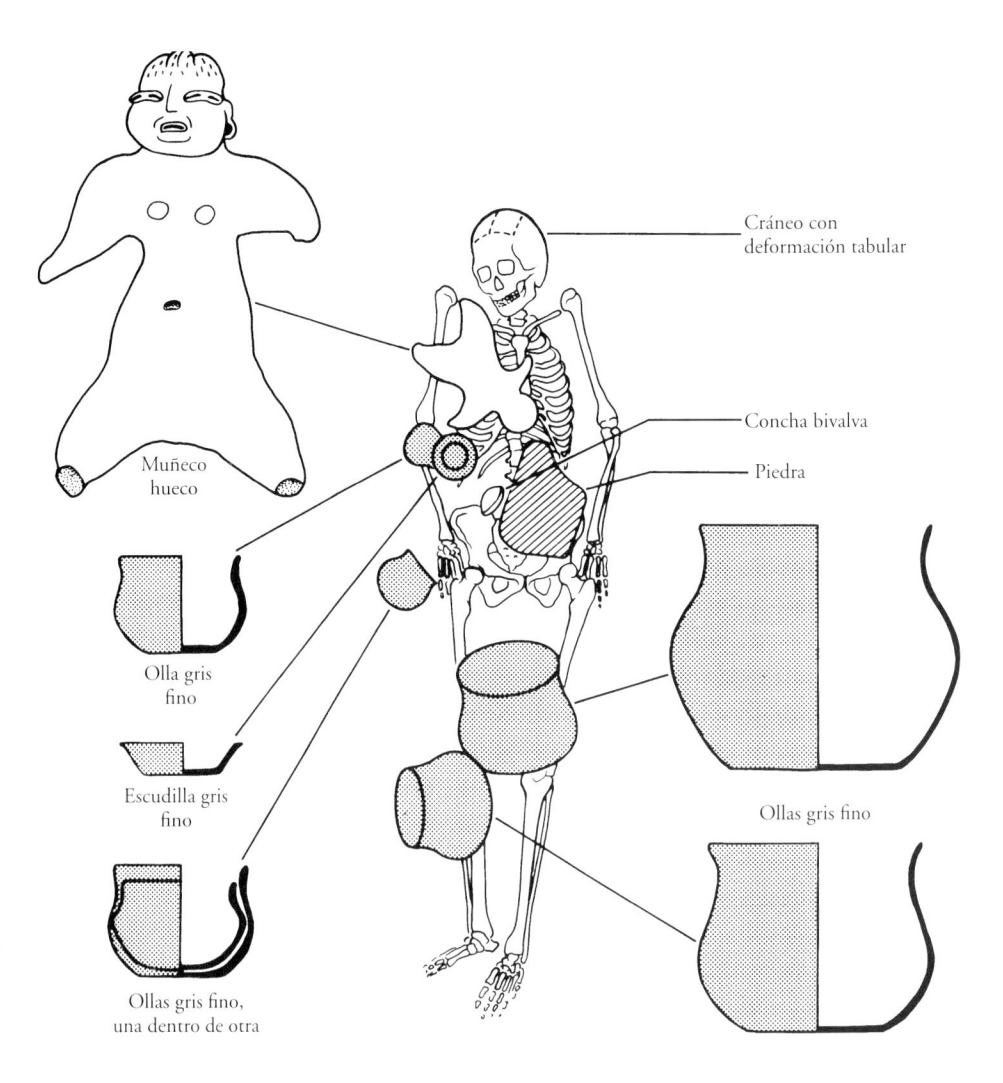

La guerra entre señores y la escritura primitiva

FIGURA X.19. *Entierro 54 de Fábrica San José, una mujer joven de elevada posición social de la fase Rosario.*

vez representaba a algún antepasado importante); otras seis vasijas gris fino; y ofrendas de concha marina.[18] Aquella muchacha prosigue la tradición de los ricos entierros femeninos vistos ya en la fase Guadalupe, lo cual sugiere un patrón vigente de matrimonios entre mujeres de la élite de San José Mogote y los líderes varones de sus comunidades satélite.

Las familias ordinarias de Fábrica San José aún vivían en casas de bajareque, algunas de ellas muy grandes. La Casa Rosario 2, de cuya planta parcial se dispone, tenía más de 11 m de largo de norte a sur; es probable que haya estado dividida en pequeñas habitaciones mediante paredes de caña. Construida sobre cimientos de piedra, andando el tiempo Rosario 2 fue incendiada, pero quedan 279 fragmentos de recubrimiento quemado. Asociados a esta casa había seis fogones, extensos basureros arqueológicos y dos círculos de ceniza que tal vez reflejen el uso de braseros de carbón.

Los objetos hallados con Rosario 2 nos hablan de las actividades de una familia numerosa de jerarquía baja a media. Fuera de la agricultura de subsistencia, la

[18] Drennan, 1976, fig. 89.

familia se dedicaba a la producción de sal, para lo cual hervía agua de un manantial salino cercano. También hilaba fibra burda, usando discos de barro como husos de rueca. Dos lesnas, una mediacaña y una aguja de hueso significan costura y trabajo del cuero. Su cerámica gris también muestra una "frecuencia de decoración incisa menor de la esperada", que hace a las casas de baja condición social de la fase Rosario tan difíciles de identificar a partir de los vestigios superficiales.[19]

Desarrollos en otras latitudes de México

¿Qué imagen de la sociedad de Rosario nos trasmiten todos estos datos? No es una imagen distinta de la que Robert Carneiro describe para la región del Cauca colombiano. En un valle ocupado por miles de indios, los jefes supremos competían con sus subjefes por el potencial humano para cultivar los campos, producir artesanías y construir templos. Había incursiones durante las cuales se incendiaban templos y se tomaban prisioneros para su posterior sacrificio. A fin de que sirvieran de zona intermedia entre los seguidores de uno y otro jefe, se dejaban sin cultivar buenas áreas de labor. En general, el Valle de Oaxaca no estaba muy poblado, pero algunas áreas tenían poblaciones desproporcionadamente elevadas, debido a los intentos de varios líderes por concentrar a sus seguidores.

Como hicimos en el capítulo IX, ahora debemos insistir en que aquellos acontecimientos no tuvieron lugar en el vacío. Estuvieron influenciados por los hechos ocurridos en otros lugares de México, e influían a su vez en ellos.

El Valle de Tehuacán

Una de las áreas en que tenían lugar acontecimientos similares era el Valle de Tehuacán, separado de la región de Etla por 100 km de cañones y pasos montañosos. El sur del Valle de Tehuacán es un área cálida y seca en donde la probabilidad de que las lluvias hayan sido insuficientes para la mayor parte de los cultivos es de 80%.[20] Sin embargo, tiene posibilidades de riego. Ese potencial tal vez quede mejor ejemplificado por el Arroyo Lencho Diego, un cañón de empinadas laderas investigado por Richard S. MacNeish, Richard Woodbury, James A. Neely y Charles Spencer.[21-23] En fechas recientes, Spencer describió el surgimiento de la sociedad señorial en la región.[24]

En una época equivalente a las fases Guadalupe Tardía o Rosario Temprana de la

La guerra entre señores y la escritura primitiva

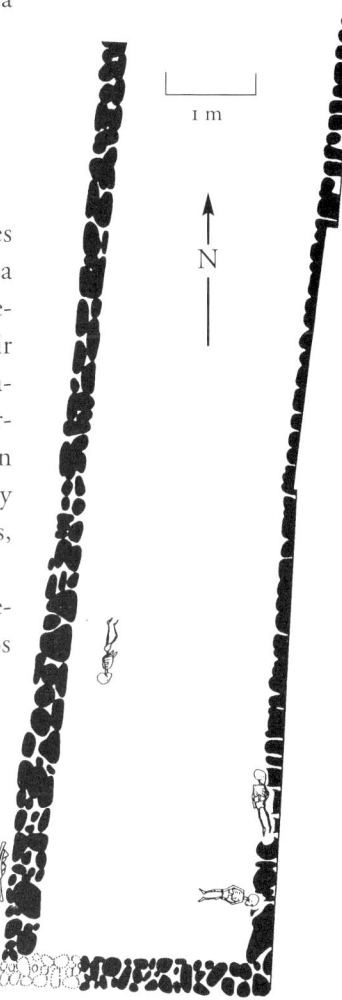

FIGURA X.20. *Plano parcial de la Casa Habitación Rosario 2 de Fábrica San José, casa de posición social baja a media de la fase Rosario.*

---

[19] Drennan, 1976, p. 121.
[20] Byers (comp.), 1967, p. 54.
[21] Richard S. MacNeish, Melvin L. Fowler, Ángel García Cook, Frederick Peterson, Antoinette Nelken-Terner y James A. Neely, 1972, *The Prehistory of the Tehuacán Valley*, vol. 5: *Excavations and Reconnaissance*.
[22] Richard D. Woodbury y James A. Neely, 1972, "Water Control Systems of the Tehuacán Valley", en *The Prehistory of the Tehuacán Valley*, vol. 4: *Chronology and Irrigation*, Frederick Johnson (comp.), pp. 81-153.
[23] Charles S. Spencer, 1979, "Irrigation, Administration, and Society in Formative Tehuacán", en *Prehistoric Social, Political, and Economic Development in the Area of the Tehuacán Valley*, Robert D. Drennan (comp.), pp. 13-109.
[24] Spencer, 1993, pp. 41-74.

La guerra entre señores y la escritura primitiva

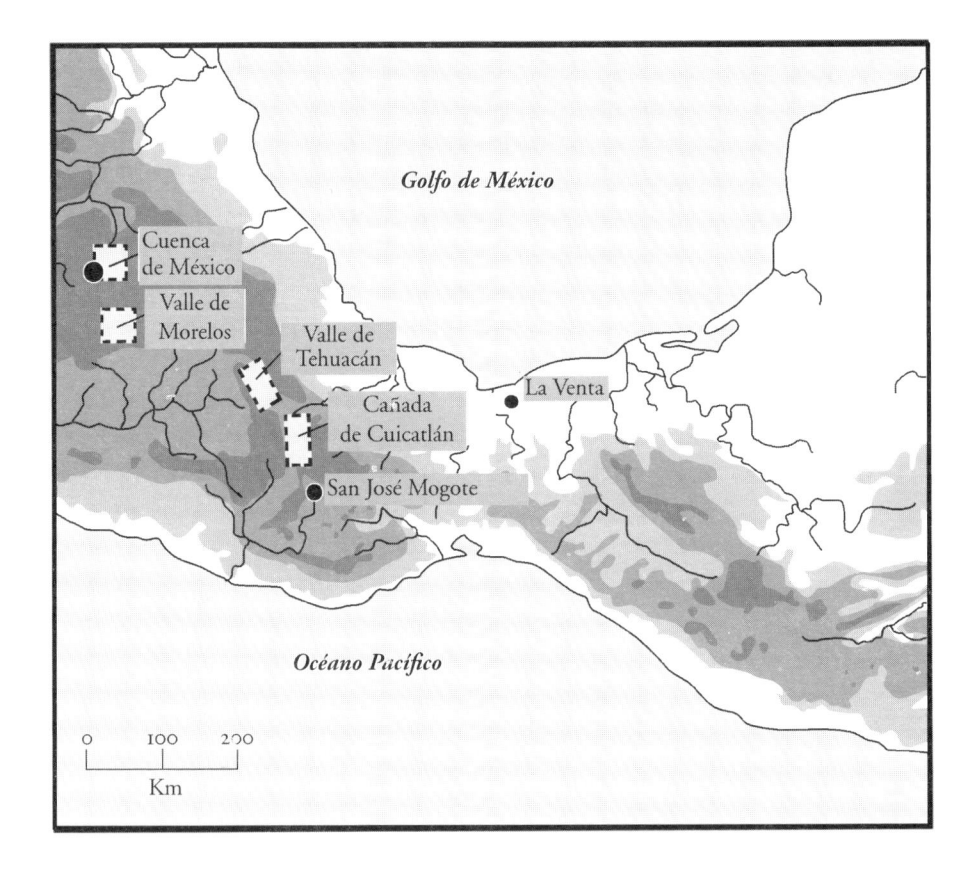

FIGURA X.21. *Áreas ubicadas al oeste y al este del Valle de Oaxaca que pasaron por un desarrollo similar entre 700 y 500 a.C.*

región de Etla, apareció en Arroyo Lencho Diego una aldea de 9-10 casas habitación. Spencer considera que las diferencias de prestigio en aquella aldea eran "modestas" y se basaban en los logros. Uno de los logros más impresionantes de la comunidad fue la construcción de una presa en el arroyo, para crear un receptáculo con una capacidad estimada de 37 000 m³.[25] Aquella primitiva presa medía seis metros de ancho, 2.8 m de altura y 175 m de largo. Spencer estima que tal vez fue construida en una temporada de secas por una mano de obra de no más de ocho personas físicamente aptas.

La presa multiplicó considerablemente el potencial agrícola de Arroyo Lencho Diego. Hacia 600-450 a.C., la población del arroyo había aumentado a 30-34 familias que vivían en dos aldeas, una de las cuales tenía un edificio público. Aproximadamente al mismo tiempo que los ocupantes de San José Mogote terminaban las Estructuras 14 y 19, los habitantes de Arroyo Lencho Diego ampliaron sustancialmente su presa. Esta segunda etapa dio a la presa un ancho de 100 m, una altura de ocho metros y una longitud de 400 m, creando así un receptáculo de 1 430 000 m³. Spencer calcula que habría sido necesaria una mano de obra de 41-106 personas para *1)* construir una presa de cofre y cortina durante una temporada de secas; luego para *2)* construir la propia presa a lo largo de tres temporadas de secas. Para entonces, en Arroyo Lencho Diego se había superado la autonomía

[25] Richard B. Woodbury y James A. Neely, 1972, "Water Control Systems of the Tehuacán Valley", en *The Prehistory of the Tehuacán Valley*, vol. 4, *Chronology and Irrigation*, Frederick Johnson (comp.).

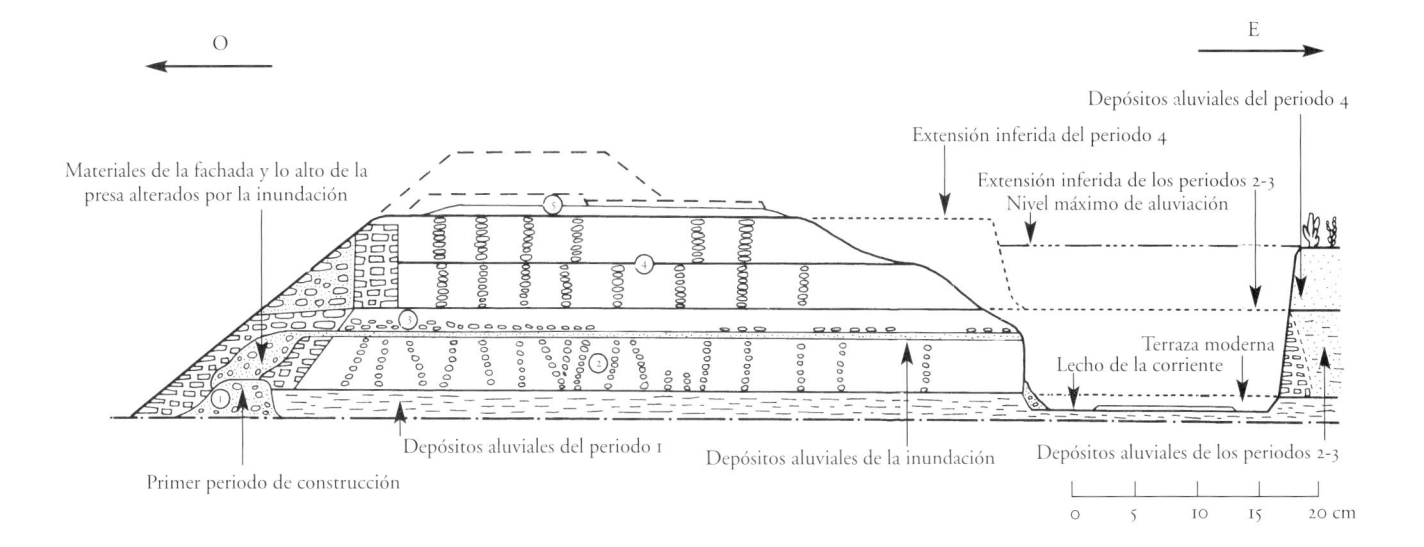

FIGURA X.22. *Sección transversal de la presa prehispánica de Arroyo Lencho Diego, que muestra el primero y segundo periodos de construcción enterrados muy abajo. (Ampliación proseguida en periodos subsecuentes.)*

aldeana y la mano de obra de varias aldeas habían pasado al dominio de las familias de la élite que vivían arroyo arriba de la presa.[26]

Como la nuestra, la reconstrucción de hechos de Spencer se enfoca en la capacidad de una élite naciente para atraer potencial humano de varias comunidades en el curso de una gran obra pública. Tanto en Tehuacán como en Oaxaca, las familias de la élite vivían en casas más grandes y mejor construidas que las de otros aldeanos; poseían mayor cantidad de bienes importados de fuera de su región, y usaban mayor número de escudillas gris fino, probablemente para recepciones.

En aquel entonces, los estilos cerámicos de Tehuacán y Oaxaca eran suficientemente similares para no dejar duda de que las dos áreas estaban en contacto, probablemente como resultado del comercio de obsidiana que pasaba por la Cañada de Cuicatlán que las separaba.

Las familias de la élite de ambas regiones se conocían unas a otras, indudablemente se comunicaban ideas e incluso pueden haber tratado de superarse en prestigio y obras públicas. Sus trayectorias históricas específicas y sus entornos ecológicos eran diferentes, pero ya formaban parte de un "sistema" mayor, en el cual se compartían muchos símbolos de prestigio.

La costa del Golfo

Más lejos del Valle de Oaxaca, en la región olmeca del sur de la costa del Golfo, alcanzaba su punto culminante otro señorío máximo. Su centro más importante fue La Venta, en el estado de Tabasco, que, según se cree, tuvo su mayor desarrollo entre 800 y 400 a.C. Por lo tanto, en sus etapas subsecuentes, aquel sitio se traslapa con la fases Rosario y Monte Albán I Temprana del Valle de Oaxaca.

El centro de La Venta era un alineamiento de montículos y plazas artificiales

[26] Spencer, 1993, p. 52.

La guerra entre señores y la escritura primitiva

FIGURA X.23. *La presa prehispánica de Arroyo Lencho Diego, tal como se ve actualmente, tras ser atravesada desde entonces por el arroyo.*

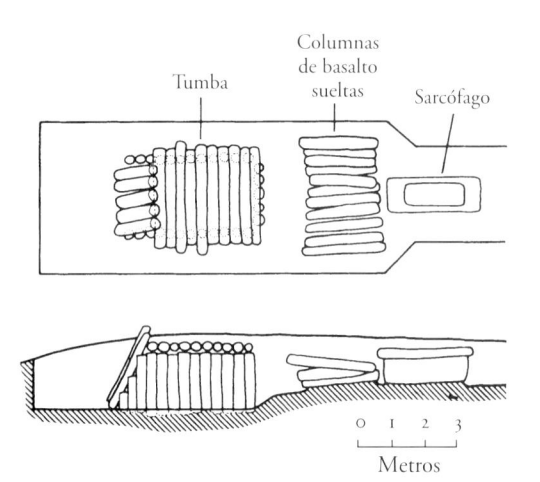

FIGURA X.24. *Planta y corte transversal de una tumba de columnas de basalto de La Venta, aproximadamente contemporánea a la fase Rosario de Oaxaca.*

que se extendía 750 m a lo largo de un eje orientado ocho grados al oeste del norte.[27] Como en Rosario, los arquitectos de La Venta también usaron adobes rectangulares y relleno de barro; sin embargo, no acostumbraron usar piedra cortada ni argamasa de cal. En vez de ello, aquellos constructores recubrieron sus plataformas con barros rojos, amarillos o púrpuras y construyeron cercas y bordes con "columnas" naturales de basalto columnario. La manera en que se usaron aquellas columnas sugiere una tradición arquitectónica previa a base de troncos.

Aunque todavía no se encuentren residencias de la élite en La Venta, por lo menos una tumba elegante era aproximadamente contemporánea a la Tumba 10 de San José Mogote: tenía muros y techo de columnas de basalto y piso de lajas de piedra caliza.[28] En tanto que el extremo sur de esta tumba permanecía intacto, el extremo norte al parecer había sido abierto y reconstruido con precipitación. Al sur yacían un grupo de columnas sueltas y un sarcófago de piedra arenisca, en cuyo interior no se encontró ningún esqueleto. Como en el caso de la Tumba 10 de San José Mogote, parecería que la tumba de La Venta hubiera sido reabierta para sacar de ella al importantísimo individuo y dejar abandonado el sarcófago.

El contenido restante de la tumba ciertamente era interesante. Dos entierros de personas jóvenes liadas, cubiertas de pigmento rojo, a las que se había dotado de bienes suntuarios de jade: figurillas, cuentas, un colgante en forma de concha de almeja e incluso una espina de pastinaca hecha de jade. Así, en tanto que las familias de la élite de Rosario hacían sangrías rituales con espinas de pastinaca

[27] Philip Drucker, Robert F. Heizer y Robert J. Squier, 1959, *Excavations at La Venta, Tabasco, 1955.*
[28] Philip Drucker, 1952, *La Venta, Tabasco: A Study of Olmec Ceramics and Art.*

fabricadas de obsidiana importada, el gobernante supremo de La Venta tal vez haya usado una espina de jade.

Sería difícil exagerar la elegancia de los monumentos pétreos y las ofrendas enterradas de La Venta: pavimento de bloques de serpentina, pesadas ofrendas de hachas de jade, grandes espejos de mineral de hierro, esculturas de basalto labrado con un peso de 25 toneladas. Sin embargo, lo que sí ha sido exagerado por algunos entusiastas de los olmecas es el grado de influencia de aquel flamante señorío sobre el desarrollo de las tierras altas mexicanas más lejanas. Sabemos que la Cuenca de México, el Valle de Morelos, el Valle de Oaxaca y el sur del Valle de Tehuacán tuvieron sus propios señoríos e impresionantes fuerzas de trabajo. Pero también tenían sus propios programas de trabajo. No gustaban de las cabezas colosales sino de las plataformas de mampostería de muchas toneladas, las esculturas en bajorrelieve en las montañas, los monumentos a sus jefes y a sus cautivos sacrificados y las grandes presas para irrigación. Los señoríos del Altiplano de México tuvieron sus propias trayectorias y estaban en vías de hacer algo que nunca hicieron los olmecas. Se hallaban en vías de ser urbanos.

La guerra entre señores y la escritura primitiva

XI. El sinoicismo de Monte Albán

A FINES DEL SIGLO VI A.C., el Valle de Oaxaca se hallaba en el umbral de una gran transformación. Estaba a punto de presenciar el nacimiento de una sociedad urbana, una de las primeras del Nuevo Mundo. Aquella sociedad habría de aparecer con sorprendente rapidez y sin precedentes, por no haber tenido sociedades urbanas previas según las cuales conformarse a sí misma.

El proyecto de Patrones de Asentamiento ha ofrecido una descripción esquemática de lo ocurrido. A fines de la fase Rosario, la población del valle aparentemente se dividía en tres sociedades señoriales de desigual tamaño: una entidad mayor en el subvalle de Etla (2 000 personas) y dos entidades más pequeñas en el Valle Grande (700-1 000 personas) y en el subvalle de Tlacolula (700-1 000 personas). Aquellas entidades se hallaban separadas por una tierra de nadie de 80 km², cuyo punto de referencia más prominente era una elevación montañosa irregular de seis kilómetros cuadrados. El tamaño desproporcionadamente grande del centro principal de cada entidad —San José Mogote, San Martín Tilcajete y Yegüih— sugiere que cada centro hacía esfuerzos por atraer y concentrar tanto potencial humano como podía. El testimonio arqueológico de templos incendiados y prisioneros sacrificados indica que algunas o todas aquellas entidades se hallaban en competencia.

A fines de la fase Rosario se produjo un fenómeno inesperado: San José Mogote, la comunidad más grande del valle durante más de 800 años, perdió de pronto la mayor parte de su población. Aunque todavía podían encontrarse barrios dispersos de campesinos en las estribaciones adyacentes del pie de la montaña, las 40 ha del núcleo ceremonial y residencial de élite de la aldea fueron abandonadas casi por completo. No fue San José Mogote la única aldea de Rosario en perder población; pronto se le unieron Tierras Largas, Fábrica San José y otras comunidades. Los estudios revelan que la mitad de las aldeas de la fase Rosario cuya ocupación *no* continuó en el siguiente periodo puede encontrarse en la parte sur del subvalle de Etla.[1]

Simultáneamente al difundido abandono de aldeas de Etla se produjo una rápi-

[1] Kowalewski *et al.*, 1989, p. 91.

FIGURA XI.1. *El sitio arqueológico de la cima montañosa de Monte Albán. Desde 1995, se realizan trabajos en la antigua ciudad bajo la dirección de Arturo Oliveros.*

da e inesperada oleada de población en la antigua tierra de nadie del centro del Valle de Oaxaca. El ejemplo más notorio fue un asentamiento repentino y nutrido sobre la irregular montaña sagrada de seis kilómetros cuadrados antes mencionada. Conocida hoy como Monte Albán, aquella montaña se eleva 400 m sobre la llanura del Río Atoyac.

Aproximadamente en 600 a.C., a fines de la fase Rosario, Monte Albán al parecer estaba deshabitado. Aproximadamente en 400 a.C., en la fase conocida como Monte Albán I Temprano, tenía una población calculada en 5 280 habitantes. Aproximadamente en 200 a.C., durante Monte Albán I Tardío, su población se estimaba en 17 242 personas, lo cual hacía de ella una de las ciudades más grandes del Nuevo Mundo en su tiempo. Para entonces, estaban en construcción tres kilómetros de muralla defensiva a lo largo de las laderas occidentales, las más fácilmente escalables de la montaña, al tiempo que coronaba la cima una acrópolis de edificios públicos.[2]

Lo que estos cambios indican es que, durante la transición de Rosario a Monte Albán I, miles de indios del piso del valle dejaron sus aldeas para reubicarse en lo alto de una montaña rocosa, previamente desocupada y virtualmente sin agua, formando la mayor comunidad que el valle hubiera conocido. Hacia Monte Albán I Tardío, aproximadamente un tercio de la población del valle vivía en aquella ciudad fortificada. El término *revolución urbana* tal vez sea hiperbólico en algunos entornos históricos, pero parece apropiado en el caso de Monte Albán.

[2] Blanton, 1978.

¿Cómo debemos interpretar aquella súbita transformación? ¿Fue Monte Albán un caso único o hubo precedentes en otras partes del mundo? ¿Existen otras sociedades antiguas que ofrezcan analogías de lo ocurrido en Oaxaca? Por extraño que parezca, hay más de unas cuantas.

El sinoicismo de Monte Albán

La reubicación urbana en la Grecia antigua

Algunos documentos de la Grecia arcaica y clásica revelan la fundación o la reubicación de docenas de ciudades antiguas, habitualmente como medio para hacer frente a alguna amenaza externa. Desde el punto de vista de este capítulo, lo más importante fue un proceso llamado sinoicismo (del griego *oikos*, "hogar", y *syn*, "juntos"), durante el cual grupos enteros de aldeas abandonaron sus entornos rurales y se unieron para formar una ciudad en donde previamente no había ninguna. A menudo en ubicaciones defensivas o estratégicas, aquellas ciudades recién creadas sobrevivieron porque sus líderes fueron capaces de administrar propiedades lejanas e integrar poblaciones previamente autónomas en una *megalópolis* o "ciudad aglutinada".

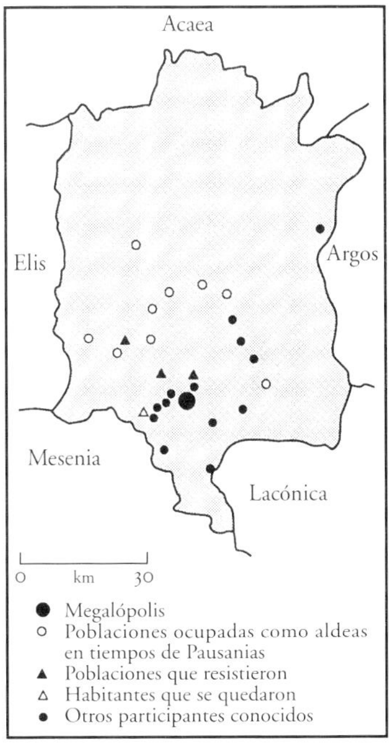

Un estudio reciente de Nancy Demand deja en claro que las causas subyacentes de aquellas reubicaciones urbanas no fueron ambientales, agrícolas o económicas.[3] Las comunidades se reubicaron "sólo ante una abrumadora amenaza externa a su prolongada existencia como entidades políticas autónomas" y las aldeas se unieron "para formar una ciudad grande y poderosa que pudiera resistir la amenaza".[4]

El proceso del sinoicismo, cuyo propósito era garantizar la independencia de la *polis* transformándola en megalópolis, "irónicamente contribuyó a la desaparición de la propia *polis* como entidad política autónoma fundamental del mundo griego".[5] He allí un ejemplo de lo que los teóricos de la acción llamarían "consecuencias imprevistas". Creando una unidad política mayor de la que había existido con anterioridad, los actores griegos cambiaron el "sistema" y el curso entero de la historia griega. Veamos ahora dos ejemplos.

FIGURA XI.2. *En 368 a.C., se fundó en la antigua Grecia la ciudad de Megalópolis, trasladando a los ocupantes de muchas comunidades rurales a una colina defendible.*

El sinoicismo del Peloponeso

En el término de tres años después de la derrota espartana en un lugar llamado Leuctra, se establecieron en el Peloponeso varias ciudades nuevas a fin de controlar a Esparta.[6] En 369 a.C., la ciudad de Mesena se trasladó al Monte Itome, la fortaleza natural más sólida de la región. La nueva Mesena fue construida en la ladera occidental de la montaña, por arriba de la cual había una acrópolis reservada a los santuarios. Se distribuyó la tierra entre los nuevos ciudadanos; es probable que el costo de la construcción de las murallas defensivas se cubriera mediante los botines.

[3] Demand, 1990.
[4] *Ibid.*, pp. 5-6.
[5] *Ibid.*, p. 4.
[6] *Ibid.*, pp. 107-115.

*El sinoicismo
de Monte Albán*

En 368 a.C., se creó la ciudad amurallada de Megalópolis, a lo largo del camino principal de Esparta a Arcadia, dando seguridad a la población local y frustrando la expansión de Esparta. Como se muestra en la figura XI.2, Megalópolis constituía un verdadero sinoicismo en que (de acuerdo con Pausanias y otros historiadores) se unieron entre 20 y 39 comunidades rurales de Arcadia para formar una sola gran ciudad. Trazada para sacar ventaja de las colinas cercanas a un río importante, Megalópolis cubría 324 ha y poseía murallas que se extendían por más de ocho kilómetros de circunferencia.

La mayor parte de las aldeas hasta entonces identificadas como *oikists,* o participantes en el sinoicismo de Megalópolis, quedaban a 10-15 km de la ciudad. Sin embargo, algunos habitantes fueron llevados de lugares ubicados a 30-65 km de distancia. Se sabe que cuatro comunidades se resistieron a la incorporación. Muchos de aquellos rebeldes simplemente fueron llevados a Megalópolis por la fuerza. En 362 a.C., se produjo un último intento de algunos ocupantes de regresar a sus aldeas de origen, pero fueron obligados a volver a la ciudad. Se cree que estos últimos rebeldes procedían de áreas situadas a 30-65 km de distancia.

Los gobernantes de Megalópolis hicieron todos los esfuerzos por que sus pobladores integrados por la fuerza fueran felices. Llevaron viejas figuras de culto de los distritos abandonados de Arcadia y los reubicaron en la acrópolis para mostrar que el suyo era tanto "un sinoicismo de dioses" como de seres humanos; establecieron subdistritos en la ciudad, de modo que cada grupo tuviera sus propios templos, e inventaron un nuevo culto que uniera a los desiguales oicistas de Megalópolis.

El sinoicismo de Siracusa

El análisis que hace Demand del sinoicismo de Siracusa, una ciudad griega de Sicilia, revela que aquél fue un caso de "construcción del poder" más que de defensa.[7] La historia empieza en 491 a.C., con la muerte de Hipócrates, poderoso *tirano* (o gobernante hereditario) de Gela. Un usurpador llamado Gelón se hizo del poder, reclamando el derecho a gobernar por sus lazos hereditarios con un sacerdote del culto a Déméter y Core. En 485 a.C., valiéndose de alianzas militares, Gelón tomó las riendas de Siracusa; al punto se trasladó allí, haciendo de Siracusa su nueva capital y dejando a su hermano Hierón a cargo de Gela. La mitad de Gela —sobre todo trabajadores y campesinos— fue trasladada 140 km a Siracusa, para fortalecerla haciéndola más grande.

Como muchos gobernantes mesoamericanos del siglo XVI, Gelón seleccionó a los administradores de las poblaciones rurales inferiores a Siracusa. Cuando una población llamada Camarina se rebeló, el gobernante la arrasó y trasladó la población 110 km a Siracusa. Cuando lo hizo la rica élite de Mégara Hibla, Gelón la reubicó por la fuerza en Siracusa y vendió a sus compatriotas de más baja condición como esclavos; luego, aquellos esclavos fueron obligados a trabajar para ayudar en la alimentación de la población más nutrida de Siracusa.

[7] Demand, 1990, pp. 47-50.

A imagen de los gobernantes de Megalópolis, Gelón se valió de las obras públicas para presentarse como un hombre intimidante frente a los seres humanos, pero devoto ante los dioses. El gobernante construyó un elaborado sistema de obras hidráulicas, elevó adoratorios a Déméter y Core y edificó un templo a Atenea en la cima de un frontón. Aunque Demand considera las tácticas de Gelón típicas de un tirano griego, lo son igualmente las de los gobernantes mesoamericanos descritos en los documentos del siglo XVI. Éstos también se hacían del poder por la fuerza, reubicaban campesinos, designaban a miembros de su propia familia para dirigir las comunidades secundarias e impresionaban a sus súbditos con obras públicas, al mismo tiempo que hacían gala de devoción a los dioses.

El testimonio arqueológico del sinoicismo

Hemos presentado el sinoicismo con cierto detalle porque creemos que ofrece la mejor analogía de la revolución urbana ocurrida en Oaxaca. Monte Albán no creció poco a poco de aldea a ciudad. De fortaleza natural desocupada, como el Monte Itome, pasó a ser, como Megalópolis, una ciudad de 365 ha en un brevísimo periodo. Su fundación estuvo acompañada del abandono de varias aldeas del piso del valle, muchas de ellas ubicadas a 10-15 km de la ciudad. Pronto, cuando el grueso de la población vivía en las laderas, los gobernantes de Monte Albán dirigieron la construcción de importantes edificios públicos en la cima y tres kilómetros de murallas defensivas a lo largo del flanco más fácilmente escalable.

Antes de estudiar en detalle a Monte Albán, consideremos algunas características del sinoicismo que pudieran ser importantes para nuestro estudio de Oaxaca.

Primero, el sinoicismo no fue ningún hecho raro. Era algo que ocurría una y otra vez, constituyéndose en uno de los procesos más comunes a través de los cuales surgieron las antiguas ciudades griegas. Al mismo tiempo, se trataba de un proceso puesto en marcha por actores humanos específicos. Ya hemos visto que un noble llamado Gelón estaba detrás de la reubicación de Siracusa; se cree que un noble tebano llamado Epaminondas estuvo detrás del sinoicismo de Megalópolis. Ello debe recordarnos que importantes dirigentes —cuyos nombres lamentablemente nunca conoceremos— deben de haberse hallado detrás del sinoicismo de Monte Albán.

En segundo lugar, debemos recordar que Demand no encontró testimonio de que las ciudades griegas se hubieran reubicado por razones ambientales, agrícolas o económicas.[8] El traslado de tanta gente implica un elevado costo y, en todo caso, al parecer la motivación primaria fue política. Los gobernantes recurrían al sinoicismo a fin de "construir el poder" o crear una ciudad lo suficientemente fuerte para conservar su autonomía ante la amenaza externa.

En tercer lugar, Demand señala que aunque los motivos tal vez fueran políticos, hubo efectos económicos imprevistos. La reubicación fue onerosa. Ahora, lejos de sus tierras de origen, muchas personas reubicadas renunciaron para siempre a la

[8] Demand, 1990: pp. 166-167.

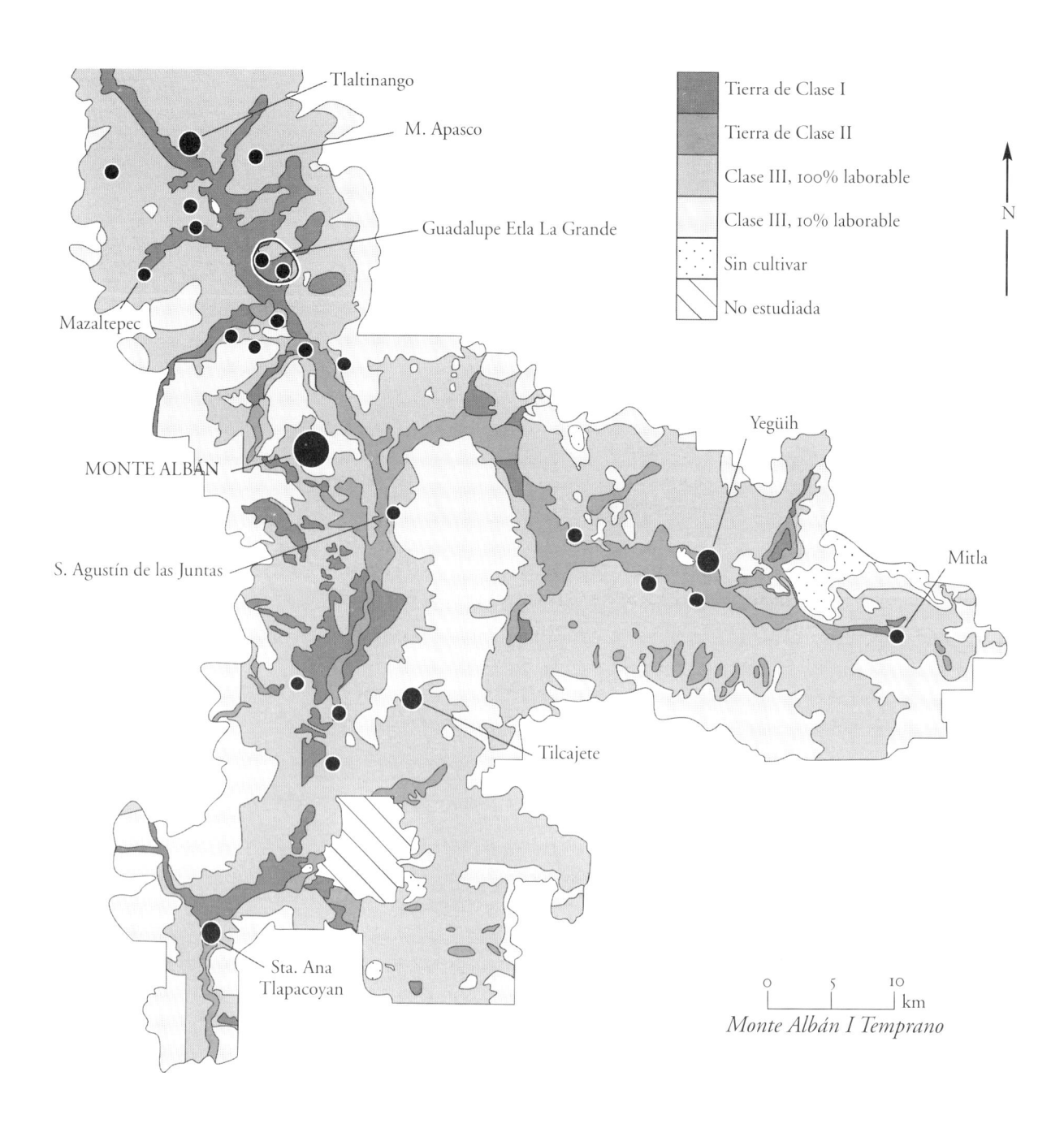

FIGURA XI.3. *Veinticinco importantes asentamientos de Monte Albán I Temprano se sobreponen en un mapa del Valle de Oaxaca donde se muestran las clases de tierra de labor. (Se han omitido más de 200 sitios más pequeños.)*

agricultura y se constituyeron en trabajadores urbanos. Éstos, al igual que las élites para las cuales trabajaban, debían ser alimentados. En la antigua Grecia esto se logró intensificando la agricultura cerca de la ciudad, importando alimentos de áreas más lejanas, cobrando tributo a los pueblos conquistados y usando mano de obra esclavizada. Presentaremos un testimonio de que los gobernantes de Monte Albán usaron igualmente muchos de aquellos métodos.

El sinoicismo de Monte Albán

Patrones de asentamiento durante Monte Albán I

En su definición original del periodo Monte Albán I, el gran arqueólogo mexicano Ignacio Bernal distinguió tres horizontes cerámicos a los que llamó Ia, Ib y Ic.[9] El proyecto de Patrones de Asentamiento encontró que sólo Ia (Monte Albán I Temprano) y Ic (Monte Albán I Tardío) podían distinguirse en la superficie de los sitios. Nos apegamos a su directiva, considerando que Ia y Ic son fases distintas, en tanto que Ib sirve de transición entre ellas.

Durante Monte Albán Ia —que probablemente empezó hacia 500 a.C. y terminó hacia 300 a.C.— había 261 sitios en el Valle de Oaxaca. De ellos, unos 192, incluso el propio Monte Albán, eran asentamientos totalmente nuevos. Pese a aquella redistribución sin precedentes de la población del valle, sólidas continui-

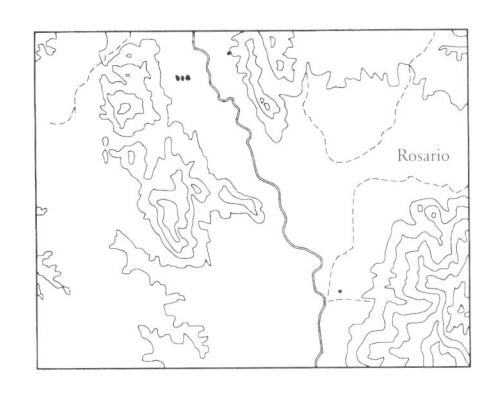

FIGURA XI.4. *Comunidades del valle central de Oaxaca.* a) *Fase Rosario;* b) *Monte Albán Ia;* c) *Monte Albán Ic.*

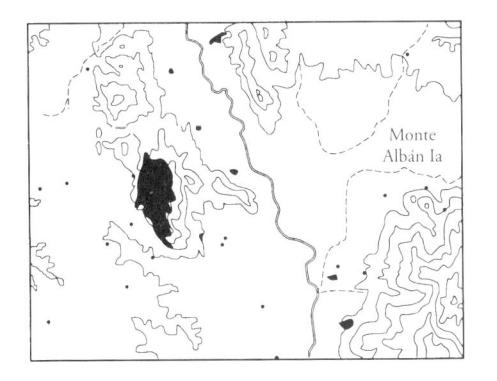

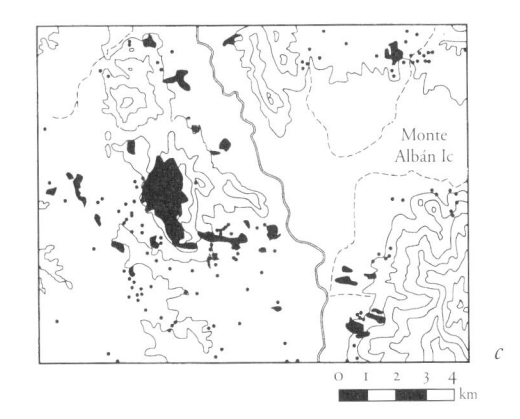

[9] Ignacio Bernal, 1946, tesis de maestría inédita.

El sinoicismo de Monte Albán

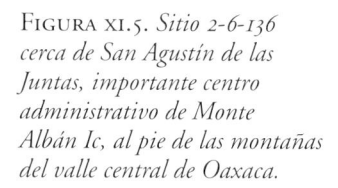

FIGURA XI.5. *Sitio 2-6-136 cerca de San Agustín de las Juntas, importante centro administrativo de Monte Albán Ic, al pie de las montañas del valle central de Oaxaca.*

dades en la cerámica y la arquitectura, desde Rosario hasta Monte Albán Ia, indican que nos hallamos ante el mismo grupo étnico. Se considera que aproximadamente 96% de los nuevos sitios eran aldeas de menos de 100 personas. En cambio, la población estimada de Monte Albán pasaba de 5 000 habitantes.[10] Esta cifra representaba un elevado porcentaje de la población del valle, que nosotros estimamos entre 8 000 y 10 000 personas.[11]

Otro testimonio de que Monte Albán se fundó por sinoicismo se puede encontrar en las 65 ha de la ciudad en las que es mayor la densidad superficial de la cerámica del periodo Ia. Aquellas 65 ha están divididas en grupos distintos de densa ocupación, separados por áreas en donde son menos frecuentes los tiestos Ia. Richard Blanton, quien dirigió el estudio sobre Monte Albán, considera este hecho como indicio de que Monte Albán fue fundada cuando menos por tres grupos de colonos que establecieron áreas residenciales separadas.[12]

La fundación de Monte Albán también cambió la demografía del valle central de Oaxaca, incluidos los 80 km^2 que habían sido tierra de nadie durante la fase Rosario. El valle central sólo había tenido cinco pequeñas aldeas Rosario. Hacia Monte Albán Ia, aquella cifra se había elevado a 38, y hacia Monte Albán Ic, el número había ascendido explosivamente a 155 aldeas y pueblos pequeños. En efecto, todo el centro de gravedad demográfica del valle había pasado de Etla a la región circundante de Monte Albán. Las comunidades satélites —que sin duda producían gran parte del maíz que se consumía en la ciudad— ahora se agrupaban alrededor de Monte Albán, en gran parte como lo habían hecho siglos antes alrededor de San José Mogote.

Durante Monte Albán Ic —que probablemente empezó hacia 300 a.C. y concluyó hacia 150-100 a.C.— la población del valle había aumentado al grado de

[10] Kowalewski *et al.*, 1989, p. 98.
[11] Nuestros cálculos de la población del valle en Monte Albán I Temprano son ligeramente inferiores a los del proyecto Patrones de Asentamiento. Creemos que los atributos cerámicos específicos usados para distinguir las ocupaciones de Rosario de las de Monte Albán I Temprano tienden a subestimar las primeras y a sobrestimar estas últimas.
[12] Blanton, 1978.

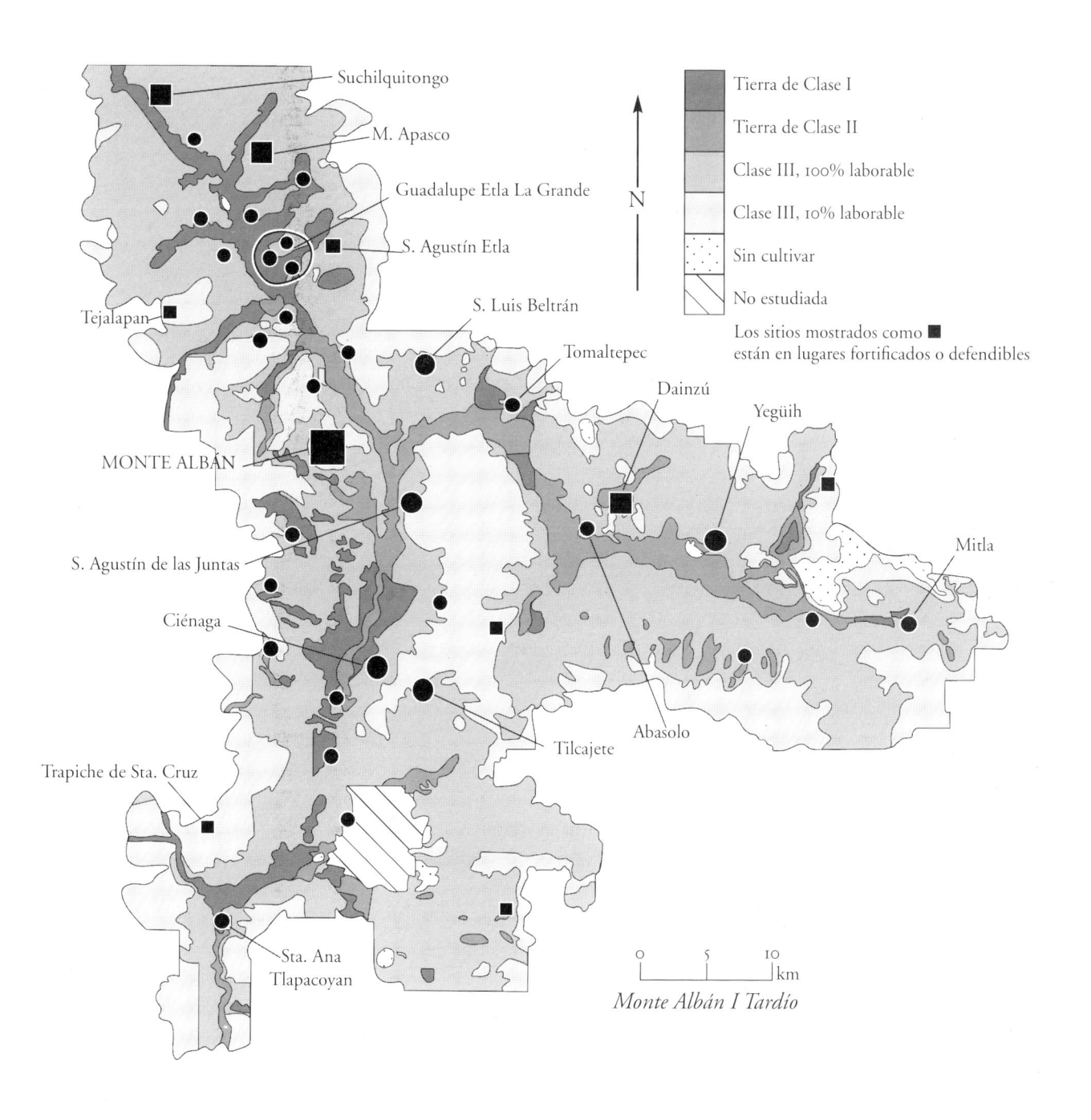

FIGURA XI.6. *Cuarenta asentamientos importantes de Monte Albán I Tardío, sobrepuestos en un mapa del Valle de Oaxaca, donde se muestran las clases de tierra de labor. (Fueron omitidos más de 700 sitios más pequeños.)*

El sinoicismo de Monte Albán

que el proyecto Patrones de Asentamiento la estima en 50 000 habitantes. Una tercera parte de ella (calculada en 17 242 personas) vivía en Monte Albán; por lo demás, las tres cuartas partes del aumento de la población entre Monte Albán Ia y Ic había tenido lugar dentro de un radio de 20 km alrededor de la ciudad. Abajo de Monte Albán había 744 comunidades. Algunas eran poblados de 1 000-2 000 personas, pero en su abrumadora mayoría eran aldeas de poblaciones estimadas en menos de 150 habitantes.

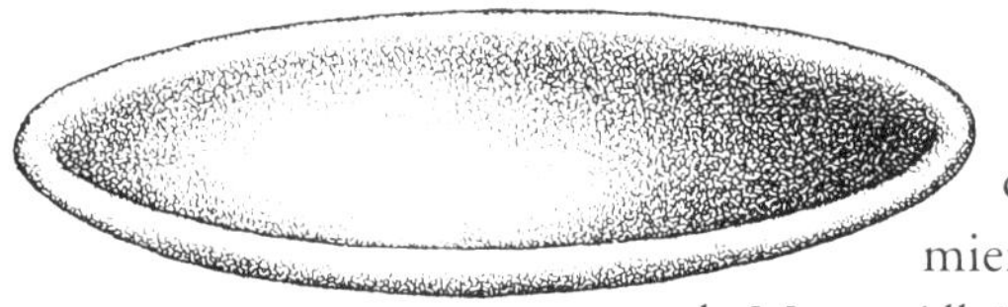

En el patrón de asentamiento rural de Monte Albán Ia-Ic se pueden apreciar tres claras tendencias. Una de ellas es la tendencia ya mencionada a que los nuevos asentamientos se agrupen alrededor del propio Monte Albán. La segunda es a la duplicación de asentamientos en la zona del pie de las montañas del valle; 30% de los sitios de Monte Albán Ic se localizan arriba, al pie de la montaña, comparados con sólo 16% de Monte Albán Ia. La tercera tendencia es un sorprendente aumento en el número de sitios ubicados en lugares defendibles. De la población de Monte Albán Ic, 39% vivía en 13 sitios de colinas o de murallas defensivas, cuando no de ambas. Esta cifra representa un aumento respecto de Monte Albán Ia, durante el cual sólo habían existido tres de aquellos sitios.[13]

FIGURA XI.7. *El comal o plancha para hacer tortillas apareció por primera vez en Monte Albán I Temprano.*

De acuerdo con nuestra exposición previa sobre el sinoicismo, esas tendencias no fueron inesperadas. La creciente selección de lugares defendibles, la construcción de fortificaciones en Monte Albán y otros signos de militarismo que habrán de abordarse ulteriormente nos recuerdan que el sinoicismo con frecuencia fue concebido para hacer frente a alguna amenaza externa. La expansión de los asentamientos del pie de las montañas, que el proyecto de Patrones de Asentamiento ha llamado "estrategia del pie de la montaña", nos recuerda que se tenía que alimentar a las ciudades recién creadas. Al pie de las montañas estaba la tierra libre más cercana a la que Monte Albán podía recurrir para intensificar la productividad agrícola.

Vale la pena señalar una tendencia más de Monte Albán I. Durante el periodo Ia aparecen por primera vez las grandes planchas de barro conocidas en México como *comales*. Estas planchas se usan para cocer tortillas, tortas delgadas de maíz sin levadura que pueden producirse por millares. La repentina aparición y el rápido aumento de comales durante el Periodo I podría significar que para entonces se pagaba el trabajo de grandes cuadrillas de trabajadores con raciones de tortillas.

El canal de riego y la "estrategia del pie de la montaña"

El riego por canales tiene una larga historia en el Valle de Oaxaca, pero su uso aumenta de manera sorprendente en Monte Albán Ic. Es casi seguro que aquel aumento obedezca a la necesidad de proveer a la ciudad de Monte Albán. Lo que se usó en la antigua Oaxaca para la irrigación por canales no fue tanto el Río Atoyac sino sus afluentes más pequeños del pie de la montaña.[14,15] Parte del agua

---

[13] Michael Elam J., "Defensible and Fortified Sites", en Kowalewski *et al.*, 1989, pp. 385-407.
[14] Kirkby, 1973.
[15] Susan Lees, 1973, *Sociopolitical Aspects of Canal Irrigation in the Valley of Oaxaca, Mexico.*

de muchas de aquellas corrientes se puede desviar a bajo costo de mano de obra mediante el uso de represas de hierba y cantos rodados. Todos estos sistemas son pequeños, pues habitualmente sólo sirven para las tierras de una o dos comunidades.

Por consiguiente, el Valle de Oaxaca es una región de numerosos sistemas de canales pequeños, en vez de un solo gran sistema. En contraste con otras regiones, como el sur de Mesopotamia, la costa norte de Perú o incluso el cercano Valle de Tehuacán, el centro de Oaxaca no es un área que conduzca a modelos de "control despótico" de las entidades políticas de río abajo por parte de las entidades de río arriba.[16] El Río Atoyac, principal corriente del valle, crea una franja de *yuh kohp* inundada periódicamente, en la que la irrigación por canales suele ser innecesaria.

Debido al pequeño tamaño de la corriente, el riego por canales sólo sirve actualmente a 9% de la tierra de cultivo del Valle de Oaxaca. De manera significativa, gran parte de aquella tierra está en el subvalle de Etla. Veinticinco por ciento de la región de Etla se riega mediante canales, en comparación con 7% de Valle Grande y 3% de la región de Tlacolula. De este modo se puede explicar por qué el subvalle de Etla experimentó uno de los mayores aumentos de población durante Monte Albán Ic, especialmente con respecto a la fundación de nuevas aldeas en áreas del pie de la montaña.[17]

Las pequeñas acequias se remontan por lo menos a la fase San José, cuando se usaban para desviar el desagüe pluvial de las casas.[18] Al paso del tiempo, aquella simple tecnología permitió a la agricultura trasladarse de las tierras húmedas del fondo del valle al pie de la montaña, donde era posible usar pequeñas acequias para llevar el agua corriente a tierras de otro modo marginales. Sospechamos que algunas aldeas primitivas del pie de la montaña, como Fábrica San José y Tomaltepec, ya tenían algo de riego por canales. Sin embargo, sólo cuando Monte

FIGURA XI.8. (Izquierda)
Al pie de las montañas de Oaxaca aún se siguen usando simples represas de hierba y cantos rodados para desviar el agua de riego.

FIGURA XI.9. (Derecha)
En Oaxaca, el agua de las corrientes del pie de la montaña todavía se lleva a los campos de cultivo mediante canales excavados manualmente, como el que se muestra aquí.

---

[16] Karl A. Wittfogel, 1957, *Oriental Despotism: A Comparative Study of Total Power*.
[17] Kowalewski *et al.*, 1989, fig. 6.3.
[18] Kent V. Flannery, "Precolumbian Farming in the Valleys of Oaxaca, Nochixtlán, Tehuacán, and Cuicatlán: A Comparative Study", en Flannery y Marcus (comps.), 1983, p. 326.

Albán Ic hizo que la práctica se difundiera, se dejaron atrás verdaderos sistemas de canales fósiles.

Un sistema de canales abajo de Monte Albán

Un equipo dirigido por Michael J. O'Brien ha descubierto un pequeño sistema de riego en el flanco sureste de la montaña en la que se localiza Monte Albán.[19] El sistema consiste en una presa y un canal de dos kilómetros. De aproximadamente 10 m de altura en el centro y 80 m de longitud total, la represa atraviesa el ancho de una barranca natural y consiste en un relleno de cantos rodados, con una cubierta exterior de bloques de piedra caliza. El canal empieza en el extremo sur de la presa y sigue el contorno de la montaña a lo largo del extremo sur de la barranca, para bajar por las estribaciones del pie de la montaña hacia el piso del valle. En ambos lados del canal hay terrazas agrícolas.

Aquel sistema de canales surtía de agua a un asentamiento que fue fundado en Monte Albán Ia, alcanzó su apogeo en el periodo Ic y declinó durante Monte Albán II. El área cultivada se estima en 50 ha, que probablemente no pueden haber alimentado a más de 250 personas; de ese modo, no podía ser fuente de aprovisionamiento de todo Monte Albán. Fuerza es asumir que era sólo uno de los muchos sistemas de canales de su época, uno de los pocos que se conservaron.

Otros pequeños sistemas

El proyecto de Patrones de Asentamiento descubrió cuando menos dos sistemas de riego más en Monte Albán. Uno de ellos, consistente en una represa de tierra de

FIGURA XI.10. *Al pie de la montaña, cerca de Tomaltepec, aún pueden verse vestigios de primitivos canales de riego, como el que aparece en primer plano.*

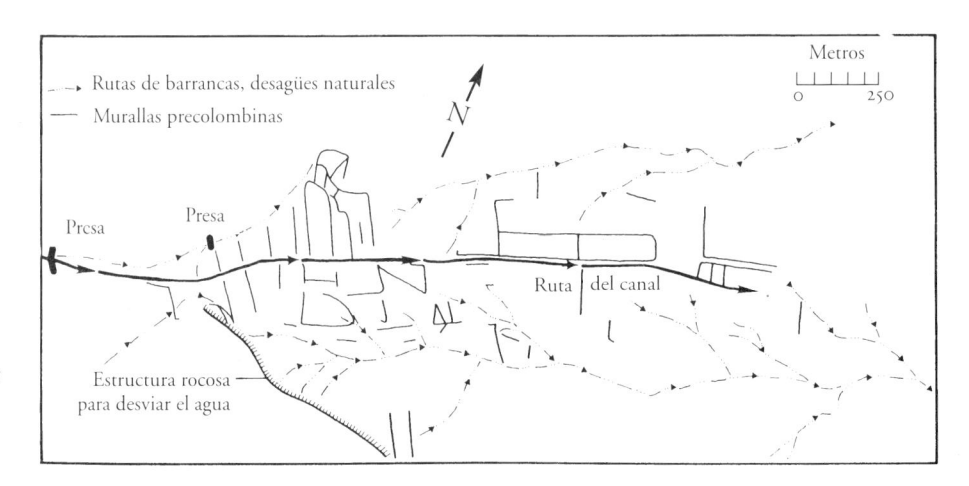

FIGURA XI.11. *Este sistema de canales y terrazas de las laderas que bajan de Monte Albán irrigaba alrededor de 50 ha durante Monte Albán I.*

[19] Michael J. O'Brien, Roger D. Mason, Dennis E. Lewarch y James A. Neely, 1982, *A Late Formative Irrigation Settlement Below Monte Albán: Survey and Excavation on the Xoxocotlán Piedmont, Oaxaca, Mexico.*

35 m de largo, se localiza en un arroyo cercano a Loma Larga, a unos cinco kilómetros al occidente de Mitla, en el subvalle oriental de Tlacolula.[20] El otro queda al pie de las montañas, a 10-12 km al oriente de Monte Albán.[21]

Hierve el Agua

El sistema prehispánico de regulación hidráulica más impresionante de la región se localiza en las montañas del oriente de Mitla. Se trata del sistema de Hierve el Agua, alimentado por un manantial y recién sometido a un análisis detallado por el arqueólogo James Neely, el hidroquímico Christopher Caran y la especialista en diatomeas Barbara Winsborough.[22]

Hierve el Agua es espectacular porque las sales minerales de sus manantiales artesianos literalmente han hecho de travertino los antiguos canales. Abajo de los manantiales, remanentes de canales fosilizados y terrazas de mampostería de piedra cubren más de un kilómetro cuadrado, siendo las más complejas las dos hectáreas más altas. Los canales principales serpentean cuesta abajo, creando periódicamente canales secundarios que corren a lo largo de las paredes de cada terraza. Las excavaciones de Neely en el terraplén de las terrazas indican que su construcción se inició durante Monte Albán Ic, aunque el sistema evidentemente alcanzó su mayor complejidad en tiempos prehispánicos ulteriores (300-1300 d.C.).

Como el contenido mineral de los manantiales de Hierve el Agua es tan alto en la actualidad, Neely originalmente sospechó que la localidad se usaba para la fabricación de sal y no para la agricultura.[23] Sin embargo, ninguna de las terrazas se asemeja a los evaporadores salineros de escasa profundidad; en su mayoría son angostas y profundas y en muchas parece que la fertilidad se aumentó de manera deliberada mediante la adición de desecho orgánico antiguo. Más aún, los modelos computacionales diseñados por Caran demuestran que si el agua del manantial se dejara evaporar, las primeras sales en surgir no serían las que nosotros consideramos "comestibles" (como el cloruro de sodio), sino una serie de precipitados de muy mal sabor.

Desde luego, es posible que los antiguos constructores de Hierve el Agua consideraran medicinales aquellas sales inmundas, creyendo que el agua tenía propiedades curativas. A decir verdad, cerca de los manantiales hay antiguas estructuras que podrían ser estanques de baño. A este respecto, Hierve el Agua se parece a los "baños aztecas del rey Nezahualcóyotl, en la Cuenca de México.[24] Se cree que el rey de Texcoco se bañaba allí en aguas salubres, después de lo cual se les

---

[20] Kowalewski *et al.*, 1989, p. 126.
[21] Stephen A. Kowalewski, 1976, tesis de doctorado inédita.
[22] James A. Neely, S. Christopher Caran y Barbara M. Winsborough, 1990, "Irrigated Agriculture at Hierve el Agua, Oaxaca, Mexico", en *Debating Oaxaca Archaeology*, Joyce Marcus (comp.), pp. 115-189.
[23] James A. Neely, 1967, "Organización hidráulica y sistemas de irrigación prehistóricos en el Valle de Oaxaca", *Boletín del Instituto Nacional de Antropología e Historia* 27, pp. 15-17. Todavía hay especialistas que consideran el agua de Hierve el Agua demasiado salobre para la agricultura (por ejemplo, véase William P. Hewitt, 1994, "Hierve el Agua, Mexico: Its Water and Its Corn-Growing Potential", *Latin American Antiquity* 5, pp. 177-181). Sin embargo, debe recordarse que la región recibe 600-700 mm de precipitación anual, de modo que el agua de manantial nunca ha sido la única fuente de humedad para las siembras.
[24] Jeffrey R. Parsons, 1971, "Prehistoric Settlement Patterns in the Texcoco Region, Mexico", pp. 122-125.

El sinoicismo de Monte Albán

FIGURA XI.12. *Literalmente petrificados por la evaporación del agua rica en carbonatos, los canales de Hierve el Agua, alimentados por manantiales, serpentean cuesta abajo por la ladera terraceada de una montaña.*

permitía fluir por una serie de terrazas de riego, incluso más extensas que las de Hierve el Agua.

Sea que Hierve el Agua haya sido o no una combinación de baños termales y sistema de riego, sus constructores al parecer estaban bien enterados del modo de eliminar las sales dañinas del agua mineral. Primero, al agregar desecho orgánico al agua eliminaron boro de los cultivos, el producto químico del agua más potencialmente dañino. En segundo lugar, al parecer en las paredes de las terrazas se practicaron "hoyos de destilación", a fin de maximizar el desagüe y evitar que el sodio se acumulara en la columna de tierra. En tercero, puesto que las terrazas se localizan en una región de 600-700 mm de precipitación anual, el riego por canales puede haber sido sólo un suplemento que ayudara a los cultivos entre unas lluvias y otras, algunas de las cuales pueden haber sido suficientemente intensas para lavar muchas de las sales de las terrazas. Neely, Caran y Winsborough señalan que "en el valle del Río Pecos y las áreas adyacentes de Nuevo México y Texas, se usan rutinariamente para riego" aguas tan mineralizadas como las de Hierve el Agua.[25]

Principales "loci" de la "estrategia del pie de la montaña"

Lamentablemente, sólo unos cuantos canales construidos durante Monte Albán I se han conservado para ser estudiados por los arqueólogos. Por tanto, debemos volvernos hacia el proyecto de Patrones de Asentamiento, con objeto de enterarnos qué regiones irrigables del pie de las montañas conocieron el mayor crecimiento de población en Monte Albán Ic, primera fase durante la cual es clara la "estrategia del pie de la montaña".

No es sorprendente que una de esas regiones sea el ondulado pie de las monta-

---

[25] James A. Neely, S. Christopher Caran y Barbara M. Winsborough, 1990, "Irrigated Agriculture at Hierve el Agua, Oaxaca, Mexico", en *Debating Oaxaca Archaeology*, Joyce Marcus (comp.), p. 181.

ñas del sur y suroeste del propio Monte Albán. En su mayor parte, ésta es tierra de Clase III, pero sus ríos pequeños e intermitentes pudieron haberse usado para riego, a fin de contribuir al alimento de la creciente población de la ciudad.

Sin embargo, es posible que la más importante de ellas fuera el subvalle de Etla, donde una cuarta parte de la tierra cultivable es adecuada para el riego por canal. Los nuevos asentamientos crecieron al pie de las montañas del norte y del este de Monte Albán, extendiéndose hasta San Luis Beltrán, en el subvalle occidental de Tlacolula.[26] Si bien la mayor parte del pie de la montaña es tierra de Clase III, una gran extensión de ella nunca se había desmontado y en un principio habría sido más fértil que en la actualidad.

Como hemos visto, todos los sinoicismos crean el problema de alimentar a una gran ciudad. En el caso de Monte Albán, es virtualmente cierto que la estrategia del pie de la montaña se enfocaba hacia ese problema. El proyecto de Patrones de Asentamiento ha identificado 19 áreas cuyo aumento en nuevos sitios del pie de las montañas, durante Monte Albán Ic, fue mayor que una desviación estándar por encima de la media del valle en general. De aquellas áreas 15 están en la región de Etla o en las regiones centrales del valle, y 10 quedan dentro de un radio de 15 km de Monte Albán;[27] 15 km representarían menos de un día de viaje para un hombre que llevara allí una carga de maíz.

Al utilizar los datos de rendimiento por cosecha de varias clases de suelo, Linda Nicholas ha calculado que la necesidad de maíz que tenía Monte Albán podía ser satisfecha en un año normal por una región que incluyera el subvalle de Etla, el norte del Valle Grande y el valle central cercano a la propia Monte Albán.[28] De manera específica, sus cálculos sugieren que la región de Etla podía producir lo suficiente para sí y para otras 10 600 personas; la región central podía producir lo suficiente para sí y para otras 5 000 personas, y el norte del Valle Grande podía producir lo suficiente para sí y para otras 9 000 personas. Estas cifras sugieren que, en un buen año, la población estimada de 17 242 habitantes de Monte Albán difícilmente habría tenido que cultivar nada por sí misma. En todo caso, le habría sido difícil hacerlo, ya que, durante el periodo Ic, las tierras adyacentes a Monte Albán estaban densamente pobladas. Un interrogante por contestar es qué habría ocurrido en un año de sequía, cuando la lluvia era insuficiente y muchos ríos del pie de las montañas se secaban. Es posible que en aquellos años se haya necesitado el tributo en maíz de campos más lejanos.

¿Hubo alguna "amenaza externa"?

Ya hemos visto el testimonio histórico de que el sinoicismo griego con frecuencia fue una respuesta a la amenaza externa. No se dispone de datos históricos comparables para Monte Albán, pero hay indicios de amenaza externa en sus monumentos de piedra labrada y en sus obras de defensa.

[26] Kowalewski *et al.*, 1989, fig. 6.3.
[27] *Ibid.*, pp. 123-126.
[28] Nicholas, 1989, p. 479.

El sinoicismo de Monte Albán

El sinoicismo de Monte Albán

Serpenteando tres kilómetros a lo largo de los límites oeste y norte de la ciudad primitiva, hay una muralla de tierra y piedra de unos 20 m de ancho. A lo largo de una dilatación llamada Cañada Norte, la muralla se conserva a una altura de 4-5 m; al sur de aquel punto hay lugares en los que todavía está en pie a una altura de nueve metros. Su sector norte es una doble muralla, con la estructura exterior mejor conservada y la muralla interior sumamente erosionada, "lo que posiblemente indique una construcción más antigua que luego fue unida a la muralla exterior".[29] No nos sorprendería escuchar que la muralla más antigua se empezó en la época en que se fundó la ciudad. Sólo se ha excavado una pequeña sección de la muralla más reciente, que data de Monte Albán Ic o de antes de Monte Albán II.[30]

Tampoco fue Monte Albán el único sitio del valle en ser defendido mediante murallas o topografía natural; hacia fines de Monte Albán I, más de la tercera parte de la población del valle habitaba en aquellos sitios. La tendencia empezó durante Monte Albán Ia, con dos sitios amurallados al pie de la montaña oeste del subvalle de Etla. Hacia Monte Albán Ic, el número de sitios ubicados sobre colinas había aumentado a 13, con murallas visibles sobre la superficie de cuando menos seis.[31] La presencia de tantas comunidades en lugares fortificados o defendibles ofrece un contraste sorprendente con periodos previos.

Los datos sobre patrones de asentamiento de Monte Albán I, que sugieren que la necesidad de defenderse era una variable importante que influía en la ubicación del sitio, se complementan con los monumentos de piedra labrada del periodo. Más de 300 de los primeros monumentos de Monte Albán representan a enemigos muertos o sacrificados, como el visto con anterioridad en San José Mogote. Hay razón para creer que durante Monte Albán Ia todas esas piedras labra-

FIGURA XI.13. *Las murallas defensivas de Monte Albán protegían tres kilómetros de las laderas norte y oeste más fácilmente escalables.*

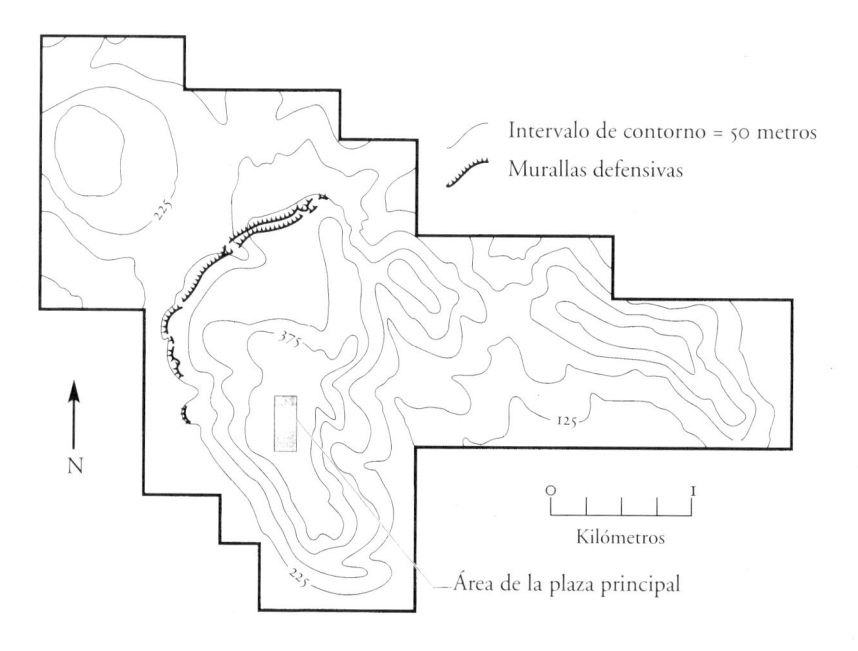

[29] J. Michael Elam, "Defensible and Fortified Sites", en Kowalewski *et al.,* 1989, p. 396.
[30] Blanton, 1978, p. 52.
[31] J. Michael Elam, "Defensible and Fortified Sites", en Kowalewski *et al.,* 1989, fig. 12.2.

El sinoicismo de Monte Albán

FIGURA XI.14. *Peña de los Corrales, cerca de Magdalena Apasco, en el subvalle de Etla, es típica de los lugares ubicados sobre la cima de una colina defendible, elegidos por muchas comunidades de Monte Albán Ic.*

das eran parte de una inmensa exposición frente a un edificio público de la acrópolis urbana. Lamentablemente, al paso del tiempo, aquel edificio quedó sepultado bajo construcciones mayores; y centenares de piedras labradas se volvieron a usar en edificios ulteriores, a veces como peraltes o huellas de los escalones.

Un remanente de la exposición primitiva, ahora parcialmente enterrado bajo el Edificio L de Monte Albán, conserva cuatro filas de piedras labradas en su posición original. Cada piedra lleva la figura de una sola víctima masculina, totalmente desnuda, con los ojos cerrados, la boca habitualmente abierta y en ocasiones con una voluta de sangre para indicar mutilación genital. En su mayor parte, las víctimas se extienden en posiciones grotescas e indignas, según las vería un observador que estuviera de pie sobre ellas al ras de tierra. De haberse colocado estas esculturas en posición horizontal, como el prisionero sacrificado del Monumento 3 de San José Mogote, su verdadero significado habría sido claro incluso para los exploradores del siglo XIX que las encontraron.[32] El hecho de que en su mayor parte fueran colocadas verticalmente en un muro condujo a algunos observadores a interpretarlas erróneamente como "danzantes".

Los cadáveres de la fila inferior están colocados en posición vertical, y todos miran a la izquierda. Puesto que sería la más fácil de ver desde un acercamiento, esta fila contiene las figuras más elaboradas, entre ellas algunas con collares, oreje-

[32] Guillermo Dupaix, 1969, *Expediciones acerca de los antiguos monumentos de la Nueva España, 1805-1808*, 2 vols., José Alcina Franch (comp.).

FIGURA XI.15. (Arriba izquierda) *El cadáver de un enemigo mutilado sexualmente, Monte Albán I. Altura: 1.17 m.*

FIGURA XI.16. (Arriba derecha) *Un enemigo mutilado sexualmente, acompañado de títulos jeroglíficos. Monte Albán I. Altura: 1.4 m.*

FIGURA XI.17. (Abajo) *Parcialmente sepultado bajo el Edificio L de Monte Albán se hallaba este remanente de un enorme despliegue de centenares de enemigos muertos.*

El sinoicismo de Monte Albán

FIGURA XI.18. *Piedras labradas de prisioneros muertos, vueltas a usar como escalones en una escalinata ulterior del Edificio L de Monte Albán. Escalón más bajo: 88 por 35 cm.*

ras, peinados complejos y los que parecen ser nombres personales jeroglíficos. Un glifo que aparece con frecuencia semeja un lanzadardos o *átlatl*, lo que tal vez indique que el hombre fue capturado en batalla.

La segunda fila de piedras labradas, todas ellas colocadas horizontalmente, muestra simples figuras extendidas con la cabeza vuelta hacia el norte. Puesta en posición vertical, la tercera fila se parece a la fila inferior, excepto que en ésta todos los cadáveres miran a su derecha; también carecen de los títulos jeroglíficos de la primera fila. Como la segunda, la cuarta fila de abajo hacia arriba muestra figuras extendidas colocadas en posición horizontal. Es probable que aquellas figuras prosiguieran por toda la longitud sur-norte del edificio y que incluso hubiera filas más altas de esculturas. Algunas de las figuras horizontales de la segunda y la cuarta filas se usaron como escalones en una escalinata ulterior del Edificio L, donde los cuerpos desnudos de los enemigos muertos de Monte Albán fueron pisados por quien haya subido la escalinata. Aquel "paso sobre los cuerpos de los cautivos" fue una poderosa metáfora de conquista, usada a menudo por los mayas de épocas subsecuentes.[33]

Cuando las más de 300 esculturas de los prisioneros ocupaban aún su lugar en el escenario original del Edificio L, debe de haber sido uno de los despliegues más pavorosos de propaganda militar de todo México.[34] ¿Hasta qué grado estaban motivados los primeros gobernantes de Monte Albán para intimidar a sus enemigos con aquel despliegue? Considérese que aquellas esculturas equivalen a 80% de los monumentos conocidos del auge de 1 200 años de la ciudad. Agréguese el hecho de que más de la tercera parte de la población del valle vivía en localidades defendibles o fortificadas y que se tienen bases para creer que el sinoicismo de Monte Albán ciertamente fue impulsado por alguna amenaza externa. Pero,

[33] Joyce Marcus, 1974, "Iconography of Power among the Classic Maya", *World Archaeology* 6, pp. 83-94.
[34] Marcus, 1992a, p. 393.

El sinoicismo de Monte Albán

¿quién representaba la amenaza? ¿Era alguna entidad política naciente de otra latitud de México o una entidad rival del propio Valle de Oaxaca?

Mirando hacia fuera del Valle de Oaxaca a fines de la fase Rosario, no vemos a mano ninguna amenaza potencial. Los valles de Tamazulapan y Nochixtlán al noroeste, la Cañada de Cuicatlán al norte, los valles de Ejutla y Miahuatlán al sur, todos han sido estudiados; ninguno parece haber contado con el potencial humano o la influencia política para desafiar al Valle de Oaxaca.[35]

Más lejos y a fines del siglo VI a.C., había varios centros importantes: Cuicuilco en la Cuenca de México, La Venta al sur de la costa del Golfo, Chiapa de Corzo en el centro de Chiapas. Por impresionantes que hayan sido estos centros, nos parece difícil creer que representaran alguna amenaza para el Valle de Oaxaca. Al fin y al cabo, se hallaban a centenares de kilómetros de distancia, por senderos de escarpadas montañas, y es probable que algunos de ellos aún tuvieran que lograr el pleno dominio de sus propias regiones inmediatas. Por otra parte, el Valle de Oaxaca se localizaba a lo largo de la ruta prehispánica principal de la Cuenca de México a la costa del Pacífico, pasando por la Cañada de Cuicatlán, lo que probablemente hacía de él un objetivo tentador.

Por varias razones, no creemos que los enemigos muertos del Edificio L de Monte Albán procedieran de la Cuenca de México, la costa del Golfo o la Depresión Central de Chiapas. En periodos ulteriores de Monte Albán (capítulos XIV y XV), veremos que los zapotecas se valían de dos convencionalismos a fin de representar a los extranjeros. Uno de ellos consistía en asociarlos con el nombre jeroglífico de la provincia extranjera de que se tratara; a decir verdad, la aparición inicial del "glifo de lugar" zapoteca consistía en indicar un lugar *extraño* sojuzgado. El otro convencionalismo consistía en representar extranjeros con tocados o trajes no zapotecas.

Ninguno de aquellos convencionalismos artísticos se usó en el Edificio L. Con base en nuestro estudio de las figurillas de Rosario y Monte Albán, ningún peinado ni ornamento mostrados en los prisioneros muertos parece ajeno a Oaxaca. Y los títulos jeroglíficos que acompañan a las esculturas de la fila inferior no se refieren a lugares, sino a *nombres personales,* tal como ocurrió con "1 Terremoto" en el Monumento 3 de San José Mogote. Abrigamos la fuerte sospecha de que cuando se identificaba a un prisionero por su nombre personal y no por un glifo de lugar, se trataba de un rival dentro del propio grupo étnico.

De tal suerte, si bien no puede descartarse una amenaza externa de alguna de las regiones lejanas antes mencionadas, nos parece probable que aquella amenaza proviniera de otros distritos del propio Valle de Oaxaca. A decir verdad, vemos dos tramas posibles. *1)* En la primera de ellas, los pobladores de las regiones de Tlacolula y el Valle Grande pueden haber establecido Monte Albán a fin de bloquear la expansión de San José Mogote. *2)* En la segunda, San José Mogote puede haberse preparado para la expansión, en contra de sus rivales de Tlacolula y el Valle Grande, creando una poderosa confederación de aldeas de la región de Etla y del

[35] El Valle de Tamazulapan fue estudiado por Bruce Byland; el Valle de Nochixtlán por Ronald Spores; la Cañada de Cuicatlán por Elsa Redmond y Charles Spencer; el Valle de Ejutla por Gary Feinman y Linda Nicholas, y el Valle de Miahuatlán por Donald Brockington y Charles Markman.

valle central. Junto con muchas otras aldeas participantes, la capital de aquella confederación se habría trasladado a una cima de montaña defendible, en una antigua tierra de nadie.

La segunda trama nos parece más convincente. Explica mejor tanto el gran número de aldeas del sur de Etla abandonadas a fines de la fase Rosario como el gran florecimiento del riego por canal al pie de las montañas de Etla y las regiones centrales. Como cualquier sinoicismo, la fundación de Monte Albán habría originado la labor de alimentar a una gran población urbana. Nos parece que aquella tarea recayó en Etla y en las regiones centrales, lo cual significó para ellas un papel principal en la fundación de Monte Albán.

El sinoicismo de Monte Albán

XII. La unificación del Valle de Oaxaca

> Es tan grande la ventaja competitiva que confiere ser de gran tamaño que cuanto más grande sea una sociedad gracias al éxito en la guerra, tiene mayores probabilidades de ser aún más grande.
>
> ROBERT L. CARNEIRO[1]

LA PRIMERA CIUDAD OAXAQUEÑA nació de la reubicación deliberada y relativamente rápida de poblaciones rurales sobre una colina defendible. El primer estado oaxaqueño surgió del sometimiento gradual del resto del valle por parte de Monte Albán.

Uno de los problemas que se plantean en el estudio de los estados primitivos o de primera generación —los que se desarrollan en ausencia de estados preexistentes de acuerdo con los cuales pudieran modelarse— es que, en el registro arqueológico, rara vez podemos señalar un momento clave y decir: "Ahora tenemos un estado". Habitualmente, el testimonio de las diversas instituciones políticas del estado se acumula con el tiempo hasta que la argumentación es convincente.

Descrita en el capítulo X, la sociedad de la fase Rosario no muestra virtualmente indicios de instituciones estatales. Descrita en el capítulo XIII, la sociedad de Monte Albán II cuenta aparentemente con toda la evidencia que un arqueólogo pudiera desear para su reconstrucción como estado. Ello hace de Monte Albán I el periodo cronológico decisivo durante el cual debe de haberse formado el estado. Creemos que el proceso empezó con el sinoicismo descrito en el capítulo XI y prosiguió hasta que fue subyugado todo el Valle de Oaxaca. No sabemos cuándo se logró la subyugación total, pero debe de haberse completado en gran parte hacia Monte Albán I Tardío (300-100 a.C.). Para entonces, incluso algunas áreas localizadas muy afuera del valle sentían los efectos de la expansión de Monte Albán.

¿Cómo se forman los estados?

En este capítulo abordamos la arqueología de la sociedad de Monte Albán I: su perfil demográfico, la jerarquía de sus asentamientos, sus edificios públicos, sus residencias de élite, sus estilos artísticos distintivos y su escritura. Posteriormente nos preguntamos si la sociedad de Monte Albán I aún estaba organizada como una serie de señoríos o ya se había constituido en estado.

[1] Robert L. Carneiro, 1992, "The Role of Natural Selection in the Evolution of Culture", *Cultural Dynamics* 5, p. 131.

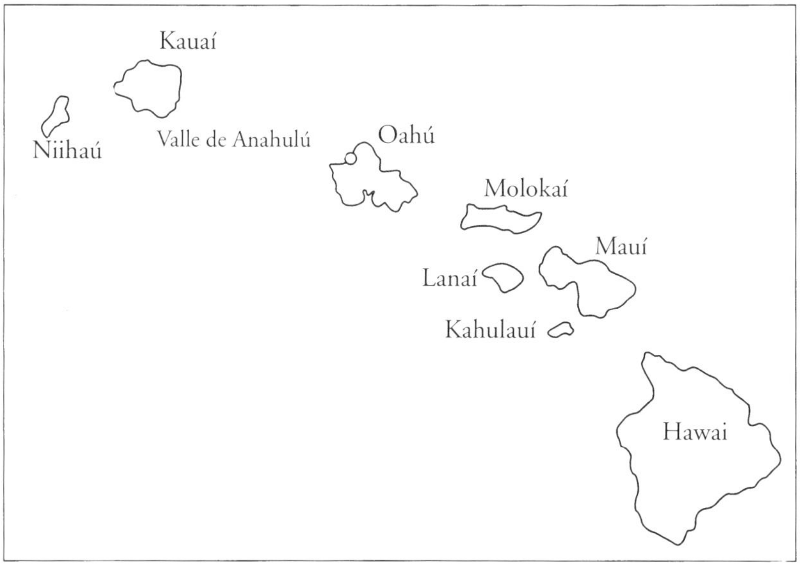

La unificación del Valle de Oaxaca

FIGURA XII.1.
Las islas hawaianas, unificadas por Kamehameha entre 1789 y 1810.

Sin embargo, empezamos considerando un ejemplo de la formación de un estado tomado de otra parte del mundo. Es una de las últimas analogías que tomaremos de fuera de Mesoamérica. Lo hacemos así porque la iconografía y la escritura jeroglífica de Monte Albán I sugieren que nos hallamos ante gente que hablaba una antigua versión del zapoteco y practicaba una antigua forma de la religión zapoteca. Por tanto, de ahora en adelante podremos basarnos más en el enfoque histórico directo y menos en la analogía etnográfica.

Nuestro modelo de la formación de un estado está tomado de Polinesia, región muy alejada de Mesoamérica. Lo hemos escogido por ser uno de los pocos casos en que un estado indígena se formó en presencia de observadores occidentales que escribieron acerca de lo ocurrido.

A fines de la década de 1770, cuando fueron descubiertas por el capitán Cook, las islas hawaianas se hallaban bajo el dominio de poderosos jefes rivales. Cada una de las islas principales —Hawai, Mauí, Oahú y Kauaí— era foco central de un señorío independiente. Con frecuencia, las islas pequeñas de Lanaí y Molokaí fueron campos de batalla de los jefes de Oahú y Mauí, las islas de mayor dimensión de uno y otro lado.[2-5]

Durante la visita realizada por Cook en 1778, el jefe supremo de Hawai libraba una batalla contra Mauí, campaña militar que concluyó con su derrota en 1782. Para entonces, el jefe victorioso de Mauí había incorporado a sus dominios las islas antiguamente independientes de Oahú y Molokaí.

Al morir el derrotado jefe hawaiano, las disputas por la sucesión de su título dividieron la isla de Hawai en tres facciones rivales. Según las reglas normales de sucesión, el título habría pasado al hijo del jefe, pero éste fue desafiado por su primo Kamehameha, principal sobrino del extinto jefe. Kamehameha, quien

[2] Elman R. Service, 1975, *Origins of the State and Civilization: The Process of Cultural Evolution*, pp. 154-158.
[3] Patrick V. Kirch, 1984, *The Evolution of the Polynesian Chiefdoms*, pp. 243-263.
[4] Marshall D. Sahlins, 1992, *Anahulu*, vol. 1: *Historical Ethnography*.
[5] Patrick V. Kirch, 1992, *Anahulu*, vol. 2: *The Archaeology of History*.

había ganado peleando al lado de su tío en la campaña de Mauí, era descendiente de los jefes Kona-Kohala de Hawai. Aquel linaje tenía toda un historia de reiteradas usurpaciones por parte de jóvenes familiares colaterales del jefe, pasando por alto la vía normal de sucesión por línea paterna.

Cuando compiten tres facciones señoriales por el mismo título, hasta la más ligera ventaja selectiva puede determinar el resultado. Con frecuencia, esa ventaja es demográfica; como nos lo recuerda Carneiro en la cita con que se abre este capítulo, el gran tamaño es una ventaja difícil de superar. Sin embargo, la ventaja de Kamehameha era tecnológica. En su comercio con barcos europeos que atracaban en su puerto, se había allegado cañones, mosquetes e incluso dos oficiales europeos que sirvieron como cañoneros y estrategas suyos entre 1789 y 1790.

Para 1792, Kamehameha había logrado el asesinato de su principal rival, lo cual le permitió apoderarse de toda la isla de Hawai. Ya con ventajas tanto de tecnología como de potencial humano, Kamehameha tomó Oahú en 1795. Después de dejar este territorio en manos de sus subjefes, Kamehameha empezó a subyugar las demás islas del archipiélago. Con ayuda de barcos y armas europeos, conquistó isla tras isla, salvo Kauaí, aunque incluso el jefe de ésta capituló en 1810, al ver que Kamehameha poseía una ventaja insuperable.

Hacia 1810 y tras dos décadas de guerra, Kamehameha había logrado hacer de una serie de señoríos rivales un reino militar al mando de un solo hombre. El soberano falleció en 1819, luego de asegurarse de que su hijo heredara el trono, ¡en vez de un usurpador como él!

Tenemos cuatro razones para presentar este ejemplo hawaiano. Primero, sospechamos que ofrece una analogía muy general de lo ocurrido durante Monte Albán I. Un señorío —o por lo menos una facción importante de él— se apoderó de una montaña defendible y reubicó allí a 5 000 personas. Además, aquella facción trasladó nuevo potencial humano a la antigua tierra de nadie que rodeaba la base de la montaña e intensificó la agricultura en el cercano pie de la montaña. Su "estrategia del pie de la montaña" puede ser análoga a la intensificación de la agricultura en el Valle de Anahulú, en Oahú, que Sahlins y Patrick Kirch creen que fue ordenada por Kamehameha, a fin de aprovisionar a sus tropas con vistas a un asalto contra Kauaí.[6-7] La estrategia del pie de la montaña tal vez haya dado a la entidad política centrada en Monte Albán I, que ya poseía una ventaja demográfica, los recursos necesarios para empezar a subyugar al resto del Valle de Oaxaca. Creemos que, tras aquel periodo de expansión, que probablemente duró hasta fines de Monte Albán I, todo el valle se constituyó en un solo reino militar. (Desde luego, Kamehameha lo hizo con mayor rapidez, tal vez porque contaba con cañones y mosquetes.)

Nuestra segunda razón para presentar el caso de Hawai es llamar la atención respecto de la evolución de señorío a estado. No creemos que un señorío se convierta simple y sencillamente en estado. Creemos que los estados surgen *cuando algún miembro de un grupo de señoríos empieza a apoderarse de sus vecinos, y lo convierte con el tiempo en provincias dependientes de una entidad política mucho mayor.*

---

[6] Marshall D. Sahlins, 1992, *Anahulu,* vol. 1: *Historical Ethnography.*
[7] Patrick V. Kirch, 1992, *Anahulu,* vol. 2: *The Archaeology of History.*

La unificación del Valle de Oaxaca

El señorío de la isla de Hawai no "evolucionó a estado". Lo que hizo fue conquistar Oahú, Mauí, Lanaí, Molokaí y finalmente Kauaí, y reducir a los antiguos señoríos autónomos de aquellas islas a distritos subordinados de un reino de dimensiones mucho mayores.

Nuestra tercera razón para valernos del ejemplo de Hawai es llamar la atención hacia las sociedades de transición. Éstas surgen en momentos de rápida evolución, entre periodos de estabilidad o de lenta evolución. En 1778, el archipiélago hawaiano era una serie de señoríos; en 1810, un estado militar gobernado por un rey. Mas, ¿qué calificativo se le puede aplicar durante el periodo expansionista de Kamehameha, después de la caída de Oahú pero antes de la capitulación de Kauaí? Más evolucionado que el antiguo señorío de Kamehameha, Hawai no era todavía un estado; era una sociedad en transición entre dos formas de integración sociopolítica. El registro antropológico contiene pocas sociedades de este tipo, probablemente porque en su mayor parte tuvieron una vida corta. Sin embargo, el registro arqueológico nos presenta varias sociedades de transición que, como los animales fósiles estudiados por los paleontólogos, no sobrevivieron hasta nuestra era. Así, el registro de sociedades prehistóricas es más diverso que el registro de sociedades contemporáneas.

Finalmente, la cuarta razón para recurrir al caso hawaiano es comparar la teoría de la acción con algunos enfoques más populares de la arqueología. Por ejemplo, los arqueólogos partidarios del funcionalismo ecológico podrían argumentar que el estado hawaiano evolucionó porque la presión poblacional sobre las tierras de labor de la isla grande alentó la expansión a otras islas. Quienes usan un enfoque modelado de acuerdo con la selección natural podrían argüir que el hecho de que la isla grande poseyera cañones, mosquetes y consejeros europeos le dio ventaja sobre los señorío rivales.

Aunque reconozcan el valor de estos enfoques, los teóricos de la acción argumentarían que se había dejado fuera de la ecuación a importantes actores humanos. Ellos propondrían que el reino hawaiano de 1810 fue integrado por un jefe ambicioso que tuvo la crueldad de asesinar a sus rivales, el carisma y la autoridad hereditaria para atraer seguidores y la habilidad militar para derrotar a enemigos poderosos. Kamehameha fue sin duda producto de su tiempo, su entorno y su cultura, pero sabía manipular (y con el tiempo transformar) el propio sistema que lo había producido. No es así como funciona la evolución biológica, pero es una de las maneras en que funciona la evolución social.

Es incuestionable que hubo líderes como Kamehameha implicados en el sinoicismo de Monte Albán y la creación del primitivo estado zapoteca, pero nunca sabremos sus nombres. En el estudio de las sociedades prehistóricas, es un problema típico y una de las razones de que con tanta frecuencia nos veamos limitados a las explicaciones seleccionistas y ecológico-funcionalistas. Admitimos que es frustrante no poder reintegrar a los actores humanos en las transformaciones sociales. Sin embargo, no es ésta una excusa para renunciar al registro arqueológico, como lo han hecho algunos arqueólogos recientes.[8]

[8] James A. Bell, 1994, *Reconstructing Prehistory: Scientific Method in Archaeology*, pp. 241-261.

La etnogénesis: el surgimiento de un "estilo zapoteca"

Monte Albán I presenció el surgimiento tanto de textos jeroglíficos vinculados a una forma arcaica de la lengua zapoteca como de un cuerpo iconográfico que tal vez esté ligado a la religión zapoteca. Una de las causas probables de aquel estilo unitario fue la consolidación gradual del Valle de Oaxaca. Otra puede haber sido una serie de instrucciones consensadas de la élite a los artesanos.

Una de las consecuencias imprevistas de reunir a miles de personas en una nueva ciudad podría ser el florecimiento de las artes y las artesanías, en especial si muchas de aquellas personas se vieron obligadas abandonar la agricultura. Varias reubicaciones urbanas en la Grecia arcaica "crearon entornos en los que floreció la vida intelectual".[9] Aquel entorno lo constituyó el Monte Albán Temprano, cuyo patrocinio a los artesanos penetró incluso en las poblaciones de sus regiones internas. El que surgió durante Monte Albán I fue un estilo artístico diferente del de cualquier otra región, un estilo tan estrechamente asociado al Valle de Oaxaca que por lo general se le califica de zapoteca.[10]

La alfarería

Si bien muchos de los recipientes utilitarios eran de color ocre, ante o pardos, fue la loza gris bruñida la que se consideró sello distintivo de la cerámica de Monte Albán I. Cocida en la atmósfera reductora de hornos cubiertos, con frecuencia se

La unificación del Valle de Oaxaca

FIGURA XII.2. a) *Botella de efigie que representa una versión antropomorfa de Cocijo (el Rayo), Monte Albán I. Altura: 17 cm;* b) *Botella de efigie procedente de la Tumba 33 de Monte Albán y que probablemente represente a un antepasado masculino en el más allá. Monte Albán I.*

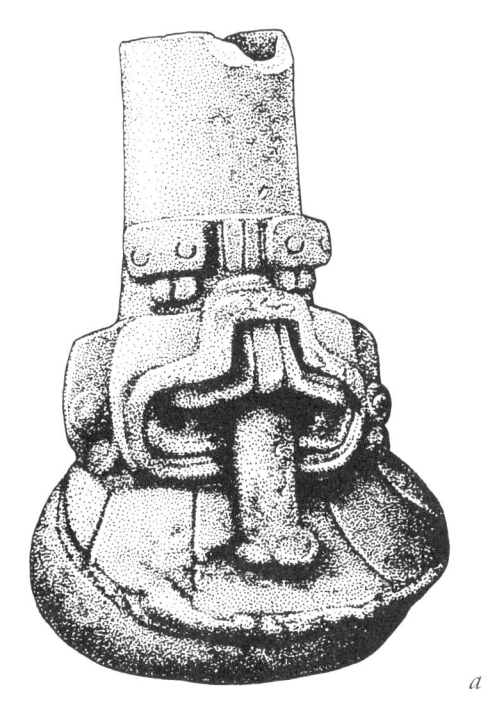

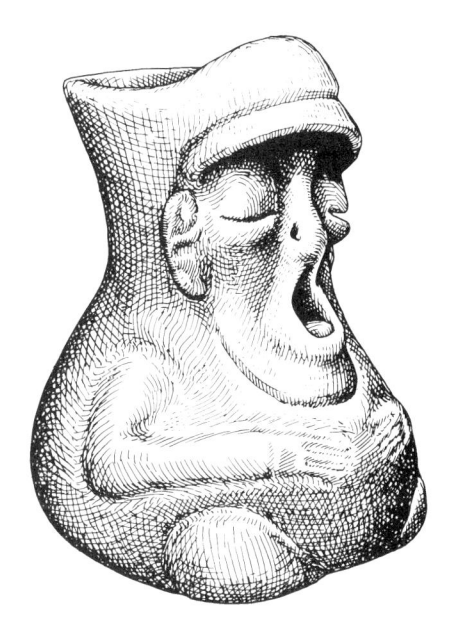

a   *b*

[9] Demand, 1990, p. 3.
[10] Caso, 1965a.

grababan en ella motivos geométricos o se moldeaba en formas de efigies de animal. Las ofrendas fúnebres de Monte Albán Ic dejan en claro que algunas familias de la élite poseían "vajillas de lugar" hasta con una docena de diferentes formas de recipientes: platos de servicio, escudillas, cazos, jarras de pico e incluso pequeños recipientes para salsas y condimentos.

Entre las vasijas más distintivas estaban las botellas de efigie como la que se muestra en la figura XII.2a. Moldeado tridimensionalmente sobre esta vasija, puede verse un rostro grotesco de cejas flamígeras y lengua bífida de serpiente. Es una versión antropomorfa de *Cocijo* o Rayo, el ser sobrenatural más poderoso que se haya representado en el arte zapoteca. Sus ojos y su lengua nos recuerdan que evolucionó a partir de antiguas versiones de Rayo como serpiente ígnea. Sus características humanas nos hacen recordar que los nobles zapotecas de épocas posteriores reclamaban una relación especial con el Rayo.

FIGURA XII.3. *Botella de efigie procedente de la Tumba 43 de Monte Albán, y que probablemente represente a un antepasado femenino en el más allá. Monte Albán I. Altura: 10 cm.*

La escritura primitiva zapoteca y el calendario

En el capítulo I vimos que los zapotecas del siglo XVI tenían dos calendarios: un calendario ritual de 260 días o *piye*, y un año secular de 365 días o *yza*. El nombre de día "1 Terremoto" del Monumento 3 de San José Mogote revela que el *piye* estaba vigente hacia 700-500 a.C. Nuestro muestrario de inscripciones jeroglíficas de Monte Albán I es mayor y en él también parece estar presente el *yza* de 365 días.

En el extremo sur de la galería de enemigos muertos que se representan en el Edificio L de Monte Albán (véase el capítulo XI) había dos monumentos pétreos. Llamados Estelas 12 y 13 por Alfonso Caso, ambos están vinculados a los enemigos muertos y se consideran parte de la galería original.[11] Aquellas dos estelas constituyen uno de los ejemplos mesoamericanos más antiguos de "texto puro" de ocho jeroglifos en dos columnas. También contienen la primera referencia aparente a un mes del calendario de 365 días (véase recuadro).

Además de ofrecernos un testimonio de que ambos calendarios zapotecas tuvieron vigencia durante Monte Albán I, las Estelas 12 y 13 se pueden vincular a una forma primitiva de la lengua zapoteca. En el capítulo I mencionamos que los números ordinales zapotecas (primero, segundo, etc.) fueron los mismos que las palabras usadas para "primer dedo", "segundo dedo" o para "primogénito", "segundogénito" y así sucesivamente. El glifo para el número dos de la Estela 12 muestra una mano de pulgar prominente, a todas luces un número ordinal. Como la lengua zapoteca del siglo XVI usa los mismos convencionalismos, podemos decir que aquellos primeros glifos estaban vinculados a la lengua de los zapotecas. Combinadas con nuestro testimonio sobre *Cocijo* en la escultura de barro, aquellas estelas dejan poca duda de que nos encontramos ante personas que étnicamente fueron zapotecas.

Puesto que las Estelas 12 y 13 se hallaban incorporadas al despliegue de prisione-

[11] Alfonso Caso, 1928, *Las estelas zapotecas*.

> *Las Estelas 12 y 13: un texto zapoteca primitivo*
>
> El estudio de la escritura zapoteca aún se halla en pañales y no podemos pronunciar los glifos de las Estelas 12 y 13 de Monte Albán como se leyeron alguna vez. Sin embargo, refiriéndonos a la ilustración que acompaña a este recuadro, podemos examinar el texto glifo por glifo.
>
> Estela 12
> *Glifo 1* Signo de año zapoteca, con el "portador del año" 4 M dentro de una cartela.
> *Glifo 2* Una mano con el pulgar mostrado de manera prominente, lo que tal vez indique "primogénito".
> *Glifo 3* Significado desconocido.
> *Glifo 4* Un día, 8 Agua, del calendario ritual de 260 días. El glifo para "agua" está dentro de la cartela; abajo se hallan los numerales 5 (una barra) más 3 (3 puntos).
>
> Estela 13
> *Glifo 1* Un jaguar o puma, con dos barras que indican el número 10 (5 + 5). Este signo puede ser el nombre de persona "10 Jaguar" o "10 Puma" (para ambos animales se usa la palabra zapoteca *peche*).
> *Glifo 2* Una mano asiendo un objeto (hay razones para leerla como el verbo "asir").
> *Glifo 3* Una cabeza humana de perfil, con un dedo usado como sufijo; el dedo índice puede identificar a la figura humana como a un "segundogénito".
> *Glifo 4* Un glifo calendárico 4 puntos (el número 4). En otros textos zapotecas, este glifo a veces está asociado a los números mayores que 13. Como los días del calendario de 260 días no podrían existir como números mayores que 13, éste es un excelente candidato para glifo de mes o para glifo que tabule el número de meses en el calendario de 365 días. El presente texto puede constituir nuestro primer indicio del *yza* o año secular de 365 días.

La unificación del Valle de Oaxaca

ros mutilados del Edificio L, podemos asumir que el texto fue ordenado por el líder a quien se acreditó la derrota de aquellos enemigos, y que la fecha podría referirse a su supuesta victoria.

¿Fue la sociedad de Monte Albán I un señorío o un estado?

Si tomamos en cuenta la dimensión que tuvo Monte Albán en el Periodo I, pocos vacilarían en describirla como ciudad. Pero, ¿cómo describiríamos a la sociedad a la cual perteneció esa ciudad? ¿Dominaba todo el valle o únicamente una parte? ¿Eran sus gobernantes "reyes" o "jefes"? ¿Estaba su sociedad "estratificada" o únicamente "jerarquizada"?

Ya hemos externado nuestra opinión de que Monte Albán I fue una sociedad en transición, tal como Kamehameha hizo gradualmente del archipiélago un

*La unificación
del Valle de Oaxaca*

FIGURA XII.4. *Estelas 12
y 13* in situ, *Monte Albán.*

reino. A todas luces más poderoso y centralizado que cualquier señorío mesoamericano del siglo VI a.C., Monte Albán I sólo muestra un pobre testimonio de instituciones estatales en comparación con el periodo II (capítulo XIII).

La sociedad de Monte Albán I tuvo múltiples residencias de élite, pero hasta la fecha no hay indicio de ningún palacio donde hubiera podido residir un rey. A los entierros de elevada posición social se les dotaba de importantes ofrendas de cerámica, pero no hubo nada más elegante que la tumba real zapoteca, con sus nichos de ofrenda y sus murales policromos. Hubo templos con columnas a ambos lados de la entrada, como el Templo Amarillo de Dainzú (Lámina IX), pero todavía no hay ejemplos del difundido templo de doble cámara. La importancia de aquellas instituciones faltantes será más clara en el capítulo XIII, cuando mostremos cuántas de ellas estuvieron presentes en Monte Albán II.

La demografía

Empezaremos por un análisis de la jerarquía de asentamientos, que ha sido una herramienta tan valiosa en la identificación de los estados desde la obra precursora de Henry Wright y Gregory Johnson en el Cercano Oriente.[12] Wright y Johnson

[12] Henry T. Wright y Gregory A. Johnson, 1975, "Population, Exchange, and Early State Formation in Southwestern Iran", *American Anthropologist* 77, pp. 267-289.

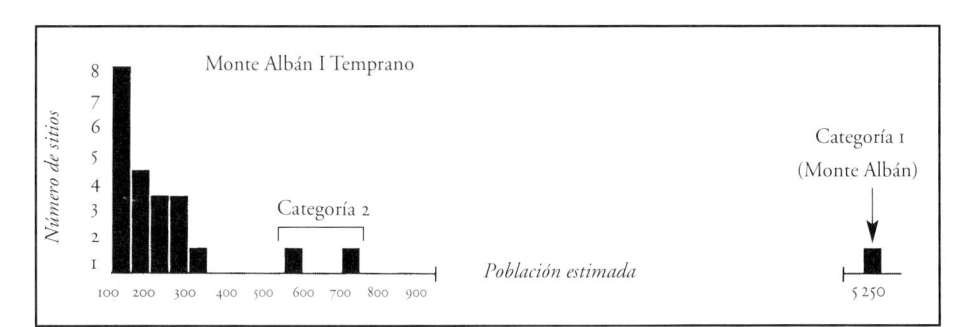

La unificación del Valle de Oaxaca

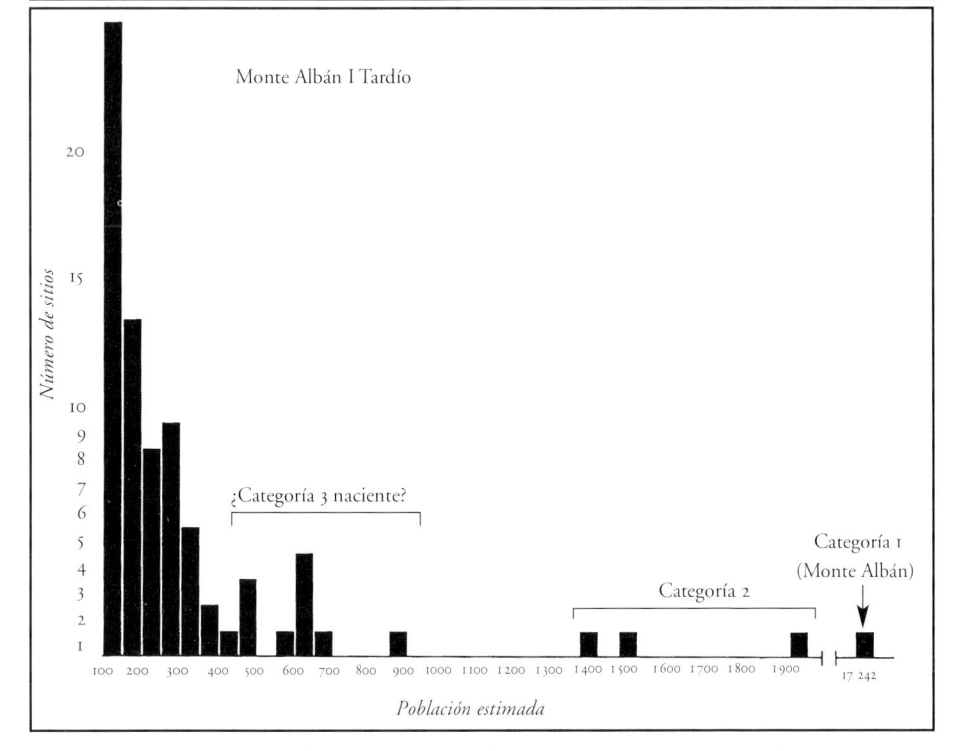

FIGURA XII.5. *Histogramas de las mayores comunidades del Valle de Oaxaca en Monte Albán I Temprano y Tardío.*

mostraron que mientras los señoríos tienden a tener una jerarquía de asentamientos de sólo tres niveles (o categorías) de comunidades, los estados suelen tenerla de cuatro: ciudades, poblaciones, aldeas grandes y aldeas pequeñas.

Desde luego, en nuestro análisis tenemos la desventaja de no saber si, durante el periodo I, Monte Albán dominaba todo el Valle de Oaxaca. Es claro que en el valle había comunidades de muchos tamaños. El problema es saber cuántas de ellas se hallaban realmente bajo la hegemonía de Monte Albán.

En Monte Albán Ia, hubo en el valle 261 comunidades; 192 de ellas, como el propio Monte Albán, recién fundadas. Con 365 ha de tiestos del periodo I Temprano y una población estimada de más de 5 000 habitantes, Monte Albán fue la única comunidad de categoría 1. Muchas comunidades antiguamente grandes de la región de Etla, entre ellas San José Mogote, habían sido despojadas de población durante el sinoicismo de Monte Albán.[13]

---

[13] Por ejemplo, el proyecto de Patrones de Asentamiento encontró sólo seis tiestos de barro gris "diagnóstico de [Monte Albán] I Temprano" en la superficie de San José Mogote (Kowalewski *et al.*, 1989, cuadro 5.3). Este reducido número de diagnósticos refuerza nuestra idea, basada en la excavación, de que es difícil que haya quedado alguien en San José Mogote durante el periodo I Temprano.

FIGURA XII.6. *Vista aérea del sur del Valle Grande, cerca del Sitio 3-8-220, Trapiche de Santa Cruz. Este sitio de Monte Albán I Tardío cubre 11 ha de colina defendible, a 200 m sobre la llanura inundable del Río Mixtepec. Su ubicación defendible contrasta con el primitivo e indefendible sitio de Santa Ana Tlapacoyan de la fase San José (Sitio 3-2-7), localizado cerca de la confluencia de los ríos Mixtepec y Atoyac. El Sitio 3-2-7 floreció en una era de incursiones mínimas; el 3-8-220 hubo de protegerse a sí mismo en una época de guerra extensiva. Vista al sureste, 1970.*

Es probable que Yegüih, en la región de Tlacolula, y Tilcajete, en el Valle Grande, caigan dentro de la categoría 2 de la jerarquía. Sin embargo, a diferencia de San José Mogote, parece que estos sitios *crecieron* entre las fases Rosario y Monte Albán Ia. Aquel crecimiento sugiere que Yegüih y Tilcajete tal vez no hayan participado en el sinoicismo; durante Monte Albán Ia, quizá fueron centros supremos de entidades políticas rivales. De ser así, cualesquiera comunidades más pequeñas localizadas cerca de ellos se habrían hallado bajo su dominio y no bajo el de Monte Albán.

La figura XII.5 muestra un histograma de las 22 comunidades más grandes del valle, durante Monte Albán I Temprano. Son detectables por lo menos tres categorías dimensionales, dejando como cuarta categoría los 239 sitios restantes (en su mayor parte de menos de 100 personas). No obstante, si los asentamientos como Tilcajete y Yegüih no estaban bajo la égida de Monte Albán, entonces la segunda categoría potencial de la jerarquía únicamente consistiría en grandes comunidades ubicadas en entidades políticas rivales. Suprímanse Tilcajete y Yegüih y la jerarquía se reduce a tres categorías.

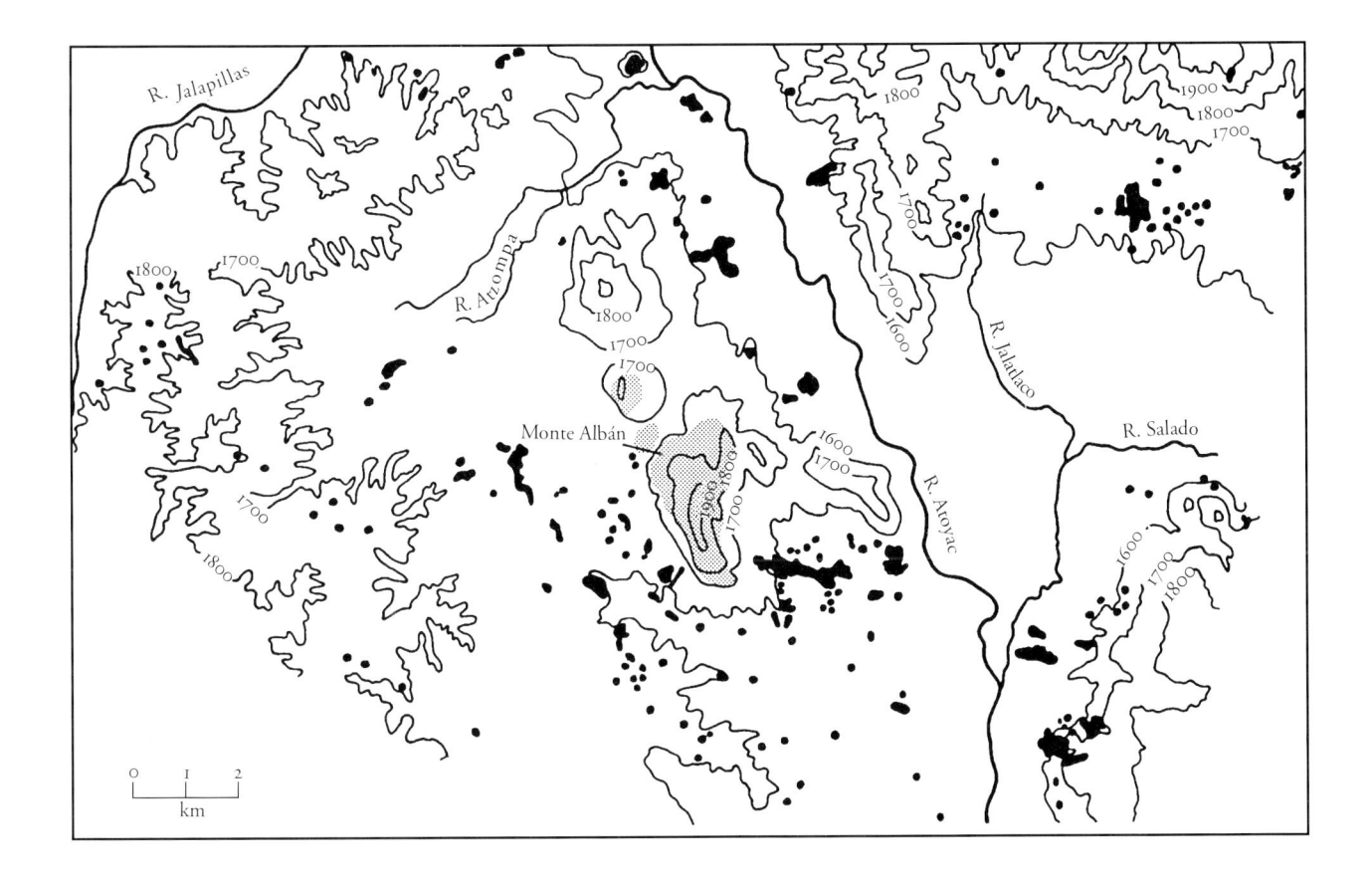

Cuando pasamos al histograma para los sitios de Monte Albán I Tardío, podemos dar argumentos ligeramente mejores sobre la jerarquía de cuatro categorías. Para entonces había en el valle 745 comunidades, de las que se muestran en el histograma las 74 principales. Una tercera parte de la población del valle vivía en Monte Albán y para entonces muchas de las comunidades de la segunda y tercera categorías seguramente quedaban dentro del área dominada por Monte Albán. Varias, como Suchilquitongo y Magdalena Apasco, en la región de Etla, ocupaban cimas montañosas defendibles; otro tanto ocurría con sitios más lejanos como Trapiche de Santa Cruz, en el sur del Valle Grande. Dainzú, en la región de Tlacolula, también tenía tras de sí una cima montañosa.

Al parecer, el nivel crucial de la jerarquía de Monte Albán I Tardío fue la categoría 3: los sitios con poblaciones estimadas en 500-900 personas. Según las apariencias, las comunidades de esas dimensiones iban en aumento, produciendo gradualmente en el histograma una nueva moda (o "pico"), que puede ayudar a separar la categoría 3 de la masa de aldeas más pequeñas, con poblaciones por debajo de los 500 habitantes. Muchas de las comunidades de aquella categoría naciente —San Luis Beltrán, San Agustín de las Juntas y Tomaltepec, entre otras— se ubicaban en regiones del pie de las montañas cercanas a Monte Albán y probablemente eran parte de la "estrategia del pie de la montaña". Se sabe que por

FIGURA XII.7. *Durante Monte Albán I, hubo una densa concentración de sitios arqueológicos (áreas negras) en un radio de 10 km alrededor de Monte Albán. El sombreado gris indica el alcance de la ocupación urbana en el propio Monte Albán.*

La unificación del Valle de Oaxaca

lo menos algunos sitios de la categoría 3 de esta fase tuvieron edificios públicos, a menudo en grupos de tres o cuatro.

En resumen, comparando los dos histogramas de la figura XII.5, se tiene la sensación de que, en el transcurso de Monte Albán I, ciertamente se hallaba en gestación una jerarquía de asentamientos de categoría 4. Sin embargo, sigue asombrándonos la concentración de 155 sitios en un radio de 10 km alrededor de Monte Albán. Aquel anillo de comunidades satélites, que de acuerdo con los cálculos de Linda Nicholas puede haber producido suficiente excedente de maíz para 5 000 personas,[14] desapareció en periodos posteriores. Su presencia durante el periodo I sugiere que Monte Albán necesitó tener cerca grandes concentraciones de campesinos, jornaleros y guerreros, presumiblemente porque todavía no podía contar con el apoyo de todo el Valle de Oaxaca.

Antes de entender cabalmente las relaciones de Monte Albán con sus regiones interiores de aquel entonces, es necesario un mayor trabajo de investigación. Sospechamos que Monte Albán I fue un periodo de 400 años de expansión demográfica y militarista espectacular, empezando por la reubicación urbana en 500 a.C., seguida del sometimiento de todo el Valle de Oaxaca hacia 100 a.C. Es probable que las áreas lejanas, tanto del valle como de las montañas circundantes, fueran puestas bajo la hegemonía de Monte Albán merced a una combinación de construcción de alianzas, reubicación de pobladores y fuerza militar, en tanto que quienes resistían terminaban como cadáveres en las piedras labradas.

Es indudable que, en su expansión, Monte Albán fue auxiliada por el hecho de ser ya la mayor entidad política del valle. Como lo plantea la cita que abre este capítulo: "Es tan grande la ventaja competitiva que confiere ser de gran tamaño que cuanto más grande sea una sociedad gracias al éxito en la guerra, tiene mayores probabilidades de ser aún más grande".

¿Qué nos enseñan los edificios públicos y las residencias de élite?

Aunque la ciudad de Monte Albán produjo abundante cerámica y objetos del periodo I, algunas de las estructuras más importantes de aquel periodo yacen sepultadas bajo edificios ulteriores. Por ejemplo, Caso, Bernal y Acosta informaron de importantes edificios del periodo I bajo la Plataforma Norte, el Montículo K y el Edificio L de la plaza principal.[15] En la actualidad, esos edificios están seguros bajo una pesada capa de piedras y cemento.

La imposibilidad de estudiar aquellas estructuras nos priva de una importante línea de evidencia: las plantas de edificios públicos y residencias de élite, que nos aportan mucha información acerca de las instituciones que los produjeron. Por ejemplo, nos gustaría saber si, durante Monte Albán I, la familia de mayor alcur-

---

[14] Nicholas, 1989.
[15] Los edificios enterrados del periodo I de Monte Albán se resumen en Kent V. Flannery y Joyce Marcus, "The Earliest Public Buildings, Tombs, and Monuments at Monte Albán, with Notes on the Internal Chronology of Period I", en Flannery y Marcus (comps.), 1983, pp. 87-91.

nia vivía en una gran casa de adobe con patio interior, como las familias señoriales de la fase Rosario, o en un enorme palacio de mampostería, como los reyes zapotecas subsecuentes. Asimismo, nos gustaría saber si la sociedad de Monte Albán I tuvo templos no estandarizados, de bajareque, y una cámara, como los del señorío de Rosario, o templos estandarizados, de columnas y doble cámara, como los del estado zapoteca ulterior.

En las entrañas del Montículo K de Monte Albán están sepultados los vestigios de una estructura del periodo I, con un muro de seis metros de altura hecho de enormes piedras y un par de columnas de mampostería de piedra bruta; una construcción subsecuente esconde de nosotros su forma, dimensión, función y número de cámaras. Muy adentro de la superficie de la Plataforma Norte yace una estructura parcialmente destruida con motivos serpentinos modelados en estuco; su forma y su función también son desconocidas.[16]

Esta relativa inaccesibilidad de los edificios más antiguos de Monte Albán nos obliga a considerar otros sitios del mismo periodo, donde no es mucha la sobrecarga de estructuras ulteriores. Afortunadamente, se conocen esos sitios.

La unificación del Valle de Oaxaca

Monte Negro

Cincuenta kilómetros al oeste de Huitzo y separado del norte del Valle de Oaxaca por picos boscosos y profundos cañones, se localiza el sitio de Monte Negro. Como Monte Albán, Monte Negro ocupa una montaña que se alza 400 m sobre el piso de un valle intramontano. A diferencia de Monte Albán, no presenta sobrecarga de arquitectura subsecuente que oculte sus edificios primitivos.

Excavado por Alfonso Caso a fines de los años treinta, Monte Negro parece ser contemporáneo de Monte Albán I Tardío.[17, 18] Sus incensarios de efigies son muy similares a los de Monte Albán Ic, de los cuales es ejemplo la figura XII.8. A decir verdad, Monte Negro podría ser pie de la expansión zapoteca en las montañas allende la región de Etla, posición de avanzada a la que se renunció posteriormente.[19]

La acrópolis de Monte Negro consiste en un alineamiento de edificios en forma de L orientado hacia los puntos cardinales. El alineamiento más largo (140 x 50 m) se prolonga de este a oeste a lo largo de una calle estrecha; el más corto (60 x 35 m) corre de norte a sur. Si bien existe un modesto patio flanqueando un templo, el sitio carece de una gran plaza central. Más allá de los edificios públicos hay numerosos montículos bajos, presumiblemente residenciales, algunos de los cuales descansan sobre terrazas artificiales como las de Monte Albán.

Por lo menos cuatro edificios de Monte Negro han sido descritos

FIGURA XII.8. *Brasero incensario de efigie procedente de Monte Negro. Altura: 28 cm.*

[16] Acosta, 1965.
[17] Alfonso Caso, 1942, "Resumen del Informe de las Exploraciones en Oaxaca durante la 7a y 8a Temporadas, 1937-1938 y 1938-1939", *Actas del XXVII Congreso Internacional de Americanistas* 2, pp. 159-187.
[18] Jorge R. Acosta y Javier Romero, 1992, *Exploraciones en Monte Negro, Oaxaca: 1937-38, 1938-39, y 1939-40*.
[19] Kent V. Flannery, "Monte Negro: A Reinterpretation", en Flannery y Marcus (comps.), 1983, pp. 99-102.

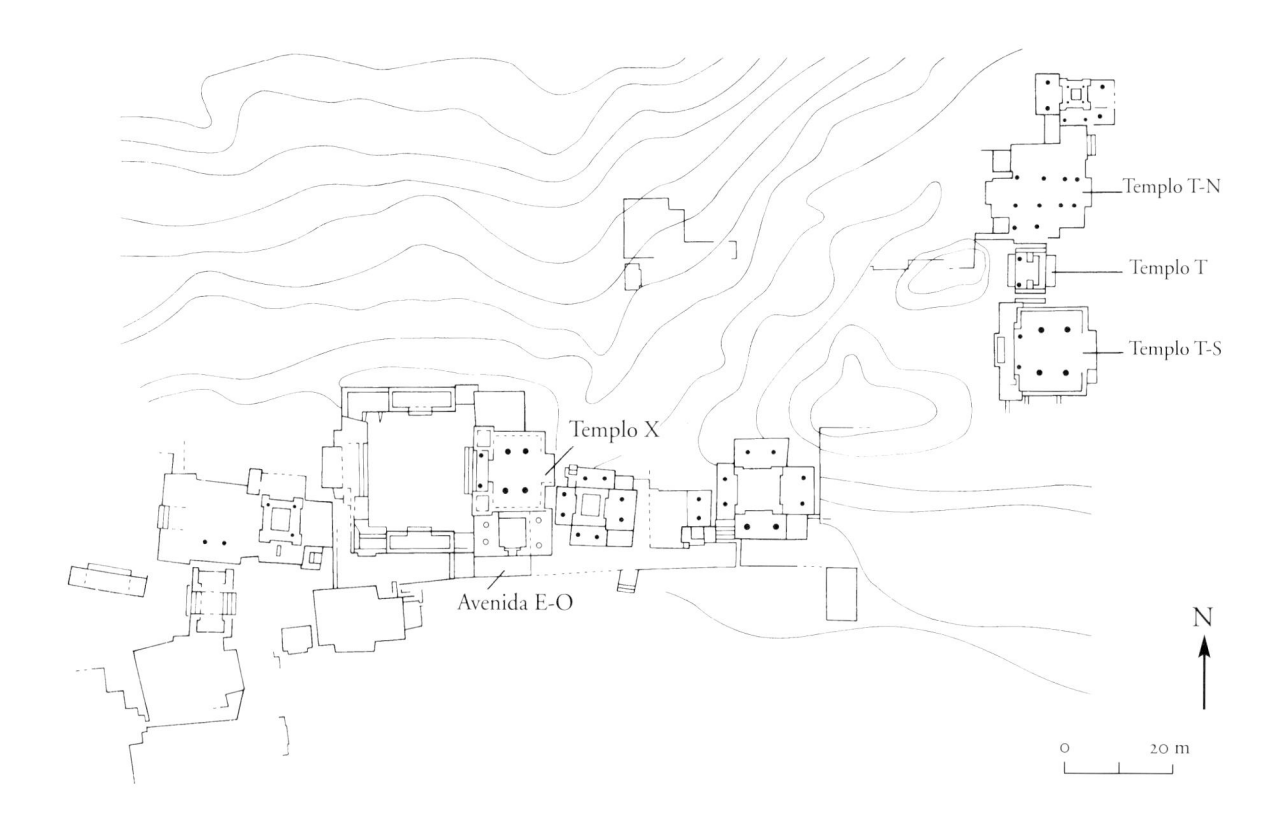

FIGURA XII.9. *La acrópolis de Monte Negro.*

como "templos". Casi todos son rectagunlares; algunos tienen forma de "signo de más". Todos poseen cimientos de enormes bloques de piedra caliza que encierran el relleno de tierra, y ninguno de ellos mide más de 20 x 20 m. Los muros exteriores son de piedras deficientemente acondicionadas y puestas en direcciones irregulares; sus escalinatas, hechas asimismo de grandes bloques, suelen ir intercaladas en el edificio. Como mortero se usó barro rojo local, y los edificios que coronaban las plataformas de mampostería parecen haber sido de adobe o de bajareque. Todos los templos parecen tener columnas para soportar el techo; no sabemos si ello implica un techo plano, como en los templos zapotecas ulteriores, o un techo de paja terminado en pico, como en los edificios públicos de épocas anteriores. La mayor parte de las columnas eran de mampostería de piedra bruta, aunque algunas tienen un alma de piedra en forma de tambor apiladas unas sobre otras.

Hasta donde podemos decir, aún no estaba presente el templo estándar de doble cámara característico del estado zapoteca ulterior; lo más aproximado quizá es el Templo T de Monte Negro. Dividido parcialmente en dos cámaras, este templo se hallaba abierto por los lados este y oeste. Cada entrada daba a una escalinata de grandes bloques de piedra; la entrada estaba flanqueada por un par de columnas. Como el Piso 4 de Paso de la Amada, en Chiapas —los vestigios de un primitivo edificio descrito en el capítulo VII—, el Templo T tal vez se haya diseñado para permitir a los iniciados entrar desde el oeste, realizar algún rito, y salir por el este. La alternativa en que la escalinata oeste haya sido para los devotos y la escalinata este para los sacerdotes.

*La unificación
del Valle de Oaxaca*

FIGURA XII.10. *El Templo T de Monte Negro estaba abierto por los lados este y oeste; la entrada oeste se hallaba flanqueada por columnas de piedra bruta.*

Su entrada de columnas y su división parcial en dos cámaras hacen del Templo T un precursor lógico del templo zapoteca ulterior, pero el hecho de que se hallara abierto por el frente y por detrás significa que aún carecía del "santuario interior" de templos subsecuentes (véase el capítulo XIII). Labrados en algunos de sus peraltes había los mismos motivos usados para representar gotas de sangre en el Monumento 3 de San José Mogote (capítulo X).

Otro indicio de sacrificio sangriento procede del Templo T-Sur, edificio de mayores dimensiones adyacente al Templo T. El Templo T-Sur consistía de una gran cámara sobre una plataforma de mampostería de piedra; su única entrada estaba flanqueada por columnas, cuatro más altas soportaban el techo. Incorporadas en los cimientos originales del templo, dos tumbas de adobe contenían entierros de élite.

En la Ofrenda 1 de aquel templo había dos dagas de obsidiana lascadas bifacialmente, como las usadas en periodos subsecuentes para arrancar los corazones de las víctimas sacrificatorias humanas. Es probable que aquellas dagas alguna vez hayan sido montadas en mangos de madera que se desintegraron al paso de los siglos. Junto con el motivo de "gota de sangre" labrado en la escalinata del Templo T, las dagas indican que los templos de Monte Negro se usaban para el sacrificio humano.

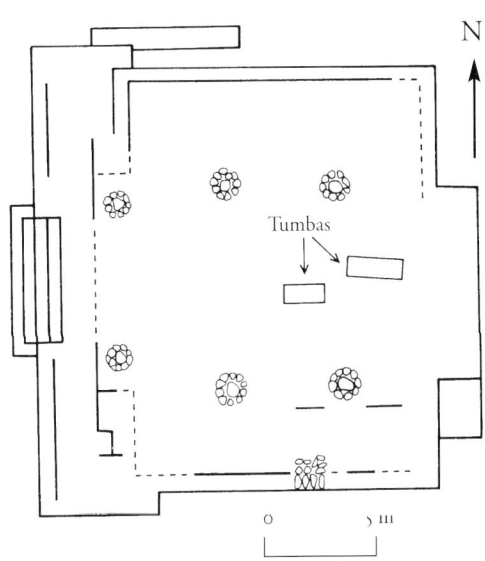

FIGURA XII.11. *El Templo T-Sur de Monte Negro quizá haya sido escenario de sacrificios humanos.*

205

FIGURA XII.12. *Daga sacrificatoria de obsidiana procedente del Templo T-Sur de Monte Negro. Longitud: 14 cm.*

FIGURA XII.13. *Esta residencia de élite, ligeramente al este del Templo X de Monte Negro, consistía en cuatro habitaciones alrededor de un patio central, con una pequeña escalinata al noreste. Los círculos negros son bases de columnas.*

Residencias de élite en Monte Negro

En Monte Negro hay varias casas de la élite. Como las residencias de élite de San José Mogote pertenecientes a la fase Rosario (capítulo X), cada una consistía en un patio abierto rodeado de tres o cuatro habitaciones con muros de adobe. Sin embargo, las casas de Monte Negro tenían cimientos de piedra de dos hiladas y el techo de cada habitación se hallaba sostenido cuando menos por dos columnas. Los patios estaban pavimentados de baldosas y había desagües bajo algunos edificios.

Las casas habitación de la élite de Monte Negro se han comparado con las residencias *impluvium* romanas, en las que un patio pavimentado interior captaba el agua de lluvia y la canalizaba hacia depósitos subterráneos.[20] Si bien eran más elegantes que las casas de la fase Rosario, las de Monte Negro son inferiores a los palacios subsecuentes de Monte Albán (capítulo XIII). A semejanza de tantas otras de Monte Albán I Tardío, parecen una transición entre la casa de un jefe y el palacio de un rey.

En tanto que la mayor de las residencias de la élite de Monte Negro se localiza a lo largo de la avenida este-oeste, varias otras se comunican con los templos por medio de pasajes secretos o corredores techados. Aquellos corredores —que hacían posible que los miembros de las familias importantes entraran en el templo y lo abandonaran sin ser vistos por personas de inferior posición social— parecen ser precursores de los pasajes y túneles de Monte Albán II y las escalinatas techadas de Monte Albán y San José Mogote. El significado de aquellas entradas especiales para la élite es doble. Primero, indican que las diferencias jerárquicas aún estaban asociadas a las diferencias de acceso a lo sobrenatural. Segundo, sugieren un acceso jerárquico, en el sentido de que los individuos de alcurnia no tenían que usar las mismas escaleras y entradas de los individuos de inferior condición.

Los entierros de élite

En Monte Negro se descubrieron 20 entierros, algunos en tumbas de adobe y otros en simples excavaciones. En tanto que algunos individuos no tenían absolutamente nada, por lo menos una tumba excavada en el Templo T-Sur contenía 21 vasijas de cerámica. El indicio de elevada posición social adoptó la forma de deformación craneana anular, orejeras de jade y concha y, en el caso de un hombre, brillantes incrustaciones de pirita en dos dientes superiores. En vista del dolor que representa la inserción de aquellas incrustaciones, debe de haber significado mucho para la élite tener la dentadura decorada elegantemente.

---

[20] Jorge R. Acosta y Javier Romero, 1992, *Exploraciones en Monte Negro, Oaxaca: 1937-38, 1938-39, y 1939-40.*

¿Quién construyó Monte Negro?

Monte Negro nos da indicios del aspecto que debe de haber tenido Monte Albán antes de 100 a.C. Como Monte Albán, Monte Negro se asienta sobre una cima montañosa defendible, a varios centenares de metros del río más cercano. Como el primitivo Monte Albán, posee arreglos lineales de edificios públicos columnarios sobre plataformas de mampostería. Como el antiguo Monte Albán, muestra indicios de familias de élite pero ningún verdadero palacio. Monte Albán posee indicios de sacrificio humano en forma de una galería de prisioneros; Monte Negro los ofrece en forma de cuchillos sacrificatorios de obsidiana y del motivo de "gota de sangre". Ambos sitios comparten tipos de cerámica y formas de recipientes, entre ellas los incensarios de estilo zapoteca. Sin embargo, Monte Albán era muchas veces más grande que Monte Negro.

El estudio arqueológico realizado por Robert Drennan en las montañas del norte del Valle de Oaxaca sugieren que Monte Albán I fue un periodo de expansión para los habitantes del valle.[21] Durante aquel periodo, fundaron en las montañas muchos nuevos asentamientos, y Monte Negro —apenas a dos o tres días de marcha de Huitzo— podría ubicarse dentro de aquella zona de expansión. La localización defendible de Monte Negro sugiere que puede haberse hallado en la frontera entre los zapotecas y sus vecinos hostiles, si no es que cerca de ella.

La unificación del Valle de Oaxaca

FIGURA XII.14. *Treinta de las vasijas de una tumba de Monte Albán I Tardío en Tomaltepec. Altura de las vasijas más altas: 25-30 cm.*

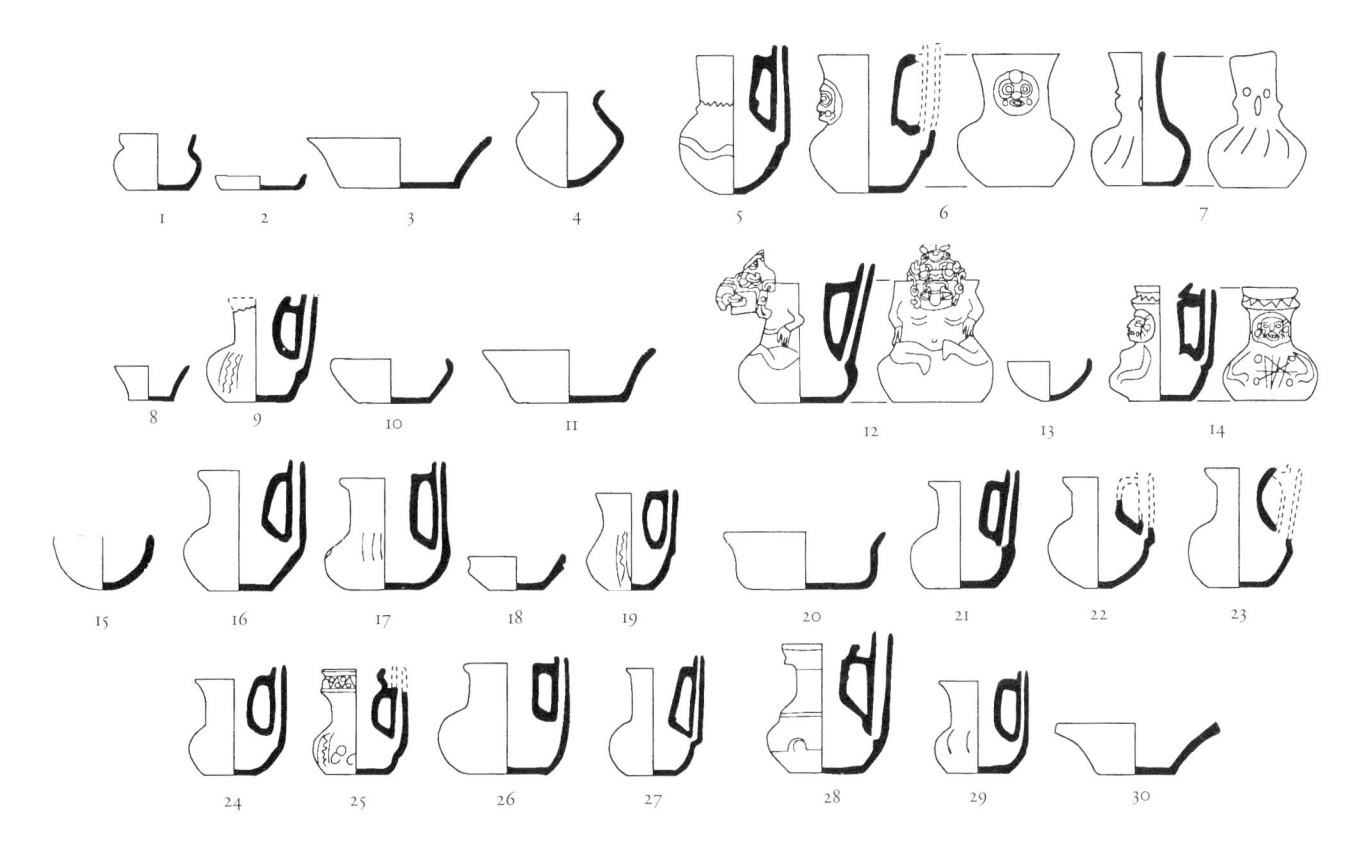

[21] Robert D. Drennan, "The Mountains North of the Valley", en Kowalewski *et al.*, 1989, pp. 367-384.

La unificación del Valle de Oaxaca

Tomaltepec: un pequeño centro administrativo en la zona de la "estrategia del pie de la montaña"

Como hemos visto, el prematuro crecimiento de Monte Albán dependió en parte de los sistemas de riego del pie de las montañas. Aquella "estrategia del pie de la montaña" no se limitaba a los nuevos asentamientos próximos a ríos no usados con anterioridad; también incluía la ampliación de comunidades preexistentes al pie de las montañas.

Tomaltepec, a sólo 15 km al este de Monte Albán, fue un primer candidato a aquella ampliación por estar ubicado únicamente a medio día de viaje de la capital. Tomaltepec domina una franja de tierra de riego de Clase I, rodeada de estribaciones de Clase III. Siendo ya una aldea pujante en la fase San José, durante Monte Albán Ic fue transformada en una comunidad de cinco a ocho hectáreas con edificios públicos, patios estucados y casas habitación de élite.

Tomaltepec tal vez haya sido centro administrativo de un grupo de siete a ocho aldeas localizadas a lo largo de dos ríos cercanos del pie de las montañas. Ocupaba la categoría 3 en la jerarquía de sitios de Monte Albán Ic, empequeñecido no sólo por el propio Monte Albán (400 ha), sino asimismo por centros de categoría 2 como Magdalena Apasco (30-40 ha). De manera significativa, Tomaltepec tenía entierros de élite con ofrendas casi tan ricas como las del propio Monte Albán. Ello sugiere que la estrategia del pie de las montañas iba dirigida "de abajo hacia arriba", mediante el envío de familias de alcurnia a supervisar el desarrollo de los canales.

Los edificios públicos de Tomaltepec flanquean una plaza rectangular de 50 m por lado. La mayor de todas, la Estructura 13, sobre el Montículo 1, sólo se conserva como un parche de piso de estuco sobre una apreciable plataforma, con fachada de piedra cortada y afianzada con bloques de adobe. Tal vez haya sido un templo de algún tipo.

No lejos del Montículo 1, hacia el norte, el excavador Michael Whalen encontró dos habitaciones que pueden haber formado parte de una residencia de élite con patio interior.[22] Cada una de aquellas habitaciones, de aproximadamente 24 m², tenía piso de estuco, muros de adobe sobre cimientos de mampostería y peldaños de piedra cortada. Bajo el piso de una de las habitaciones estaba una tumba de muro de adobe con los restos de una mujer de menos de 40 años, un adulto de sexo indeterminado y un niño de alrededor de 12 años. Aquella tumba —presumiblemente lugar de reposo de una familia de élite— había sido equipada con 37 recipientes de cerámica, muchos de ellos elegantes jarras de cuello y pico con asa. Varias jarras son efigies humanas, entre ellas la de una figura sedente que lleva puesta una máscara de guacamaya. La posición prominente de la mujer dentro de la tumba sugiere un matrimonio hipogámico como los observados con anterioridad en Fábrica San José (capítulo IX).

En tanto que el entorno ambiental de Tomaltepec hace de él un probable centro de riego por canales, el sitio al parecer se especializaba también en la pro-

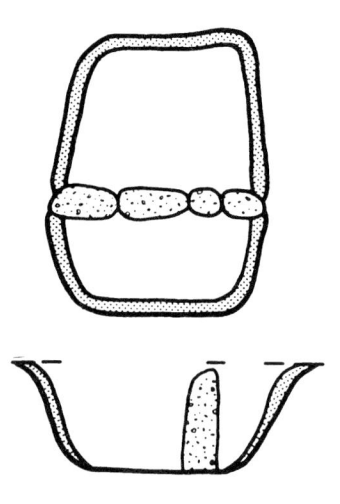

FIGURA XII.15. *Planta y sección transversal de un horno alfarero de doble cámara procedente de una casa habitación de Monte Albán I Tardío, en Tomaltepec. Una pared baja de adobe separa las dos cámaras. Longitud máxima: 90 cm.*

[22] Whalen, 1981, pp. 88-105.

La unificación del Valle de Oaxaca

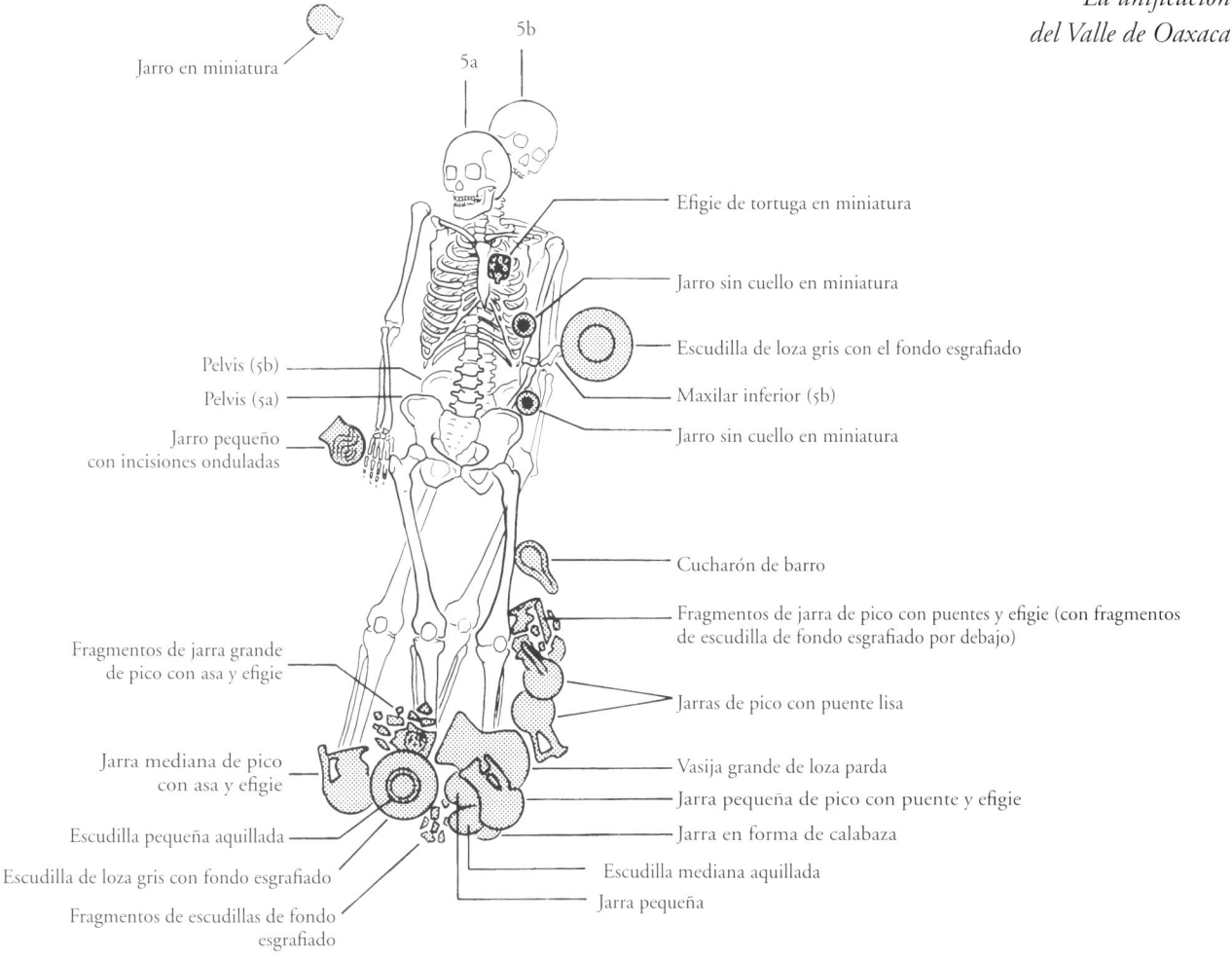

ducción alfarera. Dos de las casas habitación excavadas por Whalen, entre ellas la que se acaba de describir, tenían en sus patios lo que parece ser hornos de doble cámara. La mayoría eran pozos de 60-80 cm de diámetro, divididos en dos cámaras por una pared de adobe. En aquellos hornos, se podían obtener temperaturas de cocimiento muy uniformes colocando los recipientes en una cámara y el combustible en la otra. La naturaleza subterránea del horno sugiere una atmósfera reductora del tipo necesario para producir la loza gris de Monte Albán I Tardío.

El descubrimiento de aquellos hornos de Tomaltepec nos dice que, aunque el propio Monte Albán constituía el punto de reunión para la producción artesanal urbana, en modo alguno había atraído a todos los artesanos de sus regiones internas rurales. Es evidente que la producción artesanal floreció en algunas de las grandes aldeas del valle, tal vez bajo la dirección de las familias de elevada posición social.

FIGURA XII.16. *Los Entierros 5a y 5b de Abasolo, posiblemente marido y mujer de una familia de élite.*

La unificación del Valle de Oaxaca

Un entierro de élite en Abasolo

Incluso fuera de la zona del pie de las montañas en rápido desarrollo, las comunidades de categoría 3 de aquel periodo parecen haber tenido familias de élite. Éste era el caso de San Sebastián Abasolo, una gran aldea del subvalle central de Tlacolula, cuyos campos se irrigaban mediante pozos de poca profundidad.[23]

Los Entierros 5a y 5b, posiblemente una pareja matrimonial, fueron colocados a modo de descansar lado a lado. El individuo 5a (varón) tenía 10 cuentas de jade en la boca, en tanto que el 5b (sexo indeterminado) tenía sólo dos. Aquel par de adultos tenía consigo 21 recipientes típicos de Monte Albán Ic: en efecto, una "vajilla" completa para una familia de élite. Entre ellos se incluían jarras de pico y efigie, escudillas con dibujos esgrafiados en el fondo, un cazo, "recipientes para condimento" en miniatura, una pequeña jarra con glifos de agua, un frasco grande y una pequeña salsera en forma de tortuga.

Resumen

Monte Albán I fue una sociedad en transición de señorío a estado y no puede clasificarse fácilmente en una de estas dos etapas evolutivas. Los funcionalistas ecológicos podrían argumentar que la gran necesidad que Monte Albán tenía de maíz con qué alimentar a su población urbana hizo necesaria la subyugación de todo el Valle de Oaxaca. Los seleccionistas tal vez argumentarían que la "ventaja competitiva" conferida por el gran tamaño de Monte Albán hizo posible que ésta eliminara a todos sus competidores. Los teóricos de la acción podrían argüir que una serie de agresivos gobernantes de Monte Albán, como Kamehameha en Hawai, lucharon implacablemente por someter al resto del Valle de Oaxaca, desde luego, persiguiendo en todo momento metas que fueron "material y políticamente útiles en el contexto de su situación cultural e histórica".[24] Sea como fuere, a fines de Monte Albán I todo el valle se hallaba bajo la hegemonía de Monte Albán y estaba en flor la etnogénesis zapoteca.

FIGURA XII.17. *Jarra de pico con asa y efigie procedente de los Entierros 5a y 5b de Abasolo. Altura: 19.5 cm.*

[23] Flannery y Marcus (comps.), 1983, p. 67.
[24] Ortner, 1984, p. 151.

XIII. El surgimiento del estado zapoteca

El periodo II de Monte Albán fue una de las fases más interesantes de la prehistoria zapoteca. Empezó hacia 100 a.C. y duró hasta 200 d.C. Durante Monte Albán II, ya no puede haber sombra de duda de que la sociedad oaxaqueña estaba organizada como estado e incluso como estado expansionista. Virtualmente toda institución del periodo II arqueológicamente recuperable refleja un nivel estatal de organización sociopolítica. En este capítulo examinaremos aquellas instituciones (muchas de las cuales también se han detectado en estados primitivos del Viejo Mundo); por su parte, el capítulo XIV documentará la manera en que los zapotecas se expandieron mediante la colonización y la conquista.

Cálculos de población

Es muy probable que el estado de Monte Albán II estuviera apoyado en una combinación de agricultura de temporal, riego y tributo. Figuraban en la dieta el maíz, el frijol, la calabaza, el chile, el aguacate, el agave, el nopal y otras plantas silvestres y domésticas. Para entonces había tanta gente en el valle que es probable que la carne de venado hubiera quedado restringida a la élite, aunque aún existieran suficientes conejos, tortugas de cenegal, ardillas, aves e iguanas para los plebeyos. Los zapotecas habían agregado al perro doméstico, todavía importante fuente de carne, la carne y los huevos de pavo *(Meleagris gallopavo)*. No se sabe dónde ni cuándo se domesticaron los pavos por primera vez; sus antepasados silvestres aún se pueden encontrar en el norte de México y en los Estados Unidos.

Monte Albán II también tuvo la cerámica más colorida y distintiva conocida en Oaxaca desde la fase San José. La loza gris bruñido seguía siendo popular, pero se unieron a ella vasijas rojo ceroso, rojo sobre naranja, rojo sobre ocre, negro y negro de borde blanco, muchas de cuyas formas y colores reflejan un intercambio de ideas con el vecino Chiapas. El carácter distintivo de aquella cerámica la hace relativamente fácil de reconocer sobre la superficie del suelo, razón por la cual, en el Valle de Oaxaca, se han identificado alrededor de 518 comunidades de aquel periodo.

*El surgimiento
del estado zapoteca*

FIGURA XIII.1. *Histograma de los 40 principales asentamientos del Valle de Oaxaca durante Monte Albán II. Se cree que sólo las Categorías 1-3 de la jerarquía de asentamientos tenían funciones administrativas.*

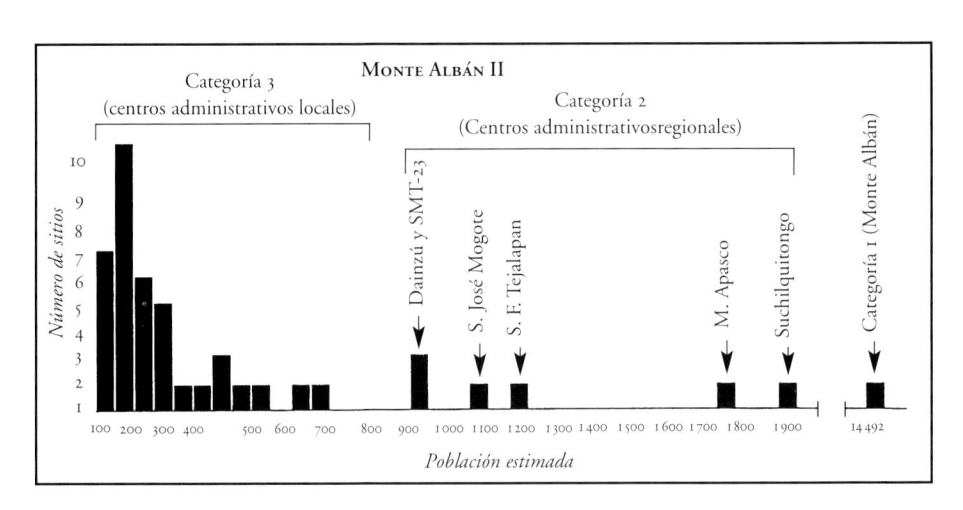

Este menor número de sitios, respecto de los de Monte Albán Ic (744), afecta los cálculos de población hechos por el proyecto de Patrones de Asentamiento, pese al hecho de que los sitios de Monte Albán II fueron mayores en promedio. Durante Monte Albán Ic, sus estimaciones para el valle promedian 51 000 habitantes; para Monte Albán II, 41 000. Se cree que esta disminución de alrededor de 10 000 habitantes refleja el traslado de zapotecas fuera del Valle de Oaxaca, como parte de una colonización deliberada de áreas vecinas.

Muchas líneas testimoniales sugieren que aquella colonización ocurrió en realidad (capítulo XIV). Sin embargo, también se ha de recordar que los atributos cerámicos elegidos como diagnóstico de un periodo pueden afectar nuestros cálculos de población. En este caso, sospechamos que en el periodo II parte de la disminución poblacional obedece al elevadísimo cálculo de población del proyecto de Patrones de Asentamiento para el periodo Ic.

El surgimiento de una jerarquía de lugares centrales

Varios atributos del sistema de asentamientos del Periodo II indican que en aquel entonces todo el valle se hallaba bajo el dominio de un solo estado centrado en Monte Albán. Entre otras cosas, ya había desaparecido el anillo de 155 asentamientos que rodeó a Monte Albán durante el periodo I Tardío. Otrora densamente poblada, la región central del Valle de Oaxaca se había reducido entonces a 23 comunidades. Ello sugiere que Monte Albán ya no necesitaba concentrar campesinos, guerreros y peones en un radio de 15 km alrededor de la ciudad, porque sus gobernantes ya podían contar con el apoyo de todo el valle.

Por lo demás, ya no parece haber ninguna ambigüedad acerca de una jerarquía de cuatro categorías de comunidades del valle. Monte Albán, que entonces cubría 416 ha, era la única "ciudad" u ocupante de categoría 1; su población se calcula en 14 500 habitantes.

Seis sitios con poblaciones estimadas de 970-1 950 personas pueden haber sido comunidades de categoría 2 o "ciudades pequeñas". Todos quedaban dentro de un radio de 14 a 28 km alrededor de Monte Albán, a menos de un día de viaje. Todos

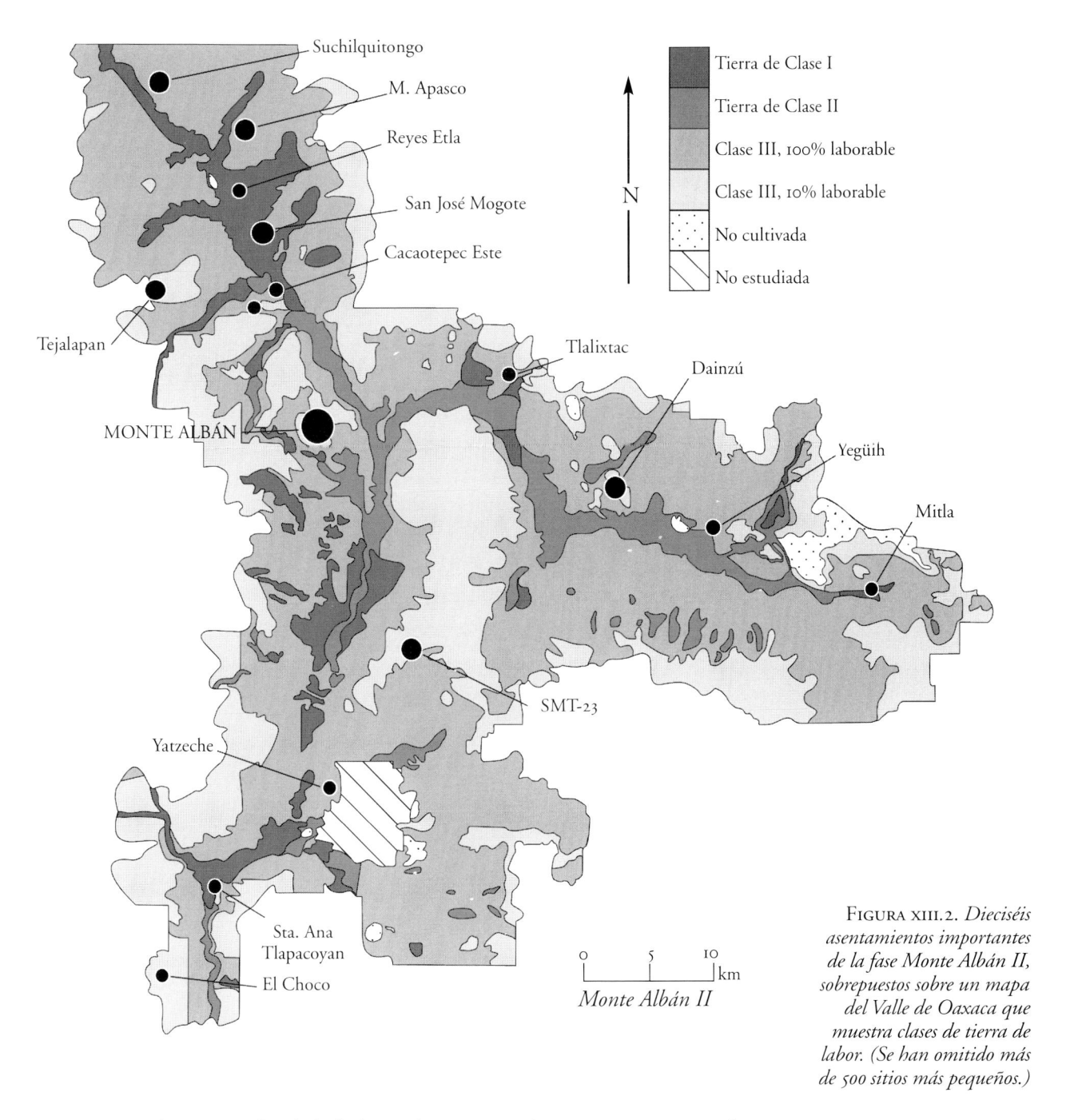

FIGURA XIII.2. *Dieciséis asentamientos importantes de la fase Monte Albán II, sobrepuestos sobre un mapa del Valle de Oaxaca que muestra clases de tierra de labor. (Se han omitido más de 500 sitios más pequeños.)*

muestran indicio superficial de haber sido centros administrativos regionales. Incluso la cuarta ciudad más grande de ellas, San José Mogote, cubría 60-70 ha.

La categoría 3 de la jerarquía consistía en cuando menos 30 "aldeas grandes" del orden de 5-10 ha, con poblaciones estimadas en 200-700 personas. Se han excavado varios de aquellos sitios, que muestran indicios de edificios públicos.

Finalmente, la categoría 4 de la jerarquía consistía en más de 400 "aldeas pequeñas", con poblaciones estimadas por debajo de 200 habitantes. Casi ninguno de aquellos sitios ha sido excavado, por lo que se carece de evidencia alguna de funciones administrativas en cualquiera de ellos.

*El surgimiento
del estado zapoteca*

Las distancias sorprendentemente regulares entre algunas poblaciones de categoría 2 y Monte Albán sugieren que nos encontramos ante una "jerarquía de lugares centrales". Es éste un término usado por los geógrafos culturales para una jerarquía administrativa tan bien integrada que las ciudades rodean a la ciudad capital a distancias sumamente regulares; a su vez, las grandes aldeas rodean a las ciudades pequeñas a distancias regulares y más cortas.[1] Ello hace que el sistema de asentamientos semeje una rejilla de celdas anidadas la una en la otra, representando cada celda una unidad administrativa. Examinemos ahora algunas de las celdas más regulares de Monte Albán II.

Cuatro claros centros administrativos de categoría 2 —San José Mogote, San Felipe Tejalapan, Dainzú y el sitio SMT-23 próximo a San Martín Tilcajete— se hallan espaciados a 15-22 km de Monte Albán. Aunque no mayor que un asentamiento promedio de categoría 3, Tlalixtac, una quinta comunidad, se halla en la ubicación correcta para haber servido como un centro más de categoría 2. Tejalapan se localiza en un lugar defendible, y Dainzú al pie de una colina igualmente defendible.

Cuando nos enfocamos en San José Mogote, Dainzú y SMT-23, cada sitio parece tener una celda irregular de aldeas grandes y pequeñas a su alrededor. Estas celdas de comunidades subordinadas sugieren que San José Mogote, Dainzú y SMT-23 eran principales centros administrativos regionales para las regiones de Etla, Tlacolula y el Valle Grande, respectivamente. Sus grandes aldeas dependientes estaban espaciadas de tres a ocho kilómetros de la ciudad pequeña más cercana, aproximadamente a una o dos horas de camino.

Otros dos asentamientos, clasificados como centros de categoría 2 con base en su tamaño, no parecen haber estado rodeados de celdas comparables de grandes aldeas. Al parecer, Magdalena Apasco fue una pequeña ciudad de la celda de San José Mogote. Suchilquitongo, centro ubicado en la cima de una montaña próxima al alto Río Atoyac, tal vez haya servido para defender la entrada norte del valle. (El Choco, centro de cima montañosa más pequeño, puede haber defendido el paso por donde el Río Atoyac sale del valle en su curso al sur.)

FIGURA XIII.3. *Enormes montículos arqueológicos se elevan desde una cima montañosa defendible próxima a Suchilquitongo, al norte del subvalle de Etla.*

FIGURA XIII.4. *Ejemplo de rejillas tentativas de lugares centrales de antiguas civilizaciones.* (Izquierda) *La rejilla de los sitios de categorías 2, 3 y 4 próximos a la antigua ciudad sumeria de Eshnunna, Irak.* (Derecha) *La rejilla de los sitios de categorías 2 y 3 que circundan la antigua ciudad maya de Calakmul.*

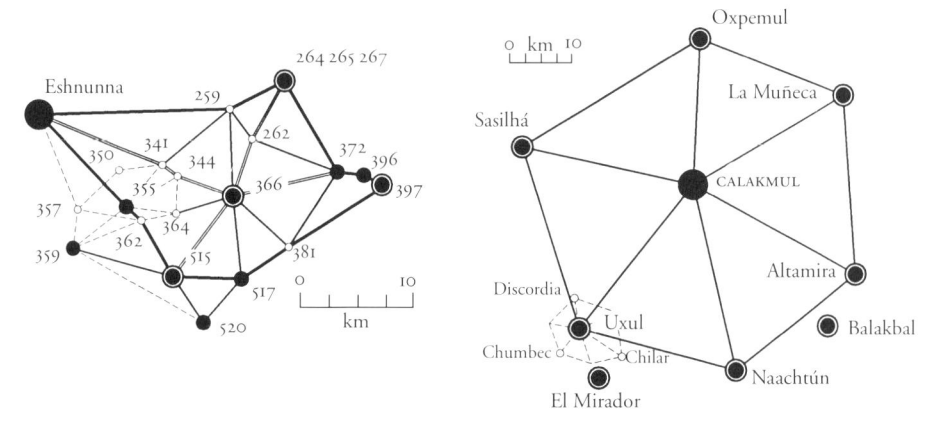

[1] Peter Haggert, 1972, *Geography: A Modern Synthesis*, pp. 286-297.

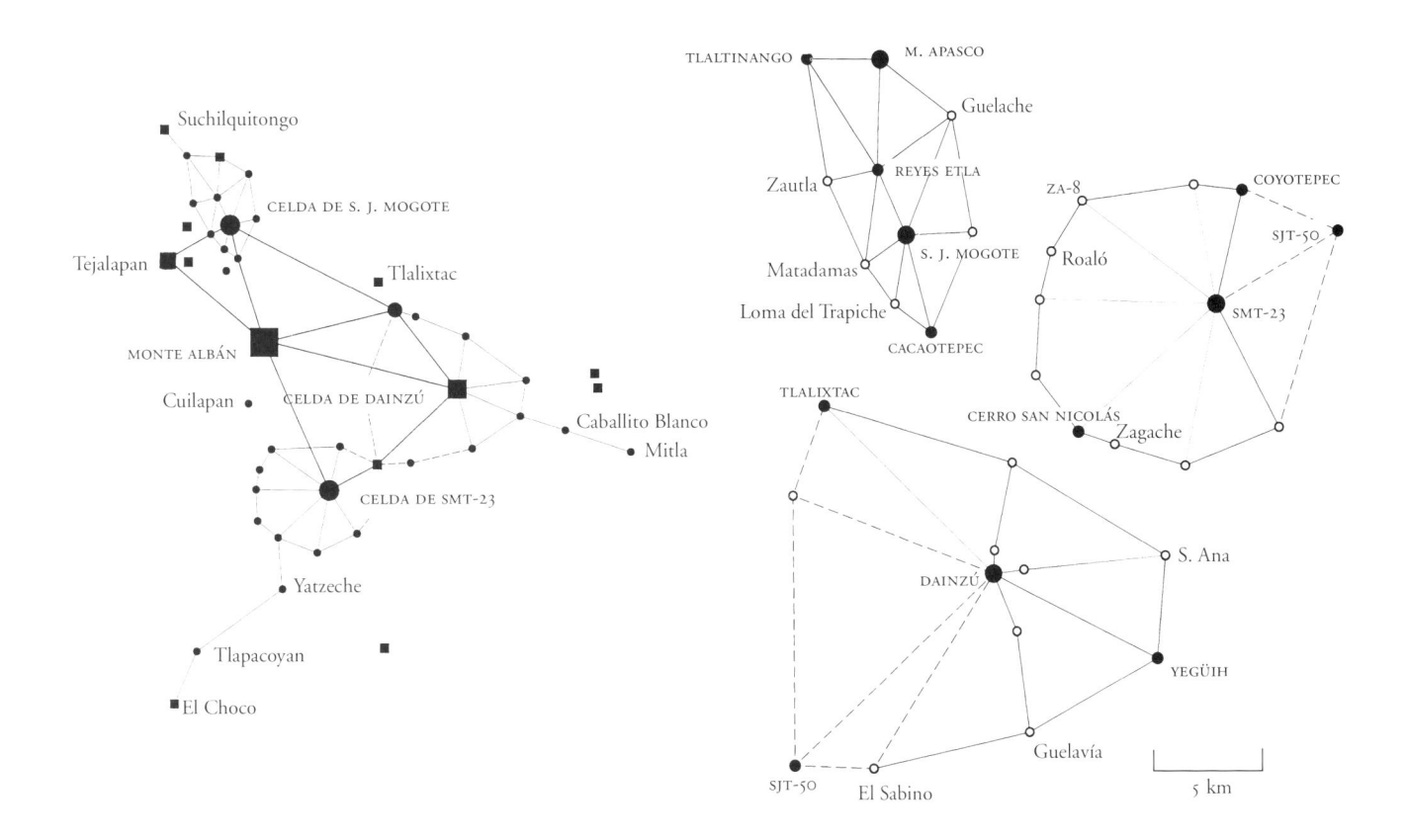

El patrón regular de ciudades pequeñas y aldeas grandes localizadas debajo de la ciudad de Monte Albán refleja un nivel de integración de todo el valle desconocido antes del periodo II. Sin embargo, la cabal comprensión del sistema regional exigirá excavaciones en todas las categorías de la jerarquía. El solo tamaño no siempre es reflejo de la importancia política de un sitio, en tanto que los cálculos de población a partir de los vestigios superficiales son tentativos.

Las plantas arqueológicas de las instituciones del estado zapoteca

Muchas instituciones del estado están ligadas a un tipo específico de edificio público. A menudo, la planta de ese edificio se puede reconocer en el registro arqueológico, como ocurre con ciertos tipos de objetos asociados a la institución. Ahora consideraremos una serie de edificios de las siguientes comunidades de Monte Albán II:

1. Monte Albán, capital del valle, nuestro único sitio de categoría 1.
2. San José Mogote, centro regional del subvalle de Etla, sitio de categoría 2.
3. Dainzú, centro regional del subvalle de Tlacolula, sitio de categoría 2.
4. Cuilapan, en Valle Grande, posible centro de categoría 3.

FIGURA XIII.5. (Izquierda) *Rejilla tentativa de lugares centrales para el Valle de Oaxaca durante Monte Albán II. Los sitios mostrados como rectángulos negros se hallan en entornos fortificados o defendibles.* (Derecha) *Acercamientos de las celdas de aldeas grandes y pequeñas que rodean los centros de categoría 2 de San José Mogote, SMT-23 y Dainzú.*

215

FIGURA XIII.6. *En esta reconstrucción artística, la Plaza Principal de Monte Albán se extiende a lo Caso asignó letras del alfabeto*

*largo de 300 m entre la acrópolis de la Plataforma Norte y la pirámide de la Plataforma Sur. Alfonso
a los principales edificios.*

El surgimiento del estado zapoteca

El diseño de la "Gran Plaza"

Monte Albán II conoció un enorme incremento en tipo y número de estructuras públicas. Sin duda, las excavaciones futuras en Monte Albán se sumarán a nuestro pobre registro de edificios del periodo I, muchos de los cuales yacen ocultos bajo toneladas de construcción subsecuente. Aunque lo sepamos, nos sorprende la proliferación de arquitectura pública en el periodo II.

Durante aquella era, los gobernantes de Monte Albán nivelaron una enorme área, 300 m de norte a sur y 200 de este a oeste, pavimentándola por completo con estuco blanco, a fin de crear la Plaza Principal. En los lugares en los que los afloramientos naturales de roca eran demasiado altos para ser nivelados, éstos sirvieron de núcleos para los edificios principales. Una línea de estructuras norte-sur proporcionó el borde este de la plaza, otra proporcionó el borde oeste y una tercera línea cubrió una serie de afloramientos en el centro de la plaza.

Los límites del norte de la plaza quedaron establecidos por la Plataforma Norte, una inmensa acrópolis de 250 m por lado, que engulló varios edificios del periodo I y luego fue ampliada y modificada por gobernantes subsecuentes. No sabemos qué aspecto tenían los límites del sur de la plaza en aquel entonces, ya que todas las construcciones del periodo II se hallan ahora sepultadas bajo la Plataforma Sur, enorme estructura que en épocas posteriores alcanzó los 150 m por lado.

Aquel diseño de "gran plaza" no fue privativo de Monte Albán; por lo menos algunas ciudades pequeñas de categoría 2 de la jerarquía tuvieron plazas trazadas a imagen y semejanza de la plaza de la capital. La más conocida de ellas tal vez sea San José Mogote, que al cabo de muchos siglos de abandono relativo había conocido un importante renacimiento durante Monte Albán II.

Nacido de nuevo como principal centro de categoría 2 en el subvalle de Etla, San José Mogote fue dotado de una plaza principal con 300 m de norte a sur y

FIGURA XIII.7. *Reconstrucción artística de San José Mogote durante Monte Albán II. En primer plano está el Montículo 1, colina modificada equivalente a la Plataforma Sur de Monte Albán. En el extremo opuesto de la Plaza Principal está el Montículo 8, versión más pequeña de la Plataforma Norte de Monte Albán. El Río Atoyac delimita el sitio por el sur.*

200 m de este a oeste, muy similar a la de Monte Albán. Las semejanzas de ambas plazas en el trazo son notables. El Montículo 8 de San José Mogote, que forma el límite norte de la plaza, al parecer correspondía a la Plataforma Norte de Monte Albán. Cada cual soportaba una estructura gubernamental a la que se llegaba subiendo una gran escalinata y pasando por un pórtico columnario; el pórtico de Monte Albán poseía una doble fila de seis columnas, el de San José Mogote una sola hilera de seis. La estructura gubernamental de Monte Albán tenía un patio hundido que medía 50 m de una a otra parte y cuatro metros de profundidad; la de San José Mogote contaba con una patio hundido que medía 20 m de uno a otro lado y era menos profundo. Al parecer, ambas estructuras fueron sitios de reunión de la élite; sin embargo, cada cual poseía "salas de recepción" detrás de su patio hundido.

Para continuar la comparación de Monte Albán y San José Mogote, vemos que ambos sitios tenían templos de doble cámara, tanto a lo largo de ambos lados de la plaza como sobre las elevaciones naturales de ésta. San José Mogote tuvo por lo menos 10 de estos templos en el periodo II; Monte Albán tal vez haya tenido el doble. La gran mayoría de aquellos templos mira al este o al oeste. Quizá haya cinco casos en San José Mogote (y por lo menos otros tantos en Monte Albán) en los que pares de templos se miran uno al otro a lo largo de la trayectoria solar este-oeste.

Como se explicará después, algunos templos de ambos lados contenían importantes ofrendas bajo sus pisos. Más aún, a algunos de ellos se podía llegar por pasajes secretos que recuerdan los que conocimos previamente en Monte Negro. En el caso de Monte Albán, bajo la mitad oriental de la Plaza Principal, existe un túnel que habría permitido a los sacerdotes desplazarse de un edificio a otro sin ser vistos. En el caso de San José Mogote, hay una escalera subterránea que sube al Montículo 1, promontorio coronado

El surgimiento del estado zapoteca

FIGURA XIII.8. *Entrada columnaria y patio hundido encima del Montículo 8 de San José Mogote.*

FIGURA XIII.9. *El patio hundido de la Plataforma Norte de Monte Albán, visto desde su esquina noreste.*

El surgimiento del estado zapoteca

por un templo, en el extremo sur de la Plaza Principal, que corresponde a la Plataforma Sur de Monte Albán.

Finalmente, las plazas de Monte Alban y San José Mogote tenían juegos de pelota construidos en forma del número romano I. San José Mogote no tuvo más de uno de esos terrenos de juego; andando el tiempo, Monte Albán llegó a tener siete juegos de pelota dispersos por toda la ciudad, pero muchos de ellos fueron construidos en periodos subsecuentes.

Palacios y tumbas

Muchos nobles de aquel periodo vivieron en grandes palacios, construidos de adobe y mortero de cal sobre cimientos de mampostería de piedra. Una de nuestras necesidades más apremiantes es contar con más plantas completas de aquellos edificios, como el que se localiza en la esquina suroeste de la Plataforma Norte de Monte Albán. Una de aquellas residencias, construida sobre el Montículo 9 de la Plaza Principal de San José Mogote, fue excavada en parte por Robert y Judith Zeitlin. Consistente en múltiples patios rodeados de habitaciones, la residencia al parecer se modificó continuamente. Muchas de aquellas modificaciones implicaron la división de habitaciones y patios preexistentes en espacios más reducidos, posiblemente como respuesta a un aumento de sus ocupantes.

Durante el periodo II, las tumbas de los nobles zapotecas se hicieron mucho más impresionantes, sugiriendo con ello que las simples tumbas rectangulares de otros tiempos ya no eran lo suficientemente elaboradas a juicio de la clase gobernante en embrión. Para entonces, en las tumbas podía haber techo abovedado, planta cruciforme que incluía varias cámaras y nichos para ofrendas, además de una entrada a la que se llegaba bajando una escalinata. Las tumbas aparentemente podían reabrirse en múltiples ocasiones, a medida que morían diversos miembros de una familia noble y se agregaban a ellas.

FIGURA XIII.10. *Escalera secreta subterránea que conducía a un templo sobre el Montículo 1 de San José Mogote, la cual originalmente estaba techada con láminas de piedra.*

Era típica la Tumba 118 de Monte Albán. La cámara principal, de 3.5 m de largo y 1.6 m de alto, se ampliaba por la izquierda, la derecha y la parte posterior mediante nichos de un metro de largo por la mitad de la altura de la cámara en sí. Se llegaba a la antecámara bajando por una empinada escalera de dos metro.[2] Sospechamos que el carácter monumental de algunas tumbas de Monte Albán II, así como la creciente brecha entre ellas y las sepulturas de las personas comunes y corrientes, señala el ascenso de una sociedad estratificada como la del siglo XVI zapoteca (capítulo 1).

En la mayor parte de los señoríos, hay un *continuum* de diferencias jerárquicas de arriba hacia abajo. Las personas se jerarquizan en función de su distancia genealógica del jefe supremo, estando las personas inferiores relacionadas ciertamente de manera muy lejana. En la mayor parte de los estados arcaicos, existe una verdadera brecha genealógica entre el estrato de los nobles y

[2] Ignacio Marquina, 1964, *Arquitectura prehispánica*, p. 336.

El surgimiento del estado zapoteca

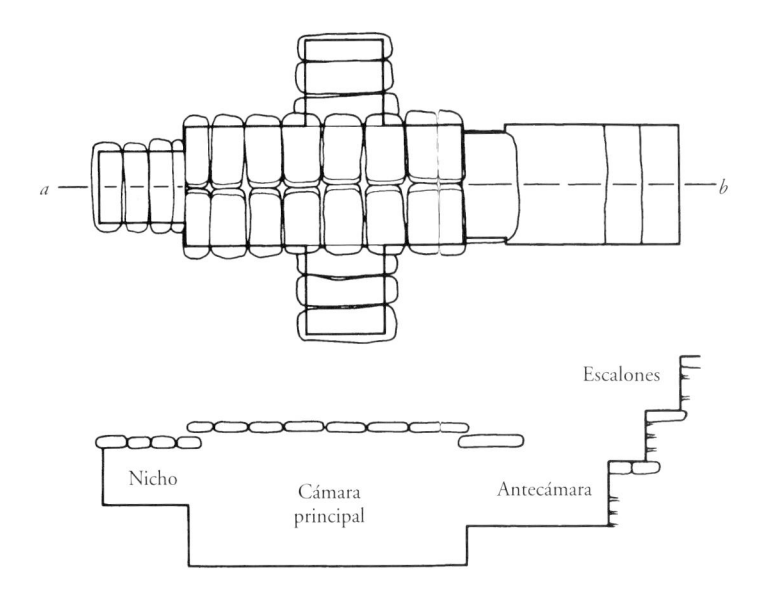

FIGURA XIII.11. *Planta y corte transversal de la Tumba 118 de Monte Albán.*

el estrato de los plebeyos. La pequeña nobleza sabía que, al menos lejanamente, estaba vinculada al rey. Los plebeyos no se consideraban en absoluto ligados a él. Como hemos visto, ambos estratos se mantenían separados por la endogamia de clase o práctica del matrimonio dentro de la propia clase.

Hay muchas tramas posibles acerca de la evolución de la sociedad estratificada a partir de la sociedad señorial. Una explicación que se centre en los actores podría empezar con la necesidad que tenía todo jefe de garantizar que lo sucediera su vástago. La única manera en que aquel jefe podía asegurar esa meta era contrayendo nupcias con la mujer de mayor alcurnia disponible. La brecha genealógica mencionada con anterioridad podía surgir de la intensa competencia por los matrimonios más ventajosos. Con el tiempo, los miembros de la sociedad genealógicamente más distante —el casamiento con los cuales sólo condenaría a un hijo a una jerarquía inferior— podían ver cortados sus lazos de parentesco con la élite. Al parecer, eso fue lo que ocurrió en Hawai a las familias de posición inferior, antes de la formación del estado.[3]

Sin embargo, apresurémonos a añadir que la presencia de un estado no puede demostrarse simple y sencillamente a partir de las tumbas elegantes. Los jefes también tenían funerales elegantes, como los dispensados a Serpiente Tatuada, el gran jefe de los indios natchez.[4] Para demostrar la existencia de un estado, se necesitan *múltiples líneas testimoniales:* jerarquías de lugares centrales, urbanismo, palacios reales, sacerdotes de tiempo completo, ocupación permanente de territorios conquistados, etcétera.

El templo columnario de doble cámara

En el capítulo XII, planteamos la interrogante sobre el momento exacto en que se agregó al templo zapoteca una segunda cámara, convirtiéndolo de una estructura

[3] Patrick V. Kirch, 1984, *The Evolution of the Polynesian Chiefdoms*, fig. 85.
[4] Charles Hudson, 1976, *The Southeastern Indians*, pp. 328-334.

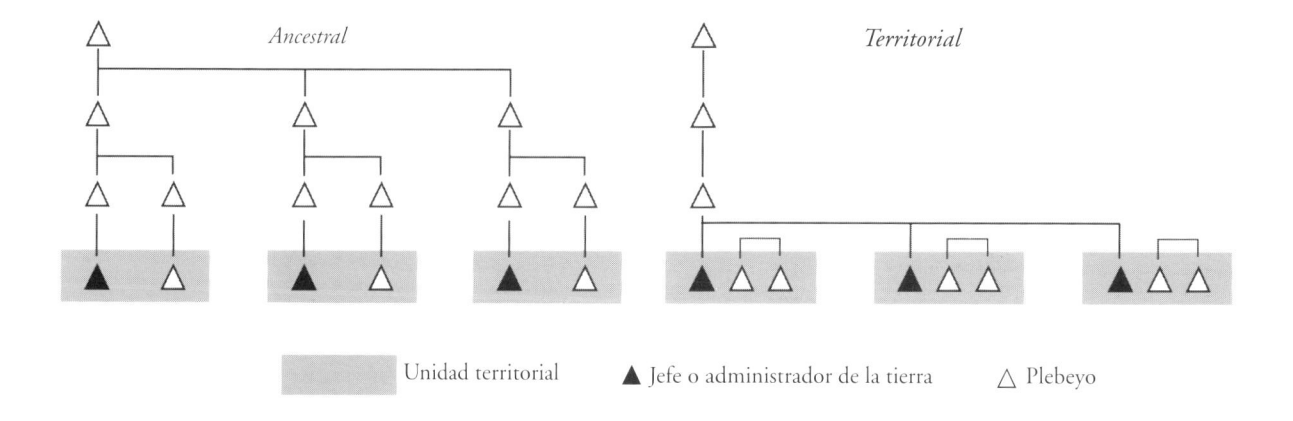

FIGURA XIII.12. *Modelo de Patrick Kirch para el paso de sociedad jerárquica a sociedad estratificada en Hawai. Con el viejo sistema "ancestral", incluso las familias de baja condición social se vinculaban genealógicamente con el jefe y sus familiares cercanos de alcurnia. Con el nuevo sistema "territorial", las familias de baja condición quedaron divorciadas de la genealogía y se constituyeron en un estrato aparte de plebeyos.*

religiosa generalizada al *yohopèe* descrito en las relaciones españolas del siglo XVI. Claramente presente en Monte Albán II, aquella modificación resulta significativa porque es probable que se haya hecho para alojar a sacerdotes de tiempo completo, que vivían en la cámara interior del templo.

Aquellos templos concuerdan con nuestras descripciones de las estructuras estandarizadas de la religión del estado zapoteca. Se construyeron, exactamente con idéntica planta, en cada nivel de la jerarquía de asentamientos, hasta la categoría 3.

Los sacerdotes de tiempo completo tomaron de manos de los zapotecas laicos una parte considerable del ritual. Los hombres que podían haber sacrificado a sus animales en 1000 a.C., debían llevarlos a la cámara exterior menos sagrada del templo y entregarlos al sacerdote, quien se encargaba de realizar el sacrificio en la cámara interior más sagrada. Si bien se dice que los sacerdotes supremos o *uija-tào* tenían cómodas residencias e iban y venían a su antojo, los *bigaña* o sacerdotes menores son descritos como aquellos que "nunca abandonaban el templo".[5]

Uno de los templos más conocidos de este tipo fue hallado en 1935 por Alfonso Caso, en el Edificio X, exactamente al noreste de la Plaza Principal de Monte Albán.[6] Construido sobre una plataforma, con una escalinata del lado sur, el templo medía 10 x 8 m. La entrada a la cámara exterior tenía cuatro metros de ancho y estaba flanqueada por columnas simples. Para llegar a la cámara interior, había que cruzar la cámara exterior y subir 30 cm a través de una segunda entrada flanqueada por columnas únicas. Esta segunda entrada era más angosta y el santuario interior más reducido que la cámara exterior.

En 1945-1946, Jorge Acosta descubrió un templo, aún más antiguo, abajo del primero.[7] Este templo de Monte Albán II mide 12.8 x 11.2 m de superficie; su cámara interior tiene una pila construida en el piso de estuco y una caja de ofrendas en su parte posterior, sobre la línea intermedia del templo. Es probable que estas características arquitectónicas se vinculen a la colocación de ofrendas o

[5] Nicolás Espíndola, 1580, "Relación de Chichicapa y su partido", en *Papeles de Nueva España: Segunda Serie, Geografía y Estadística* (vol. 4), Francisco del Paso y Troncoso (comp.), 1905, p. 139.
[6] Alfonso Caso, 1935, "Las exploraciones en Monte Albán, Temporada 1934-1935", *Instituto Panamericano de Geografía e Historia*, publicación 18.
[7] Jorge R. Acosta, "Informes de la XIII, XIV, XV, XVI y XVII Temporadas de Exploraciones Arqueológicas de Monte Albán de los años 1944 a 1949", manuscrito conservado en los archivos del Instituto Nacional de Antropología e Historia.

FIGURA XIII.14. *Un templo aún más primitivo sobre el Edificio X de Monte Albán, descubierto por Jorge Acosta en 1945-1946.*

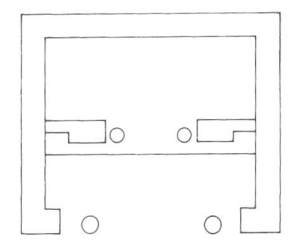

FIGURA XIII.13. *El templo de doble cámara descubierto por Alfonso Caso sobre el Edificio X de Monte Albán, en 1935. Los círculos son las bases de las columnas.*

incensarios, el lavado de artículos sacrificatorios o la recolección de sangre de las aves, los perros, los niños o los prisioneros sacrificados.

Ritos de santificación

Con base en los datos etnohistóricos, sospechamos que gobernantes específicos ordenaron la construcción de aquellos templos y sufragaron los gastos de edificación, como un acto de devoción real. Según las apariencias, antes de poder construir un nuevo templo era necesario realizar lo que el antropólogo Roy Rappaport ha llamado un "rito de santificación".[8, 9] Aquel rito servía para convertir el suelo secular en suelo sagrado, lo que a menudo exigía del entierro de ofrendas costosas o de mano de obra bajo el piso del templo. Una vez convertido el sitio en suelo sagrado, los templos futuros podían edificarse sobre el original.

A poca distancia al noreste del inmenso patio hundido de la Plataforma Norte de Monte Albán, se localiza un patio pequeño, rodeado de tres templos denominados e, d y g. Un análisis de la circulación en Monte Albán, realizado por Richard Blanton, ha determinado que aquel patio era el lugar menos accesible de la ciudad;[10] por ello es posible que los templos e, d y g fueran usados exclusiva-

[8] Roy A. Rappaport, 1971, "Ritual, Sanctity, and Cybernetics", *American Anthropologist* 73, pp. 59-76.
[9] Roy A. Rappaport, 1979, *Ecology, Meaning, and Religion*.
[10] Blanton, 1978, pp. 61-63.

El surgimiento del estado zapoteca

FIGURA XIII.15. *Plataforma piramidal y escalinata para el Templo g de Monte Albán, donde dos mujeres sacrificadas fueron inhumadas, con ofrendas de alfarería, piedra verde y madreperla.*

mente por la familia real. Sobre el montículo del Templo g, Acosta recuperó una ofrenda dedicatoria oculta perteneciente a Monte Albán II, que contenía seis vasijas de cerámica, dos collares de piedra verde y concha, un mosaico de madreperla y dos esqueletos de mujeres que tal vez hayan sido sacrificadas.[11]

A una profundidad de 9.5 m, en las entrañas del Edificio I —plataforma de un templo más público ubicado en el centro de la Plaza Principal de Monte Albán— se hallaba una "caja de ofrendas" del periodo II, típica de los templos zapotecas. Dentro de aquella caja de mampostería de piedra había un collar de concha marina, ornamentos de jade en forma de flor, dos máscaras de mosaico (una de jade y turquesa y otra de pirita de hierro y concha) y un hueso labrado.[12]

Sin embargo, una de las ofrendas más espectaculares del periodo II provino no de un templo sino de un "adoratorio" o plataforma ritual baja de Monte Albán. Aquella estructura de múltiples niveles, semejante a un altar, se localiza justo al este del Edificio H, cerca del túnel de la subplaza mencionada con anterioridad. Acosta descubrió allí, cerca de la base del adoratorio, un importante entierro sacrificatorio múltiple.[13] Por lo menos cinco esqueletos, en su mayor parte de adultos jóvenes, habían sido depositados sobre un pavimento de lajas, junto con múltiples collares de jade, orejeras de jade en forma de flor, máscaras y pectorales de jade, perlas, caracoles y otras conchas marinas. Uno de los esqueletos llevaba como pectoral una increíble máscara hecha de 25 piezas individuales de jade, ajustadas entre sí para formar la cara de un murciélago, con ojos y dientes de concha marina. Aquella máscara, mostrada en la lámina I, se considera una obra maestra del arte zapoteca.

[11] Jorge R. Acosta, "Informes de la XIII, XIV, XV, XVI y XVII Temporadas de Exploraciones Arqueológicas de Monte Albán de los años 1944 a 1949", manuscrito conservado en los archivos del Instituto Nacional de Antropología e Historia.
[12] *Idem.*
[13] *Idem.*

Un templo en Cuilapan

Incluso los templos de comunidades de categorías 2 y 3 podían tener importantes ofrendas dedicatorias. Por ejemplo, un templo Monte Albán II de Cuilapan, en Valle Grande, considerado centro de categoría 3 en aquel periodo, contenía bajo el piso a un niño sacrificado. El niño estaba cubierto de pigmento rojo y estaba rodeado de 17 figurillas, 400 cuentas de jade, 35 conchas marinas, dos orejeras de cerámica, además de mosaicos de concha, obsidiana y hematita desintegrados.[14]

Templos "abiertos"

No todos los templos pertenecían al tipo de doble cámara; algunos se dejaban abiertos por todos lados. Un ejemplo es el Edificio II de Monte Albán, descrito por Ignacio Bernal como "un pequeño templo con cinco pilares al frente y otros cinco atrás... Nunca tuvo paredes laterales y en realidad estaba abierto a los cuatro vientos".[15] En el lado sur de aquel templo "abierto", los excavadores encontraron la entrada a un túnel que permitía a los sacerdotes entrar en el edificio y abandonarlo sin ser vistos, cruzando bajo la mitad este de la Plaza Principal un edificio ubicado sobre la espina central de la plaza.

Una admirable escultura de barro, hallada en las entrañas de la Plataforma Norte de Monte Albán, aporta algunos indicios del posible uso

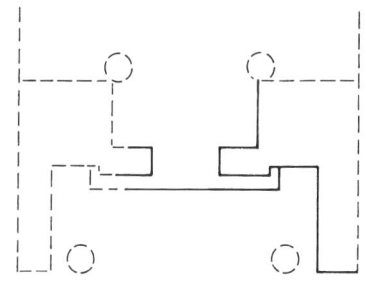

El surgimiento del estado zapoteca

FIGURA XIII.16. *Planta de un templo de doble cámara en Cuilapan, cuyas ofrendas subterráneas contenían jade, concha, obsidiana, hematita y un niño sacrificado.*

FIGURA XIII.17. *El "adoratorio" o plataforma ritual baja, al este del Edificio H de Monte Albán. Allí fue encontrada la máscara de murciélago de jade que se muestra en la lámina I, junto con un entierro sacrificatorio múltiple.*

---

[14] Ignacio Bernal, 1958, *Exploraciones en Cuilapan de Guerrero, 1902-1954*, p. 25.
[15] Ignacio Bernal, 1985, *Official Guide to the Oaxaca Valley*, p. 54.

FIGURA XIII.18. *Escultura de barro de un guacamayo gigantesco en el interior de un templo, Monte Albán II. Altura: 49.5 cm.*

de aquellos templos abiertos. Ejecutada en cerámica rojo sobre ocre típica del periodo II, la escultura muestra un templo abierto en miniatura, con su techo sostenido sobre columnas por todos los costados. Dentro, acechando en la sombra de las columnas, hay un gigantesco guacamayo captado con el pico abierto a medio grito. Sólo es visible la mitad del cuerpo del ave, como si ésta surgiera de alguna entrada oculta en el piso. Nos preguntamos si, con sus entradas secretas, aquellos templos abiertos no habrán sido un lugar de demostración de los encantamientos realizados por sacerdotes vestidos de aves gigantescas, al surgir espectacularmente de aquellos túneles.

Una secuencia de templos en San José Mogote

Por lo que toca a Monte Albán II, no necesitamos depender tanto de la analogía etnográfica con objeto de reconstruir ritos religiosos, como lo hicimos para periodos previos. Algunos ritos del periodo II eran tan similares a los ritos de los zapotecas históricos que en vez de ello podemos recurrir al enfoque histórico directo.

En San José Mogote, tres templos sobrepuestos de doble cámara —las Estructuras 36, 35 y 13— nos aportan información sobre ritos de santificación, quema de incienso, sacrificio de seres humanos y animales, y la metamorfosis de antepasados nobles en compañeros de Rayo. Los tres templos miraban al oeste y estaban hechos de adobe con muros y pisos de estuco blanco.[16]

El más antiguo de ellos, la Estructura 36, databa de Monte Albán II Temprano. Medía 11 x 11 m y estaba ligeramente conformado en forma de T, siendo la cámara interior un poco más reducida que la exterior. Las dos columnas que flanqueaban la entrada interior y las cuatro que flanqueaban la entrada exterior estaban hechas de troncos de ciprés *(Taxodium* sp.). La madera de ciprés se conserva tan bien que en la base de las columnas aún había fragmentos identificables de ella.

La Estructura 35, construida presumiblemente por un gobernante posterior sobre los vestigios arrasados de manera deliberada de la Estructura 36, databa de mediados del Periodo II. Tenía forma de T, como su predecesora, y era más grande, pues medía 12 x 13.5 m. En sus columnas —una a cada lado de las entradas interior y la exterior— tres troncos habían sido sustituidos por grandes piedras, apiladas una sobre otra y rodeadas de piedra bruta pegada con cal. En el escombro de construcción tirado entre las Estructuras 35 y 36, recuperamos restos de codorniz, ave favorecida por los zapotecas como objeto de sacrificio.

Sin embargo, otro gobernante había construido la Estructura 13, sobre los vestigios arrasados de la Estructura 35. Este templo, que databa de Monte Albán II Tardío, medía 15 x 8 m y era rectangular, en vez de tener forma de T. Sus columnas —dos flanqueaban la entrada interior y cuatro la exterior— eran de piedra

---

[16] Joyce Marcus y Kent V. Flannery, 1994, "Ancient Zapotec Ritual and Religion: An Application of the Direct Historical Approach", en *The Ancient Mind: Elements of Cognitive Archaeology*, Colin Renfrew y Ezra B. W. Zubrow (comps.), pp. 55-74.

apilada, como las de la Estructura 35. Su cámara interior tenía una pila excavada en el piso, como el templo del Montículo X de Monte Albán.

Las ofrendas de la Estructura 35

La Estructura 35 de San José Mogote resultó de particular interés porque tanto su piso como los objetos abandonados sobre él se habían conservado bajo una capa de escombro blando de adobe. El propio piso mostraba círculos de hollín en dondequiera que se hubiesen usado quemadores de incienso; los lugares preferidos para quemar la resina se ubicaban en el centro de las cámaras interior y exterior, a lo largo del muro posterior de la cámara interna y sobre el escalón que separaba la cámara exterior de la interior. Las columnas de humo aromático de aquellos incensarios se elevaban hasta llegar a los "Antepasados de las Nubes", en el cielo zapoteca.

En la parte sur de la cámara interior, ahumada y sin ventanas, se había dejado sobre el piso una serie de objetos de obsidiana. Entre ellos se encontraban dos dagas rotas y foliformes, como las de Monte Negro que vimos previamente, usadas casi con seguridad en la extracción de corazones humanos. Dispersos a su alrededor había 42 cuchillos prismáticos del tipo usado por los sacerdotes zapotecas para realizar la sangría ritual o el sacrificio de animales pequeños como la codorniz.

Pese al hecho de que la Estructura 35 se construyó sobre un templo anterior, el gobernante que la ordenó tuvo necesidad de colocar presentes dedicatorios bajo el piso de la cámara interior. En una caja de ofrendas, de abajo de la mitad norte de la habitación, había dos estatuas y dos cuentas de jade, además de fragmentos de escombro de trabajo del jade en un montón de pigmento bermellón. La estatua

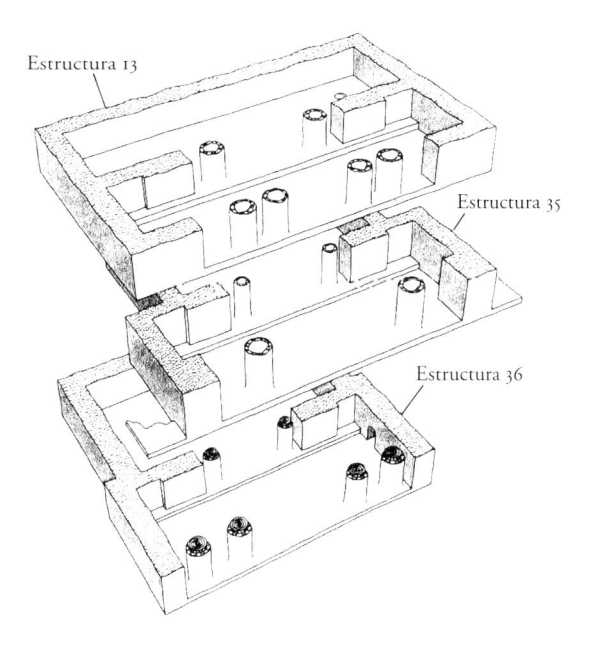

El surgimiento del estado zapoteca

FIGURA XIII.19. *Tres templos sobrepuestos de Monte Albán II, en San José Mogote,*

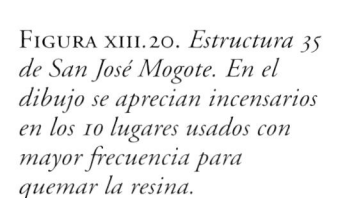

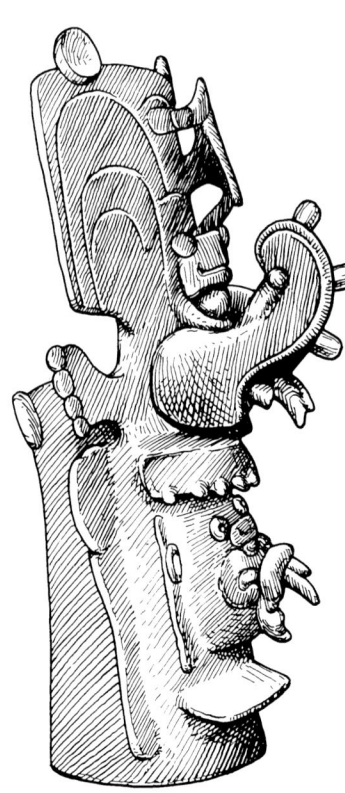

FIGURA XIII.20. *Estructura 35 de San José Mogote. En el dibujo se aprecian incensarios en los 10 lugares usados con mayor frecuencia para quemar la resina.*

FIGURA XIII.21. *Grotesco incensario de efigie de San José Mogote. Altura: 55 cm.*

de mayor dimensión mide 49 cm de altura, de pie y tiesamente erguida, con los brazos colocados en posición rígida a los costados. Los lóbulos de las orejas habían sido perforados para poner ornamentos y la parte superior de la cabeza presenta un hueco perforado que pudo haber sostenido la base de un tocado perecedero; la estatua puede representar a un noble sacrificado. El trozo de jadeíta en el que fue esculpida —¡el mayor encontrado en una excavación legal en Oaxaca!— muestra el color y la nervadura característicos de una fuente cercana al Río Motagua, Guatemala, a más de 700 km de San Juan Mogote (lámina XVI).

Bajo la mitad sur de la misma cámara se hallaba una caja de ofrendas con siete piezas de cerámica dispuestas en una escena. Es tan complejo el simbolismo de aquella escena que incluso algún conocimiento de la etnohistoria zapoteca sólo permite la más esquemática de las interpretaciones.

La pieza central de la escena era una tumba en miniatura cuyas paredes estaban hechas de adobes puestos de canto, con una losa para servirle de techo. Dentro de la tumba estaba una figura humana arrodillada dentro de una vasija abierta, flanqueada por el esqueleto de una codorniz sacrificada. Inmediatamente al sur del techo de la tumba había un par de astas de venado, adaptadas como palillos para un tambor de caparazón de tortuga.

La figura arrodillada pertenece a un tipo conocido en Oaxaca como los "compañeros", por su frecuente presencia en las tumbas reales. Identificado como miembro de la nobleza por su collar y sus grandes orejeras, el personaje está arrodillado con los brazos plegados sobre el pecho, en la "postura de obediencia" vista en figurillas anteriores.

Tendida en toda su extensión sobre el techo de la tumba en miniatura había una "figura voladora", con una larga capa a sus espaldas. La figura tenía una máscara que representaba a Rayo, llevaba una vara en la mano derecha y sostenía la lengua bífida de una serpiente enroscada en la izquierda. Puesto que las palabras zapotecas para "serpiente" y "maíz joven" *(zee* o *ziy)* son homónimas, sospechamos que lo que vemos en manos de la figura son un almocafre agrícola y una metáfora para el maíz recién germinado.

Sentadas en fila detrás de la figura voladora estaban cuatro efigies de cerámica, cada cual representando a una mujer arrodillada, con una grotesca máscara de *Cocijo*. Es probable que aquellas mujeres, cada una de cuyas cabezas era un receptáculo hueco, representen a las Nubes, la Lluvia, el Granizo y el Viento, los cuatro compañeros de Rayo (véase el capítulo I).

Aquella escena podría representar la metamorfosis de un difunto señor zapoteca en "Persona de las Nubes" *(ben zaa)* o "Figura Voladora", que para entonces ya estaba en contacto con Rayo. La "figura voladora" podría representar a un antepasado real del hombre arrodillado dentro de la tumba en miniatura o incluso la metamorfosis parcial de ese mismo individuo, captado en una etapa en que su cuerpo es aún de ser humano pero su rostro ya es el de *Cocijo*.

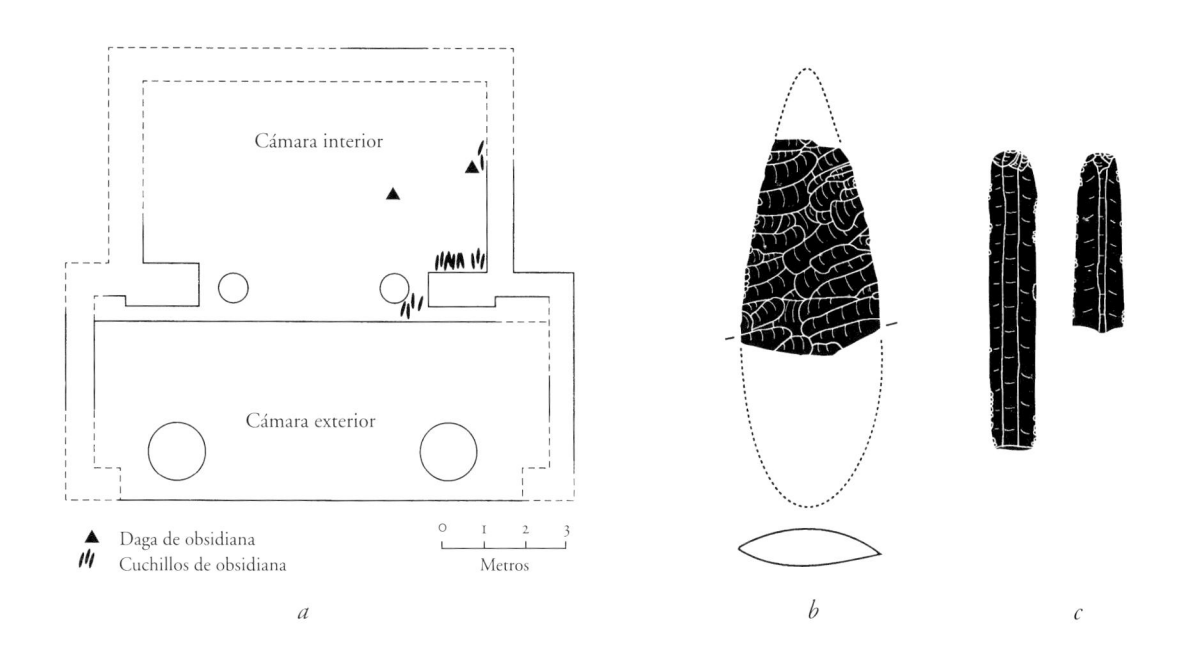

FIGURA XIII.22. a) *Planta de la Estructura 35 de San José Mogote, mostrando dónde se habían dejado sobre el piso los objetos de obsidiana.* b) *Daga rota de obsidiana, sacrificatoria, procedente de la Estructura 35, San José Mogote. Longitud del fragmento: 5 cm.* c) *Cuchillos de obsidiana rotos de la Estructura 35, San José Mogote. Pieza más larga: 6.8 cm.* d) *Caja de ofrendas bajo el piso de la Estructura 35 de San José Mogote, en la que se muestran dos estatuas de jade in situ.* e) *Bajo el piso de la Estructura 35 de San José Mogote estaba esta escena ritual. Consistía en una figura arrodillada y una codorniz sacrificada dentro de una tumba de adobe en miniatura, una "figura voladora" metamorfoseada sobre la tapa de piedra de la tumba, dos palillos de tambor hechos de asta de venado, y cuatro grotescas efigies femeninas.*

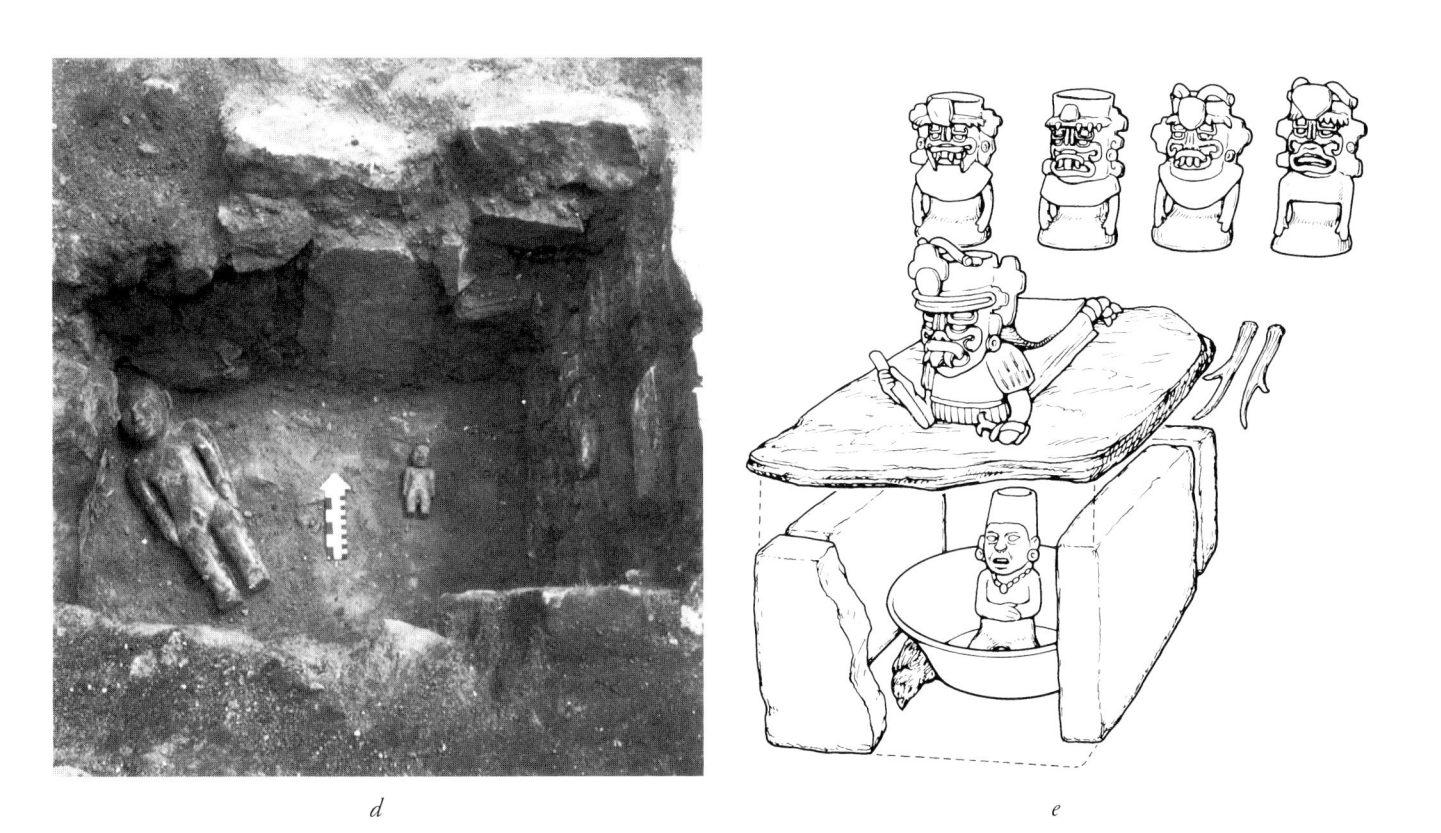

El surgimiento del estado zapoteca

Los juegos de pelota zapotecas

Al parecer fue durante Monte Albán II cuando surgieron por primera vez los "juegos de pelota estatales", en forma de número uno (I) romano. Es difícil poner estos terrenos de juego en perspectiva histórica, pues poseemos poca información sobre el juego en sí.

Desde 1000 a.C., pequeñas figuras hechas en aldeas mesoamericanas parecen usar guantes, rodilleras y demás equipo asociado al juego de pelota prehispánico. Aquel juego se practicaba con pesadas pelotas de látex del árbol del caucho indígena. Tres de aquellas pelotas se conservaron merced a la saturación con agua en El Manatí, al sur de Veracruz, sitio que data de 1 000-700 a.C.[17]

Todavía no se han identificado juegos de pelota reales de aquella época, tal vez porque eran simples áreas abiertas de forma rectangular. Los juegos de pelota más antiguos identificados hasta la fecha se localizan en el estado mexicano de Chiapas y datan de 700-500 a.C.[18]

En Dainzú, centro de categoría 2, en el subvalle de Tlacolula, tenemos nuestro primer testimonio sólido de la versión oaxaqueña del juego de pelota. Con una población estimada en 1 000 personas durante Monte Albán II, Dainzú fue construida a lo largo de la base de una colina defendible.

A diferencia de San José Mogote, Dainzú no posee una plaza principal trazada que imite la de Monte Albán. Sin embargo, su arquitectura comparte principios estilísticos con la capital zapoteca. El Complejo A, principal estructura gubernamental de Dainzú, mide 50 x 30 m y fue construida en tres etapas o terrazas, como el Edificio L de Monte Albán. También incluye un pasaje techado como los de Monte Negro y una angosta escalera techada como la de San José Mogote. De acuerdo con los excavadores Ignacio Bernal y Arturo Ontiveros, el Complejo A comenzó en Monte Albán Ic y alcanzó su máximo tamaño en el periodo II.[19, 20]

A imagen del Edificio L de Monte Albán, la terraza inferior del Complejo A poseía muchas piedras labradas en su muro exterior. Sin embargo, aquellas piedras no muestran prisioneros muertos; más de 47 de ellas representan jugadores de pelota. Una lápida típica muestra a un solo jugador, con una máscara protectora como las que usan los floretistas y una pequeña pelota en la mano derecha. Las figuras también usan largos guantes, pantalones cortos y almohadillas protectoras.

En Oaxaca, ningún otro despliegue de piedras labradas se compara realmente con esta serie de jugadores de pelota de Dainzú. Sin embargo, en sus excavaciones de Monte Albán, Alfonso Caso encontró la escultura de una máscara de jugador de pelota, lo cual sugiere que aquel equipamiento también se usaba en la capital.[21, 22]

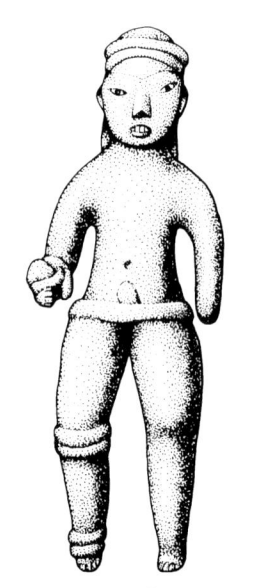

FIGURA XIII.23. *Pequeña figura de barro que representa a un jugador de pelota, Cuenca de México. Primer milenio a.C.*

---

[17] Ponciano Ortiz Ceballos y María del Carmen Rodríguez M., "Manatí Project, Veracruz, México, 1989 Field Season: A Report to the National Geographic Society, 1991", manuscrito.
[18] Pierre Agrinier, 1991, "The Ballcourts of Southern Chiapas, Mexico", en *The Mexican Ballgame*, Vernon L. Scarborough y David R. Wilcox (comps.), p. 175.
[19] Ignacio Bernal, 1968, "The Ball Players of Dainzú", *Archaeology* 21, pp. 246-251.
[20] Ignacio Bernal y Arturo Ontiveros, 1988, *Exploraciones arqueológicas en Dainzú, Oaxaca*.
[21] Alfonso Caso, 1932, "Monte Albán, Richest Archaeological Find in America", *National Geographic Magazine* 62, p. 499.
[22] Alfonso Caso, 1969, *El tesoro de Monte Albán*, p. 24.

¿En qué tipo de terreno se practicaba aquel juego? Es evidente que no lo hacían en terrenos en forma de I, como los de Monte Albán y San José Mogote, pues Dainzú carecía de ellos durante el periodo II. Bernal y Ontiveros sugieren que las esculturas de Dainzú representan una antigua versión del juego, que se jugaba en Dainzú antes de que Monte Albán subyugara a todo el valle. Aquel primitivo juego se practicaba con una pelota aproximadamente del tamaño de una naranja que se tomaba, se lanzaba o se golpeaba con un guante reforzado. Tal vez se haya jugado en terrenos rectangulares que resultarían difíciles de identificar arqueológicamente; Dainzú tiene varias plazas de 20 × 20 m que tal vez hayan sido juegos de pelota.

Sin embargo, con el surgimiento del estado llegó la formalización de un nuevo juego de pelota, practicado en terrenos en forma de I, con paredes en declive a ambos lados del área de juego central. Tan estandarizados están nuestros pocos ejemplos de estos juegos en Monte Albán II-III que sospechamos que nos hallamos ante un juego "oficial". Los terrenos de juego de las Plazas Principales de Monte Albán y San José Mogote son virtualmente idénticas: 41 m de longitud máxima y 24 de anchura máxima, con un terreno central de 26-27 m de largo.

Los zapotecas llamaban *lachi* a este tipo de terreno, en tanto que el juego en sí se denominaba *queye* o *quiye*. Si bien no conocemos las reglas con las cuales se practicaba éste, es probable que se pareciera al juego azteca llamado *olamaliztli* o *ulama*, en el que no se podía tocar la pelota con las manos; en vez de ello, se golpeaba con las caderas, los codos y la cabeza, como en el futbol soccer moderno.[23]

El surgimiento del estado zapoteca

FIGURA XIII.24. *Vista aérea del Complejo A de Dainzú, centro administrativo de categoría 2, en el subvalle de Tlacolula. Detrás del sitio se alza una colina defendible.*

[23] Ignacio Bernal y Arturo Ontiveros, 1988, *Exploraciones arqueológicas en Dainzú, Oaxaca*.

El surgimiento del estado zapoteca

El juego de pelota de Dainzú: una conseja admonitoria

La versión ulterior del juego de pelota también se practicó en Dainzú, sobre un terreno de juego en forma de I construido mucho tiempo después del periodo de que se trata aquí. La excavación de ese juego de pelota ofrece una conseja admonitoria para arqueólogos: ningún juego de pelota se puede fechar sin antes ser excavado.

Dadas las numerosas representaciones de jugadores de pelota de Dainzú, pertenecientes a Monte Albán Ic-II, Bernal y Oliveros tenían toda la razón para asumir que el juego de pelota en forma de I de aquel sitio dataría del mismo periodo. Por lo demás, cuando estudiaron Dainzú, los miembros del proyecto de Patrones de Asentamiento encontraron abundantes fragmentos de alfarería de Monte Albán Ic-II alrededor del juego de pelota.[24] No obstante, cuando finalmente fue excavado el terreno de juego de Dainzú, Bernal y Oliveros descubrieron que éste se había construido muy a fines del periodo llamado Monte Albán IV (tal vez 900-1000 d.C.). Más aún, aquel terreno no tenía las dimensiones estándares de los juegos de pelota del periodo II de Monte Albán y San José Mogote, sino que era más pequeño. La razón de que se puedan encontrar tantos fragmentos de Monte Albán I-II alrededor del terreno de juego es que miles de canastos de tierra que contenían aquellos fragmentos se habían excavado y usado en el relleno de la estructura.

Los juegos de pelota y la jerarquía administrativa

¿En qué categorías de la jerarquía de sitios de Monte Albán II aparecieron los juegos de pelota y cuál fue su función "oficial"? Ambas preguntas son difíciles de

FIGURA XIII.25.
a) *Piedra labrada de Dainzú, que muestra a un jugador de pelota con máscara protectora, guantes, rodilleras y una pelota en la mano derecha.*
b) *Piedra labrada de la Tumba 6 de Monte Albán, que muestra la máscara protectora de un jugador de pelota. Altura: 40 cm.*

a   *b*

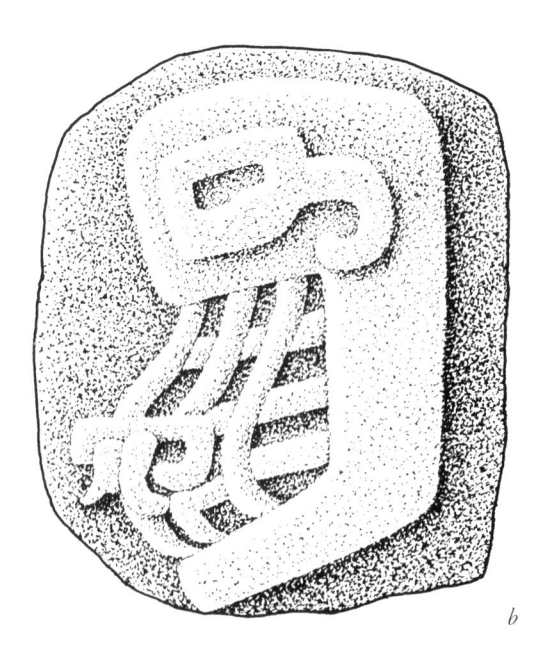

[24] Stephen A. Kowalewski, Gary M. Feinman, Laura Finsten y Richard Blanton, 1991, "Pre-Hispanic Ballcourts from the Valley of Oaxaca, Mexico", en *The Mesoamerican Ballgame*, Vernon L. Scarborough y David R. Wilcox (comps.).

El surgimiento del estado zapoteca

FIGURA XIII.26. *Juego de pelota en forma de I en el lado este de la Plaza principal de Monte Albán. Longitud máxima: 41 m.*

contestar. El proyecto de Patrones de Asentamiento localizó casi 40 juegos de pelota en el Valle de Oaxaca,[25] pero en su mayoría permanecen sin excavar y, por tanto, sin fechar. Si nosotros mismos nos limitamos a los terrenos de juego *excavados*, tendríamos que decir que en el periodo II sólo se construyeron en asentamientos de categoría 1 y categoría 2.

¿Por qué habría el estado zapoteca de invertir en la construcción y la estandarización de los juegos de pelota en forma de I, promoviendo en efecto un juego "oficial"? Nadie está seguro, pero algunos especialistas creen que el juego de pelota desempeñaba una función en la solución de conflictos entre comunidades. Se ha sugerido que cuando dos poblaciones opuestas competían en una justa atlética supervisada por el estado, celebrada en un terreno de juego estandarizado de su centro administrativo regional, el resultado del juego podría considerarse signo de apoyo sobrenatural a la comunidad victoriosa. Ello, a su vez, podía disminuir la posibilidad de que las dos ciudades realmente entraran en guerra.

Desarrollos paralelos en otras latitudes de Mesoamérica

En el capítulo IX, señalamos que las sociedades señoriales de Oaxaca no surgieron en el vacío. Pese a las diferencias étnicas y ambientales entre Oaxaca, Morelos y el sur de Veracruz, la evolución social en las tres áreas mostró patrones sorprendentemente similares.

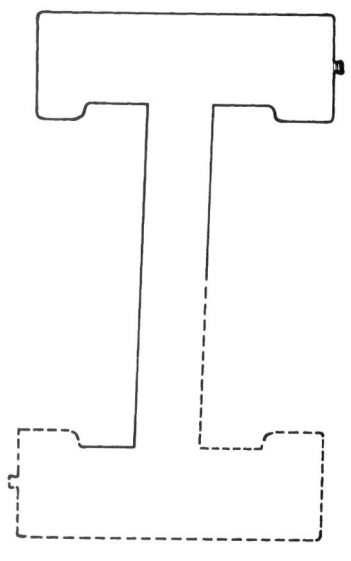

FIGURA XIII.27. *Planta del juego de pelota del lado oeste de la Plaza Principal de San José Mogote. Longitud máxima: 41 m.*

[25] Stephen A. Kowalewski, Gary M. Feinman, Laura Finsten y Richard Blanton, 1991, "Pre-hispanic Ballcourts from the Valley of Oaxaca, Mexico", en *The Mesoamerican Ballgame*, Vernon L. Scarborough y David R. Wilcox (comps.). La afirmación de Kowalewski *et al.* (1989, p. 193) de que los juegos de pelota de Monte Albán II "no se limitan a ninguna posición particular en la jerarquía cívico-ceremonial, ni a los grandes sitios medidos por su población", debe tomarse con reservas, pues se basa en un intento por fechar *los juegos de pelota aún sin excavar* por la vía de los fragmentos superficiales. El juego de pelota de Dainzú (construido en Monte Albán IV Tardío, usando relleno que contenía fragmentos de los periodos I y II) nos muestra que no se pueden fechar edificios públicos sin excavarlos.

El surgimiento del estado zapoteca

El estado zapoteca arcaico tampoco surgió en el vacío. En la Depresión Central de Chiapas —región étnicamente diferente, más cálida y más húmeda—, en una época equivalente a Monte Albán II, surgió otro estado arcaico. Sus palacios y tumbas reales fueron comparables a los de Monte Albán, y sus templos provocativamente similares.

Las ruinas de Chiapa de Corzo se extienden por más de un kilómetro cuadrado a lo largo de la margen derecha del Río Grijalva, a unos 385 km al este de Monte Albán. El gran río corre allí a 400 m de elevación a través de un valle tropical que recibe 800 mm de precipitación. A diferencia de Monte Albán, Chiapa de Corzo no fue creado por sinoicismo ni se localizaba en un lugar defendible. El sitio creció a partir de una aldea, cuya historia se remota a antes de 1000 a.C.

El palacio

Muchos de los edificios que rodean la plaza principal de Chiapa de Corzo alcanzaron sus máximas dimensiones durante el periodo 150 a.C.-150 d.C. En el lado este de la plaza, la Estructura H1 del Montículo 5 es el palacio mejor conservado que se conoce de aquel periodo. Excavado por Gareth Lowe, el edificio medía aproximadamente 26 x 16 m y se asentaba sobre una plataforma aún más grande, dotada de una gran escalinata con alfarería.[26]

A semejanza de los palacios gubernamentales de Oaxaca, la Estructura H1 parece ser un edificio administrativo, cuyos aposentos residenciales (si los hubo) estaban en la parte posterior. Lowe describe la primera habitación a la que se entraba como un "gran vestíbulo de entrada y recepción o lugar de reunión" con una superficie de 8 x 5 m. Sus muros eran de adobe recubiertos de argamasa de cal, y su techo estaba sostenido por columnas de madera. A sus espaldas se localiza un complejo que podría ser residencial: tres pequeñas habitaciones agrupadas en torno a un patio hundido, cuyas entradas estaban flanqueadas por columnas.

A ambos lados de aquel complejo central de habitaciones hay pequeños patios, corredores y unidades accesorias que pueden haber sido cocinas, cuartos de servicio o bodegas. En la parte posterior del palacio hay dos secciones poco usuales que podrían haber sido sótanos de almacenamiento de algún tipo. Cubriendo unos cuantos metros cuadrados, cada uno descendía 2.5 m en la plataforma subyacente.

Tan interesante como el propio palacio es la destrucción de que fue objeto. Sus ocupantes a todas luces fueron abatidos y el palacio incendiado de manera exagerada, aproximadamente en 100 d.C. De modo simultáneo a aquella destrucción, se produjo "un cambio abrupto en la cerámica asociada", que denotaba en Chiapa de Corzo "un clarísimo cambio cultural y probablemente étnico".[27] Aquel acontecimiento nos recuerda que la violenta competencia entre élites (observada ya en la fase Rosario) prosiguió sin mengua tras el surgimiento del estado. No sabemos de dónde

---

[26] Gareth W. Lowe, 1962, "Mound 5 and Minor Excavations, Chiapa de Corzo, Chiapas, Mexico", *Papers of the New World Archaeological Foundation* 12.
[27] *Ibid.*, p. 18.

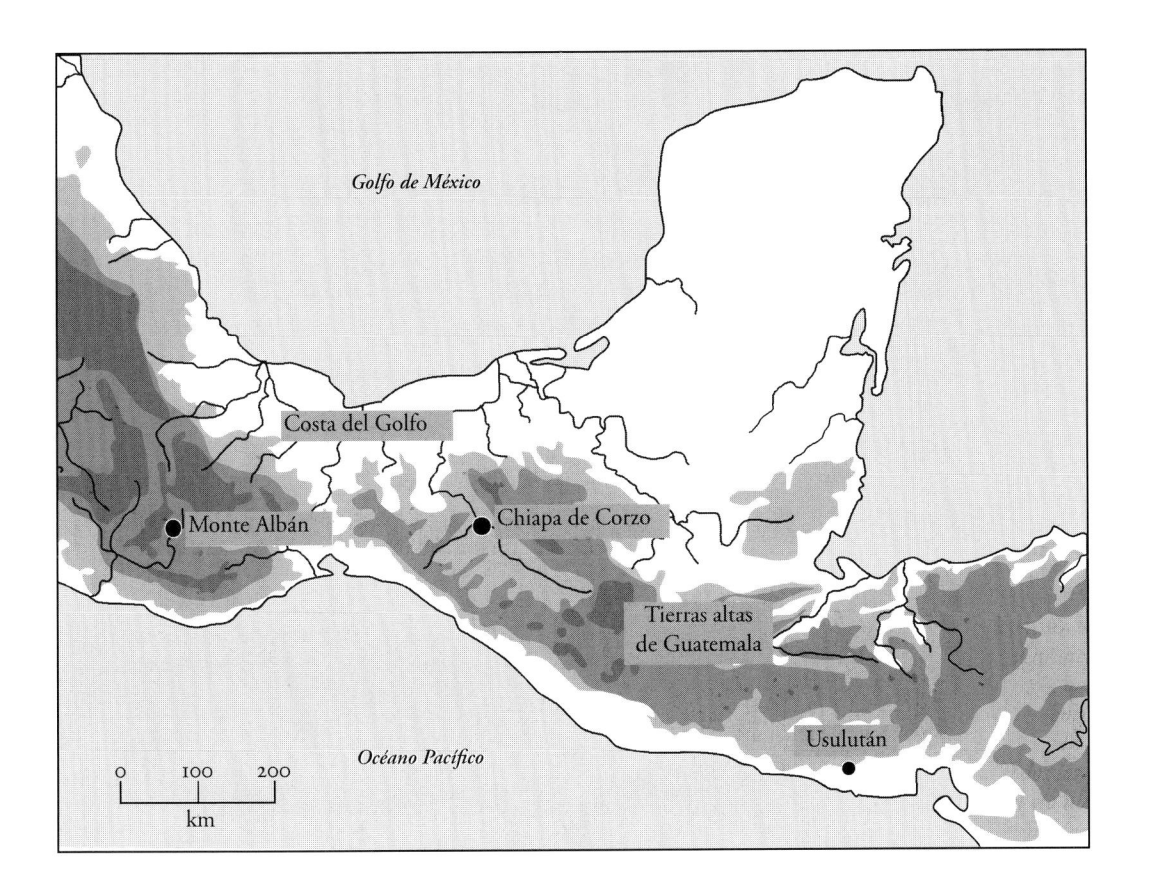

FIGURA XIII.28. *Chiapa de Corzo se localiza en la depresión del Río Grijalva, a unos 385 km al este de Monte Albán.*

procedían los destructores de la Estructura H1. En los nuevos estilos cerámicos de 100-200 d.C., hay indicios de que podrían haber llegado de regiones del este.

Por primera ocasión, vemos aquí un fenómeno arqueológico asociado habitualmente a la conquista y la colonización por parte de una potencia extranjera: la abrupta sustitución del estilo cerámico local por uno de otra región. En el capítulo XIV veremos de qué manera nos ayuda este fenómeno a documentar la conquista y la colonización por parte del estado de Monte Albán II.

La tumba real

Como su contraparte zapoteca, la élite de Chiapa de Corzo era sepultada en tumbas elaboradas. Una de las más interesantes resultó ser la Tumba 7, excavada en roca viva bajo el Montículo 1. Aquella tumba, que databa del primero o segundo siglo a.C.,[28] tenía muros de adobe y techo de losas de piedra arenisca. En su interior yacía un adulto joven sobre un palanquín de planchas de madera. Adornando el cuerpo había un collar de jade y orejeras compuestas de jade y concha. En una esquina de la tumba se habían dejado dos puntas para dardo de calcedonia y un gran cuchillo de obsidiana.

Lo más significativo era, tal vez, la ofrenda de la tumba, formada por 35 vasijas

[28] Carta de Gareth W. Lowe a Kent V. Flannery, 1992.

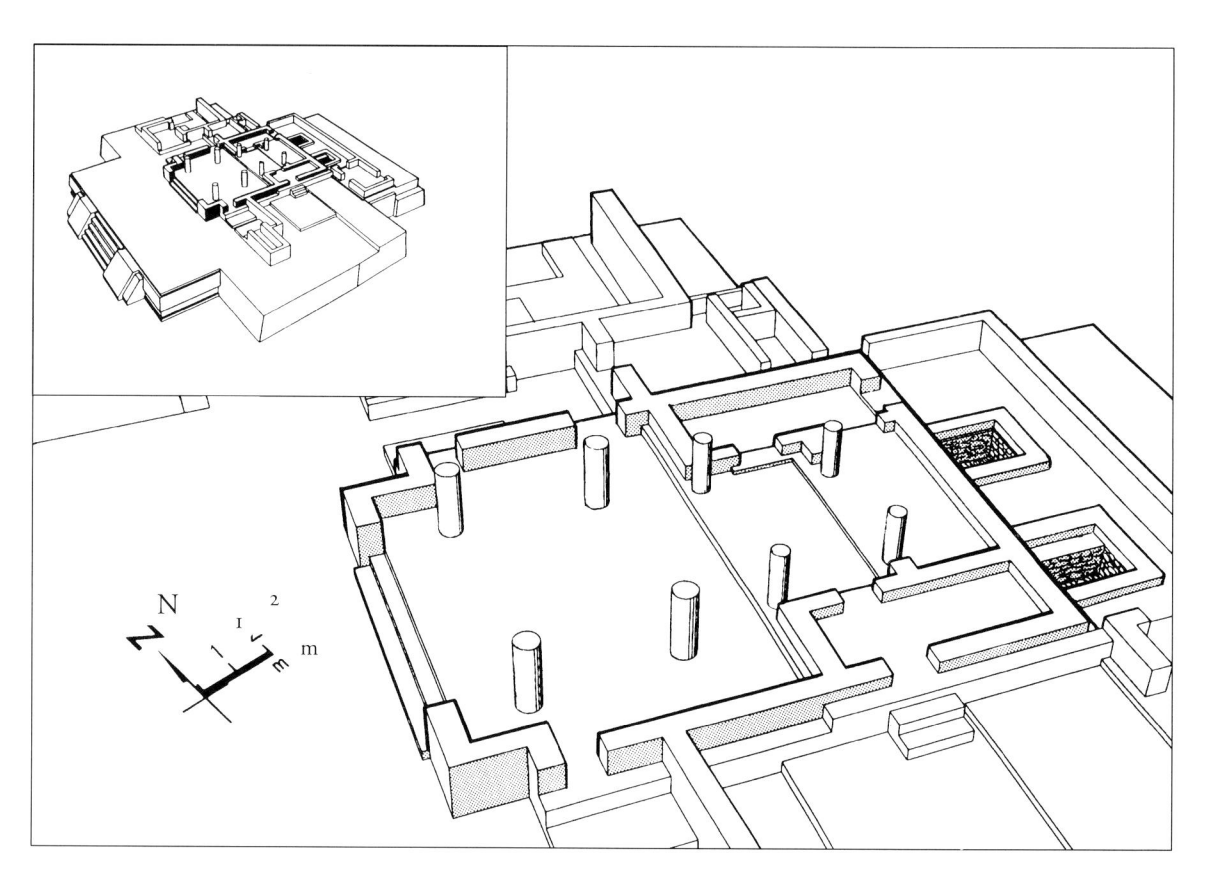

FIGURA XIII.29.
Reconstrucción artística de la Estructura H1 de Chiapa de Corzo. El pequeño recuadro (arriba a la izquierda) *muestra el edificio sobre su plataforma.*

de barro, todas ellas importadas de algún otro lugar.[29] Entre ellas había vasijas pintadas sobre estuco, procedentes de la región de Usulután, en El Salvador; vasijas negras de borde blanco de la costa veracruzana del Golfo; vasijas rojas estriadas de las culturas Chicanel o Arenal, Guatemala; y jarras de pico con efigie, de loza gris de Oaxaca, idénticas a las halladas en Monte Albán, San José Mogote y Tomaltepec. Por tanto, es posible que, a más del privilegio de ser transportado en palanquín, el individuo de la Tumba 7 tuvo un funeral al que asistieron embajadores con regalos procedentes de muchas otras regiones de Mesoamérica.

El templo de doble cámara

Tras la muerte del noble de la Tumba 7, el Montículo 1 de Chiapa de Corzo pasó por varias fases de construcción monumental. Hacia el siglo I d.C. se había transformado en una plataforma de 70 x 40 m de extensión, formando el borde de la plaza principal del sitio. Virtualmente cada una de las estructuras que sostenía era un templo de algún tipo; excavada por Pierre Agrinier, la Estructura 1A resulta particularmente interesante porque capta el surgimiento de un templo de doble cámara.[30]

[29] Pierre Agrinier y Gareth W. Lowe, 1960, "Mound 1, Chiapa de Corzo, Chiapas, Mexico", *Papers of the New World Archaeological Foundation* 8, pp. 47-51.
[30] Pierre Agrinier, 1975, "Mound 1A, Chiapa de Corzo, Chiapas, Mexico: A Late Preclassic Architectural Complex", *Papers of the New World Archaeological Foundation* 37.

En la figura XIII.31b vemos la Etapa G5 de la Estructura 1A. En aquel entonces, tal vez 250-200 a.C., se trataba de un templo de una sola cámara que medía de cuatro a cinco metros por lado, construido de adobe y piedras pequeñas; sus muros estaban recubiertos de barro y su piso de argamasa de cal.

Entre las dos siguientes etapas constructivas (G4 y G3), se construyó una segunda cámara, al frente de la que existía con anterioridad. Los muros posteriores de aquella cámara exterior, que tenía una superficie de 27 m², se empalmaban con los costados de la cámara interior. A ésta se le hicieron dos entradas, a uno y otro lado, una de las cuales daba a una escalera. En la Etapa G2 —tal vez 150-100 a.C.— el piso de la cámara interior se había elevado 15 cm por arriba del piso de la cámara exterior.

Los arquitectos de Chiapa de Corzo habían creado para entonces su propia versión del templo de doble cámara. Éste tenía una entrada lateral privada para los sacerdotes, en tanto que los devotos comunes y corrientes habrían tenido que subir una gran escalinata por la entrada frontal. Si bien carecía aún de las columnas de los templos de Monte Albán II, la Estructura 1A de Chiapa de Corzo era equivalente por todos los demás conceptos.

Hacia 100-200 d.C., tras la destrucción del palacio erigido sobre el Montículo 5, los habitantes de Chiapa de Corzo construyeron asimismo templos columnarios. La Estructura IIb del Montículo 1, que se muestra en la figura XIII.31a, era un pequeño templo de doble cámara (48 m²) con columnas a ambos lados de la puerta exterior. Durante el milenio siguiente, aquellos templos se popularizaron por toda Mesoamérica.

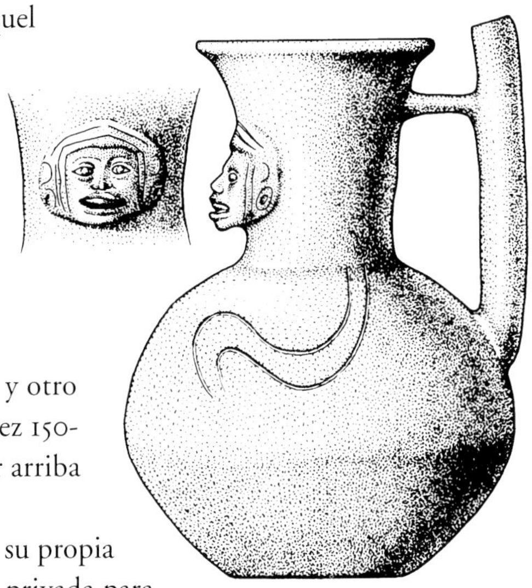

FIGURA XIII.30. *Jarra de pico y asa de loza gris de Oaxaca, hallada en la Tumba 7 de Chiapa de Corzo. Esta vasija debe compararse con las jarras de los entierros 5a y 5b de Abasolo (fig. XII.16). Altura: 29 cm.*

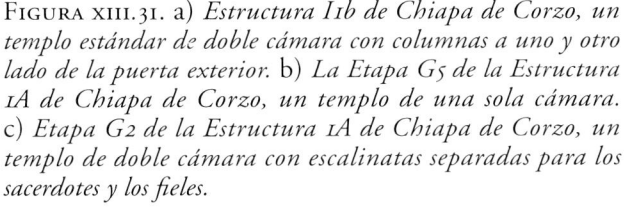

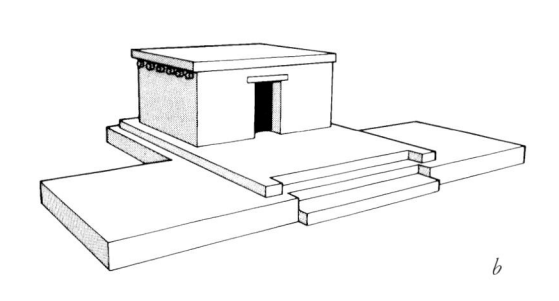

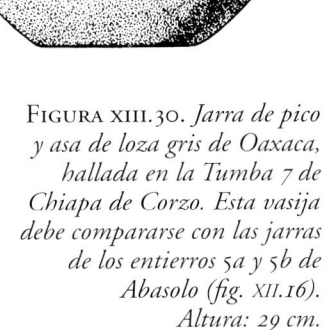

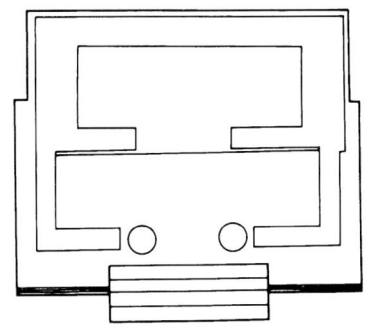

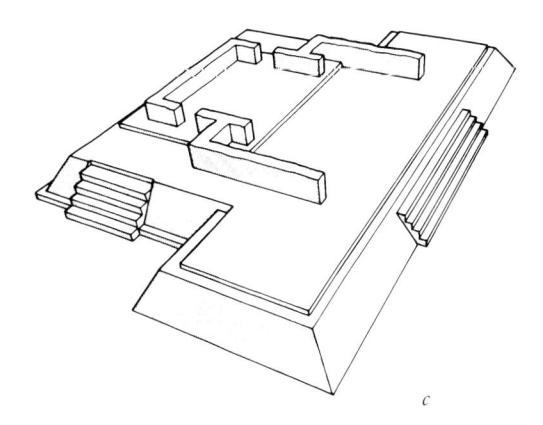

FIGURA XIII.31. a) *Estructura IIb de Chiapa de Corzo, un templo estándar de doble cámara con columnas a uno y otro lado de la puerta exterior.* b) *La Etapa G5 de la Estructura 1A de Chiapa de Corzo, un templo de una sola cámara.* c) *Etapa G2 de la Estructura 1A de Chiapa de Corzo, un templo de doble cámara con escalinatas separadas para los sacerdotes y los fieles.*

Conclusiones

¿Cómo debemos entender el surgimiento sorprendentemente similar del palacio gubernamental, la tumba real y el templo columnario de doble cámara en Chiapas y Oaxaca, entre 150 a.C. y 200 d.C.? Una vez más llegamos a la conclusión de que la evolución no tiene lugar en el aislamiento y que el funcionalismo ecológico explica poco lo ocurrido.

Asentado sobre una cima montañosa amurallada del templado Oaxaca, Monte Albán surgió merced a una rápida reubicación urbana y fue autosuficiente gracias a la irrigación del pie de la montaña. Chiapa de Corzo creció lentamente a lo largo de la llanura inundable de un río tropical, cultivando una región que contaba con un tanto y medio de la precipitación de Oaxaca. Cada región debe entenderse en su propio entorno ambiental, pero cada cual produjo un estado cuyas instituciones políticas y religiosas tuvieron plantas arquitectónicas sorprendentemente semejantes.

Hemos sugerido que el estado zapoteca se formó cuando la entidad política centrada en Monte Albán empezó a subyugar a otras entidades políticas del valle, reduciéndolas a provincias de un sistema único. No podemos alegar que Chiapa de Corzo se haya apoderado de todo el Valle del Grijalva de la misma manera. Lo que *podemos* afirmar es que Monte Albán y Chiapa de Corzo mantenían un contacto tan estrecho que algunas jarras de pico fueron colocadas en la tumba de un gobernante de ese último sitio.

También podemos mostrar que la competencia por las posiciones de dirigencia era tan violenta en ambas regiones que el palacio de Chiapa de Corzo fue incendiado, en tanto que Monte Albán debía construir murallas defensivas. Cada región conocía la estrategia política de la otra y ninguna de las dos élites permitió ser eclipsada. Es indudable que cada cual tomó ideas de la otra y, pese a las confiadas predicciones de los funcionalistas ecológicos, ambas regiones produjeron instituciones estatales similares aproximadamente en el mismo periodo.

XIV. Colonización y conquista

Una de las características de muchos estados primitivos es que su aparición inicial fue seguida de un periodo de crecimiento rápido y casi explosivo, durante el cual aquellos estados alcanzaron sus máximos límites territoriales.[1] Ocurría así porque los estados más antiguos o "prístinos" solían estar rodeados de regiones todavía organizadas en el nivel de señorío o de aldea autónoma. Al carecer del aparato estatal político y militar, era relativamente fácil que un reino en expansión los convirtiera en provincias tributarias. Sólo con ulterioridad, cuando ellas mismas hubieron aprendido el funcionamiento de un estado, aquellas provincias lejanas fueron lo suficientemente fuertes para romper el yugo del imperialismo.

En el mundo entero hay numerosos casos de rápida expansión en las primeras etapas de los estados arcaicos: son ejemplos al respecto Uruk, al sur de Mesopotamia;[2] Wari, en las tierras altas peruanas,[3] y Tikal, en la región maya.[4] Teotihuacán, en la Cuenca de México y contemporánea de Monte Albán, estableció colonias en Matacapan, sobre la costa del Golfo;[5] Los Horcones, en la costa de Chiapas,[6] y Kaminaljuyú, en las tierras altas de Guatemala.[7] Al paso del tiempo, todos aquellos estados empezaron a perder sus colonias lejanas.

El estado zapoteca es otro ejemplo de un reino que se extendió más allá de las fronteras de su región fisiográfica central, el Valle de Oaxaca, alcanzando su máxima extensión territorial durante Monte Albán II. La expansión está documentada de diversas maneras. Primero, Monte Albán esculpió una serie de piedras con los nombres jeroglíficos de lugares que reclamaba haber colonizado o conquistado (decimos "reclamaba" porque muchos gobernantes exageraban sus conquistas). Segundo, los

---

[1] Marcus, 1992b, p. 392.
[2] Guillermo Algaze, 1989, "The Uruk Expansion: Cross-Cultural Exchange in Early Mesopotamian Civilization", *Current Anthropology* 30, pp. 571-608.
[3] Katharina J. Schreiber, 1992, *Wari Imperialism in Middle Horizon Peru*.
[4] Marcus, 1992b, pp. 406-407.
[5] Robert S. Stanler, 1989, "Obsidian Working, Long-Distance Exchange, and the Teotihuacán Presence on the South Gulf Coast", en *Mesoamerica After the Decline of Teotihuacán, AD 700-900,* Richard A. Diehl y Janet C. Berlo (comps.), pp. 131-151.
[6] Pierre Agrinier, 1991, "The Ballcourts of Southern Chiapas, Mexico", en *The Mexican Ballgame*, Vernon L. Scarborough y David R. Wilcox (comps.), pp. 178-179.
[7] William T. Sanders y Joseph W. Michels (comps.), 1977, *Teotihuacán and Kaminaljuyú*.

FIGURA XIV.1. *El Edificio J de Monte Albán, visto desde el sur, está asociado a más de 40 piedras labradas que muestran las regiones reclamadas por el estado del periodo II.*

estudios y las excavaciones hechos en varias regiones fuera del Valle de Oaxaca muestran el mismo fenómeno que hemos visto en Chiapa de Corzo en 100 d.C.: un cambio abrupto en cerámica, de los estilos locales a los cánones del estado zapoteca en expansión.

Las "lápidas de conquista" del Edificio J

El Edificio J fue uno de los edificios más insólitos de la Plaza Principal de Monte Albán durante el periodo II. Se construyó en forma de punta de flecha, orientado en ángulo oblicuo respecto de la mayor parte de los edificios públicos de la ciudad. En el periodo II, sus muros exteriores mostraron más de 40 piedras labradas, algunas de las cuales se hallan *in situ*. Cada piedra da el nombre de un lugar en jeroglifos zapotecas; se cree que son provincias reclamadas por Monte Albán (véase el recuadro).

Una de las lápidas típicas del Edificio J es la que acompaña al recuadro de la página siguiente. Se muestra allí la cabeza de un conejo sobre el glifo zapoteca de "cerro"; abajo está una cabeza humana al revés, con los ojos cerrados, y mostrando un complejo peinado. La interpretación que Alfonso Caso dio a esta lápida es que se trata de un lugar sometido por Monte Albán, la cabeza de cuyo jefe muerto se muestra invertida. Por este motivo, a las piedras del Edificio J se les llamó "lápidas de conquista".

Colonización y conquista

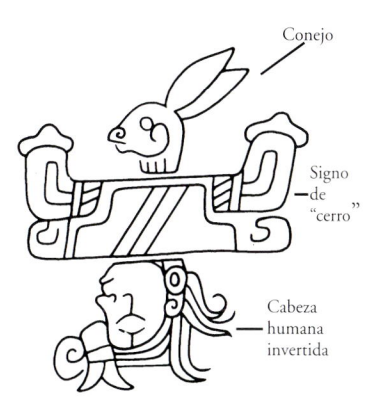

> *Lectura de las "lápidas de conquista" del Edificio J*
>
> En las "lápidas de conquista" del Edificio J de Monte Albán aparecen por lo menos dos elementos y a veces cuatro. Los dos elementos constantes son:
> 1. Un glifo de "cerro" que significa "cerro de" o "lugar de".
> 2. Un glifo (o una combinación de glifos) que varía de piedra a piedra y señala el lugar específico. Algunos ejemplos serían "Cerro del Conejo" o "Cerro del Chilar".
>
> Algunas lápidas contienen un tercer elemento:
> 3. Una cabeza humana en posición invertida bajo el glifo de cerro. Todas estas cabezas invertidas miran en la misma dirección y están labradas en la misma escala. En su mayoría tienen un dibujo de líneas que cruzan el rostro, lo cual puede indicar pintura o tatuajes faciales; usan asimismo peinados distintivos. Los ojos suelen estar cerrados o carecen de pupila. Alfonso Caso llegó a la conclusión de que aquellas cabezas invertidas representaban a los jefes muertos de los lugares nombrados en las lápidas, en tanto que los distintos tocados reforzaban el nombre del lugar o de la región.[8]
>
> Algunas lápidas contienen un cuarto elemento:
> 4. Un texto jeroglífico que, en su forma más completa, incluye un año, un mes y un día, probablemente como referencia a la fecha en que ciertos lugares supuestamente quedaron bajo la hegemonía de Monte Albán.

Aunque de manera general concordemos con Caso, nos atreveríamos a señalar que algunas lápidas no tienen cabezas invertidas. Ello significaría que algunas provincias se unieron voluntariamente a Monte Albán o fueron colonizadas en vez de ser conquistadas.

La identificación de los lugares del Edificio J

Uno de los aspectos más interesantes de las lápidas del Edificio J es que en ellas se emplea un glifo de "cerro" o "montaña". Más que a ciudades, estos glifos suelen referirse a montañas o a marcas topográficas. Ése es exactamente el modo en que los gobernantes zapotecas del siglo XVI definían sus territorios, lo cual nos permite usar el enfoque histórico directo para interpretar las lápidas del Edificio J.

Alrededor de 1540 d.C., los conquistadores españoles pidieron un mapa del territorio reclamado por el gobernante zapoteca de una población llamada Guevea.[9-13] Los artistas zapotecas nativos que trazaron el mapa pusieron a Guevea

---

[8] Alfonso Caso, 1947, "Calendario y escritura de las antiguas culturas de Monte Albán", *Obras completas de Miguel Othón de Mendizábal*, vol. I, pp. 115-143.

[9] Eduard Seler, 1908, "Das Dorfbuch von Santiago Guevea", *Gesammelte Abhandlungen* 3, pp. 157-193.

[10] Marcus, 1980, pp. 50-51.

[11] Joyce Marcus, "The Reconstructed Chronology of the Later Zapotec Rulers, AD 1415-1563", en Flannery y Marcus (comps.), 1983, pp. 301-308.

[12] Joyce Marcus, 1984, "Mesoamerican Territorial Boundaries: Reconstruction from Archaeology and Hieroglyphic Writing", *Archaeological Review from Cambridge* 3, pp. 48-62.

[13] John Paddock, "Comments on the Lienzos of Huilotepec and Guevea", en Flannery y Marcus (comps.), 1983, pp. 308-313.

Colonización y conquista

en el centro. A su alrededor dibujaron un círculo de puntos de referencia geográficos —en su mayor parte montañas y ríos— que definían los límites territoriales de Guevea. Aquellos puntos de referencia tenían nombres zapotecas como "Cerro Quemado", "Cerro del Puma" o "Río de los Renacuajos". Las colinas y los ríos naturales se usaban como puntos de referencia porque permanecían constantes, en tanto que las poblaciones iban y venían.

Para identificar las provincias reclamadas por Monte Albán, necesitamos identificar las montañas a las que se refieren los "signos de cerro". La tarea es tan difícil que sólo se ha identificado menos de una docena.

Cuatro lugares se pueden equiparar con glifos de un documento del siglo XVI, el cual muestra áreas de Oaxaca, de donde los aztecas recibían tributo.[14] Uno de ellos, Tototepec, significa "Cerro de los Pájaros" y se refiere a una montaña defendible, no lejos de la costa oaxaqueña del Pacífico. Aquella montaña aún se conoce como "Cerro de los Pájaros" en todas las lenguas locales: Tani Piguiñi en zapoteco, Yucusa en mixteco, Tototepec en náhuatl y Cerro de los Pájaros en español.

Tres lugares más del documento tributario azteca —Cuicatlán, "Lugar de Canción"; Miahuapan, "Canal de las Borlas de Maíz", y Ocelotepec, "Cerro del Ocelote o Jaguar"— también se parecen a otros tantos glifos del Edificio J.[15] Algunas lápidas más tienen glifos como "Lugar de la Cara Picada" (Sosola) y "Cerro del Chilar" (Chiltepec), que pueden equipararse con lugares que aún son conocidos por sus nombres antiguos.[16] Todos estos lugares se localizan fuera del Valle de Oaxaca, a 85-150 km de Monte Albán. Con base en el enfoque histórico directo, creemos que fueron bautizados de acuerdo con puntos de referencia ubicados en los límites del territorio de Monte Albán.

Lamentablemente, es poco probable que lleguemos a encontrar una correspondencia de todos los lugares del Edificio J con lugares reales. Entre otras cosas, muchos nombres de lugar antiguos se han perdido o han cambiado. Otro de los problemas es que los españoles que trazaron mapas de Oaxaca llevaron consigo guías e intérpretes aztecas; como resultado, muchos lugares ahora tienen nombres en náhuatl o español y no en zapoteco. Sólo cuando el nombre náhuatl (o azteca) es traducción directa del nombre zapoteca, como en el caso de Tototepec, tenemos probabilidad de encontrar su correspondencia con alguna lápida del Edificio J.

Las lápidas del Edificio J son la afirmación textual de Monte Albán en el sentido de que se había extendido mucho más allá de los confines de su zona fisiográfica central, el Valle de Oaxaca. Como confirmación, ahora debemos buscar regiones vecinas cuya cerámica muestre un cambio abrupto al estilo de Monte Albán.

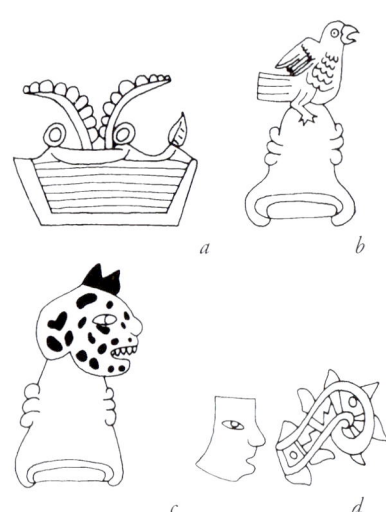

FIGURA XIV.2. *Glifos de un documento azteca del siglo XVI que enumera lugares del estado de Oaxaca.* a) *Miahuapan, "Canal de las Borlas de Maíz";* b) *Tototepec, "Cerro de los Pájaros";* c) *Ocelotepec, "Cerro del Ocelote o Jaguar";* d) *Cuicatlán, "Lugar de Canción".*

---

[14] Robert H. Barlow y Byron MacAfee (comps.), 1949, *Diccionario de elementos fonéticos en escritura jeroglífica (Códice Mendocino)*, Universidad Nacional Autónoma de México, Publicaciones del Instituto de Historia, Primera Serie 9.

[15] Joyce Marcus, 1976, "The Iconography of Militarismo at Monte Albán and Neighboring Sites in the Valley of Oaxaca", en *The Origins of Religious Art and Iconography in Preclassic Mesoamerica*, Henry B. Nicholson (comp.), pp. 123-139.

[16] Marcus, 1992b, p. 400.

FIGURA XIV.3. *Entre los lugares cuyos nombres jeroglíficos fueron labrados en el Edificio J de Monte Albán II se incluyen:* a) *"Cerro de los Pájaros"* y b) *"Lugar de Canción". Esos lugares probablemente correspondan a Tototepec y Cuicatlán. No todos los lugares esculpidos en el Edificio J iban acompañados de cabezas invertidas, que significaban "conquista". Entre los ejemplos se incluyen:* c) *"Canal de las Borlas de Maíz"* y d) *"Cerro del Jaguar". Aquellos lugares probablemente correspondan a Miahuapan y Ocelotepec, que pueden haberse atraído a la esfera de Monte Albán por medios diplomáticos. Dos lugares esculpidos en el Edificio J y acompañados de cabezas invertidas son* e) *"Lugar de la Cara Picada"* y f) *"Cerro del Chilar". Estos lugares correspondan a Sosola y Chiltepec y quizá hayan sido sometidos militarmente por Monte Albán.*

Colonización contra conquista

No toda provincia incorporada por un reino en expansión tiene que tomarse por la fuerza. Cuando hay gran disparidad de población entre el centro de un estado y su periferia, lo único que se necesita es, tal vez, que el estado envíe colonos a la periferia. Viendo que la resistencia resultaría inútil, las pequeñas entidades políticas quizá acepten una oferta que salve las apariencias. Reacias a perder su autonomía, las entidades políticas mayores tal vez deban someterse militarmente. Durante la expansión del estado de Monte Albán II, creemos ver tanto colonización como conquista.

Fuerza es decir que, en un principio, tal vez sea difícil distinguir entre colonización y conquista, puesto que una batalla es uno de los acontecimientos más difíciles de documentar mediante testimonio arqueológico. Los arqueólogos excavan sitios arqueológicos; por otra parte, muchas batallas tuvieron lugar en áreas abiertas entre un sitio y otro. Por ejemplo, aunque en los textos jeroglíficos mayas se

Colonización y conquista

conozcan hace tiempo los jeroglifos para "guerra" y "batalla",[17, 18] a los arqueólogos mayistas todavía les queda por encontrar un campo de batalla real.

Sin testimonio textual, nadie que camine por el antiguo campo de batalla de Hastings, Inglaterra, sabría que, en 1066, la historia cambió por una batalla librada en ese lugar. Sin el afortunado hallazgo ocasional de un palacio incendiado como el de Chiapa de Corzo, casi todos nuestros indicios sobre la guerra son textuales, iconográficos o circunstanciales.

Las "lápidas de conquista" del Edificio J son testimonio textual de la guerra zapoteca. El testimonio bélico circunstancial incluye las murallas defensivas y la ubicación de muchos sitios de Monte Albán II en la cima de una montaña. También hay piezas cerámicas de Monte Albán II que muestran guerreros con las cabezas dentro de cascos de coyote, puma y aves de rapiña con las fauces abiertas. Las relaciones etnohistóricas demuestran que aquellos trajes de animal se concedían a los guerreros que se distinguían en la batalla.[19]

El testimonio circunstancial de colonización tal vez más frecuente es el mencionado "cambio abrupto de estilo cerámico", que suele producirse cuando se toma una provincia. Sin embargo, aunque ese cambio brusco esté presente, tal vez sea necesario el testimonio textual, a fin de distinguir entre tomas diplomáticas y militares.

Dos poblaciones de valles adyacentes de la costa peruana, tomadas ambas por los incas alrededor de 1470 d.C., explican este problema. En La Centinela, del Valle de Chincha, el gobernante local llegó a un acuerdo con los incas, quienes le permitieron conservar muchas de sus prerrogativas de noble (entre las que se incluían ser llevado en andas y practicar el comercio a grandes distancias). En Cerro Azul, del cercano Valle de Cañete, los nobles locales opusieron resistencia a los incas y fueron asesinados.

Pese a las relaciones etnohistóricas de la conquista de los incas, en Cerro Azul no se ha encontrado testimonio directo de ninguna batalla. En el testimonio circunstancial de la toma por parte de los incas se cuenta un edificio de piedra de estilo inca puro, nada de cerámica verdadera.[20] No se ha encontrado ningún edificio inca de piedra en La Centinela, aunque haya habido cierta influencia de la cerámica inca de estilo Cuzco. En La Centinela no se ha hallado indicio alguno de coerción militar.[21] De tal suerte, sin ningún testimonio textual, sería punto menos que imposible distinguir entre la toma diplomática de La Centinela y la toma militar de Cerro Azul.

La difusión de la cerámica de Monte Albán Ic-II

La difusión de la cerámica de Monte Albán II (o, en el caso de Monte Negro, incluso la cerámica anterior de Monte Albán Ic) es una de nuestras mejores

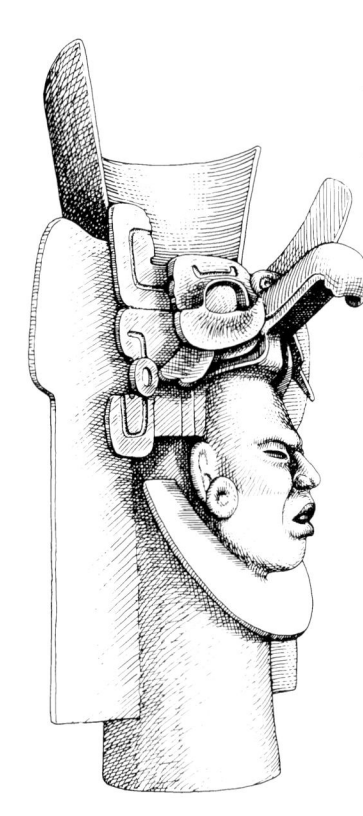

FIGURA XIV.4. *Brasero del periodo II procedente de la Tumba 77 de Monte Albán. La pieza muestra a un guerrero con la mitad inferior del rostro pintada de blanco y la cabeza dentro de un casco que representa un ave de rapiña.*

[17] Joyce Marcus, 1976, *Emblem and State in the Classic Maya Lowlands*, pp. 130-149.
[18] William L. Fash, 1991, *Scribes, Warriors, and Kings: The City of Copán and the Ancient Maya*, pp. 150-151.
[19] Marcus, 1992a, p. 357.
[20] Joyce Marcus, 1987, *Late Intermediate Occupation at Cerro Azul, Peru*.
[21] Craig Morris, 1988, "Más allá de las fronteras de Chincha", en *La frontera del estado Inca*, Tom Dillehay y Patricia Netherly (comps.), pp. 131-140.

líneas de testimonio circunstancial acerca de la expansión de los zapotecas. No nos referimos aquí a la ocasional jarra de pico oaxaqueña que aparece en lugares como Chiapa de Corzo. Es probable que aquellos recipientes aislados, que descuellan entre la cerámica local, puedan atribuirse al comercio o al envío de presentes de la élite. Nosotros nos referimos a aquellas regiones cuyas cerámicas previamente autónomas literalmente desaparecen o son sustituidas por las piezas de loza gris de Monte Albán.

FIGURA XIV.5. *El Valle de Ejutla fue atraído a la esfera de Monte Albán durante el periodo II. El Sitio 6-7-16, principal centro administrativo del valle, se constituyó en "intermediario" en el flujo de ornamentos de concha marina a Monte Albán. El sur del Valle de Oaxaca queda exactamente atrás de la cadena montañosa más alta del fondo.*

El Valle de Ejutla

Gary Feinman y Linda Nicholas han estudiado el valle de Ejutla, a unos 55 km al sur de Monte Albán.[22] Durante Monte Albán Ia, la región fue una frontera habitada de manera dispersa; incluso en el periodo Ic y tras un sustancial crecimiento de la población, los asentamientos fueron dispersos y no tuvieron ningún centro señorial dominante.

Además de que Feinman y Nicholas encontraron "un cambio de asentamientos importante entre Monte Albán I y II", aquél fue el tipo de periferia mal organizada que fácilmente puede ser incorporado por un estado bien organizado. En tanto que muchas aldeas del periodo Ic decayeron o fueron abandonadas, cerca del Río Ejutla creció un importante centro del periodo II, con un mínimo de 12 edificios monumentales. Aquella población principal, cuya cerámica muestra fuertes lazos

[22] Feinman y Nicholas, 1990.

Colonización y conquista

con Monte Albán, se constituyó en el equivalente, en Ejutla, de un centro de categoría 2 en el Valle de Oaxaca.

Ubicado como está a lo largo de una de las principales rutas entre Monte Albán y el Océano Pacífico, Ejutla evidentemente se constituyó como "intermediario" en la importación de conchas marinas y en su conversión en ornamentos. Las excavaciones practicadas por Feinman y Nicholas en el importante centro del periodo II de Ejutla revelan densas concentraciones de desechos en el lugar en que se hicieron objetos de ostra espinosa, madreperla, caracol y más de otras 40 especies. Muchas de las cuentas y colgantes concuerdan con los enterrados con los individuos de la élite en Monte Albán y San José Mogote.

Si bien parece claro que en el periodo II Monte Albán colonizó y estimuló económicamente a Ejutla, aún no hay indicios de que aquel proceso exigiera la fuerza militar. Con su población dispersa y su vulnerable ubicación —a sólo dos o tres días de viaje de Monte Albán—, Ejutla habría tenido muy pocas oportunidades de resistir. Es más que probable que sus gobernantes concluyeran un pacto que les permitiera permanecer en el poder, en tanto pagaban tributo en ornamentos de concha. Si los textos jeroglíficos zapotecas de medio milenio después son pertinentes, aquel trato incluso puede haber significado alianzas matrimoniales entre ambos valles.[23]

El Valle de Miahuatlán

A sólo 30 km de Ejutla y en la misma ruta al Pacífico, el Valle de Miahuatlán pasó por una transformación similar. Los estudios de Donald Brockington y Charles Markman demuestran que la región estuvo poblada de manera dispersa antes de Monte Albán II.[24, 25] Durante el periodo II, cerca del río principal surgió un grupo de siete sitios, el mayor de los cuales logró dominar la región. Abundaban tanto la cerámica de estilo Monte Albán II como las conchas marinas de muchas de las mismas especies trabajadas en Ejutla.

En tiempos de los aztecas, Miahuatlán fue conocida como Miahuapan, "Canal de las Borlas de Maíz", razonable traducción de su nombre zapoteca. Su glifo de lugar del siglo XVI mostraba borlas de maíz que surgían de un canal de irrigación, lo cual concuerda con un glifo de una de las "lápidas de conquista" del Edificio J.[26] Creemos que Miahuatlán fue colonizado por Monte Albán en el periodo II, pero todavía no hay indicios de que en la toma se requiriera el empleo de la fuerza. De manera significativa, la lápida del Edificio J que representa a Miahuatlán es una de las que carecen de cabeza invertida bajo el glifo de lugar, lo que quizás indique que el derrocamiento militar fue innecesario.

---

[23] Marcus, 1992a, pp. 245-246.
[24] Donald L. Brockington, 1973, *Archaeological Investigations at Miahuatlán, Oaxaca*.
[25] Charles W. Markman, 1981, *Prehispanic Settlement Dynamics in Central Oaxaca, Mexico*.
[26] Marcus, 1980, p. 59.

El Valle de Nejapa (Nexapa)

A unos 50-60 km al sureste de Monte Albán, Nejapa se ubica a lo largo de otra ruta al Pacífico, que conduce a las grandes lagunas de Tehuantepec. Nejapa aún no ha sido estudiado de manera sistemática, pero posee sitios que datan del periodo del imperialismo de Monte Albán II.

Nejapa constituye un caso sobremanera interesante porque sus periodos aldeanos primitivos —cronológicamente equivalentes a las fases San José y Guadalupe del Valle de Oaxaca— tuvieron cerámica como la de la costa de Tehuantepec. Sin embargo, hacia Monte Albán II, la cerámica del lugar refleja su incorporación al estado zapoteca.

La región de Tututepec (Tototepec)

Tututepec (antiguo Tototepec, "Cerro de los Pájaros") es una región montañosa localizada a lo largo del río San Francisco, a 25-30 km tierra adentro partiendo del Océano Pacífico y a 140 km al suroeste de Monte Albán. En tiempos de la conquista española, era el reino de un gobernante mixteca que pagaba tributo a los aztecas.[27] Un sitio de aquel periodo, localizado en una cima montañosa terraceada, al que aún se conoce como "Cerro de los Pájaros", fue descubierto por Gabriel DeCicco y Donald Brockington no lejos de San Pedro Tututepec.[28]

Sin embargo, el sitio anterior de San Francisco Arriba está más vinculado a este capítulo. Ubicado en la base de una colina defendible, a tres kilómetros al noreste de Tututepec, San Francisco Arriba posee cerámica descrita por DeCicco y Brockington como "estrechamente vinculada" a Monte Albán durante los periodos I y II. Este testimonio sobre la cerámica zapoteca fortalece la afirmación de Monte Albán en el sentido de que Tututepec fue una de las provincias de su periferia. Lamentablemente, la lápida del "Cerro de los Pájaros" del Edificio J está rota, de tal manera que no hay modo de estar seguros de que tuviera o no una cabeza invertida bajo el glifo de cerro. De tal suerte, no sabemos si Monte Albán reclamaba la conquista de la región de Tututepec o simplemente su colonización política y diplomática.

¿Qué efecto puede haber producido la expansión del estado de Monte Albán II allende las provincias que reclamaba? En el caso de Tututepec, tenemos una probable respuesta a esta pregunta.

En fechas recientes se ha investigado un área de 200 km² próxima a la desembocadura del Río Verde, a cierta distancia al suroeste de San Francisco Arriba.[29, 30] Si bien se halla mucho más allá de Tututepec para arrojar luz sobre su incorporación al estado zapoteca, aquella área costera también sintió el impacto de la expansión de Monte Albán.

---

[27] Robert H. Barlow, 1949, *The Extent of the Empire of the Culhua Mexica*.
[28] Gabriel DeCicco y Donald L. Brockington, 1956, *Reconocimiento arqueológico en el suroeste de Oaxaca*.
[29] Arthur A. Joyce, 1991, "Formative Period Social Change in the Lower Río Verde Valley, Oaxaca, Mexico", *Latin American Antiquity* 2, pp. 126-150.
[30] Arthur A. Joyce, 1993, "Interregional Interaction and Social Development on the Oaxaca Coast", *Ancient Mesoamerica* 4, pp. 67-84.

Colonización y conquista

Aunque todavía no se haya estudiado intensamente, la boca del Río Verde al parecer sólo estuvo poblada de manera dispersa antes de 500 a.C. El número de comunidades aumentó entre 400 y 100 a.C. y unos 278 fragmentos gris bruñido de aquel periodo (hasta la fecha, un número relativamente mayor, dado el volumen de las excavaciones) son "idénticos tanto en apariencia como en mineralogía a la cerámica [de Monte Albán I] procedente del Valle de Oaxaca".[31] El grueso de aquellos objetos de cerámica gris importada fue encontrado en áreas residenciales de posición relativamente elevada, lo cual sugiere vínculos entre importantes familias del Río Verde y los zapotecas.

De 100 a.C. a 100 d.C. —apogeo de la expansión de Monte Albán en otras latitudes— se produjo una interrupción de los patrones previos de intercambio en el bajo Río Verde. Los asentamientos locales aumentaron, pero mostraron entonces imitaciones de cerámica de Monte Albán en vez de importaciones reales. Luego —de manera casi igualmente significativa—, hacia 100 d.C., declinaron las similitudes entre la cerámica del Río Verde y del Valle de Oaxaca. El hecho no se produjo de manera sorpresiva, dado que, como hemos de ver, muchas provincias exteriores del estado zapoteca se desintegraron después de Monte Albán II.

Los datos del Río Verde sugieren que incluso las áreas de allende las fronteras reclamadas en el Edificio J resintieron la expansión de Monte Albán. Muchas de aquellas áreas distantes, incluso Río Verde, estaban pobladas de manera tan dispersa que los zapotecas, de haberlo deseado, difícilmente habrían necesitado un ejército para subyugarlas. A decir verdad, el gran número de objetos de cerámica gris de Monte Albán hallados en el bajo Río Verde (que superaron el volumen esperado en condiciones de "comercio" ordinario) podría reflejar un movimiento real de comerciantes zapotecas en el área.

Ocelotepec

Una de las lápidas del edificio J muestra un lugar llamado "Cerro del Jaguar"; aquella lápida carece de cabeza invertida. Ello sugiere que ningún señor local tuvo que ser derrocado a fin de hacer de Ocelotepec un punto de referencia en la periferia del estado de Monte Albán II.

En el siglo XVI, Ocelotepec fue una provincia de habla zapoteca gobernada por un noble llamado Petela.[32] Las relaciones españolas la describen como una región montañosa, a "22 leguas" más allá de Miahuatlán. Al parecer, aquel antiguo Ocelotepec es el distrito de 300 km², ubicado a 30-40 km al sureste de Miahuatlán, que en la actualidad tiene un grupo de ocho aldeas conocido como Ozolotepec. Todavía no se ha hecho ningún estudio arqueológico en la región, que se ubica a lo largo de una importante ruta que va de Miahuatlán a las fuentes de conchas marinas de la costa del Pacífico.

En aquella extensión costera particular, se conoce claramente la cerámica de

---

[31] Arthur A. Joyce, 1991, "Formative Period Social Change in the Lower Río Verde Valley, Oaxaca, Mexico", *Latin American Antiquity* 2, p. 139.

[32] Nicolás Espíndola, 1580, "Relación de Chichicapa y su Partido", en *Papeles de Nueva España: Segunda Serie, Geografía y Estadística* (vol. 4), Francisco del Paso y Troncoso (comp.), 1905, pp. 115-143.

estilo Monte Albán II, encontrada por DeCicco y Brockington en Sipilote, a sólo algunos centenares de metros del mar.³³ Por tanto, sospechamos que, a semejanza de Miahuatlán, el antiguo Ocelotepec fue una provincia zapoteca. Por otra parte, Sipilote podría ser otra área que —como el bajo Río Verde— se localizaba allende la frontera, pero recibía la visita de negociantes zapotecas.

Sosola

Sosola, escarpada región ubicada 30-40 km allende los límites noroccidentales del subvalle de Etla, podría ser otra de las provincias mencionadas en el Edificio J. Es probable que esta provincia corresponda a la lápida que representa el "Lugar de la Cara Picada", acompañada de la cabeza invertida de un noble vencido.

La región de Sosola todavía está por estudiarse de manera intensiva. Sin embargo, se localiza exactamente al oeste de un área montañosa de 650 km² investigada por Robert Drennan en 1971.³⁴ El estudio de este investigador reveló una expansión a aquella región, desde Monte Albán I, por parte de personas que usaban cerámica del Valle de Oaxaca.

Monte Negro

En el capítulo XII describimos Monte Negro, sitio construido sobre una cima montañosa, a 60 km al noroeste de Monte Albán. La cerámica y la arquitectura de Monte Negro poseen fuertes vínculos con el Valle de Oaxaca; ambas podrían reflejar la colonización del Valle de Tilantongo durante Monte Albán I Tardío. Lamentablemente, aún no hemos identificado en el Edificio J ninguna "lápida de conquista" que mencione a Tilantongo o "Monte Negro".

Peñoles

La Sierra de Peñoles es una región montañosa ubicada al oeste del Valle de Oaxaca. Se localiza a lo largo de una de las principales rutas prehispánicas entre el subvalle de Etla y el Valle de Nochixtlán, de habla mixteca. En fechas recientes, Stephen Kowalewski y Laura Finsten han estudiado unos 850 km² de esa sierra.³⁵ Dispersamente poblada antes de Monte Albán I, Peñoles conoció su primer aumento importante de población en una época correspondiente a Monte Albán I-II. Muchos sitios de aquel periodo son cimas montañosas defendibles y poseen cerámica descrita como "importaciones o imitaciones locales" de los artículos de Monte Albán.

De acuerdo con las apariencias, Peñoles fue otra de las provincias colonizadas

---

[33] Gabriel DeCicco y Donald L. Brockington, 1956, *Reconocimiento arqueológico en el suroeste de Oaxaca*, pp. 89-90.
[34] Robert D. Drennan, "The Mountains North of the Valley", en Kowalewski *et al.*, 1989, pp. 367-384.
[35] Stephen A. Kowalewski, 1991, "Peñoles: Archaeological Survey in the Mixtec Sierra, Mexico", informe presentado a la National Geographic Society.

FIGURA XIV.6. *Las murallas de mampostería de piedra de la Fortaleza de Quiotepec, al norte de la Cañada de Cuicatlán, surgen de un bosque de árboles leguminosos de espinas y cactos columnarios.*

durante Monte Albán II. Hasta la fecha, ningún punto de referencia geográfico de esta región se ha vinculado con un glifo de lugar del Edificio J.

La Cañada de Cuicatlán

La Cañada de Cuicatlán es un largo cañón fluvial que corre de norte a sur, localizado estratégicamente entre los valles de Tehuacán y Oaxaca. En contraste con el templado Valle de Oaxaca, cuyo piso promedia 1 500-1 700 m sobre el nivel del mar, la Cañada es una región tropical cuyo piso promedia 500-700 m de altitud. Por tanto, es un área en la que pueden cultivarse el algodón, la palma de coyol *(Acrocomia mexicana)* y frutas tropicales que no se encuentran en el Valle de Oaxaca. No obstante, su cultivo exige irrigación, dado que el cañón se ubica en una sombra pluvial, entre dos cadenas montañosas.

En tiempos de la conquista española, aquella provincia era conocida como Cuicatlán, "Lugar de Canción". Su glifo de lugar del siglo XVI, una cabeza humana con una "voluta de canción" emplumada que le sale de la boca, es similar a uno de los glifos representados en una lápida de conquista del Edificio J.

La Cañada de Cuicatlán ha sido estudiada por Elsa Redmond y Charles Spencer, cuyas excavaciones dieron a conocer una comunidad vencida por los zapotecas o castigada por alguna rebelión ulterior.[36-38] El sitio nos ofrece la mejor

[36] Spencer, 1982.
[37] Redmond, 1983.
[38] Elsa M. Redmond y Charles S. Spencer, "The Cuicatlán Cañada and the Period II Frontier of the Zapotec State", en Flannery y Marcus (comps.), 1983, pp. 117-120.

Colonización y conquista

FIGURA XIV.7. *La Fortaleza de Quiotepec guardaba este paso natural en las montañas, entre el Valle de Tehuacán y la Cañada de Cuicatlán. Todos los viajeros que vadeaban el río ubicado en primer plano debían pasar por la plaza de abajo de la fortaleza.*

adecuación entre los datos de excavación y las reclamaciones jeroglíficas de conquista de Monte Albán.

Cuicatlán es otra de las regiones cuya cerámica previa a Monte Albán I muestra cánones estilísticos diferentes de los del Valle de Oaxaca. Sin embargo, hacia 100 a.C., sus comunidades tenían "abundante cerámica que mostraba una estrecha afinidad estilística con la de Monte Albán II".[39]

Aquel cambio estilístico estuvo acompañado de la construcción de una verdadera fortaleza en un lugar llamado Quiotepec. El fuerte se localiza en un paso natural, a través de la serranía que separa la Cañada de Cuicatlán del Valle de Tehuacán. Quiotepec, cuya cerámica y cuyas tumbas de nobles son de estilo zapoteca, también posee murallas defensivas, grandes edificios públicos y una plaza a través de la cual debían pasar los viajeros que vadeaban el río.

Al norte del fuerte, Redmond y Spencer encontraron una tierra de nadie del periodo 200 a.C.-200 d.C. El primer sitio importante ubicado al norte de aquella zona intermedia desocupada tenía cerámica de estilo Tehuacán y no Monte Albán.

Por tanto, la Fortaleza de Quiotepec parecería delimitar la expansión más septentrional del estado de Monte Albán II. Su ubicación no podría ser más estratégica, ya que una de las rutas principales entre Oaxaca y el centro de México pasa por la Cañada de Cuicatlán. Cerrando el paso, Monte Albán no sólo dominaba la Cañada sino que también evitaba la expansión de reinos rivales de Tehuacán, Puebla, Tlaxcala y la Cuenca de México en dirección del sur.

[39] *Idem.*

Colonización y conquista

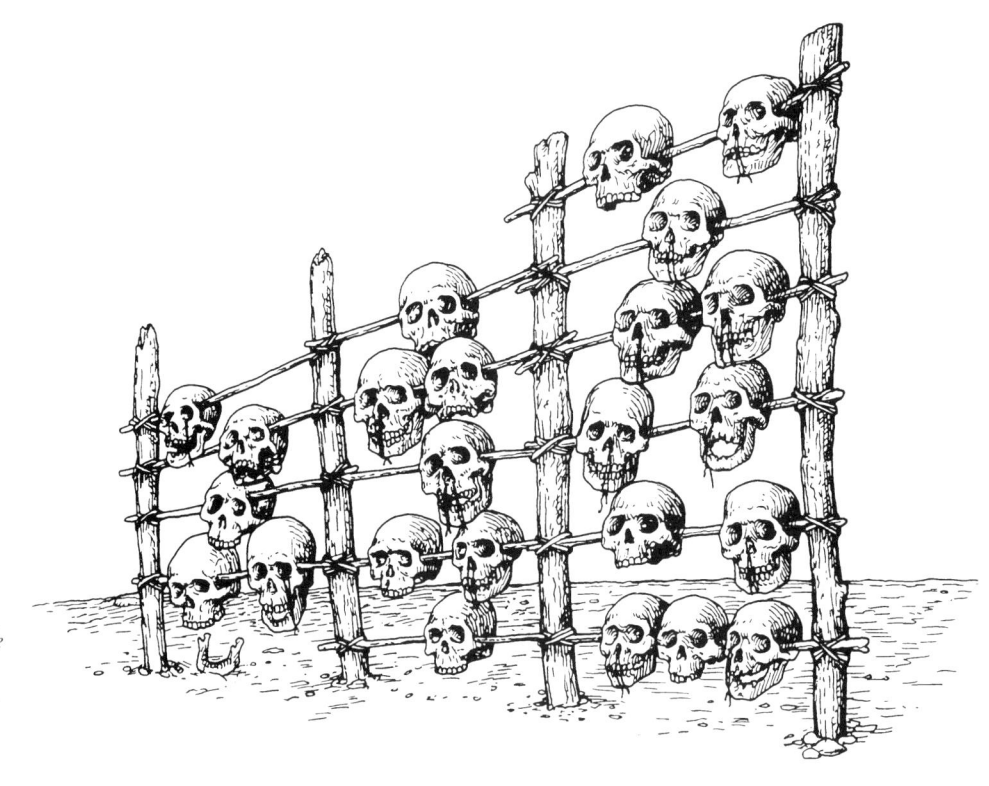

Figura xiv.8. *Reconstrucción artística de la* yàgabetoo *o percha de cráneos, dejada por los conquistadores zapotecas de La Coyotera en la Cañada de Cuicatlán.*

Al sur de la fortaleza, Spencer y Redmond excavaron La Coyotera, una comunidad que tal vez haya sido castigada por resistir a la subyugación zapoteca. Entre 700 y 300 a.C., La Coyotera había sido una aldea de 2.5 ha ubicada sobre una terraza aluvial del río. Sin embargo, con la llegada de los zapotecas durante Monte Albán Ic o II, aquel asentamiento pasó a ser una de las muchas comunidades locales que se trasladaron de las terrazas aluviales al pie de la montaña cercano. Al parecer, aquel traslado fue parte de una estrategia zapoteca para irrigar de manera más intensiva la Cañada y estuvo acompañado de la construcción de grandes acueductos y canales.

Algunos restos carbonizados de plantas de aquel periodo muestran una densidad mucho mayor de cultivos tropicales, lo cual sugiere a Redmond y Spencer que "una extensión adicional de tierra se puso en explotación durante el periodo I Tardío y el periodo II, con el propósito primordial de elevar la producción de frutas y nueces tropicales. A su vez, aquel aumento puede haber sido una respuesta a las demandas de tributo del estado zapoteca, en forma de producción agrícola [tropical]".[40]

Un descubrimiento inesperado muestra que en la colonización zapoteca del "Lugar de Canción" puede haberse necesitado la fuerza. Luego de ser trasladada a una colina del pie de la montaña, durante Monte Albán Ic-II, La Coyotera fue una comunidad de tres hectáreas con edificios públicos. Frente al mayor de los montículos piramidales, Spencer y Redmond descubrieron lo que parece haber sido una

[40] *Idem.*

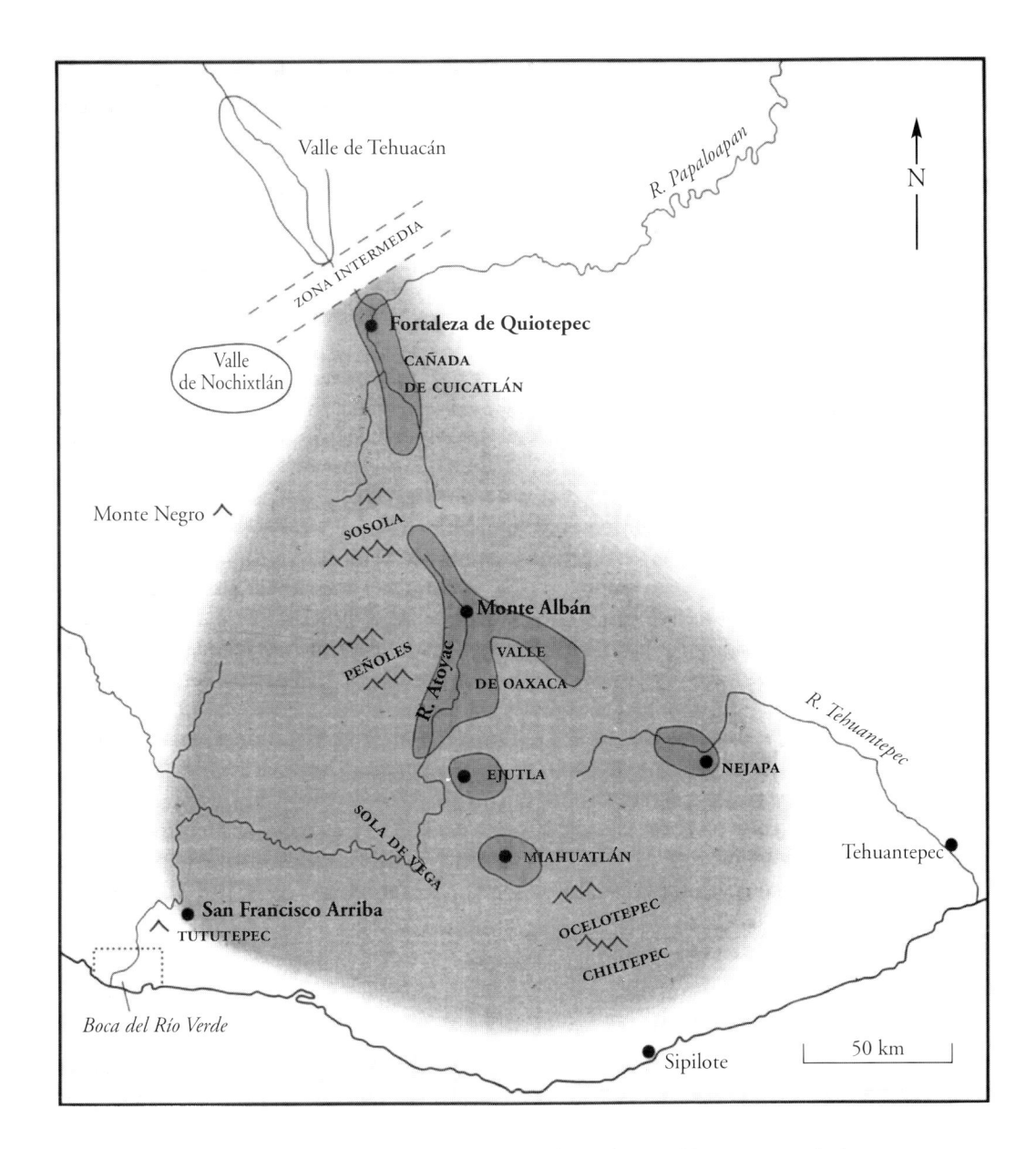

percha o lugar de cráneos: 61 cráneos humanos alineados en filas, como si hubieran sido dejados así por el colapso de la horrible exhibición conocida por los zapotecas como *yàgabetoo* y por los aztecas como *tzompantli*. Aquellas exhibiciones de cabezas cercenadas servían para desalentar a quienes pensaran en negarse a pagar tributo.

¿Hubo un "Imperio" zapoteca?

A partir de Monte Albán I Tardío y prosiguiendo durante todo Monte Albán II, los gobernantes zapotecas empezaron a poner bajo su égida a las provincias allende el Valle de Oaxaca. Es probable que más de 40 lugares, enumerados en el Edificio J de Monte Albán, especifiquen los límites del territorio reclamado por los gobernantes de Monte Albán II. Nunca sabremos en dónde se encontraban

FIGURA XIV.9. *La expansión zapoteca durante Monte Albán Ic-II queda indicada, sea por cambios en el estilo cerámico, sea mediante inscripciones jeroglíficas, en todas las provincias incluidas dentro del área sombreada. Es lo más que se acercaron los zapotecas a tener un "imperio".*

Colonización y conquista

aquellos lugares. Tampoco sabremos cuántos de los lugares reclamados fueron realmente sometidos; por ejemplo, los aztecas posteriores reclamaban el dominio de provincias que se separaban una y otra vez y debían ser reconquistadas.[41, 42]

La expansión zapoteca queda confirmada por el gran número de regiones vecinas cuyas secuencias cerámicas muestran un cambio brusco al estilo de Monte Albán. Lo que no sabemos es cuáles regiones eran suficientemente fuertes para hacer necesaria la conquista y cuáles otras eran tan débiles para necesitar sólo colonización. Miahuatlán, cuyo glifo de lugar no está acompañado de una cabeza invertida, hasta la fecha no ha mostrado testimonio alguno de batalla. Cuicatlán, cuya lápida tiene una cabeza invertida, ha producido tanto una fortaleza como una percha de cráneos.

Sin embargo, recordamos al lector que incluso en las regiones sometidas por la fuerza podría necesitarse una suerte increíble para hallar testimonio arqueológico de alguna batalla. De no haber excavado Redmond y Spencer frente a la pirámide principal de La Coyotera, no tendríamos la percha o lugar de cráneos de Cuicatlán. Es probable que incluso la Fortaleza de Quiotepec se haya construido no tanto para conquistar la Cañada como para desalentar la expansión de estados rivales asentados al norte.

Cuando se dibujan en un mapa todas aquellas provincias en que se indica una expansión zapoteca, sea mediante cambios cerámicos o por medio de reclamaciones textuales, parecería que Monte Albán trató de establecer un "corredor de influencia" norte-sur entre Tehuacán, puerta del centro de México, y la costa del Pacífico, puerta del trópico.[43] En su apogeo, durante Monte Albán II Tardío, aquel corredor tal vez haya incluido 20 000 km^2 de territorio sometido.

Los zapotecas pudieron extenderse durante Monte Albán Ic y II porque ninguna de las provincias que dominaron fue tan poderosa, en lo político y lo militar, como el Valle de Oaxaca. Sin embargo, hacia 500 d.C. y durante el periodo conocido como Monte Albán IIIa (capítulo XV), muchas de aquellas provincias se habían fortalecido lo suficiente como para separarse. Irónicamente, aun cuando la ciudad de Monte Albán crecía a sus máximas dimensiones, las fronteras de su territorio tributario habían empezado a encogerse.

¿Es correcto usar la expresión "Imperio zapoteca"? Para responder a esta pregunta, antes debemos considerar la manera en que se ha definido el término. *Para que sea imperio, diría la mayor parte de los antropólogos, un estado debe incorporar pueblos de otras lenguas y otros grupos étnicos*. Con base en este criterio, la expansión de Monte Albán II creó, durante algún tiempo, una suerte de imperio. Es muy probable que en las regiones que Monte Albán llamó "Lugar de Canción", "Cerro de los Pájaros" y "Cerro del Chilar" hablaran lenguas distintas de la zapoteca. Sin embargo, el imperio producido por su sometimiento fue modesto en comparación con los que se atribuyen a estados mesoamericanos ulteriores como el azteca.

---

[41] C. Nigel Davies, 1987, *The Aztec Empire*, The University of Oklahoma Press, Norman.
[42] Ross Hassig, 1988, *Aztec Warfare: Imperial Expansion and Political Control*, University of Oklahoma Press, Norman.
[43] Marcus, 1992b, pp. 400-401.

XV. La Edad de Oro de la civilización zapoteca

Hacia 200 d.C., los zapotecas habían extendido su influencia desde Quiotepec, en el norte, a Ocelotepec y Chiltepec, en el sur. Sus embajadores nobles habían presentado obsequios a los gobernantes de Chiapa de Corzo y establecido un enclave zapoteca en Teotihuacán, en la Cuenca de México. Monte Albán era la ciudad más grande de las tierras altas mexicanas del sur y siguió siéndolo por espacio de 500 años. El medio milenio transcurrido de 200 a 700 d.C. se ha llamado "la Edad de Oro de la civilización zapoteca".

Para aquella fase "clásica" de la civilización zapoteca, conocida como Monte Albán III, por lo general no es necesario recurrir a la analogía etnográfica a fin de interpretar el registro arqueológico. Están presentes tantas instituciones conocidas por la etnohistoria zapoteca que es posible confiar principalmente en el enfoque histórico directo.

El *coquì*, o señor hereditario zapoteca, y su *xonàxi,* o esposa real, vivían en palacios residenciales que concuerdan con la descripción histórica de la *yòho quèhui* o "casa real". Muchas de éstas eran residencias de 20-25 m por lado, divididas en 10-12 habitaciones dispuestas en torno a un patio interior. Entre sus rasgos típicos, en las esquinas había habitaciones en forma de L, algunas de las cuales tenían aparentes bancas para dormir. Daba intimidad un "panel" justo dentro de la entrada principal, que ocultaba la vista del interior del palacio. Es probable que las puertas se cerraran por medio de elegantes tejidos o incluso cortinas de pluma de brillantes colores. En algunos palacios zapotecas, no hay dos habitaciones que tengan sus pisos exactamente al mismo nivel. Ésta puede haber sido una manera de asegurarse de que la cabeza del *coquì* se mantuviera más arriba que la de cualquier otra persona, incluso cuando dormía.

Por cuanto a los propios gobernantes, con frecuencia se representan en las esculturas de barro, sentados sobre tronos o con las piernas cruzadas sobre esteras reales, cargados de joyas e inmensos tocados de plumas. Es evidente que los gobernantes disponían de una variedad de máscaras, tantas que nos preguntamos si sus rostros eran vistos alguna vez por los plebeyos. Los gobernantes de muchas culturas se han disfrazado para mantener el mito de que ellos no eran simples mortales, y los reyes zapotecas parecen haber tenido numerosos trajes para cada ocasión. Sus vínculos con el Rayo se fortalecían por medio de máscaras de jade o de madera que representaban la poderosa faz de *Cocijo;* su carácter de guerreros se fortalecía mediante el uso de una máscara hecha de la piel facial de un prisionero desollado.

Un magnífico ejemplo de ello puede verse en la urna funeraria de la Tumba 103, un entierro real bajo un palacio de Monte Albán. El gobernante zapoteca está sentado en su trono, disfrazado de guerrero, sosteniendo un bastón o macana de guerra en la mano derecha. En la izquierda, sujeta de la cabellera la cabeza cercenada de un enemigo, al tiempo que atisba a través de la piel reseca del rostro de un enemigo desollado. Luciendo las plumas de aves llevadas de las selvas tropicales lejanas, su tocado no sólo le cubre la cabeza sino que también oculta el respaldo del trono. Se agregan a su elegancia carretes de jade para los lóbulos de las orejas, un pesado collar de jade y una falda cubierta de conchas marinas tubulares. Nótese que, dentro de la tradición de las figurillas de 850-700 a.C., el escultor puso gran atención a cada una de las sandalias del señor, incluso en la manera de atar los lazos (figura xv.3a).

Una segunda urna, esta vez de la Tumba 104 de Monte Albán, muestra a una persona diferente como señor zapoteca. Éste se sienta aquí con las piernas cruzadas, usando una máscara con los colmillos y la nariz respingada de un monstruo cocodriliano. Sobre el pecho lleva una máscara humana de la cual cuelgan tres conchas tubulares, reminiscencia de los tres colgantes de la máscara de murciélago vista en la lámina I. El gobernante usa una capa corta decorada con trencilla y lleva el cabello sujeto en un nudo superior que se proyecta desde su frente.

Una generación previa de especialistas supuso que aquellas espectaculares urnas, halladas generalmente en las tumbas reales, representaban "dioses". En la

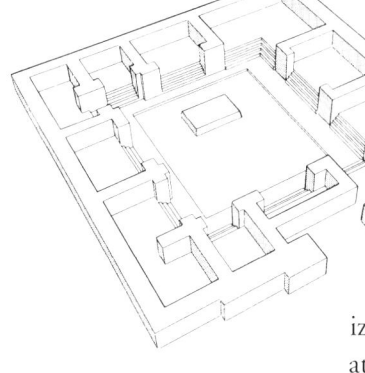

FIGURA XV.1. *El palacio del Edificio S de Monte Albán.*

FIGURA XV.2. *Panorama de la Plaza Principal de Monte Albán, mostrando muchos de los edificios descubiertos por Alfonso Caso, Ignacio Bernal y Jorge Acosta.*

actualidad creemos que la mayor parte de ellas representa a antepasados venerados por los principales individuos de la tumba.[1] Como la dama de la realeza mostrada en la figura xv.3c, algunas urnas muestran glifos con nombres tomados del calendario de 260 días. Siendo inmortales, los seres sobrenaturales como el Rayo no figuraban con nombres de día en el calendario zapoteca. Otro es el caso que ocurre con las figuras de la mayor parte de las urnas que, aunque enmascaradas de manera grotesca, innegablemente son humanas detrás de sus disfraces.

En cosmología, siempre es decisivo distinguir entre seres sobrenaturales reales —representados en Mesoamérica mediante la combinación de partes de diferentes animales, a manera de crear algo obviamente "innatural"— y seres humanos reales metamorfoseados en héroes y heroínas de leyenda. Éstos eran seres humanos que, mediante la muerte y la herencia, habían adquirido algunos de los atributos de los seres sobrenaturales. Sospechamos que las urnas funerarias zapotecas —muchas de las cuales son obras maestras únicas, hechas para acompañar a los gobernantes en sus tumbas— constituían lugares a los que el *pèe,* o espíritu animado, de aquellos héroes y antepasados reales podía volver. Ello habría permitido que el o la gobernante que había muerto continuara consultando con sus antepasados importantes, como pensamos que hicieron gran parte de las mujeres del periodo de la aldea primitiva: invocar a sus antepasados por medio de figurillas.

Es significativo que, a medida que las urnas funerarias aumentaban en número, desaparecían las pequeñas figuras sólidas de épocas precedentes. Desaparecidas en gran parte hacia Monte Albán II, aquellas figurillas no tenían función alguna que desempeñar en la religión del estado zapoteca. De Monte Albán II en adelante, habían dejado de ser importantes los antepasados de los plebeyos. Sólo los antepasados de la realeza, que eran aliados de Rayo y se constituían en "Gente de las

La Edad de Oro
de la civilización zapoteca

[1] Joyce Marcus, "Rethinking the Zapotec Urn", en Flannery y Marcus (comps.), 1983, pp. 144-148.

FIGURA XV.3. a) *Urna funeraria de la Tumba 103 de Monte Albán: el gobernante como guerrero. Altura: 51 cm.* b) *Urna funeraria de la Tumba 104 de Monte Albán: el gobernante con máscara ritual. Altura: 40 cm.* c) *Urna funeraria de la mujer de la realeza 13 Cocodrilo. Monte Albán.*

Nubes" después de muertos, tenían el poder para interceder en nombre de la sociedad zapoteca.

Las tumbas reales

Para un gobernante zapoteca era tan importante el más allá que la construcción de su tumba resultaba tan decisiva como la construcción de su palacio. En muchos casos, el área para la tumba debía excavarse incluso antes de poder construir el palacio sobre ella.

Muchas de las tumbas zapotecas más conocidas se encuentran bajo los palacios localizados al norte de la Plaza Principal de Monte Albán.[2] En gran parte, aquellos palacios parecen ser residenciales, por carecer de pórtico columnario y del enorme patio hundido del palacio gubernamental. Sin embargo, en ocasiones alguien —tal vez los descendientes del señor— seguía colocando nuevas ofrendas en la antecámara de la tumba en periodos subsecuentes. Ello indica que algunos palacios cumplían una función conmemorativa, tras la muerte del *coquì*.

El palacio asociado a la Tumba 105 muestra que los arquitectos excavaron primero en la roca, trazando una gran cripta funeraria cruciforme, una antecámara más pequeña y un tramo de escalera de mampostería de piedra. Sólo entonces se construyó el palacio, cuya escalinata sepulcral bajaba desde el patio, con la cripta localizada bajo una habitación trasera del palacio. En los muros de la tumba se pintaron murales policromos, uno de los cuales representa a las parejas zapotecas reales saliendo de la tumba en una sola fila. Aquellas parejas, tal vez familiares o

[2] Alfonso Caso, 1938, "Las exploraciones en Monte Albán, Quinta y Sexta Temporadas 1936-37", *Instituto Panamericano de Geografía e Historia,* publicación 34.

antepasados de los fallecidos, tienen nombres tomados del calendario ritual. Los hombres usan sandalias y llevan bastones o dardos, en tanto que las mujeres caminan descalzas y usan elaboradas faldas. Sobre esta escena vemos las "Mandíbulas del Cielo", motivo que indica linaje real.

En tanto que algunas tumbas contienen a un solo individuo, otras encierran parejas de marido y mujer; otras más eran verdaderos osarios a los cuales se habían agregado con el tiempo docenas de cuerpos.

La Edad de Oro de la civilización zapoteca

La Tumba 104

Uno de los más famosos entierros reales zapotecas de Monte Albán es la Tumba 104 que, según se cree, data de mediados del periodo III.[3] Su elaborada fachada incluye un nicho con una gran escultura funeraria. Ésta muestra un tocado con

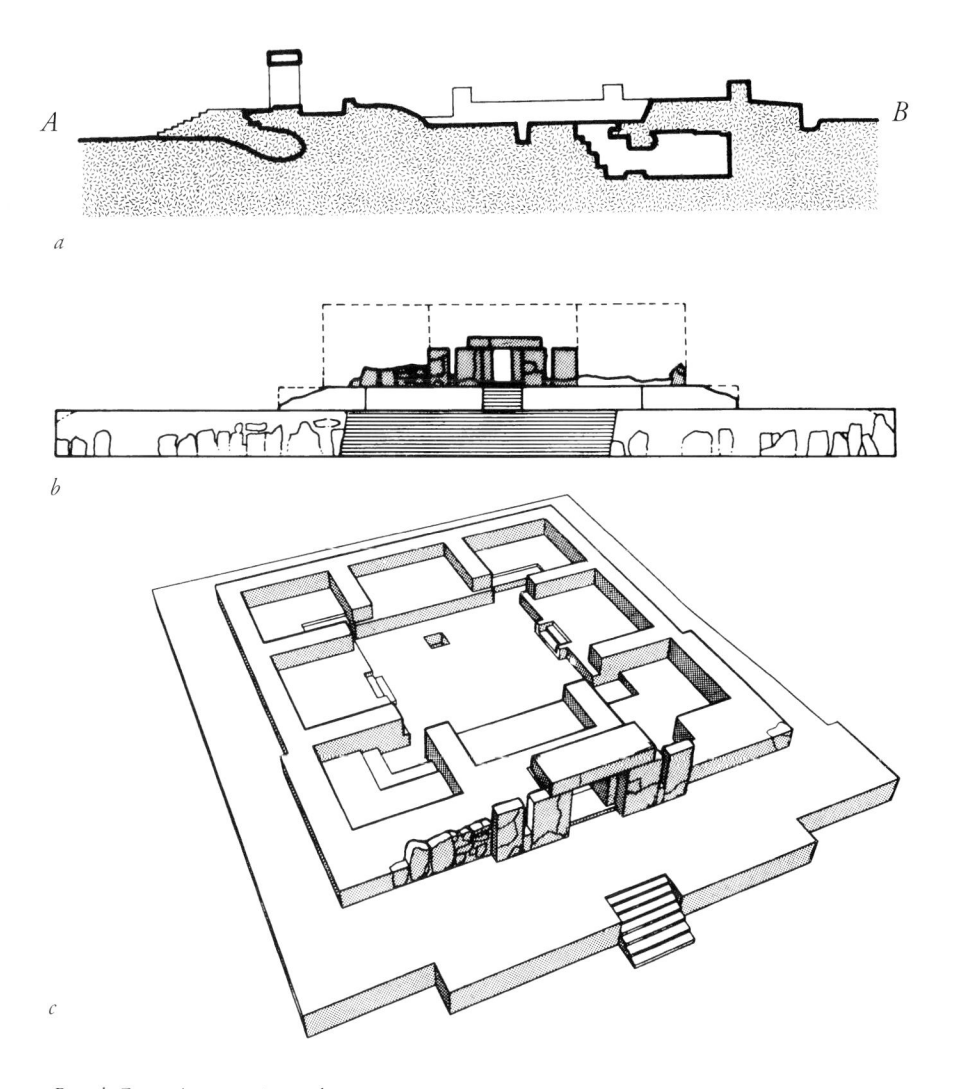

FIGURA XV.4. *a) Corte transversal del palacio asociado a la Tumba 105, Monte Albán (A es el frente, B la parte posterior). Nótese el tamaño de la tumba y la escalera que baja a ella. b) Reconstrucción artística de la fachada. c) Planta del palacio asociado a la Tumba 105. La abertura cuadrada del patio hundido conduce a la tumba.*

[3] Bernal, Caso y Acosta, 1967, cuadro XV.

Figura xv.5. *El mural de la pared de la Tumba 105, Monte Albán.*

dos cabezas de jaguar o puma, enormes orejeras, un gran pectoral con conchas marinas y una bolsa de incienso en una mano.

En el interior de la cámara principal de la tumba había un solo esqueleto, totalmente extendido boca arriba. A sus pies se hallaba la urna funeraria mostrada en la figura xv.3b, flanqueada por cuatro acompañantes o "figuras compañeras". La cripta había sido equipada con cinco nichos de pared, muchos de los cuales estaban llenos de cerámicas; docenas de vasijas adicionales fueron apiladas sobre el piso. Como puede verse en la figura xv.8, la cerámica era sumamente variada por su forma y función: era, en efecto, una "vajilla" completa para un señor o señora zapoteca. En ella se incluían escudillas y vasos *(a-g)*, jarras de pico con asa *(h)*, cucharones *(k)*, "salseras" *(o, p)* y un mortero de piedra como los que ahora se usan para hacer guacamole o salsa picante *(s)*. También había figuras humanas y animales *(q, r)*.

A lo largo de las paredes de la cripta estaba el mural que se muestra en la figura xv.9. A la izquierda (el muro sur de la cámara) vemos una figura masculina que sostiene una bolsa de incienso en una mano. Luego viene un nicho de pared con una "caja de ofrendas" y un loro pintado encima. En seguida están dos compuestos jeroglíficos, 2 Serpiente (?) y 5 Serpiente; debajo de ellos está otra "caja de

FIGURA XV.6.
Escultura funeraria en un nicho de la fachada de la Tumba 104, Monte Albán. Altura: 91 cm.

FIGURA XV.7. *Planta de la Tumba 104 de Monte Albán, en la que se muestra la piedra de la puerta, las urnas funerarias, los nichos de pared y las vasijas de barro (sombreadas).*

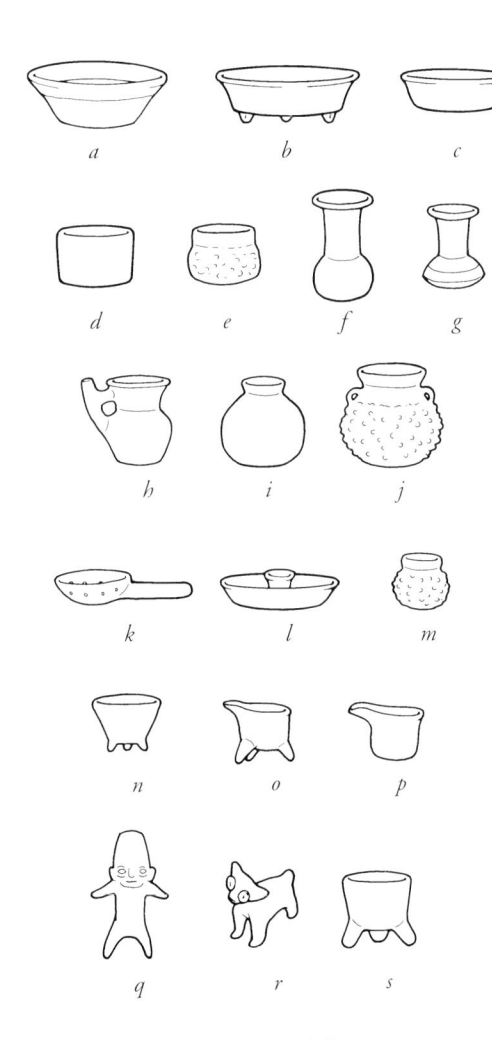

FIGURA XV.8. *La variedad de vasijas de cerámica dejadas como ofrendas en la Tumba 104 de Monte Albán.*

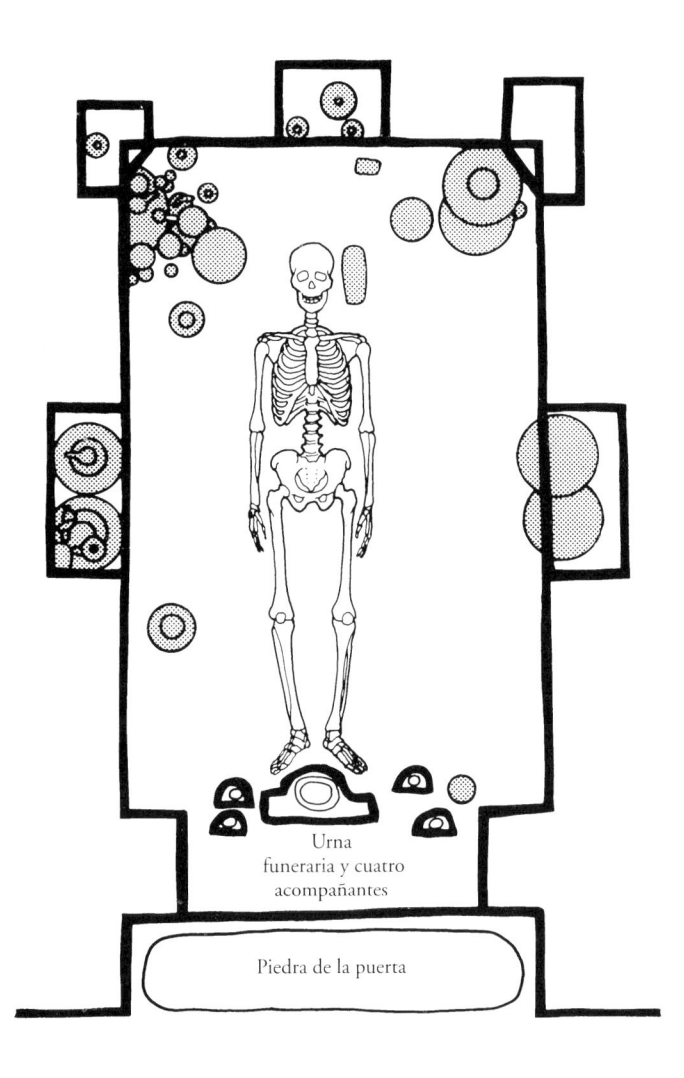

ofrendas". En el muro posterior de la tumba (lado oeste) se encuentran tres nichos y una compleja pintura que representa un rostro humano (probablemente un antepasado) bajo las "Fauces del Cielo". A la izquierda de éstas aparece la fecha (o nombre de día) 5 Turquesa.

En el extremo derecho (el muro norte de la tumba), vemos otra figura masculina con una bolsa de incienso. Sobre un nicho de aquel muro aparece el "corazón como sacrificio" y sobre él los glifos para 1 Rayo, a la izquierda de los cuales apreciamos las fechas o nombres de día 5 Lechuza (?) y 5(?) Rayo. Una voluta de palabra en forma de pluma se asocia con 5 Lechuza (?). Es probable que todos aquellos nombres se refieran a importantes antepasados reales del individuo sepultado en la tumba.

Finalmente, la puerta de la cámara principal se hallaba cerrada por una piedra grande, labrada por ambos lados.[4] En la figura XV.10 vemos la inscripción jeroglífi-

[4] Alfonso Caso, 1938, "Las exploraciones en Monte Albán, Quinta y Sexta Temporadas 1936-37", *Instituto Panamericano de Geografía e Historia,* publicación 34, p. 76.

ca de la superficie interior de la puerta. La inscripción comparte varios nombres de día con el mural del interior de la cripta. Del lado derecho aparecen los glifos 6 Turquesa, un glifo designado "Glifo I" por Alfonso Caso y una figurilla humana que muestra la misma figura rígida vista en las estatuas de jade enterradas bajo un templo anterior de San José Mogote (capítulo XIII). Del lado izquierdo aparece el gran glifo 7 Venado, flanqueado por glifos más pequeños para 6 Serpiente, 7 "Glifo I" y cuatro pequeñas cartelas acompañadas por el número 15. En el centro de la piedra tenemos unas "Fauces del Cielo" abreviadas y el glifo 5 Turquesa. Debajo encontramos una máscara bucal de perfil y el mismo glifo para 1 Rayo que vimos en el mural de la pared norte de la cripta funeraria.

La repetición de los nombres 5 Turquesa y 1 Rayo en el mural y la piedra de la puerta sugiere que aquellos individuos fueron muy importantes. Junto con las urnas funerarias, las cantidades de ofrendas de cerámica y la elaborada construcción de la tumba, aquellas referencias a los antepasados eran parte integral del rito fúnebre real.

FIGURA XV.9. *Murales pintados en los muros izquierdo, posterior y derecho de la Tumba 104 de Monte Albán. Las áreas sombreadas son nichos de ofrendas.*

FIGURA XV.10. *Superficie interior labrada de la lápida de la puerta, en la Tumba 104.*

Figura xv.11. *Jambas labradas de una tumba de Reyes Etla, que muestran a dos señores zapotecas con trajes de jaguar o de puma.*

Una tumba del Clásico Tardío en Reyes Etla

En la segunda mitad de Monte Albán III, referido como periodo IIIb (500-700 d.C.), Reyes Etla fue un importante centro de categoría 2 o 3, en la región de Etla. Una de las tumbas del sitio tenía la entrada flanqueada por dos magníficas jambas de piedra labrada. Cada una de ellas muestra a un señor zapoteca en traje de guerrero jaguar o puma, con una lanza en la mano. Sus nombres aparecen como 5 Flor y 8 Flor. Cada uno está erguido bajo las "Fauces del Cielo" y tiene un "signo de cerro" bajo los pies. Estas figuras tal vez representen familiares o antepasados al cuidado de la tumba, lo cual sugiere que incluso los nobles de los centros de categoría 2-3 eran personas de gran importancia.

La investidura de 12 Jaguar

Para muchos antiguos estados mesoamericanos, la investidura de un nuevo gobernante constituía una ocasión para el ritual elaborado y la propaganda real.[5] Los ritos de investidura enviaban el mensaje ideológico de que la monarquía y el estado seguirían adelante de manera justa, ordenada y predecible, dirigidos por un gobernante nuevo y digno.

Algunos grupos mesoamericanos como los aztecas, los mixtecas y los mayas trataban de designar al sucesor del viejo gobernante antes de su muerte. Era de esperarse que, entre el momento de aquella designación y el ascenso real al trono, el futuro gobernante realizara una serie de actividades importantes. Podía viajar para consultar a los dirigentes de otros grupos étnicos; atacar comunidades enemigas para capturar prisioneros destinados al sacrificio; marcar los límites de la entidad política, a fin de reforzarlos, y realizar algún acto de devoción, como la construcción de un nuevo templo o la visita a algún adoratorio.[6]

Los zapotecas clásicos no fueron la excepción a aquel patrón. En algún momento del periodo III Temprano, en Monte Albán fue investido un gobernante llamado 12 Jaguar. Una parte del rito de su investidura incluyó la dedicación de una enorme estructura piramidal, la Plataforma Sur de la Plaza Principal, cuya construcción (o ampliación) él buscó acreditarse. Como preparativo para su investidura, aquel gobernante ordenó un monumento de piedra labrada que lo muestra sentado en su trono. También había capturado varios prisioneros para el sacrificio, seis de los cuales se representan en otros monumentos pétreos. Al parecer, este noble documentó su derecho a gobernar valiéndose de un monumento que se refiere a un gobernante zapoteca anterior, tal vez reclamándolo como antepasado. Finalmente, aquel gobernante encargó escenas labradas de ocho visitantes de Teotihuacán, ciudad de la Cuenca de México que fue poderosa contemporánea de Monte Albán. Aquellas escenas muestran a teotihuacanos de visita en Monte Albán, en lo que tal vez haya sido una demostración de apoyo al nuevo

La Edad de Oro de la civilización zapoteca

FIGURA XV.12. *La Plataforma Sur de Monte Albán, cuyas gigantescas balaustradas se hallan ahora cubiertas de vegetación.*

[5] Marcus, 1992a, pp. 303-306.
[6] Joyce Marcus, "A Zapotec Inauguration in Comparative Perspective", en Marcus y Zeitlin (comps.), 1994, *Caciques and their People, Anthropological Paper* 89, *Museum of Anthropology, University of Michigan*, Ann Arbor, pp. 245-250.

*La Edad de Oro
de la civilización zapoteca*

FIGURA XV.13. *La Estela 1 de Monte Albán muestra a un gobernante en posición sedente, llamado al parecer 12 Jaguar. Altura: 2.08 m.*

gobernante. Bajo tres piedras angulares que mostraban aquellas escenas se colocaron ofrendas ocultas de dedicación.

La escena de la investidura

La Estela 1, enorme piedra de la esquina nororiental de la plataforma, muestra al nuevo gobernante en posición sedente sobre un cojín de piel de jaguar. Bajo el cojín está un inmenso trono, que despliega dos cabezas de Rayo colocadas una contra otra. El gobernante lleva puesto un regio traje de jaguar o puma y un complejo tocado; en la mano izquierda sostiene una lanza o un bastón de cargo. Su nombre zapoteca, 12 *Peche* (Jaguar o Puma) aparece como cuarto glifo en la segunda de dos columnas de glifos verticales. El texto asociado incluye glifos que se refieren a su linaje divino, peregrinaciones, adivinación y ofrendas que formaron parte de ritos previos a su investidura y ascenso al trono.

Como muchos monumentos importantes de Monte Albán, la Estela 1 puede medirse en múltiplos del *yaguén* zapoteca, unidad mencionada en el capítulo 1. Fue cortada de 8 x 8 *yaguenes,* o aproximadamente 2.08 x 2.08 m en el sistema métrico decimal.

Prisioneros militares

Colocadas también en los muros de la Plataforma Sur, hay seis estelas en las que se representan prisioneros con los brazos atados por detrás. En tanto que algunos visten poco más que un taparrabos, otros llevan el tipo de traje completo de animal concedido a los guerreros que se habían distinguido en la batalla. Cada cautivo está de pie sobre un glifo de lugar que nombra la región de la cual proviene; lamentablemente, aquellas regiones aún no han sido identificadas con certeza. Si pudiera usarse como guía la densidad de sitios del periodo III Temprano construidos sobre cimas montañosas defendibles, sospechamos que durante aquel periodo las regiones del sur y del este del Valle de Oaxaca fueron escenario de considerable actividad bélica (véase *infra*).

Un antepasado noble

La Estela 4 de la Plataforma Sur muestra a un guerrero noble que conquista una región perforando con un dardo su signo de lugar. El curioso objeto que esgrime en la mano derecha tal vez sea una cuerda como las que usaban los guerreros para

FIGURA XV.14. a) *La Estela 8 de Monte Albán muestra un prisionero militar con los brazos atados por la espalda. Altura: 2.27 m.*
b) *La Estela 4 de Monte Albán muestra al noble guerrero 8 Venado.*

La Edad de Oro de la civilización zapot

Estela Lisa

FIGURA XV.15. *Escenas "ocultas" de visitantes nobles de Teotihuacán, labradas en los cantos de algunas estelas, en la Plataforma Sur de Monte Albán.*

Estela 1

atar los brazos de los prisioneros por la espalda. Los glifos que figuran cerca de las rodillas de este noble lo identifican como 8 Venado, tal vez un distinguido antepasado reclamado por 12 Jaguar.

Visitantes extranjeros

No era insólito que los designados gobernantes dedicaran parte del periodo previo a su investidura a organizar el apoyo de los estados vecinos. Ello puede ayudar a explicar el hecho de que nobles visitantes de Teotihuacán aparecen esculpidos en cuatro estelas colocadas en la Plataforma Sur.[7-9] Sin embargo, los visitantes no aparecen en los frentes sino en los *bordes* de aquellos cuatro monumentos. En tanto que en su cara exterior las piedras muestran temas como 12 Jaguar en su trono, los visitantes de Teotihuacán fueron esculpidos en los cantos, que quedarían ocultos de la vista una vez que las estelas se hubieran colocado en su lugar.

En la figura XV.15, vemos la escena esculpida en el canto inferior de la Estela Lisa, monumento colocado en la esquina noroccidental de la plataforma. De izquierda a derecha, seguimos a cuatro teotihuacanos cuyos nombres jeroglíficos se dan como 13 Nudo, 9 Mono, 1 Lechuza y "Corazón Sacrificado". Cada uno usa un elegante tocado y lleva una bolsa de incienso, considerado regalo digno de embajadores. Un sendero marcado mediante pisadas humanas muestra que el visitante llamado 9 Mono había salido de un templo cuyo techo se hallaba decorado al típico estilo teotihuacano. Los cuatro visitantes son recibidos por un señor zapoteca que lleva un tocado de Rayo y sostiene un bastón en la mano. Entre este señor zapoteca y los teotihuacanos aparece el signo de lugar "Cerro de 1 Jaguar", tal vez antiguo nombre de Monte Albán, derivado de un primitivo gobernante o "fundador".

[7] Marcus, 1980, pp. 60-61.
[8] Joyce Marcus, "Teotihuacán Visitors on Monte Albán Monuments and Murals", en Flannery y Marcus (comps.), 1983, pp. 175-181.
[9] Marcus, 1992a, pp. 325-328.

Una segunda escena de visitantes teotihuacanos, que también se muestra en la figura xv.15, procede del canto inferior de la Estela 1, en la esquina nororiental de la plataforma. Se trata de la propia estela cuya cara exterior muestra a 12 Jaguar en su trono. La escena consiste de cuatro compartimientos, cada uno con una referencia abreviada a alguno de los mismos embajadores teotihuacanos vistos en la Estela Lisa. Desplazándonos de izquierda a derecha, los nombres son: 13 Nudo; 3 Serpiente, más un glifo designado "Glifo C" por Alfonso Caso, y 9 Mono. El cuarto compartimiento está dañado. Una vez más, el individuo llamado 9 Mono aparece saliendo de un templo decorado al estilo teotihuacano.

Escondites dedicatorios

Las escenas ocultas de los visitantes teotihuacanos fueron colocadas en las cuatro esquinas de la Plataforma Sur. Bajo tres de aquellas esquinas, los constructores de la plataforma colocaron cajas de ofrendas con escondites dedicatorios estandarizados.[10] Aquellos escondites muestran que las piedras labradas formaban parte de la plataforma de Monte Albán III Temprano, ya que las cajas contenían ofrendas de aquel periodo. En la esquina sudoriental no se colocó ninguna ofrenda, al parecer porque allí el lecho de roca se hallaba a mayor profundidad y se necesitaba mayor cantidad de relleno para la construcción.

La figura xv.16 muestra la ubicación de la caja de ofrendas bajo la esquina noreste de la plataforma, y de la escena de la investidura de 12 Jaguar. Nótese que la Estela 2, una de las piedras en la que aparece un cautivo, fue colocada a modo de que fueran visibles tanto su cara exterior labrada como su lado norte; por otra parte, el canto inferior de la Estela 1 quedó oculto.

Debajo de la Estela 1, la caja de ofrendas contenía 10 conchas de ostra espinosa,

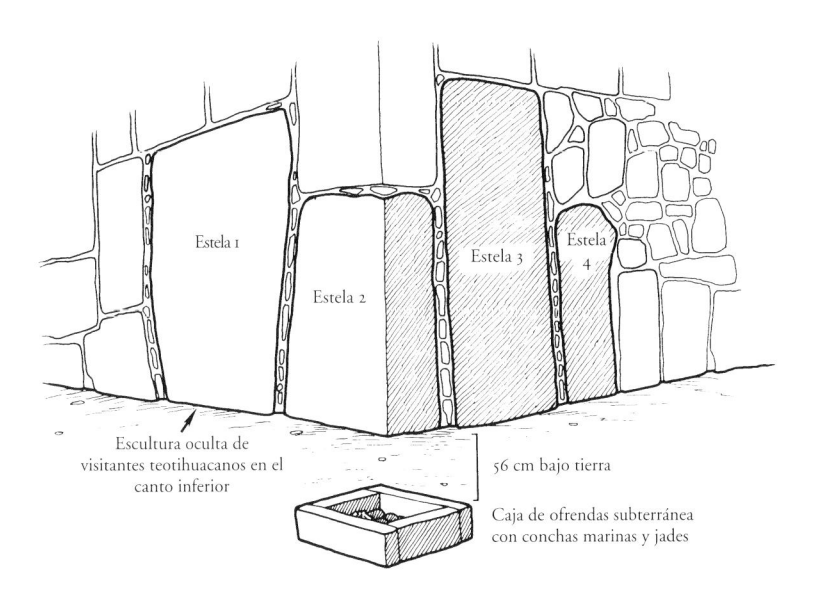

FIGURA XV.16. *La esquina noreste de la Plataforma Sur de Monte Albán, en la que se muestra la ubicación de la caja de ofrendas subterránea.*

[10] Jorge R. Acosta, 1958-1959, "Exploraciones arqueológicas en Monte Albán, XVIII Temporada", *Revista Mexicana de Estudios Antropológicos* 15, pp. 7-50.

conchas de oliva perforadas y siete cuentas de jade.[11] Las ofrendas colocadas bajo las esquinas noroccidental y sudoriental tenían tanto idénticos juegos de conchas y jades como las típicas vasijas de Monte Albán III Temprano. Son particularmente interesantes las conchas de ostra espinosa, porque con frecuencia se usaban como receptáculos para las ofrendas de sangre real.[12] En Teotihuacán se han encontrado ofrendas similares de jade y conchas de *Spondylus*,[13] hecho que fortalece la asociación de las ofrendas de la Plataforma Sur con las escenas de los visitantes teotihuacanos.

¿Por qué dejar "escenas ocultas"?

A primera vista, podría parecer extraño que quedaran ocultas algunas escenas labradas en piedra. Sin embargo, en otras latitudes de Mesoamérica hay numerosos ejemplos de aquellas "escenas ocultas". Por ejemplo, los aztecas esculpían a menudo elaboradas representaciones en el canto inferior de esculturas en piedra de muchas toneladas.[14, 15] Aquellas representaciones "ocultas" sólo podían ser vistas por quienes presenciaban su dedicación y su colocación inicial. Pero el testigo permanente era la propia tierra, y tanto los artículos del escondite como las esculturas "ocultas" se consideraban ofrendas a la tierra.

La propaganda real

Durante el Periodo III, debe de haber habido en Monte Albán muchos gobernantes. De ellos, ninguno como 12 Jaguar parece haber dedicado tanta energía a legitimar su derecho a gobernar. Al parecer, aquel soberano se acreditó la construcción (o la ampliación) de la Plataforma Sur; ordenó ocho monumentos en los que se mostraba su investidura, sus prisioneros y un antecesor venerado, y se aseguró de que sus nobles supieran que él contaba con el apoyo de Teotihuacán. ¿Por qué fue necesaria tanta propaganda real? ¿Por alguna disputa acerca de su entronización? ¿Había 12 Jaguar —como en ocasiones lo hacen los señores en competencia— arrebatado el trono de Monte Albán al verdadero heredero, tal vez con la tácita aprobación de Teotihuacán?

Sea cual fuere la razón, las estelas ordenadas por 12 Jaguar despliegan dos tipos de propaganda real: la vertical y la horizontal.[16] El mensaje de las caras exteriores de sus monumentos —donde se mostraba su investidura, sus cautivos y su heroico predecesor— viajaba "verticalmente" en dirección descendente del gobernante a los plebeyos. Labrado en los cantos ocultos de la misma estela, el mensaje de apoyo teotihuacano viajaba "horizontalmente" del gobernante a sus nobles y no necesitaba ser visto por los plebeyos.

---

[11] *Ibid.*, p. 27.
[12] William L. Fash, 1991, *Scribes, Warriors, and Kings: The City of Copán and the Ancient Maya*, pp. 148-149.
[13] Laurette Séjourné, 1966, *El lenguaje de las formas en Teotihuacán*, lámina 47.
[14] Richard F. Townsend, 1979, *State and Cosmos in the Art of Tenochtitlán*.
[15] Henry B. Nicholson y Eloise Quiñones Keber, 1983, *Art of Aztec Mexico: Treasures of Tenochtitlán*.
[16] Marcus, 1992a, pp. 11-12, 437-440.

Cómo vivían los plebeyos

Es obvio que no toda la sociedad zapoteca vivía en palacios refinados. Richard Blanton, quien dirigió el estudio urbano de Monte Albán, estima que, durante el periodo III Tardío, la ciudad contaba con 57 "residencias elaboradas" y 2 899 "residencias simples".[17] Si aceptamos los cálculos que hace Blanton de 5-10 personas por residencia simple *(yòho)* y 10-20 personas por residencia elaborada *(quèhui)*, ello significa que menos de 5% de los residentes de la ciudad eran miembros del estrato gobernante.

Rara vez se han estudiado las residencias comunes y corrientes. Las excavaciones practicadas en una serie de terrazas ocupacionales, a un kilómetro al noroeste de la Plaza Principal de Monte Albán, han dejado al descubierto tres casas habitación del periodo III Tardío, espaciadas 25 m entre sí.[18] Una de ellas consistía en cuatro habitaciones —de tres o cuatro metros por lado— alrededor de un patio central. Bajo el piso de una de las habitaciones y en el lado norte del patio, fueron sepultados cuatro de sus ocupantes en tumbas cubiertas de lajas.

Las residencias ordinarias de aquella serie de terrazas se construyeron de adobe sobre cimientos de guijarros o piedra bruta. Cuando menos algunas casas se habían dedicado a la producción de cerámica, usando hornos abombados semisubterráneos para producir dos de los tipos de loza utilitaria más comunes durante Monte Albán II Tardío.[19] Aunada a la falta de instalaciones de almacenamiento para los productos agrícolas, la presencia de aquellos hornos indica que algunos plebeyos de Monte Albán dedicaban más tiempo a la producción artesanal que a la agricultura.

FIGURA XV.17. *Residencia común de Monte Albán, consistente en cuatro habitaciones de adobe alrededor de un patio central. Bajo la habitación norte había cuatro entierros.*

Los templos

Como sus prototipos de Monte Albán II, los templos de la civilización zapoteca clásica tenían cámaras interiores y exteriores y se asentaban sobre plataformas piramidales. Por medio de una nueva línea testimonial, de la que no se disponía en periodos anteriores, podemos ver que los templos del periodo III se hallaban lejos de ser uniformes. Varios de ellos tal vez estuvieron dedicados a los antepasados reales, los héroes dinásticos legendarios o las fuerzas sobrenaturales.

Esta nueva línea testimonial consiste de modelos de templo en pequeño, probablemente hechos para servir de guía a los arquitectos y los albañiles que los construían. La mayor parte de aquellos modelos fueron encontrados en el escombro general, por haber sido desechados cuando ya no fueron necesarios. Todos ellos muestran templos de techos planos, a veces decorados al estilo llamado arquitec-

[17] Richard E. Blanton, "Urban Monte AlbánDuring Period III", en Flannery y Marcus (comps.), 1983, pp. 128-131.
[18] Marcus Winter, 1974, "Residential Patterns at Monte Albán, Oaxaca, México", *Science* 186, pp. 981-987.
[19] Marcus Winter y William O. Paybe, 1976, "Hornos para cerámica hallados en Monte Albán", *Boletín del Instituto Nacional de Antropología e Historia* 16, pp. 37-40.

*La Edad de Oro
de la civilización zapoteca*

FIGURA XV.18. *Ruinas de un templo de doble cámara en Monte Albán.*

tura de "doble escapulario". Especialmente común en Monte Albán durante el periodo II, aquel estilo consiste en dos tableros de mampostería de piedra sobrepuestos, que cuelgan por encima del edificio como charreteras.

Es particularmente interesante el modelo de un templo del subvalle de Tlacolula, pues su puerta se muestra cerrada por medio de un cortina de plumas.[20] Aquellas cortinas eran accesorios de lujo que se hacían cosiendo miles y miles de

FIGURA XV.19. *La balaustrada de esta plataforma-templo de Monte Albán muestra tres "dobles escapularios". (Tomada en 1946, la fotografía muestra estelas labradas que posteriormente fueron llevadas a lugares de almacenamiento.)*

[20] Alfonso Caso, 1969, *El tesoro de Monte Albán*, fig. 26c.

plumas de aves de brillantes colores; es posible que también se hayan usado para cerrar las puertas de los palacios.

La Edad de Oro de la civilización zapoteca

Como en el caso de otros estados arcaicos, es indudable que fueron los gobernantes quienes encargaron los templos, aportaron los materiales de construcción y alimentaron a los trabajadores. Aquel sufragio de la construcción de los templos era considerado un acto de devoción real, pero con frecuencia su intención oculta era superar a los señores rivales e impresionar a los plebeyos. Era inevitable que cualquier gobernante que construyera un templo quedara asociado a él, y algunos gobernantes incluso pueden haber dedicado templos a los antepasados que podían interceder por ellos ante Rayo.

Varias líneas testimoniales apoyan esta segunda posibilidad. Un modelo de templo de Monte Albán muestra el glifo 3 Turquesa enmarcado en la puerta, como posible nombre calendárico de algún antepasado real al que fue dedicado.[21] El modelo indica claramente que se debía llegar al templo subiendo una elevada escalinata construida en una plataforma de doble escapulario.

Asimismo, los templos también eran lugares en donde se depositaban regalos con los nombres calendáricos de los gobernantes del pasado, algunos de los cuales tal vez eran considerados fundadores de las dinastías reales. Aquellas ofrendas asumían la forma de vasos de barro gris bruñido, quizá de Monte Albán III, análogos a los vasos blanco sobre gris "resistentes" que usaron las élites de la fase Rosario

FIGURA XV.20. a) *Pequeño modelo de piedra de un templo zapoteca con decoración de "doble escapulario".* b) *Pequeño modelo de piedra de un templo zapoteca cuya puerta está cerrada con una cortina de plumas.* c) *Modelo de un templo zapoteca dedicado al Señor 3 Turquesa.*

[21] Idem.

*La Edad de Oro
de la civilización zapoteca*

FIGURA XV.21. a) *Vasos para bebida labrados con los nombres calendáricos 5 Águila (izquierda) y 13 Mono (derecha). b) Vaso para bebida con el nombre del Señor 1 Jaguar; fue dejado como ofrenda en el cascajo de un templo abandonado de San José Mogote. Altura: 10.5 cm.*

a

b

(capítulo x). Labrados en los costados de aquellos vasos, había nombres jeroglíficos como 5 Águila o 13 Mono. Aquellas copas para bebida personalizadas —que tal vez se llenaban con prestigiosos líquidos como chocolate o pulque— se han encontrado como ofrendas sobre el piso de los templos, en el cascajo de los templos abandonados o incluso cerca de las residencias importantes.

Una pareja real particularmente importante, el Señor 1 Jaguar y la Señora 2 Flor, aparece reiteradamente en pares de vasos hallados juntos. Estos personajes tal vez hayan sido los legendarios fundadores de alguna de las dinastías reales de Monte Albán, equivalente zapoteca de la legendaria pareja real mixteca del Señor 1 Venado y la Señora 1 Venado.[22] Representados a menudo en urnas funerarias de Monte Albán,[23] 1 Jaguar y 2 Flor fueron conmemorados en vasos encontrados en centros de categoría 2 tan separados entre sí como Ejutla[24] y San José Mogote.

Patrones de asentamiento

La Edad de Oro de la civilización zapoteca se puede dividir en dos fases, llamadas Monte Albán IIIa y IIIb. Si bien se han realizado muy pocas muestras de carbono radiactivo de una u otra fase, las fechas disponibles (y la cerámica comerciada procedente de otras regiones) sugieren que IIIa cae aproximadamente entre 200 y 500 d.C., en tanto que IIIb se sitúa, de modo general, entre 500 y 700 d.C.

[22] Jill L. Furst, 1978, *Codex Vindobonensis Mexicanus I: A Commentary*, fig. 16.
[23] Alfonso Caso e Ignacio Bernal, 1952, *Urnas de Oaxaca*.
[24] Gary Feinman y Linda Nicholas, comunicación personal.

El periodo IIIa se detecta de manera consistente en los estudios superficiales, debido a su cerámica decorada con un sello distintivo. Es un hecho afortunado, ya que facilita mostrar los importantes cambios de patrones de asentamientos que tuvieron lugar entre Monte Albán II y IIIa. Entre aquellas transformaciones se cuentan aumentos sustanciales de población, grandes cambios en el centro de gravedad demográfica del Valle de Oaxaca y un mayor uso de las localidades defendibles. Más adelante consideraremos en detalle los patrones de asentamiento del Periodo IIIa.

En cambio, el periodo IIIb tuvo cerámica relativamente pardusca que resulta difícil de distinguir de la cerámica de la fase Monte Albán IV subsecuente (aproximadamente 700-1000 d.C). Cuando se excavan grandes sitios del periodo IIIb, éstos con frecuencia contienen tipos de cerámica comerciada desde la región maya, cuyas edades se encuentran bien establecidas. Sin embargo, en un estudio superficial, los periodos IIIb y IV son difíciles de separar, a menos que se cuente con una muestra cerámica muy nutrida.

Afortunadamente, los problemas para distinguir los periodos IIIb y IV en estudio no tienen por qué preocuparnos en este punto; nuestra historia casi está contada. Tras alcanzar su población máxima durante el periodo IIIb, la ciudad de Monte Albán declinó precipitadamente en tamaño e importancia, razón por la que quedó atrás el apogeo de la civilización zapoteca.

La Edad de Oro de la civilización zapoteca

El patrón de Monte Albán IIIa

Durante Monte Albán IIIa, la población del Valle de Oaxaca se elevó a una cifra estimada en 115 000 habitantes.[25] Aquel crecimiento estuvo acompañado de tumultuosos cambios en la distribución de la población en todo el valle. De las 1 075 comunidades conocidas, 510 (aproximadamente la mitad) se localizaban para entonces en el subvalle de Tlacolula. Otras 455 aparecieron en el Valle Grande, 137 de las cuales fueron fundadas en el distrito de Ocotlán, antaño dispersamente poblado. La ocupación en las regiones de Etla y del centro, antes centro de gravedad demográfica del valle, se limitaba a 110 comunidades.

La ciudad de Monte Albán tenía entonces una población estimada en 16 500 personas, que vivían en 1 196 terrazas ocupacionales. Como magnífico centro asentado en la cima de una montaña, Monte Albán seguía siendo la mayor concentración poblacional del valle, pero no por un margen tan amplio como antes. Para entonces, otros dos centros de población, uno en el Valle Grande y otro en la región de Tlacolula, se le acercaban en tamaño.

De aquellas nuevas ciudades, la más impresionante fue Jalieza, sitio que cubría 408 ha sobre una cordillera, al sur del Valle Grande. La ciudad domina el valle desde una altura de 1 600 m, a unos 250 m por arriba del aluvión. Protegida naturalmente por su empinado entorno de cima montañosa, Jalieza no posee murallas defensivas obvias. Estimada en 12 835 personas, su población del periodo IIIa se dis-

[25] Nicholas, 1989, cuadro 14.3.

La Edad de Oro de la civilización zapoteca

tribuía sobre 676 terrazas artificiales y contaba con los servicios de más de 20 edificios públicos. Desde su ubicación dominante, Jalieza podía observar el movimiento a través de un importante paso entre las regiones del Valle Grande y Tlacolula.

Ninguna comunidad dominaba el subvalle de Tlacolula. Sin embargo, en el centro de aquella región había un cerrado grupo de cuatro asentamientos cuya población combinada se calculaba en 12 292 personas. El cuerpo directivo del proyecto Patrones de Asentamiento cree que aquellas cuatro comunidades vecinas —Tlacochahuaya (4 925 personas), Guadalupe (2 218 personas) y los centros gemelos de Dainzú y Macuilxóchitl (5 149 personas)— pueden haber sido parte de una comunidad dispersa de categoría 1, a la que denominaron DMTG.[26] De ser aceptada, esta suposición daría a cada brazo del valle un lugar central de categoría 1, con 12 200-16 500 habitantes, espaciados 33 km (un día de camino) de los otros dos lugares centrales.

Debajo de la jerarquía de asentamientos de categoría 1 venían cuando menos ocho o nueve centros de categoría 2, con poblaciones estimadas en 2 000-4 500 habitantes. Muchos de aquellos sitios se hallaban en la frontera del Valle de Oaxaca, con frecuencia en lugares defendibles. Suchilquitongo ocupaba una cima montañosa en el extremo norte de la región de Etla; El Palmillo dominaba las alturas cercanas a Matatlán, en el extremo este del subvalle de Tlacolula; Santa Cruz Mixtepec, Rancho Tejas y San Martín Tilquiapan se localizaban a lo largo del borde sur del Valle Grande. Una serie de sitios ubicados en cimas montañosas, como la Fortaleza de Mitla y el sitio de El Choco, se suman a nuestra impresión general de que la defensa era prioritaria.

Esta impresión se fortalece cuando consideramos la figura XV.28, un mapa que sólo muestra los sitios de Monte Albán IIIa dotados de murallas de fortificación o entornos defendibles. En el periodo IIIa, había 38 de esos sitios —más que en cualquier periodo anterior—, en los cuales vivían casi las dos terceras partes de la

FIGURA XV.22. *Durante el periodo III, la ciudad de Monte Albán se extendió hasta cubrir la colina cercana de Atzompa. Muchas partes de la ciudad se hallaban comunicadas por caminos principales o secundarios.*

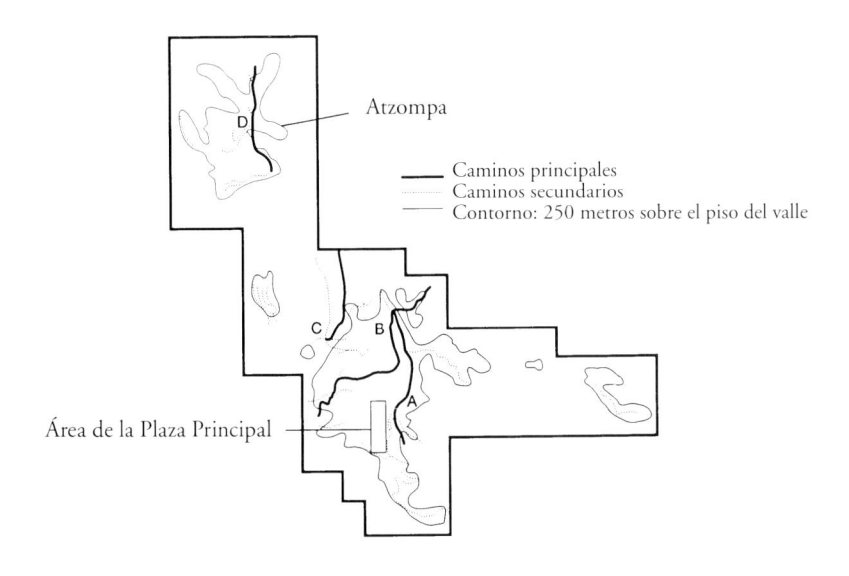

[26] Kowalewski *et al.*, 1989, p. 229.

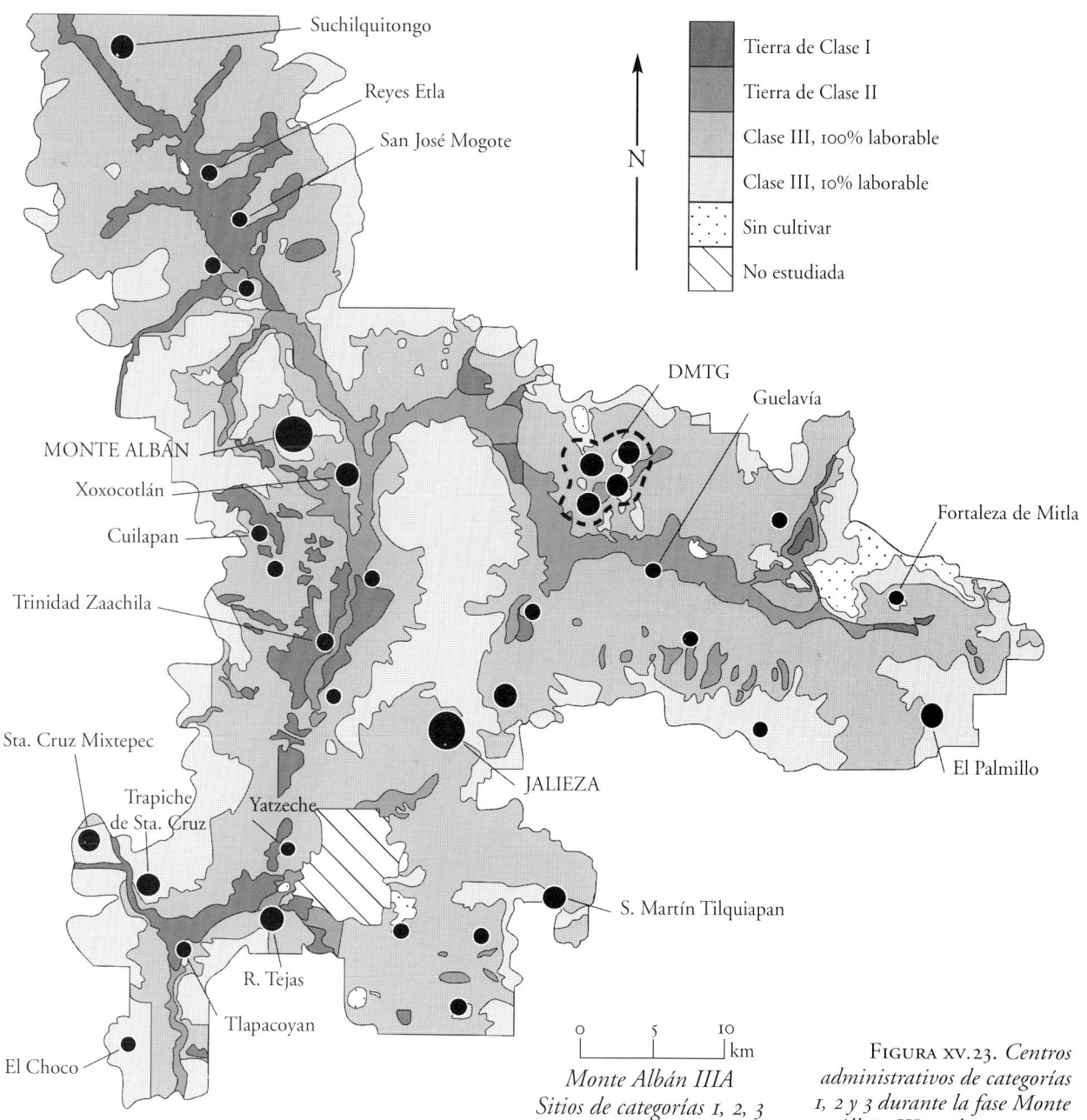

FIGURA XV.23. *Centros administrativos de categorías 1, 2 y 3 durante la fase Monte Albán IIIa, sobrepuestos en un mapa del Valle de Oaxaca que muestra clases de tierra de labor. (Se han omitido más de 1 000 sitios más pequeños.)*

población del valle.[27] Cuando se trazan aquellos sitios defendibles sobre un mapa de clases de tierra del valle, como lo hemos hecho, es claro que la defensa tenía mayor prioridad —en tanto que el acceso a la tierra laborable de Clase I era menos prioritario— que en periodos anteriores.

Sin lugar a dudas, nuestros mapas no muestran los centenares de pequeñas aldeas del fondo de la jerarquía de asentamientos. Muchas de aquellas aldeas se asentaban en buenas tierras de aluvión, y cultivaban maíz para los nobles que vivían en

[27] J. Michael Elam, "Defensible and Fortified Sites", en Kowalewski *et al.*, 1989, p. 405.

FIGURA XV.24. *Vista aérea de las terrazas no excavadas y los edificios públicos del Cerro de Atzompa, el sector de Monte Albán ubicado en el extremo norte.*

las cimas montañosas cercanas. Sin embargo, es claro que gradualmente se iban abandonando muchas antiguas grandes ciudades localizadas cerca de tierras de Clase I, como Magdalena Apasco y San José Mogote. Al mismo tiempo, nuevas ciudades importantes, como El Palmillo, alcanzaban prominencia en localidades defendibles sobre tierras de Clase III.

La necesidad de la defensa

¿Por qué cobró la defensa tanta prioridad durante aquel periodo? Entre otras cosas, los zapotecas empezaban a perder muchas de las provincias exteriores que habían colonizado o conquistado durante Monte Albán II. En aquel entonces, el sitio de cima montañosa de Monte Negro se hallaba en gran parte abandonado, en tanto que, andando el tiempo, también se renunciaría a la Fortaleza de Quiotepec, en la Cañada de Cuicatlán. Al norte y al oeste, poderosos vecinos —los mixtecas— se hallaban en proceso de construir sus propios centros principales en lugares como Yucuñudahui.[28] Es probable que los mixtecas tuvieran planes sobre el Valle de Oaxaca, razón por la cual en el futuro establecerían posiciones en él.[29] Si la vulnerabilidad al ataque fue una de las razones de la decadencia del asentamiento en la región de Etla, parecería que los mixtecas constituyeron el peligro más claro y apremiante. A medida que prosiga el estudio por las montañas del

[28] Ronald Spores, "Yucuñudahui", en Flannery y Marcus (comps.), 1983, pp. 155-158.
[29] Una diversidad de autores aborda la influencia mixteca en el Valle de Oaxaca durante el periodo prehispánico tardío en Flannery y Marcus (comps.), 1983, pp. 227-290.

norte y del oeste de Etla, será interesante ver si aparece allí una línea de sitios defendibles, equivalente a los que guardan el este y el sur del valle.

La Tumba 4 de San José Mogote nos da una idea de la intensidad de la guerra en el periodo IIIa. Si bien durante aquel periodo había declinado en dimensiones, San José Mogote aún era lo suficientemente importante para permanecer ocupado por miembros de la nobleza hereditaria. Acompañados de elegantes vasijas del periodo IIIa, varios nobles fueron sepultados en la Tumba 4. El Individuo 1, varón de más de 40 años de edad, fue hallado con una gran lanza de obsidiana enterrada en el pecho. Fue tal la fuerza del golpe, que rompió la clavícula izquierda y varias costillas, en tanto que la punta de la lanza se quebró y permaneció en la víctima.

Todos los signos indican que los zapotecas del periodo IIIa habían dejado de extenderse fuera de sus fronteras y se contentaban con consolidar su dominio sobre el Valle de Oaxaca. Los monumentos jeroglíficos de aquel periodo sugieren que aquella consolidación se logró por dos medios: la diplomacia y la guerra (véase *infra*). El proyecto de Patrones de Asentamiento también detectó un apreciable

FIGURA XV.25. *Jalieza, que cubría 408 ha de una cadena montañosa del sur del Valle Grande, fue una ciudad grande sólo superada en tamaño por Monte Albán durante el periodo IIIa.*

Figura xv.26. *La Fortaleza de Mitla, sitio de cima montañosa defendible, en el subvalle de Tlacolula.*

Figura xv.27. *Vista aérea de El Choco, un sitio de cima montañosa defendible en el sur del Valle Grande.*

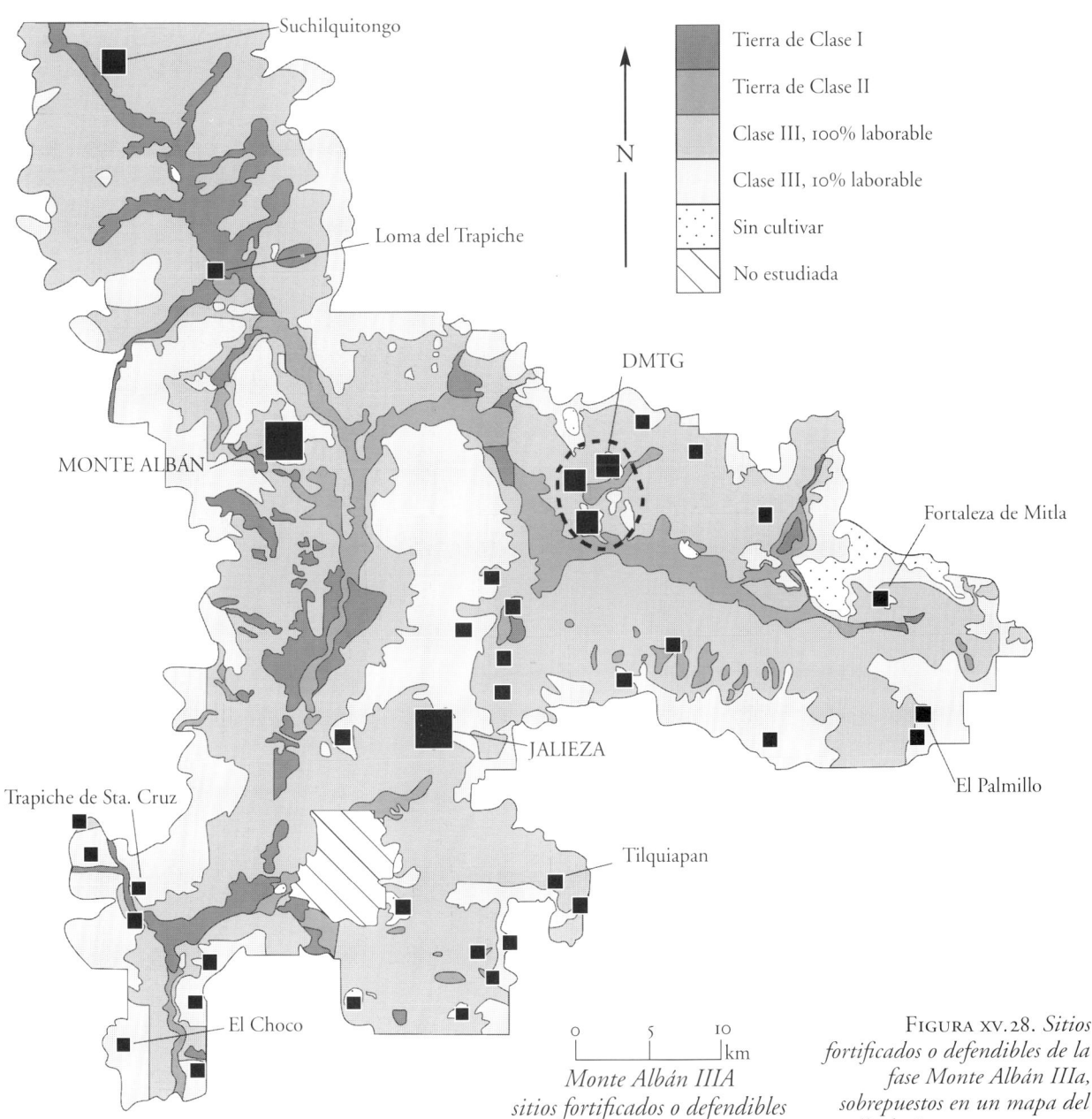

Monte Albán IIIA
sitios fortificados o defendibles

FIGURA XV.28. *Sitios fortificados o defendibles de la fase Monte Albán IIIa, sobrepuestos en un mapa del Valle de Oaxaca que muestra clases de tierra laborables. Casi las dos terceras partes de la población del valle vivía en aquellos 38 lugares, pocos de los cuales se localizan en tierra de Clase I.*

aumento en la actividad comercial durante el periodo IIIa. Tanto el Valle Grande como el subvalle de Tlacolula se habían constituido en centros productores de cerámica en grandes cantidades, en especial de loza gris. Gary Feinman encontró "desperdicios de horno" del periodo IIIa —vasijas desechadas por el alfarero por defectos de manufactura— en Tlacochahuaya y Guelavía, en la región de Tlacolula, y en Cuilapan, Yatzeche y Trinidad de Zaachila, en el Valle Grande.[30, 31] Otros sitios más del periodo IIIa, sobre todo en el subvalle de Tlacolula, se dedicaron a la producción de herramientas lascadas, a partir de fuentes de calcedonia

[30] Gary M. Feinman, 1980, tesis de doctorado inédita.
[31] Gary M. Feinman, "Ceramic Production Sites", en Blanton *et al.*, 1982, pp. 389-396.

*La Edad de Oro
de la civilización zapoteca*

FIGURA XV.29. *Vasijas gris fino de Monte Albán IIIa, procedentes de la Tumba 4 de San José Mogote. Las incisiones son conocidas como seudoglifos.*

FIGURA XV.30. *Punta de lanza de obsidiana que se rompió y quedó en el pecho del Individuo 1 de la Tumba 4, en San José Mogote. Longitud que se conserva: 10 cm.*

locales.[32] No sabemos si aquella actividad artesanal fue una respuesta a la mayor demanda, un suplemento necesario de la agricultura o bien lo uno y lo otro.

Las relaciones de Monte Albán con otras grandes ciudades

Tal como en periodos previos de la prehistoria de Oaxaca, los acontecimientos de Monte Albán no se produjeron en el vacío. Ante entidades políticas advenedizas que hostigaban a sus provincias exteriores, los gobernantes zapotecas establecieron relaciones diplomáticas con las demás superpotencias de su mundo.

La principal de aquellas superpotencias fue Teotihuacán, ciudad de 20 km² localizada en la Cuenca de México. Muchas veces mayor que Monte Albán, Teotihuacán abrigaba sus propias ambiciones expansionistas. Pequeña aún en 100 a.C., aquella ciudad conoció un periodo de crecimiento espectacular durante el siglo II d.C.[33, 34] Entre 350 y 550 d.C. —periodo aproximadamente contemporáneo de Monte Albán IIIa— Teotihuacán estableció una colonia militar en Mataca-

[32] Kowalewski *et al.*, 1989, p. 223.
[33] René Millon, 1973, *Urbanization at Teotihuacán*, vol. 1.
[34] René Millon, 1981, "Teotihuacán: City, State, and Civilization", en *Supplement to the Handbook of Mesoamerican Indians*, vol. 1, Victoria R. Bricker y Jeremy A. Sabloff (comps.), pp. 198-243.

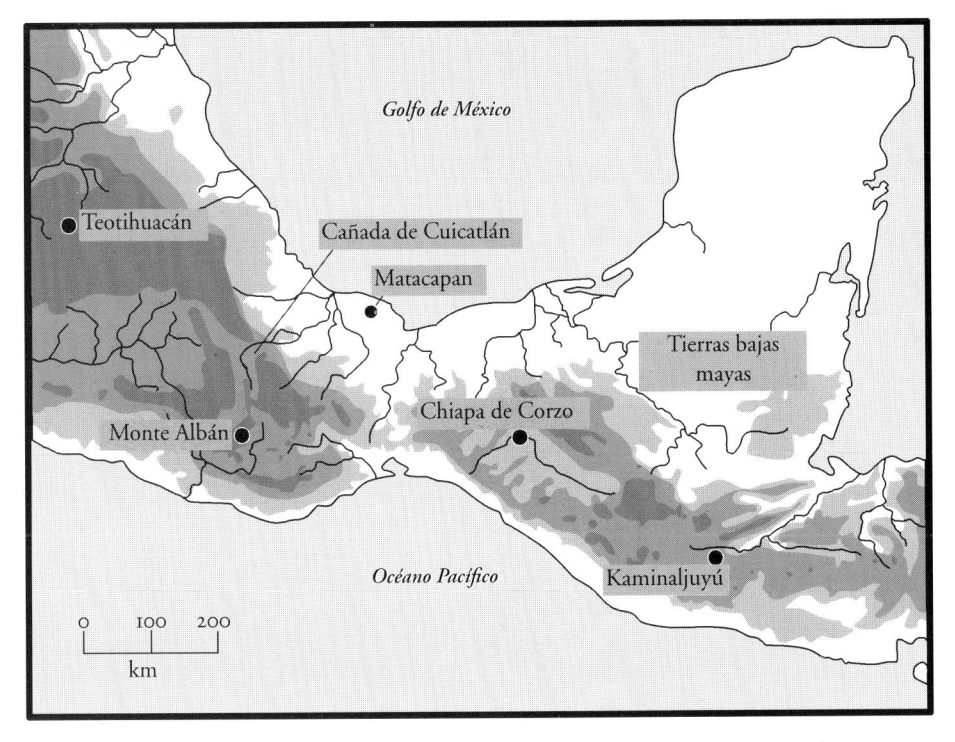

*La Edad de Oro
de la civilización zapoteca*

FIGURA XV.31. *Teotihuacán y Monte Albán fueron dos de las ciudades más grandes del México antiguo. Monte Albán colonizó áreas tan lejanas como la Cañada de Cuicatlán; estableció un enclave en Teotihuacán y presentó obsequios a los gobernantes de Chiapa de Corzo. Teotihuacán colonizó áreas tan lejanas como Matacapan; estableció un enclave en Kaminaljuyú y envió embajadores a visitar tanto Monte Albán como a los mayas de las tierras bajas.*

pan, sobre la costa de Veracruz;[35] envió comerciantes nobles a Kaminaljuyú, en las tierras altas de Guatemala;[36] y extendió su influencia hasta las tierras bajas mayas.[37] Es casi seguro que, para llegar a algunas de aquellas áreas, los embajadores de Teotihuacán tuvieran que viajar a través de territorio zapoteca. Incluso es posible que haya sido Teotihuacán la que impidió a los zapotecas extenderse al norte de la Cañada de Cuicatlán.

A pesar de todo, no hay indicio alguno de que Monte Albán y Teotihuacán hayan estado nunca en guerra. Un monumento de piedra labrada, conocido hoy como Lápida de Bazán, indica que aquel hecho respondió a una consumada diplomacia.

La Lápida de Bazán es una losa de travertino que casi se confunde con el mármol, hallada rota en el relleno del montículo de un templo de Monte Albán. En ella se labraron dos figuras humanas y dos columnas verticales de texto jeroglífico. A la izquierda vemos a un embajador teotihuacano, que sujeta una bolsa de incienso y está de pie sobre el glifo del nombre 8 Turquesa. A la derecha se encuentra un señor zapoteca vestido de jaguar o puma, que lleva un elegante tocado y está de pie sobre el glifo del nombre 3 Turquesa. Aunque aún no pueda traducirse por completo, el texto jeroglífico sugiere que aquellas dos personas viajaron, se reunieron, conversaron, consultaron adivinos y quemaron incienso para establecer

---

[35] Robert S. Staleny, 1989, "Obsidian Working, Long-Distance Exchange, and the Tehuacán Presence on the South Gulf Coast", en *Mesoamerica After the Decline of Teotihuacán, AD 700-900*, Richard A. Diehl y Janet C. Berlo (comps.), pp. 131-151.

[36] William T. Sanders y Joseph Michels (comps.), 1977, *Teotihuacán and Kaminaljuyú*.

[37] Clemency C. Coggins, 1979, "Teotihuacán at Tikal in the Early Classic Period", *Actes du XLII Congres International des Américanistes, Paris*, 8, pp. 251-269.

Figura xv.32. *La Lápida de Bazán muestra a un embajador de Teotihuacán (izquierda) en el momento de encontrarse con un señor zapoteca en traje de jaguar o puma (derecha). Altura: 47 cm.*

*La Edad de Oro
de la civilización zapoteca*

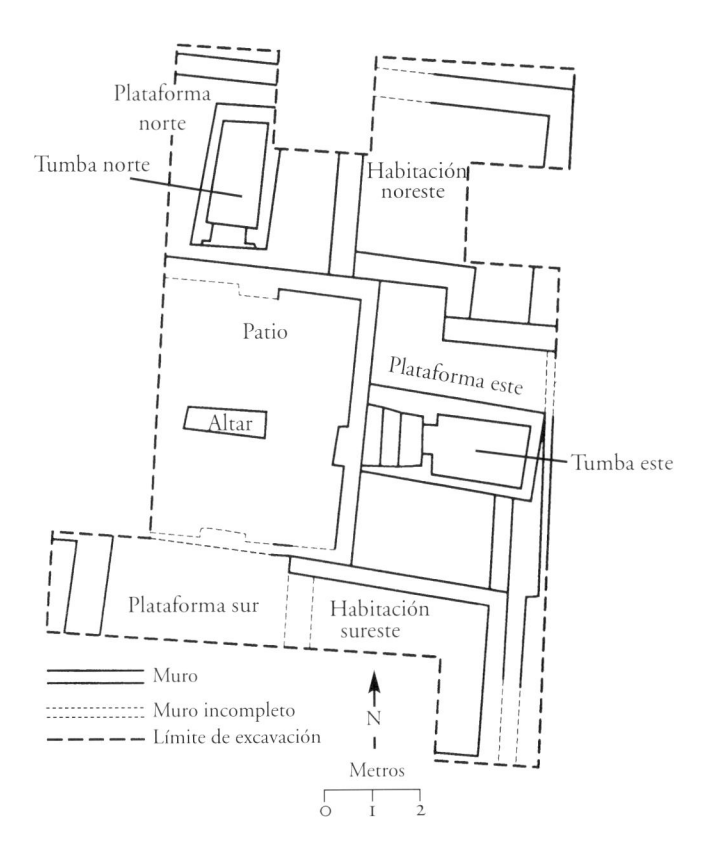

FIGURA XV.33. *Un complejo departamental en el barrio oaxaqueño de Teotihuacán.*

la naturaleza sagrada de su convenio.[38] Interpretamos la Lápida de Bazán como el registro de un "encuentro en la cumbre", entre representantes de dos grandes ciudades separadas por una distancia de 350 km. Es de suponer que, mediante acuerdos diplomáticos como aquél, Monte Albán y Teotihuacán mantuvieron la paz, en tanto que ambas se extendían en contra de grupos étnicos más débiles.

El "Barrio de Oaxaca" en Teotihuacán

Uno de los hechos derivados de las buenas relaciones diplomáticas entre Monte Albán y Teotihuacán fue el establecimiento en esta última de un barrio residencial zapoteca. Aquel "Barrio de Oaxaca" cubría de una o dos hectáreas en los suburbios occidentales de Teotihuacán, aproximadamente a tres kilómetros del centro político de la ciudad.[39-41] Los zapotecas no fueron los únicos extranjeros que se afincaron en Teotihuacán; los excavadores René Millon, Georges Cowgill y Evelyn Rattray también han informado de posibles enclaves de la costa del Golfo y la región maya.[42]

Al parecer, los inmigrantes zapotecas vivían en conjuntos departamentales, de

---

[38] Joyce Marcus, "Teotihuacán Visitors on Monte Albán Monuments and Murals", en Flannery y Marcus (comps.), 1983, pp. 179-181.
[39] René Millon, 1973, *Urbanization at Teotihuacán*, vol. 1.
[40] John Paddock, "The Oaxaca Barrio at Teotihuacán", en Flannery y Marcus (comps.), 1983, pp. 170-175.
[41] Michael W. Spence, "Tlailotlacan, a Zapotec Enclave in Teotihuacán", en *Art, Ideology, and the City of Teotihuacán*, Janet C. Berlo (comp.), 1993, pp. 59-88.
[42] Evelyn Rattray, 1992, *The Teotihuacán Burials and Offerings: A Commentary and Inventory*; Evelyn Rattray, 1993, "The Oaxaca Barrio at Teotihuacán", *Monografías Mesoamericanas* 1, Puebla, México.

La Edad de Oro de la civilización zapoteca

20 x 50 m; usaban vasijas de cerámica hechas de barros locales, pero de típicos estilos de Monte Albán. Es evidente que algunos de los ocupantes eran de noble estirpe; las excavaciones practicadas en el barrio han puesto al descubierto dos urnas funerarias zapotecas y una jamba de tumba esculpida con el nombre calendárico zapoteca 9 Terremoto. La tumba contenía cuatro adultos, un menor y un niño pequeño, todos ellos vinculados genéticamente, con base en 21 rasgos cualitativos del esqueleto. El estudio de sus huesos, realizado por Michael Spence, sugiere que, entre aquel enclave zapoteca y los teotihuacanos que lo rodeaban, sólo había matrimonio limitado.[43]

Si bien no todos están de acuerdo sobre el tiempo que persistió en Teotihuacán aquel barrio oaxaqueño, las urnas y los tipos de cerámica pertenecen en su mayor parte a los estilos Monte Albán II-IIIa. Para René Millon, los indicios sugieren que existió "algún tipo de 'relación especial' entre Teotihuacán y Monte Albán", relación que fue "más estrecha y de diferente tipo" que las que se establecieron entre Teotihuacán y otras ciudades extranjeras.[44]

La mayor parte de los arqueólogos asume que los habitantes del barrio oaxaqueño eran intermediarios de algún tipo de comercio entre ambas regiones. Sin embargo, aún no se ha encontrado ningún testimonio claro de los artículos que se comerciaban. Es posible que, a través del barrio zapoteca, se canalizaran a Oaxaca cuchillos de obsidiana, producidos por millones en Teotihuacán, que se localizaba cerca de grandes yacimientos de aquella materia prima. En cambio, es posible que Monte Albán canalizara mica a Teotihuacán.

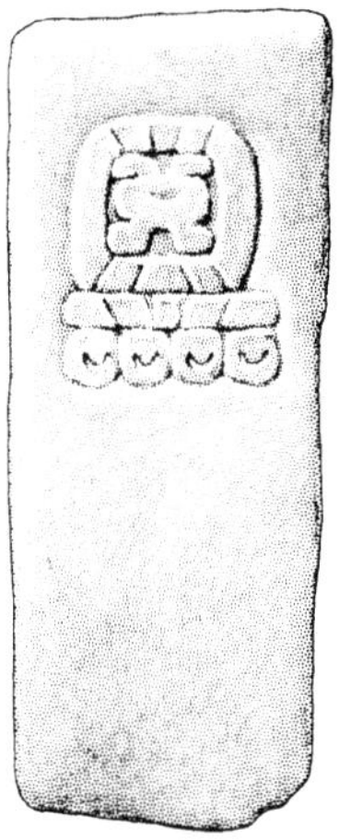

FIGURA XV.34. (Izquierda) *Urna funeraria zapoteca procedente del barrio oaxaqueño de Teotihuacán. Altura: 34 cm.* (Derecha) *Jamba de tumba inscrita con el nombre calendárico zapoteca 9 Terremoto, hallada en el barrio oaxaqueño de Teotihuacán.*

Nunca se ha encontrado en Monte Albán ningún barrio comparable de teotihuacanos. En un contexto del periodo III, se encontraron en Monte Albán algunas vasijas de estilo teotihuacano, como la vasija trípode cilíndrica y la escudilla de base anular que se muestran en la figura XV.35. Sin embargo, aquellas importaciones procedentes de Teotihuacán se limitan en gran parte a áreas de la élite como la Plataforma Norte de Monte Albán. Ello sugiere que no eran artículos comerciados profusamente, sino regalos de la nobleza de una ciudad a los nobles de otra.[45]

Comercio contra toma del poder

No sólo las vasijas de Teotihuacán son relativamente raras en Monte Albán; fuera del enclave zapoteca, también la cerámica de estilo oaxaqueño hecha localmente es rara en Teotihuacán. Este hecho subraya nuestro argumento —planteado en el capítulo XIV— de que cuando la cerámica de una provincia exterior muestra un cambio brusco al estilo de un estado expansionista cercano, es probable que aquella provincia haya sido colonizada o con-

---

[43] Michael W. Spence, 1976, "Human Skeletal Material from the Oaxaca Barrio in Teotihuacán, Mexico", en *Archaeological Frontiers: Papers on the New World High Cultures in Honor of J. Charles Kelley*, Robert B. Pickering (comp.), pp. 129-148.
[44] René Millon, 1973, *Urbanization at Teotihuacán*, vol. I, pp. 42.
[45] Kowalewski *et al.*, 1989, p. 249.

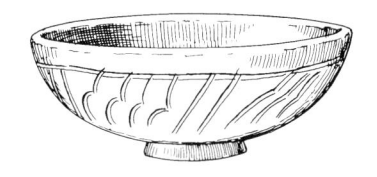

FIGURA XV.35. *Vasijas de estilo teotihuacano halladas en Monte Albán. Una vasija trípode cilíndrica con cinco pies de lastra hueca y una escudilla hemisférica de base anular de barro anaranjado.*

La Edad de Oro de la civilización zapoteca

quistada. Cuando no existe esa toma del poder —como en el caso de Oaxaca y Teotihuacán—, es frecuente que cada estilo regional prosiga sin cambio alguno, incluso cuando hay enclaves de comerciantes extranjeros en su propio centro.

Epílogo

La Edad de Oro de la civilización zapoteca duró medio milenio. Monte Albán tal vez haya alcanzado el apogeo de su desarrollo urbano durante el periodo IIIb, con una población estimada en 24 000 personas.[46] La ciudad había crecido mucho más allá de sus murallas defensivas primitivas, anexándose el cerro cercano de Atzompa y extendiéndose a seis kilómetros cuadrados. La población del Valle de Oaxaca —difícil de calcular a la luz de la semejanza de las cerámicas de Monte Albán IIIb y IV— indudablemente superaba los 100 000 habitantes.

Luego, como tantas ciudades primitivas de la Mesoamérica antigua, Monte Albán empezó a declinar. Fue abandonada su Plaza Principal; se dejó de dar mantenimiento a la mayor parte de sus templos; se marchó el grueso de su población. La ciudad nunca fue abandonada por completo, pero hacia 900 d.C. ya no era un centro administrativo de categoría 1. Aunque en el plano arquitectónico nunca fue tan impresionante como Monte Albán, durante Monte Albán IV Jalieza se constituyó en la mayor ciudad del Valle de Oaxaca.

Libres de la carga de contribuir al sostenimiento de Monte Albán, muchas poblaciones grandes del piso del valle invirtieron su maíz y su potencial humano en su propio desarrollo. Al parecer, algunas áreas del sur y el este de Monte Albán fueron las primeras en emanciparse, en tanto que, durante algún tiempo, Etla permaneció fiel a la antigua capital.[47] Ciudades como Cuilapan y Zaachila, en el Valle Grande, y Lambityeco y Mitla, en la región de Tlacolula, cobraron prominencia en sus subvalles respectivos.

Pese a su importancia embrionaria, los señores de aquellos poblados aún se rodeaban del aura de Monte Albán, conservando muchas de sus tradiciones. Uno de los monumentos de Monte Albán IIIb-IV hallados con mayor frecuencia fue el

[46] Kowalewski *et al.*, 1989, cuadro 9.2.
[47] Kowalewski *et al.*, 1989, p. 251.

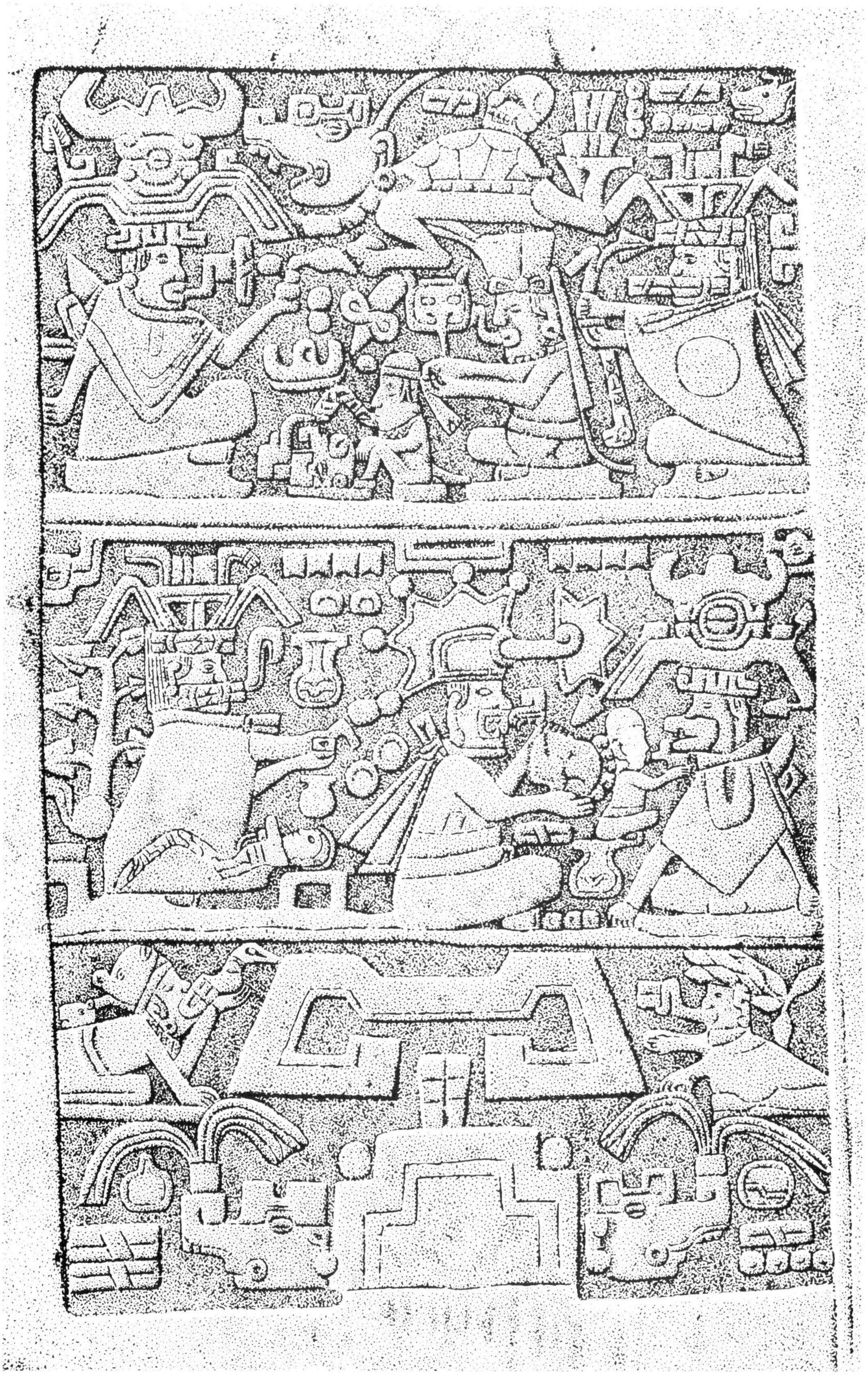

"registro genealógico", piedra labrada puesta en la antecámara de una tumba para informar a otros nobles sobre los antepasados fallecidos.[48, 49] No dudamos que, si dispusiéramos de una muestra suficientemente grande de aquellos registros, encontraríamos que algunos nobles del periodo IV trataron de rastrear sus linajes retrocediendo por las dinastías de Monte Albán.

La caída de Monte Albán y la historia subsecuente del Valle de Oaxaca no pueden contarse aquí, pues ambas llenarían un libro de igual longitud. La historia tampoco concluye con la llegada de Cortés, pues en el estado mexicano de Oaxaca todavía viven más de 300 000 personas que hablan zapoteco. Tras combatir a los aztecas y lograr un empate, y luego de sobrevivir a la conquista española y a siglos de trabajo en las grandes haciendas, estos zapotecas llevan adelante el legado de un pueblo admirable que llevó la civilización a las tierras altas mexicanas del sur.

La Edad de Oro de la civilización zapoteca

[48] Marcus, 1980, pp. 63-64.
[49] Joyce Marcus, "Changing Patterns of Stone Monuments after the Fall of Monte Albán, AD 600-900", en Flannery y Marcus (comps.), 1983, pp. 191-197.

FIGURA XV.36. *Este "registro genealógico" de piedra labrada del Valle Grande muestra una serie de ritos de crisis vital en la existencia primitiva de un gobernante zapoteca llamado 2 Vasija. En medio del registro vemos al recién nacido 2 Vasija con su madre, 2 Agua* (izquierda); *luego, a la derecha se presenta el recién nacido a su padre. En el registro superior, vemos a un sacerdote en el momento en que ata una diadema alrededor de su cabeza, ante la mirada de sus padres. Sobre la escena se halla suspendida una tortuga voladora o "Antepasado de las Nubes". Colocadas en las antecámaras de las tumbas, aquellas piedras labradas establecían los derechos ancestrales de alguna persona a determinado trono. Altura: 1 m.*

XVI. Evolución sin etapas

Diez mil años de evolución separan a las primeras sociedades de Oaxaca de la civilización zapoteca. Después de estudiar esos 10 000 años a gran velocidad, estamos listos para bajar de nuestro destartalado vehículo de campo. Como manda la tradición arqueológica, terminaremos nuestro estudio en un establecimiento encantador llamado "El extraño Job", al norte del Valle Grande. Que el lector se siente, que tome su trago de mezcal y su plato de carnitas y se prepare para una sorpresa. Estamos a punto de describir los resultados de nuestro estudio sin referirnos a las etapas evolutivas.

Que no se nos malinterprete: creemos que las etapas son útiles en el plano heurístico. El grupo, la aldea autónoma y la sociedad jerárquica son para el arqueólogo lo que el pez, el reptil y el mamífero para el paleontólogo. Aportan referencias taquigráficas de categorías de sociedades ampliamente reconocidas, cada una de las cuales se caracteriza por una serie de instituciones políticas y sociales relacionadas entre sí. Estas categorías se pueden reconocer tanto en el presente antropológico como en el pasado arqueológico.

Sin embargo, la teoría de la acción nos ofrece una manera de analizar las largas secuencias históricas en términos de las relaciones cambiantes entre los actores y el sistema. En ese análisis, son las instituciones sociales y políticas y no las etapas las que proveen los hitos a lo largo del camino. Los periodos de transición —aquellas breves fases de rápida evolución durante las cuales cambió el sistema o lo hicieron cambiar los actores de manera deliberada— son más determinantes para nuestro análisis que los largos y estables periodos que dieron lugar a nuestra tipología de las etapas.

El sistema "original"

La primera vez que vemos seres humanos en Oaxaca, éstos ya habían sido conformados por un sistema formado a partir de: *1)* sus antecedentes culturales previos, y *2)* el entorno chihuahuense de la Edad de Hielo Tardía. Es evidente que entre sus antecedentes culturales previos se incluían la división sexual del trabajo y cierta

Evolución sin etapas

ética igualitaria, con un decidido hincapié en el reparto. Aquellos seres habían escogido enfrentar el riesgo en forma grupal, escapando a la sequía mediante una estrategia de gran movilidad. Al término de migraciones hasta de 400 km de distancia, se reunían para realizar grandes cacerías comunales. Era tanta su necesidad de compartir el alimento proveniente de aquellas cacerías, que deben de haber reprobado las desviaciones de su ética igualitaria.

Los cambios ambientales

Hacia 8000 a.C., el entorno había cambiado de la estepa chihuahuense más fría al entorno más tibio y arbolado del Holoceno, con el patrón de invierno seco y verano lluvioso que conocemos en la actualidad. El sistema había planteado a los actores un problema por resolver: sobrevivir en un entorno con mayor variedad de plantas comestibles, un menor número de especies adecuadas para la batida comunal y una gran variación impredecible en la precipitación anual.

Muchas estrategias se abrían ante los actores. La que escogieron consistió en enfrentar el riesgo localmente. Abandonando las largas migraciones de la Edad de Hielo, se establecieron en una ronda estacional de desplazamientos más cortos entre las tierras altas cubiertas de encinos, los montes espinosos del pie de las montañas y la maleza de mezquites del piso de los valles. Durante las épocas más secas del año, aceptaban el riesgo familiar y se dispersaban por la inmensidad del campo. En épocas de abundancia, se reunían en campamentos de mayor dimensión, donde el riesgo era compartido por el grupo. Al parecer, muchas actividades sociales y rituales se diferían para las temporadas de campamentos de mayor dimensión.

Sospechamos que aquella estrategia tuvo varias consecuencias imprevistas. Primero, el tiempo que la familia pasaba dispersa en la inmensidad del campo estableció un patrón en el que ésta fue la unidad básica de cosecha y almacenamiento. Aquel patrón persistió hasta la era de la vida aldeana, lo cual puede explicar por qué nuestros actores eligieron vivir en casas de familia nuclear, con instalaciones para almacenamiento separadas, y no en "grandes casas" con almacenamiento comunal. Segundo, señalamos que los grandes campamentos tenían un área reservada como espacio ritual. Creemos que aquel patrón también persistió hasta entrada la era aldeana, cuando se reservó espacio para edificios rituales más permanentes.

La estrategia de la búsqueda

Aunque la dispersión y la unión ayudaron a los actores a enfrentar el patrón de corto plazo de las temporadas de lluvia y sequía, de poco sirvieron para aliviar la impredecible sucesión de largo plazo de los años con precipitaciones por arriba o por debajo del promedio. A este respecto, los indios desarrollaron varias estrategias. Una de ellas consistió en utilizar una mayor variedad de alimentos vegetales, incluso especies que sólo podían ser comestibles moliéndose, asándose, lixiviándose, reventándose, remojándose u horneándose en hornos de tierra. Entre las plantas que necesitaban asarse se incluían las semillas de calabaza silvestre y chayote; entre las que necesitaban remojarse estaba el frijol silvestre; los que necesitaban molerse o reventarse eran los granos de teosinte, antepasado silvestre del maíz.

Una segunda estrategia consistió en aumentar la disponibilidad de ciertas plantas útiles, sembrándolas deliberadamente en las proximidades del campamento. Ello tal vez haya exigido la remoción de otras especies silvestres, como el mezquite, que crece en el mejor suelo de aluvión. Era un trabajo intensivo, pero no carecía de compensación: la calabaza, el frijol y el teosinte se dan mejor en parcelas alteradas de aluvión húmedo que al pie de las montañas de donde son nativas. La razón de que no crezcan normalmente en aquellos suelos es que reciben la sombra del mezquite y son expulsadas por las especies en competencia. Los indios cambiaron las reglas del sistema eliminando aquella competencia.

La estrategia de la recolección

Hacia el año 3000 a.C., nuestros actores tomaron otra decisión que no necesariamente debían tomar, decisión que también tuvo consecuencias imprevistas para el futuro. Empezaron a pasar la mayor parte del año en grandes campamentos, y menos tiempo en grupos familiares dispersos. En vez de trasladarse adonde estaban las plantas y los animales, enviaban pequeños "grupos de trabajo" de hombres o mujeres para traérselos.

Aquella decisión de pasar de la "búsqueda" a la "recolección" sentó las bases para las aldeas futuras. Alentó al grupo a dedicar mayor esfuerzo a sembrar, desyerbar, cuidar y cosechar plantas domésticas. Y es probable que diera lugar a un aumento de población, debido a dos consecuencias documentadas de la vida sedentaria: menor mortalidad infantil e intervalos más cortos entre los nacimientos.

La redefinición del entorno

El resultado fue un entorno enteramente nuevo, dividido en tierras sin cultivar no modificadas (llamadas *quijxi* por los zapotecas) y campos agrícolas (a los que denominaron *quèela*). Las primeras no necesitaban mantenimiento, pues si se decidía viajar a ellas, seguían proveyendo carne de venado y plantas silvestres. Los segundos sí lo necesitaban, pero no era preciso viajar si se decidía vivir junto a ellos. Nuestros actores no sólo optaron por vivir junto a ellos, sino también por defenderlos contra las personas que no pertenecieran al grupo que las había desmontado y cuidado. Ésta fue quizá su primera modificación de una ética basada en el reparto generalizado.

El acrecentado sedentarismo, el crecimiento de la población y los cambios genéticos favorables en sus cosechas condujeron, cuando menos a algunas familias, a construir casas permanentes en estribaciones del pie de las montañas que dominaban tierras de Clase I. En aquellas primeras aldeas, la familia nuclear era todavía la

Evolución sin etapas

unidad básica de producción y almacenamiento, en tanto que la principal división del trabajo aún seguía líneas de género. Hacia 1300 a.C., algunas aldeas tenían 50-150 habitantes, muchas veces la población de cualquier asentamiento previo. Podría argüirse que aquellas grandes comunidades poseían una mayor ventaja competitiva sobre los vecinos que vivían en asentamientos más pequeños.

El crecimiento de la población

El crecimiento de la población —consecuencia imprevista del sedentarismo y de la agricultura— creó toda una nueva serie de problemas por resolver para nuestros actores. En este caso, los enfoques ecológico-funcionalistas no son de mucha ayuda, pues, en términos ecológicos, el crecimiento de la población es signo de éxito. ¿Problemas? ¿Cuáles? ¿No aumentaba aquella gente en número? Sí, y no contaba con ningún mecanismo social para integrar a un grupo tan grande. Antes del sedentarismo y la agricultura, todas las tensiones y disputas se podían resolver por simple escisión. Ahora ya no podían escindirse, porque abandonar la aldea significaba perder la inversión personal en casa, instalaciones de almacenamiento y tierra.

Si bien en otras sociedades se pueden encontrar las soluciones específicas escogidas por los primitivos aldeanos de Oaxaca, no vemos cómo hubiera podido predecirlas cualquier funcionalista ecológico. Valiéndonos de la frase de Sahlins, creemos que fueron elaboradas "cambiando el significado de las relaciones existentes".

En el capítulo IV se hizo alusión a tres de aquellas relaciones existentes. Primero, de 8000 a 2000 a.C., la gente solía vivir y trabajar con sus familiares consanguíneos y políticos. Segundo, aunque fueran mejores proveedores que otros, algunos hombres encontraban maneras de minimizar su éxito. Tercero, los hombres y las mujeres se dividían el trabajo necesario para sobrevivir.

Grupos de descendencia y órdenes fraternas

Veamos ahora la manera en que los actores de 2000-1000 a.C. cambiaron aquellas relaciones. *1)* Crearon grupos más numerosos de "familiares consanguíneos", afirmando que en realidad muchas personas aparentemente desvinculadas descendían de un antepasado mitológico común. Dos de aquellos antepasados —grabados en cerámica desde 1150 a.C.— eran la Tierra y el Cielo, divisiones duales del cosmos zapoteca. *2)* Los actores dejaron de desentenderse del hecho de que algunos hombres fueran mejores proveedores que otros. Individuos capaces y respetados, salidos de todos los grupos de descendencia, fueron iniciados en órdenes fraternas de las que quedaron excluidos los hombres menos respetados. *3)* El ritual aldeano fue dividido atendiendo al sexo. El rito femenino se ejecutaba en casa, donde se invocaba a los antepasados inmediatos. El rito masculino se realizaba en la Casa de los Hombres, estructura ritual construida por los iniciados de una orden fraterna, donde se invocaba a los antepasados lejanos, como la Tierra y el Cielo. En tanto que las soluciones hicieron posible la integración de grandes comunidades, en el largo plazo también tuvieron consecuencias imprevistas. En particular, la naturaleza excluyente del ritual masculino (se iniciaba a determinados hombres, a otros no) perjudicó la vieja ética igualitaria. Hubo entonces relaciones asimétricas, como entre la Gente Hecha y la Gente de la Comida Seca de los pueblos tewas.

La asimetría adquirida

Sin duda, las diferencias de prestigio aún tenían por base el desempeño. Pero el hombre ambicioso ya podía trabajar con mayor ahínco que su vecino, cultivar más maíz del que necesitaba e invertirlo en la construcción de una nueva Casa de los Hombres. Podía mantener a más de una esposa. Podía hacer mejores regalos a los padres de sus prometidas. Su propia hija podía incluir más madreperla en su dote. Por haber ascendido gracias a un sistema ritual excluyente, aquel hombre podía comportarse de maneras que habrían hecho expulsar del campamento a cualquier cazador arcaico.

Cuando una sociedad aldeana carece de autoridad hereditaria, gran parte de la carga de la integración recae sobre su sistema ritual. Lo vemos claramente en las aldeas de 1500-1000 a.C., ya que sus ritos fueron de aquellos que consumen mucha parafernalia: trompetas de caracol, tambores de caparazón de tortuga. El hecho de que muchos de aquellos materiales fueran comerciados desde otras regiones de Mesoamérica puso a las aldeas primitivas de Oaxaca en contacto con muchos grupos étnicos. El "sistema" del que formaban parte era, en aquel entonces, mucho más global. Los hombres tenían clara conciencia de las metas y las soluciones que interesaban a los actores vecinos y podían usarlas como modelos para su propio comportamiento.

La asimetría heredada

La sociedad de Oaxaca se adentró en el siglo XII a.C. con un crecimiento de población sin precedente. Las aldeas estables integradas, merced al ritual, a las órdenes fraternas y a los grandes grupos de descendencia se habían diseminado por todo el valle, desplazando a otros tipos de asentamientos. Algunas aldeas crecieron más que otras, porque algunos dirigentes elegidos por sí mismos, que trabajaban con ahínco, acumulaban objetos de valor, dirigían incursiones y construían las Casas de los Hombres, fueron capaces de atraer a muchos seguidores. Sin embargo, su liderazgo no era transferible a su descendencia, sino que moría con ellos.

Debemos hacer hincapié en que aquella sociedad no necesariamente se hallaba en camino de la civilización. Pudo haber permanecido estable en su forma de fines del siglo XII a.C. hasta la conquista española.

Sin embargo, en aquel punto, nuestros actores una vez más "cambiaron el significado de las relaciones existentes". A lo largo de los siglos, el éxito de algunos dirigentes aldeanos ambiciosos se había atribuido al apoyo de las fuerzas sobrenaturales. Era la única explicación plausible del éxito desigual en una sociedad igualitaria. No obstante, gradualmente se articuló una explicación diferente: en realidad, los líderes afortunados *descendían* de aquellas fuerzas sobrenaturales. A lo largo de las generaciones intermedias de antepasados distinguidos, ellos habían monopolizado el acceso a los propios espíritus celestiales de los que dependía la vida de la aldea. Sólo la descendencia inmediata de aquellos individuos de la élite estaba calificada para dirigir; sus familiares más lejanos habían nacido para seguirla.

Dos de las fuerzas participantes eran la Tierra y el Cielo, ya mencionadas. En sus formas más iracundas, el Terremoto y el Rayo, se labraron en vasijas que se enterraban para hacer compañía a menos de 20% del total de aldeanos.

A lo largo de los siglos, las mujeres de las aldeas oaxaqueñas habían invocado a sus antepasados recientes haciendo figurillas a las que pudieran regresar sus espíritus. Algunas de aquellas figurillas aparecían unas en posturas de autoridad y otras de obediencia. Simple y sencillamente, los antepasados de unas familias eran más poderosos que los de otras y este principio ideológico apoyaba el liderazgo basado en la jerarquía heredada.

Afirmamos que aquel cambio estuvo "vinculado al interés" y no "a la tensión". No fue impuesto a los aldeanos por el crecimiento de la población, por la menguante tierra laborable o por alguna amenaza externa. El cambio se produjo en una atmósfera de intensa competencia entre líderes ambiciosos, que antes no habían tenido modo de transmitir a sus hijos el poder adquirido.

A su vez, aquel cambio preparó el escenario para la pérdida de autonomía de las aldeas más pequeñas. Por medio de matrimonios hipógamos con las hermanas y las hijas de los hombres de mayor alcurnia en las grandes aldeas, los dirigentes de las aldeas pequeñas podían mejorar la posición de sus propios hijos. Entre las compensaciones de aquella alianza se contaba la disponibilidad de bienes suntuarios importados al valle por sus familiares políticos. El precio que pagaron fue formar parte de un sistema mayor, dentro del cual se podía ordenar a su pequeña aldea aportar toneladas de cantos rodados cuando una aldea grande deseaba construir un nuevo templo.

El nuevo sistema

Hacia 700 a.C., quedó claro que las sociedades oaxaqueñas estaban conformadas por un sistema en el que las metas culturalmente definidas de un líder habrían de poner bajo su mando tantos campesinos, artesanos y guerreros como fuera posible. Dos de las estrategias principales para alcanzar aquellas metas fueron: *1)* la construcción de alianzas por medio de fiestas, regalos e intercambio de consortes, y *2)* la guerra, sobre todo en el nivel de la incursión y del incendio de las aldeas rivales. Para entonces, el abundante registro arqueológico mostraba entierros de mujeres de alcurnia originarias de aldeas subordinadas; símbolos de posición como la deformación craneana y el uso del jade; pozos con los desechos de grandes fiestas; estructuras públicas construidas con mano de obra considerable; templos incendiados en ataques, y esculturas de enemigos sacrificados, cuyos nombres personales se daban en letreros jeroglíficos.

La competencia y la defensa

Una de las consecuencias imprevistas de las estrategias de nuestros actores fue la creación de un sistema que se distinguía por la competencia implacable y la violencia periódica. La familia de mayor jerarquía de cada aldea grande no deseaba otra cosa que incorporar en su esfera las tierras y la fuerza de trabajo de las aldeas rivales. Como algunas de aquellas aldeas tenían bajo su égida a poblaciones de 700-1000 o más personas, existía la ingente amenaza de conflictos graves. Como respuesta a aquel cambio sistemático, en el centro del valle se desarrolló una tierra de nadie. La necesidad de defenderse fue entonces una variable tan decisiva como la necesidad de poseer tierra de Clase I.

El urbanismo y el cambio destructor

Lo que ocurrió en seguida fue el acontecimiento menos predecible en la historia del Valle de Oaxaca. Si escribiéramos sobre paleontología y no de arqueología, sería adecuado usar el término biológico de "novedad naciente". Fue tan espectacular la redistribución urbana de 500 a.C. que debe de haber tenido causas relacionadas tanto con la tensión como con el interés. De alguna manera, los dirigentes de varios miles de habitantes, muchos de los cuales vivían en la región del Valle de Etla, los convencieron de que abandonaran sus aldeas y fundaran una ciudad sobre la cima de una montaña de 400 m de altura.

Cuando los prehistoriadores estudian las redistribuciones urbanas en la antigua Grecia, las atribuyen *1)* a la necesidad de defensa contra alguna amenaza externa (motivo relacionado con la tensión), o *2)* a la construcción del poder (motivo relacionado con el interés). En el caso de Oaxaca, atribuimos la fundación de Monte Albán a lo uno y a lo otro. Las grandes transiciones históricas tal vez sean posibles en esos entornos históricos cuando las metas de construcción del poder por parte de los líderes se ven racionalizadas por alguna amenaza externa contra sus seguidores.

La gran novedad naciente de 500-200 a.C. fue una sociedad urbana, algo sin precedentes en Mesoamérica. Sin embargo, ya hemos visto que el camino tomado por los fundadores de Monte Albán no era el único posible hacia el urbanismo; aquel camino fue resultado de decisiones tomadas en el contexto de un entorno cultural histórico específico. Otros grandes centros poblacionales, como Chiapa de Corzo, surgieron como resultado de decisiones tomadas en entornos culturales y políticos diferentes. Lo que a nosotros nos fascina es lo similares que resultaron

Evolución sin etapas   las *instituciones* de aquellas primitivas capitales regionales. Parte de su semejanza tal vez pueda explicarse mediante el contacto y la participación de aquellas sociedades en un sistema mesoamericano compartido. Sin embargo, no todo se puede explicar así, porque hay ciertas similitudes compartidas con las antiguas Grecia, Egipto y Mesopotamia, regiones muy alejadas del sistema mesoamericano.

La estrategia del pie de la montaña

Entre 500 y 100 a.C., la dificultad de aprovisionar a Monte Albán fue uno de nuestros ejemplos más claros de "problema planteado por el sistema". Desde luego, era un problema del propio quehacer de los actores: su deliberada reubicación urbana había hecho del valle central una antigua tierra de nadie, la región más densamente poblada de Oaxaca.

Su solución al problema consistió en desarrollar, por medio de canales de riego, el pie de las montañas ubicado dentro de un radio de 15 km alrededor de Monte Albán. Ricas tumbas de sitios pequeños del pie de la montaña muestran que aquella estrategia fue implementada de arriba hacia abajo, con administradores de la élite que incluso vivían en las grandes aldeas. El maíz producido en las aldeas del pie de las montañas servía de sustento a los guerreros y los diplomáticos necesarios para subyugar a todo el Valle de Oaxaca, y tal vez incluso para empezar la expansión hacia las montañas circundantes.

De la jerarquización a la estratificación

En algún punto de su consolidación en su entorno, las élites del Valle de Oaxaca introdujeron otro "cambio en el significado de las relaciones existentes": imaginaron cómo fortalecer su posición privilegiada evitando un alto número de casamientos entre sus propios coterráneos. El resultado fue una sociedad en la que se abrió un abismo de endogamia de clase entre dos estratos. Aquel cambio se relacionaba obviamente con el interés, concebido para asegurar que los futuros gobernantes y sus cónyuges tuvieran todas las probabilidades de provenir de las familias ya instaladas en el poder. Como la conquista y la alianza política, fue ésta una estrategia de consolidación entre muchas civilizaciones antiguas.

Como el surgimiento previo de la jerarquía hereditaria, aquella nueva división entre clase gobernante y plebeyos hubo de racionalizarse plausiblemente, so pena de no ser aceptada. La solución fue una nueva ideología, según la cual los nobles y los plebeyos tenían orígenes genealógicos distintos. Los nobles descendían de Rayo, la forma iracunda del Cielo, representado entonces iconográficamente como *Cocijo*. Usaban imágenes de Rayo en sus tocados y, cuando morían, se metamorfoseaban en figuras voladoras que se unían a sus antepasados sobrenaturales en las nubes. Por otro lado, los plebeyos sólo descendían de otros plebeyos.

Como parte de aquella nueva ideología, se desarrolló un complejo sistema simbólico en el que los jaguares o los pumas se asociaron a los gobernantes, en tanto que los murciélagos y las lechuzas se asociaban a diversos miembros de la nobleza. Asimismo, los atributos de los animales de presa se usaron para alentar a los guerreros a luchar con fiereza; aquellos que se destacaban recibían trajes con tocados de águila o de coyote.

Junto al sistema biclasista estaba una dicotomía de habla noble y habla plebeya. Ésta no sólo era precisa sino elegante, y se representaba iconográficamente por medio de una elaborada voluta de palabra; el habla plebeya estaba plagada de mentiras y confusión. La forma visual del habla noble era la escritura jeroglífica labrada en monumentos de piedra en lugares como Monte Albán. Usada en un principio para registrar los nombres de los jefes rivales muertos o sacrificados, aquella escritura llegó a ser herramienta de la clase gobernante oaxaqueña. Se usaba en su interminable competencia por posiciones de liderazgo, prestigio, territorio, tributo y matrimonios políticamente ventajosos. También para presentar propaganda real, ya verticalmente (entre nobles y plebeyos), ya horizontalmente (entre nobles).

En algún momento de este proceso, los habitantes del Valle de Oaxaca fueron identificables como zapotecas. Su iconografía representaba entonces fuerzas sobrenaturales y seres que sólo ellos adoraban en Mesoamérica. Por su estructura y, sobre todo, por el uso de dedos como números ordinales, su sistema de escritura parece reflejar alguna forma arcaica de la lengua zapoteca.

La creación de un sistema más general

El interés personal de los actores de la nobleza zapoteca aportó enorme energía para los cambios efectuados en 100 a.C.-200 d.C. La necesidad de dominar a miles de campesinos, peones y guerreros exigió que muchas labores fueran delegadas en especialistas administrativos, religiosos, escribientes, arquitectónicos, artesanales y militares. Uno de los resultados fue una jerarquía de categorías múltiples en la que las grandes aldeas de cinco a ocho hectáreas supervisaban a docenas de pequeñas aldeas, localizadas a una o dos horas de camino. A su vez, las poblaciones de 50-70 ha supervisaban a las grandes aldeas de su distrito. Por último, algunas ciudades importantes distaban sólo un día de viaje de Monte Albán, haciendo posible que la capital supervisara las acciones de los señores hereditarios en centros administrativos secundarios. Pese a los regalos, las alianzas matrimoniales y otras recompensas destinadas a conservar la lealtad de aquellos centros secundarios, los gobernantes de Monte Albán deben de haber sabido que las mayores amenazas de rebelión y usurpación habrían de provenir de los señores de aquellos pueblos importantes.

Desde luego, una de las maneras de mantener ocupados a los posibles rivales consistía en enviarlos a distinguirse conquistando provincias aún más lejanas. Es posible que durante 300-400 años, generación tras generación de gobernantes de Monte Albán lo hayan hecho así, aunque también fueron lo suficientemente sagaces para evitar la confrontación con los reyes más poderosos de otras regiones.

Al parecer, basaron su expansión en tres estrategias. *1)* Cuando una región vecina estaba subpoblada y sin posibilidad de resistir, los zapotecas simplemente enviaban colonizadores. *2)* Cuando una región resistía —como en el caso de la Cañada de Cuicatlán— enviaban soldados, incendiaban algunas aldeas y montaban algunas perchas de cabezas cortadas. *3)* Cuando su expansión chocaba contra la de alguna civilización rival del tamaño de la de Teotihuacán, utilizaban una diplomacia consumada. En aquella diplomacia podían incluirse "reuniones en la cumbre" entre embajadores, la escultura de textos jeroglíficos acordados por ambas partes o incluso el establecimiento de un barrio zapoteca en la capital extranjera. Mediante aquella estrategia tripartita de colonización, conquista y diplomacia, hacia 300-400 d.C., los zapotecas de Monte Albán tal vez hayan llegado a dominar alrededor de 20 000 kilómetros cuadrados.

El problema de los vecinos hostiles

La civilización zapoteca clásica existió dentro de un sistema mayor, más allá de lo que hubieran podido soñar los más ambiciosos actores de periodos previos. Hacia el siglo IV d.C., la enorme ventaja demográfica de Monte Albán había dado lugar a una redistribución de Mesoamérica. Su "sistema mayor" se extendía entonces allende el Valle de Oaxaca, para incluir vecinos como los teotihuacanos, los mixtecas y los habitantes de Chiapas. Separándolos de aquellos estados rivales había una serie de provincias externas, que aprendían rápidamente la artesanía de sus colonizadores zapotecas.

Lo que ocurrió luego fue un cambio en el sistema, cambio muy difundido entre las civilizaciones primitivas. Sacando ventaja de la superioridad de su población, su poderío militar y su mayor grado de centralización política, Monte Albán había transformado a docenas de regiones externas en provincias que pagaban tributo. Sin embargo, el desarrollo de aquellas provincias, basado en el interés de Monte Albán (por ejemplo, los sistemas de canales y acueductos instalados en la Cañada de Cuicatlán), irónicamente había proporcionado a aquellas regiones subyugadas las habilidades precisas que necesitaban para fortalecerse. Hacia 400 d.C., aquellas regiones estaban más centralizadas, más capacitadas en la construcción de alianzas, más densamente pobladas y más ansiosas de autonomía. Gradualmente, empezaron a emanciparse del yugo de Monte Albán. Las fronteras de la civilización zapoteca se iban encogiendo hacia un punto más cercano al Valle de Oaxaca.

Rodeados finalmente de vecinos hostiles, los zapotecas fueron obligados a otra solución "relacionada con la tensión". La defensa constituyó una variable crítica en la ubicación de los asentamientos. Hacia 500 d.C., aproximadamente 64% de los 115 000 ciudadanos calculados en el Valle de Oaxaca vivían en 38 sitios defendibles. Atrapados entre la necesidad de situarse cerca de la tierra de Clase I y la necesidad de defenderse, eligieron renunciar a algunas de sus provincias más lejanas con objeto de consolidar el domino sobre su región fisiográfica central.

Aquella decisión dio paso a grandes concentraciones de población en las partes más fácilmente defendibles del Valle de Oaxaca. Las concentraciones urbanas de Jalieza, en el Valle Grande, y Dainzú-Macuilxóchitl-Tlacochahuaya-Guadalupe, en la región de Tlacolula, casi rivalizaban con la de Monte Albán. Fue tan espectacular el crecimiento de Jalieza que incluso puede servirnos de segundo ejemplo de sinoicismo o reubicación urbana.

Puesto que nuestro testimonio de guerra es regional, sería fácil considerar el crecimiento de Jalieza como respuesta a la amenaza externa. Sin embargo, una vez que creció, Jalieza se halló en posición de emprender su propia "construcción del poder". Aquella construcción del poder puede haber acelerado la decadencia de Monte Albán. En efecto, para entonces había en el Valle de Oaxaca tres diferentes concentraciones de 12 200-16 500 habitantes, espaciadas aproximadamente por un día de camino entre sí. Nunca más dominaría el valle ninguna de aquellas concentraciones como lo había hecho Monte Albán por espacio de 500 años.

Desde entonces, la historia de la civilización zapoteca habría de ser más compleja. En vez de una trayectoria histórica para el Valle de Oaxaca, cada una de las concentraciones de población antes mencionadas tuvo la propia. Una de las trayectorias condujo a establecer alianzas matrimoniales con los mixtecas, llevando nobles extranjeros al occidente del valle. Otra condujo a la ciudad sagrada de Mitla, al este del valle. Una tercera, que empezaba en Zaachila, al sur del valle, presenció la lucha de los zapotecas contra un ejército azteca, en la costa del Pacífico. Es tan compleja la historia ulterior de Oaxaca que éste es buen momento para dar fin a nuestra presentación.

La teoría de la acción y la evolución social

En estas páginas finales hemos tratado de construir una "evolución sin etapas". Describiendo el ascenso de la civilización zapoteca en términos de la teoría de la acción, la hemos presentado como una larga secuencia de cambios históricos. Algunos de ellos empezaron en el sistema cultural e histórico más general en el que fueron conformados los actores. Otros se produjeron cuando éstos, decididos a obtener lo que les era material y políticamente útil, cambiaron el significado de las relaciones dentro del sistema.

En aquella secuencia histórica, los periodos de transición, o de rápida evolución, son más importantes que los periodos de estabilidad. La teoría de la evolución con frecuencia ha sido criticada por enfocarse demasiado en los periodos estables de lenta evolución, que forman la base de etapas como la aldea autónoma, el señorío y así sucesivamente. Concentrándose en cambio en las transiciones, la teoría de la acción puede ayudar a rejuvenecer un paradigma agotado. Situando de nuevo a los actores en el esquema, la teoría de la acción también responde a las quejas de que la mayor parte de la teoría de la evolución hace de los seres humanos algo más que un engranaje de la máquina.

Sin embargo, no debemos olvidar que los zapotecas no constituyen sino uno de los casos de evolución social prehistórica. Docenas de civilizaciones "de primera generación" surgieron en otras partes de Mesoamérica, en los Andes, Mesopotamia, Egipto, India y China.

La teoría de la acción es adecuada para el estudio de la historia evolutiva de un solo grupo como los zapotecas; nos obliga a investigar los contextos culturales e

Evolución sin etapas

históricos específicos en el que se formaron los actores y se tomaron sus decisiones. Sin embargo, una vez que empezamos a comparar a los zapotecas con otras civilizaciones —con Tikal en la selva maya, con Wari en la sierra peruana, con Uruk a orillas del Éufrates— descubrimos que aquellas sociedades fueron conformadas tanto por distintos sistemas culturales e históricos como por las decisiones de actores diferentes.

La teoría de la acción es menos útil para comparar a todas las civilizaciones, pues cuando lo hacemos encontramos que sus transiciones, o periodos de cambio rápido, no son necesariamente similares. La mayor parte de las veces, los que parecen similares son los periodos de estabilidad o de lenta evolución.

Allí es donde son útiles conceptos como los de grupo, aldea autónoma, sociedad jerárquica y estado arcaico. Aquellas abstracciones surgidas de sociedades del pasado reciente nos permiten comparar los periodos estables de diferentes secuencias evolutivas. Hay etapas en el surgimiento de todos los estados arcaicos que parecen provocativamente similares. Una de nuestras metas debería ser descubrir por qué ocurre así.

En un artículo reciente, el teórico Charles Spencer se ha pronunciado por un doble enfoque del estudio de la evolución social.[1] El primero de ellos, el que nosotros hemos adoptado en este libro, subraya la contribución de la historia al crear una civilización específica. El segundo enfoque busca los principios comunes en la evolución de todas las civilizaciones. Como todos los enfoques generalizadores, el segundo ha abierto el fuego, en especial cuando parece reducir a los actores a peones de ajedrez. Tal vez al dar una cara más humana a la evolución social, podamos introducir ambos enfoques en el debate con más fuerza que en el pasado.

[1] Spencer, 1990, p. 23.

Lecturas complementarias

Acosta, Jorge R, "Preclassic and Classic Architecture of Oaxaca", en *The Handbook of Middle American Indians*, vol. 3, compilado por Robert Wauchope y Gordon R. Willey, University of Texas Press, Austin, 1965.

Bernal, Ignacio, "Archaeological Synthesis of Oaxaca, en *The Handbook of Middle American Indians*, vol. 3, compilado por Robert Wauchope y Gordon R. Willey, University of Texas Press, Austin, 1965.

Blanton, Richard E., *Monte Albán: Settlement Patterns at the Ancient Zapotec Capital*, Academic Press, Nueva York y Londres, 1978.

Blanton, Richard, Stephen A. Kowalewski, Gary Feinman y Jill Appel, *Monte Albán's Hinterland, Part I: Prehispanic Settlement Patterns of the Central and Southern Parts of the Valley of Oaxaca, Mexico*, Memoria 15, Museum of Antropology, University of Michigan, Ann Arbor, 1982.

Byers, Douglas S. (comp.), *The Prehistory of the Tehuacán Valley*, vol. 1: *Environment and Subsistence*, University of Texas Press, Austin y Londres, 1967.

Caso, Alfonso, "Sculpture and Mural Painting of Oaxaca", en *The Handbook of Middle American Indians*, vol. 3, compilado por Robert Wauchope y Gordon Willey, University of Texas Press, Austin, 1965a.

——— , "Zapotec Writing and Calendar", en *The Handbook of Middle American Indians*, vol. 3, 1965b.

Caso, Alfonso, Ignacio Bernal y Jorge R. Acosta, *La cerámica de Monte Albán*. Memorias del Instituto Nacional de Antropología e Historia, núm. 13, México, 1967.

Demand, Nancy H., *Urban Relocation in Archaic and Classical Greece: Flight and Consolidation*, University of Oklahoma Press, Norman, 1990.

Drennan, Robert D., *Fábrica San José and Middle Formative Society in the Valley of Oaxaca*, Memoria 8, Museum of Antropology, University of Michigan, Ann Arbor, 1976

Feinman, Gary, y Jill Neitzel, "Too Many Types: An Overview of Sedentary Prestate Societies in the Americas", en *Advances in Archaeological Method and Theory*, vol. 7, compilado por M. B. Schiffer, pp. 39-102, 1984.

Feinman, Gary, y Linda M. Nicholas, "At the Margins of the Monte Albán State:

Lecturas complementarias

Settlement Patterns in the Ejutla Valley, Oaxaca, Mexico", *Latin American Antiquity* 1, 1990, pp. 216-246.

Feinman, Gary, y Linda M. Nicholas, "Shell-Ornament Production in Ejutla: Implication for Highland-Coastal Interaction in Ancient Oaxaca", *American Antiquity* 4, 1993, pp. 103-119.

Flannery, Kent V., (comp.), *The Early Mesoamerican Village*, Academic Press, Nueva York y Londres, 1976.

———, *Guilá Naquitz*, Academic Press, Nueva York, 1986.

Flannery, Kent V., y Joyce Marcus, *Early Formative Pottery of the Valley of Oaxaca*, Memoria 27, Museum of Anthropology, University of Michigan, Ann Arbor, 1994.

——— (comps.), *The Cloud People: Divergent Evolution of the Zapotec and Mixtec Civilizations*, Academic Press, Nueva York y Londres, 1983.

Kirkby, Anne V. T., *The Use of Land and Water Resources in the Past and Present Valley of Oaxaca, Mexico*, Memoria 5, Museum of Anthropology, University of Michigan, Ann Arbor, 1973.

Kowalewski, Stephen A., G. M. Feinman, L. Finsten, R. E. Blanton y L. M. Nicholas, *Monte Alban's Hinterland, Part II: The Prehispanic Settlement Patterns in Tlacolula, Etla and Ocotlán, the Valley of Oaxaca, Mexico* (2 vols.), Memoria 23, Museum of Anthropology, University of Michigan, Ann Arbor, 1989.

Marcus, Joyce, "Zapotec Writing", *Scientific American* 242, 1980, pp. 50-64.

———, *Mesoamerican Writing Systems: Propaganda, Myth, and History in Four Ancient Civilizations*, Princeton, Princeton University Press, 1992a.

———, "Dynamic Cycles of Mesoamerican States", *National Geographic Research & Exploration* 8, 1992b, pp. 392-411.

Nicholas, Linda M., "Land Use in Prehispanic Oaxaca", en *Monte Albán's Hinterland, Part II: The Prehispanic Settlement Patterns in Tlacolula, Etla, and Ocotlán, the Valley of Oaxaca, Mexico*, por Stephen Kowalewski *et al.*, vol. 1, Memoria 23, Museum of Anthropology, University of Michigan, Ann Arbor, 1989, pp. 449-505.

Ortner, Sherry B., "Theory in Anthropology since the Sixties", *Comparative Studies in Society and History* 26, 1984, pp. 126-166.

Paddock, John (comp.), *Ancient Oaxaca*, Stanford University Press, Stanford, 1966.

Pires-Ferreira, Jane W., *Formative Mesoamerican Exchange Networks, with Special Reference to the Valley of Oaxaca*, Memoria 7, Museum of Anthropology, University of Michigan, Ann Arbor, 1975.

Redmond, Elsa M., *A Fuego y Sangre: Early Zapotec Imperialism in the Cuicatlán Cañada*, Memoria 16, Museum of Anthropology, University of Michigan, Ann Arbor, 1983.

———, *Tribal and Chiefly Warfare in South America*, Memoria 28, Museum of Anthropology, University of Michigan, Ann Arbor, 1994

Spencer, Charles S., *The Cuicatlán Cañada and Monte Albán: A Study of Primary State Formation*, Academic Press, Nueva York y Londres, 1982.

———, "On the Tempo and Mode of State Formation: Neoevolutionism Reconsidered", *Journal of Anthropological Archaeology* 12, 1990, pp. 41-74.

Spencer, Charles S., "Human Agency, Biased Transmission, and the Cultural Evolution of Chiefly Authority", *Journal of Anthropological Archaeology* 12, 1993, pp. 41-74.

Whalen, Michael E., *Excavations at Tomaltepec: Evolution of a Formative Community in the Valley of Oaxaca, Mexico*, Memoria 12, Museum of Anthropology, University of Michigan, Ann Arbor, 1981.

Whitecotton, Joseph W., *The Zapotecs: Princes, Priests, and Peasants*, University of Oklahoma Press, Norman, 1977.

Agradecimientos

En Oaxaca trabaja una nutrida comunidad de especialistas generosos. Sin su ayuda, la investigación que describimos aquí no se habría realizado, ni este libro se habría escrito.

A lo largo de los años nos alentaron dos de los precursores de la arqueología oaxaqueña —los extintos Alfonso Caso e Ignacio Bernal—, en tanto que, durante los primeros años de nuestra investigación, John Paddok aportaba el proyecto de Ecología Humana, además de laboratorios y vivienda. El Instituto Nacional de Antropología e Historia (INAH) nos dio los permisos necesarios para trabajar en Oaxaca, y la National Science Foudation, el National Endowment for the Humanities, la Ford Foundation y la National Geographic Society sufragaron la mayor parte de nuestro estudio.

En un espíritu de camaradería y colaboración, los integrantes del proyecto de Ecología Humana y del proyecto Patrones de Asentamiento han trabajado juntos por más de 25 años. Estamos en deuda con todos ellos, en especial con Richard Blanton, Robert Drennan, Michel Elam, Gary Feinman, Laura Finsten, Suzanne Fish, Richard Ford, Frank Hole, Joseph Hopkins, Michael y Anne Kirkby, Steve Kowalewski, Susan Lees, Ellen Messer, Chris Moser, James Neely, Linda Nicholas, Richard Orlandini, William Parry, William Payne, Steve Plog, Nan Pyne, Elsa Redmond, Robert Reynolds, John Rick, C. Earle Smith, Charles Spencer, Ronald Spores, Kathryn Vaughn, Dudley Varner, Michael Whalen, Henry Wright y Robert y Judith Zeitlin, por compartir información y buenos momentos con nosotros. A lo largo de los años, varios especialistas, entre los que se contaron Robert McC. Adams, Richard E. W. Adams, E. Wyllis Andrews V, Robert Carneiro, Susan Guillespie, David Grove, John Henderson, Frank Hole, Linda Manzanilla, Patricia McAnany, John Monaghan, Craig Morris, Robert Sharer, Mary Elizabeth Smith y John Yellen, nos alentaron a escribir este libro. Se los agradecemos.

Los editores [del original en inglés] de esta serie, Colin Renfrew y Jeremy Sabloff, nos tuvieron excepcional paciencia y nos ofrecieron su valioso consejo. También damos gracias al personal del diseño editorial y producción de Thames y Hudson, por hacer que el libro luciera mejor de lo que esperábamos.

Agradecimientos

Ha sido un placer colaborar durante años con el personal del Centro Regional de Oaxaca del INAH, en especial con los arqueólogos Nelly Robles, Roberto Zárate y Raúl Matadamas. Sobre todo, deseamos destacar a los dos estudiosos a los que dedicamos este libro. Como director del Centro Regional, Manuel Esparza nos abrió muchas puertas y nos guió por lo mares procelosos de la burocracia, garantizando así el éxito de nuestra investigación. María de los Ángeles Romero Frizzi, otra destacada investigadora del Centro, fue nuestra indispensable abogada en el seno de la comunidad académica mexicana. Sin su apoyo, ni el proyecto de Ecología Humana ni el de Patrones de Asentamiento habrían podido alcanzar sus metas.

Créditos de las ilustraciones

Fotografías

La mayor parte de las fotografías fueron tomadas por miembros del proyecto de Ecología Humana o del proyecto Patrones de Asentamiento. Entre ellas se incluyen todas las fotografías aéreas, salvo la de la figura II.1, que es de la Compañía Mexicana Aerofoto. Nuestras más sinceras gracias a Chris Moser, fotógrafo del proyecto de Ecología Humana, y a Charles Spencer, Elsa Redmond, Gary Feinman, Linda Nicholas y James Neely, quienes nos proporcionaron fotografías especiales. Las figuras II.4, III.6, XV.36b, XV.19 y XV.21a proceden de los archivos del Museo de Antropología de la Universidad de Michigan.

Dibujos

Muchos artistas aportaron dibujos lineales. Entre ellos se cuentan John Klausmeyer (figuras I.1, I.11, III.1, III.3-III.5, III.7, III.10-III.11, III.13, IV.1-IV.3, IV.10, VIII.8a, VIII.8c-VIII.8d, IX.9, X.1-X.2, X.7, X.10, X.18, XI.7, XII.2-XII.3, XIII.6, XIII.18, XIII.21, XIII.22e, XIV.4, XV.3a, XV.16), Kay Clahassey (figuras I.2, VII.2, VIII.23, IX.10, X.4, X.21, XI.3-XI.4, XI.6, XII.5, XIII.1-XIII.2, XIII.5, XIII.28, XIV.9, XV.23, XV.28, XV.31), David W. Reynolds (figuras I.3, II.3, VII.5, VII.10, VIII.15-VIII.16, VIII.25, XIII.7, XIII.19-XIII.20, XV.1, XV.4b-XV.4c) y Magaret Van Bolt (figuras I.13, XI.15, XV.5, XV.9), todos ellos de la Universidad de Michigan. Otros dibujos son de Mark Orsen (figuras X.13, XV.10, XV.13-XV.14, XV.32, XV.36), Lois Martin (figuras VIII.9, VIII.26, XIII.25b, XV.11), Nancy Hansen (figuras IV.16-IV.18, IX.4) y William J. Parry (figuras X.16, XIII.22a-XIII.22c).

Láminas a color

Todas las fotografías a color son de los autores, salvo las láminas II-IV, que fueron proporcionadas por el doctor Colin McEwan. Las pinturas a color (láminas I, VI, IX, X, XIV, XV y XVI) son de John Klausmeyer, de la Universidad de Michigan.

Créditos de las ilustraciones *Ilustraciones redibujadas de otras fuentes*

Muchas ilustraciones fueron redibujadas (con modificaciones) por John Klausmeyer, Kay Clahassey o Margaret Van Bolt, a partir de dibujos o fotografías de publicaciones previas de otros autores. Entre aquellos autores se cuentan Alfonso Caso (figuras XIII.13, XV.7, XV.20b, XV.20c); Alfonso Caso e Ignacio Bernal (figuras I.5, I.10, I.12, XII.2-XII.3, XV.3c); Ignacio Bernal (figuras XIII.16, XIII.25a); Jorge Acosta (figura XV.20a); Caso, Bernal y Acosta (figuras XV.8, XV.35); Jorge Acosta y Javier Romero (figuras XII.7, XII.10, XII.13); Ignacio Marquina (figuras XII.9, XIII.11); Román Piña Chan (figura XIII.23); Luis Aveleyra Arroyo de Anda (figura III.8); René Millon (figura XV.34); Michael Spence (figura XV.33); Gareth W. Lowe (figuras XIII.29-XIII.30); Pierre Agrinier (figura XIII.31); Marcus C. Winter (figura XV.17); John Doebley (figura V.5); Paul Mangelsdorf, Richard S. MacNeish y Walton Galinat (figuras V.8, VI.1); Jonathan Friedman (figura VIII.1); Samuel K. Lothrop (figura VIII.10); Richard B. Woodbury y James A. Neely (figura X.22); Philip Drucker (figura X.24); Nancy Demand (figura XI.2); Patrick V. Kirch (figura XIII.12); Michael J. O'Brien, Roger D. Mason, Dennis E. Lewarch y James A. Neely (figura XI.11); Gregory A. Johnson (figura XIII.4); John Clark y Michael Blake (figuras VII.13-VII.15); Michael E. Whalen (figuras VIII.5, VIII.8b, XII.14, XII.15); Robert D. Drennan (figuras IX.6, X.19-X.20); Charles S. Spencer y Elsa M. Redmond (figura XIV.8); Richard E. Blanton (figuras XI.13, XV.22); Stephen A. Kowalewski (figura XII.7); Kowalewski, Feinman, Finsten, Blanton y Nicholas (figuras VII.2, VIII.23, X.4, XI.3, XIII.2, XV.23, XV.25, XV.28). La figura X.12 fue redibujada del *Códice Mendoza,* y la figura VII.9 fue hecha por Klausmeyer a partir de modelos del Museo Regional de Oaxaca. Las referencias a las publicaciones de los autores antes mencionados se pueden encontrar en nuestro listado de "Lecturas complementarias" o en las notas al pie de página.

Índice analítico

Los números en cursivas corresponden a páginas con figura.

abalorios: 114, 119-120, 123, 138, 166, 185, 210, 227, 235, 246, 270; *véase también* jade
Abasolo, *véase* San Sebastián Abasolo
acceso a lo sobrenatural, *véanse* antepasados; rituales; Rayo
Achiutla: 22
Acosta, Jorge: 34-35, 202-203n, 206n, 222-*223*, 224, *256*, 259n
actores: 39, 69, 221, 291-292, 298
adobes, *véanse* arquitectura, materiales de construcción
adoratorios: 173, 224, 265
agave: 17-19, 24, 50, 53, 61-62, 65-66, *94*-95, 119
agricultura: 12, 20, 22, 31, 72-74, 94-96, 250, 277, 292, 294; acequias: 126, 179; acueductos: 252, 300; datación de la: 77-78; de creciente: 21, *149*; de temporal: 79, 81, 126, 211; de terrazas: 21, 141, *180*-182, 252; de subsistencia: 162; difusión de la: 127; importancia de la: 13; intensificación de la: 193; irrigada con canales: 21, 126, 137, 144, 148, 163, 178-181, *182*-183, 189, 208, 211, 252, 298, 300; irrigada con pozos: 21, 126, *128*, 137, 144, 148, 210; orígenes de la: 36; pluvial: 21; presas: 141, 164-165, 167, 180; presas: 167; *véanse también* flora; plantas; tierra agricola
agricultura, cultivo de: aguacate: 21, *94*-96; algodón: 74; amaranto: 74; calabazas: 21, 72, *73*-74, 76, 78, 81, *94*, 293; cebolla: 71; chayotes: *72-73*, 77, 293; chile: 21, 74, 95; frijol: 18, 21, 71, 73-74, 76-78, 81, 95, 293; maguey: 21, 62; maíz: 20-21, *74-75*, *76-79*, 81, *93-94*, 95-96, 176, 178, 210, 246, 298; nopal: 18, 21, 53, 60, 71, 95; tomate: 21
Agrinier, Pierre: 230n, 236, 239n
Ahuizotl, rey: 22
Ajuereado Temprano, periodo: 47-48, 50, 52
Alaska: 43
Alcina Franch, José: 101n, 185n

aldeas: 95-97, 125-128, 295; autonomía: 90, 97, 140, 144, 164-165, 239, 291, 302; compactas de baja densidad: 90; defensa: 149-150, 215; orígenes de las: 59, 84; pérdida de la autonomía: 109, 128-130, 296; vida cotidiana: 100; *véanse también* asentamientos; población
alfarería: *83*, 90, 99, *160-161*, 195-196, 208-210, 224, 232; *véanse también* artesanía; cerámica
Algaze, Guillermo: 239n
algodón: 17, 250
alianzas, construcción de: 202, 298, 300; mediante banquetes: 138-139, 296; mediante matrimonio: 136-138, 140, 151, 208, 246, 296, 299, 301; *véase también* matrimonio
alimentos: 17-18, *21*, 46, 52, *60-61*, 62, 93, 211; almacenamiento de: 71; calorías: 69; recolectores complejos de: 87; variedad de la dieta: 95, 292; *véanse también* fauna; flora
almacenamiento, fosos de: 59-60, *81-83*, 96, 100, 292
almez: 58, 62
altares: 142
AMS, datación del carbono radiactivo: 77-78
análisis, diacrónicos y procesales: 39; estáticos y sincrónicos: 39
animales, comestibles: 21; división de los: 25; fósiles de: 194; sacrificio de: 18-19, *222-223*, 226-227; salvajes *(mani quijxi)*: 26; *véase también* fauna
antepasados: 24, 263; celestiales: 111; como nubes: 112, 227, 298; importancia de los: 97, 99; invocación de los: 117
antropofagia: 22
antropología, evolucionista: 37-38, 194; psicológica: 38
Aquiles Serdán (Chis.): 143
árboles, abetos: 50; acacias: 53, *55*; alisos: 53; cipreses: 53, *55*; encinos: 60-62, 292; madroños:

311

Índice analítico

53; manzanita: 53; mezquites: 21, 50, 53, *55*, 58-59, 62-63, 68, 71, 74, 292-293; olmos: 50; palma de coyol: 250; pinabetes: 50; pinos: 21, 50, 53, 60, 97; robles: 53; sauces: 53; tala de: 29, 31
Arcadia: 172
Arcaico, periodo: 56, 63, 68, 71, 106; división del trabajo en el: 64, 71; Medio: 76; Tardío: 58, 66-67, 70-71, 74-75, 96; Temprano: 57, 59, 70; vida cotidiana: 83
Arenal (Guatemala), cultura: 236
armas, arco y flecha: 46, 68; *átlatl*: 22, *45,* 46-47, 49, 58, 60, 63-65, 95, 160, 187; europeos: 193-194; intercambio de: 68-69; lanza: 46, 279; puntas de *átlatl*: 67-69
arqueología, ecológico-funcionalista: 38
arquitectura: 14, 19, 40-41, 142; de bajareque: 82, 85, 105, 122, 129, *135,* 149, 162; de doble escapulario: 271-272; *273;* materiales de construcción: 14, 93, 97, 104, 106, 129-130, *134-135,* 138, 144, 152, 156-157, 160, 166, 203-205, 234-235, 271-272; *véanse también* casas; edificios públicos
Arroyo Lencho Diego: 163; población: 164; presa: 164-*166*
artesanías, artesanos: 33, 64, 106, 121, 142, 163, 195, 209; surgimiento de las: 84; *véanse también* alfarería; cerámica
Asensio, Gaspar: 19n
asentamientos: 81, 90, 148-150, 274-278; cambio de: 245; DMTG: 276; guerra y: 149-150; jerarquía de los: 145, 191, 199-202, *212,* 214-*215,* 218, 222, 225, 230, *231,* 246, 264, 276; *véanse también* aldeas; Patrones de Asentamiento, proyecto; población
Atzompa: *276, 278,* 287
Ausec, M.: 130n
Aveleyra Arroyo de Anda, Luis: 47n
aztecas: 14, 154, 181, 246, 254, 265, 270; burocracia: 34; guerras contra los zapotecas: 15, 22, 289, 301; glifos: *242*

Balkansky, Andrew: 35
bancos: 118
bandas, *véase* grupos
baños termales: 181-182
Barlow, Robert H.: 242n, 247n
Barth, Frederik: 88n-89
basalto, monumentos de: 142, *166*-167; *véase también* cabezas colosales
Beadle, George: 75-76
Bell, E.: 130n
Bell, James A.: 194n
bellotas: 21, 59-60
Benz, B. F.: 78n
Bering, Estrecho de: 43
Berlo, Janet C.: 239n, 283n, 285n
Berman, Mary Jane: 144n

Bernal, Ignacio: 15, 34-35, 175, 202, 225, 229, 231-232, *256,* 259n, 274n
Binford, Lewis: 56, 66, 82n
bisontes, cazadores de: 47
Blake, Michael: 104
Blanca, Cueva: *51,* 58, 64, 96; localización de: *65;* Nivel C: *66-68*; Nivel F: 49-50, 52
Blanton, Richard: 35-36, 176n, 223, 232n-233n, 271, 281n
bosquimanos kung: 68
Bougainville: 107, 110, 128
Bradbury, John P.: 44n
brecha genealógica: 220-221
Bricker, Victoria R.: 282n
Brockington, Donald: 36, 188n, 246-247, 249
Brown, Paula: 87n-89
Bugé, David: 141n
burocracia: 34
buscadores, arcaicos: *71*
búsqueda, estrategia de: 69, 292-293
Byers, Douglas S.: 48n, 75n, 163n
Byland, Bruce: 188n

cabezas colosales: 142-144, 167
cactus: 17, 53-*54,* 60; órgano: 26, 62
cal, *véase* arquitectura, materiales de construcción
Calakmul: *214*
calcedonia: 49, 122, 235, 281
calendario ritual *(piye)*: 24, 34; nombres de los días: 25, 155-156, 196, 257, 259, 262, 273
calendario solar: 24
cambios ambientales: 53, 68-69
Cann, J. R.: 103n
Canseco, Alonso de: 19n
Cañada Norte: 184
Cañete, Valle de: 244
caolín: 142
caracoles: 96, 224
Caran, Christopher: 181-182
carbono radiactivo, datación del: 77-78
Carlos V: 11
Carneiro, Robert L.: 31-32, 38, 109, 128n, 149, 163, 191, 193
Casa de los Hombres: *100-101, 102,* 104-105, 129, 142, 149, 294-295
casas *(yòho)*: 17, 66, 122, 149; construcción de: *82, 93;* de bajareque: *81, 85,* 162; de élite: 157-161, 191, 197, 202-203, 208; descripción: 95-96, 160, 255, *271, 285;* jerarquía y: 121-123; LGI: 138; LTL-I: *96,* 103
casas reales *(yòho quèhui)*: 17, 255, 271
Caso, Alfonso: 15, 30, 34-36, 195n-196, 202-203, *216-217, 222-223,* 230, 240-241, *256,* 258n-259n, 262n, 272n, 274n
caza: 22, 61, 67; comunal: 48, 51-52, 54, 58, 68, 87, 292; herramientas de: 45, *48;* líder de: 52; *véase también* armas

312

cazadores: 70; de grandes presas: 47, 52; intercambio de regalos entre: 51; respeto hacia las presas: 23
cazadores-recolectores: 47, 57 60, 67, 72, 81; como sociedades igualitarias: 87; enfrentamiento al riesgo: 56; grupos de: 29, 40; como sociedades prehistóricas: 38; migrantes: 82; seminómadas: 78
Centinela, La: 244
centros administrativos: *277*
cerámica: *84-85, 90;* 106, 114, *140*, 202, *274*; ante parda: 145; antepasados celestiales en: 111; blanca fina: 142, 273; Blanco Delia: *137*-138, 147; blanco puro: 143; de diagnóstico: 134; de la sociedad: 145-147; de rojo sobre amarillo: 102-*103*, 104; gris 143, 145-*146*, 147, 163, 195, 209, 211, 236-*237*, 245, 248, 273, 281-*282*; Gris Fino Socorro: 146-147, 150-151, 161, 165; importación de: 122-123, 236; Locona: *103*; negra: 102, 211, 236; parda: 145, 275; roja: 211, 225, 236; tipos de: 37, *112-113*; utilitaria: 145; *véanse también* alfarería; artesanía
cerezas: 60
Cerro Azul: 244
Cielo, cerámica y: 116, 140, 143; como entidad sobrenatural: 112, 124, 294, 296, 298
Clark, John E.: 102n, 104, 113n
Cocijoeza, rey: 15, 22
Cocijopij, Juan Cortés (hijo de Cocijoeza): 15
Coclé, Tumba: 26; *117-118*
Coe, Michael D.: 106n, 142
Coggins, Clemency C.: 283n
colonización: 176, 235, 239, 241, 246, 249, 252, 300; y conquista: 239-254; *véase también* conquista
comercio: 104, 281, 283, 287; de cerámica: 244-245, 248-249; de obsidiana: 165; organización del: 106; *véase también* trueque
competencia: 27, 124, 233, 270, 294, 296
complejidad precoz, *véase* recolectores, complejo de alimento
concentración de potencial humano: 144
conchas marinas: 68, 96, 119-124, 142, 162, 166, 206, 224, 235, *245*-246, 248, 256, 269-270; tráfico de: 96
confederación, *véase* sinoicismo
Connell, S.: 130n
conquista: 193, 210, 235, 239-254, 278, 298, 300; española: 15, 22, 100, 124, 290, 295; piedras de la: 184-185, 239-254; *véase también* colonización
consecuencias imprevistas: 171
Cook, James: 192
coquì (gobernante varón): 16-17, 24-25, 255, 258; demostración de dignidad del: 27
coquihualào (príncipe): 16
coquitào (rey): 16-17

corazones, extracción de: 22, 24, 155-156, 206, 227; *véase también* prisioneros; rituales
Córdova, Juan de: 17
Cortés, Hernán: 11, 15, 22, 289
cosmología: 23, 26, 257; división cuatripartita del universo: 24, 148, 294; *véanse también* religión; rituales
Cowgill, Georges: 285
Coxcatlán, Cueva de: 47, *49*-50; fin de la fase: 78; fósiles de plantas de: 77; Nivel XIII: 78
Coyolapan: 16
Coyotera, La: 252, 254
cuentas, *véase* abalorios
Cuicatlán, Cañada de: 165, 188, *242-243*, 250, 252, 254, 278, *283*, 300; cerámica: 102, 251
Cuicuilco: 188
Cuilapan: 35, 215, 281, 287; templos: *225*
Curtin, Edward V.: 144n
Cutler, Hugh C.: 72n-73n
Cyphers Guillén, Ann: 141n-142

Chalcatzingo: 143; como centro cívico ceremonial: 141-142; población: 141, 144
Chalco, lago de: 74, 84
Chance, John: 15
Chase, Arlen F.: 17n
Chase, Diane Z.: 17n
Chasko, W. J.: 82n
Chiapa de Corzo: 188, 244-245, 255, *283*, 297; cerámica: 234-235, *240*; Estructuras: 234-235, *236-237;* localización: *235;* Monte Albán y: 238; Montículos: 234, 236-237; tumbas: 235-236, *237*
Chiapas: 230, 234; arquitectura: 104; cerámica: 106
Chicanel (Guatemala), cultura: 236
Chihuahua: 75
Chiltepec: *243*, 255
chimbúes, indios: 89
Chincha, Valle de: 244
Choco, El: 214, 276, *280*
chocolate: 17, 24, 61, 138, 274

Dainzú: 35, 201, 300; Complejo A: *231*; juego de pelota: 232; población: 214-*215*, 229, *276;* Templo Amarillo: 198
danzas: 19, 63, 157, 185
Davies, C. Nigel: 254n
DeCicco, Gabriel: 247, 249
defensa: 297; necesidad de: 278-282, 300; prioridad de la: 276-277; *véase también* fortificaciones
deformación, anular: 125, 206; craneal: 124-125, *126, 158,* 161, 206, 297; tabular: 125
Demand, Nancy: 171-173, 195n
demografía, *véase* población
desigualdad, hereditaria: 109, 111, 124, 130-131;

Índice analítico

313

véanse también igualitarismo; jerarquía; prestigio; sociedad igualitaria
determinismo ambiental: 69
Diehl, Richard A.: 106n, 142, 239n, 283n
Dillehay, Tom: 244n
diplomacia: 22, 279, 282, 285, 300
división del trabajo: 60, 69, 294; durante el Arcaico: 64, 71, 291
Dixon, J. E.: 103n
Doebley, John: 75n-76n
Donohue, D. J.: 78n
Dorweiler, Jane: 76n
Drenan, Robert D.: 99n, 137, 145, 161-162n, 163n, 207, 249
Drucker, Philip: 166n
Dupaix, Guillermo: 185n

Earle, Timothy K.: 145n
Ecología Humana, proyecto de: 36-37
Edad de Hielo: 53, 68-69, 291; fauna de la: 46-47, 52, 58; fin de la: 53; fósiles de la: 50; migraciones: 43, 54; modos de vida: 45-50; Tardía: 44-46, 49-50, 58, 64
edificios públicos: *101*, 106, 129, 131, 133, 142, 150-*152*, 157, 164, 185, 191, 202-203, 207-208, 213, 215, 218, 251, 276; descripción: 100; material de construcción: 129, *134-135*; *véase también* arquitectura
Egipto: 298, 301
ejército, *véase* guerra; militarismo
Ejutla, valle de: 14, 36, 188, *245*, 274; excavaciones: 246
Elam, J. Michael: 150n, 178n, 184n, 277n
Elias, Joel: 71-72n
élite: 135; cerámica de: 146-148; competencia entre: 234; entierros de: *117-118*, 160, 198, 205-206, 246; familias de: 165-166, 207, *209*; residencias de: 157-161, 191, 198, 202-203, 206, 208; *véase también* nobleza
enfermedades: 16
entierros: 96-*97*, 99, 112-113, *116*, 130, 146-147, 162, *195*, *271*, 298; de niños: 124, 140; de nobles: *117-118*, 160, 198, 205-206, 210, 220, 246, 296-297; de marido y mujer: 99, 139-140, *209*-210, 259; posición de los: *97*, 99, 118-119, *137*-138, 140, 185, 210, *266*; primarios: 114; sacrificatorios: *225*; secundarios: 114
escenas ocultas: 270
esclavos: 17; sacrificio de: 19, 22; *véase también* prisioneros
escritura, *véase* jeroglifos
escultura: *16, 23, 167, 226*, 255
Eshnunna (Irak): *214*
espejos: 114, 120-121, 167; de magnetita: 122
Espíndola, Nicolás: 25n, 222n, 248n
Espiridión, Complejo de: 85-86
estado(s), arcaicos: 32, 38, 191, 220, 234, 239, 273, 302; formación de: 192; naciones: 32; orígenes del: 32, 231
estatus, *véanse* jerarquía; linaje; prestigio
estramonio: 100
estrategia del pie de la montaña: 178-183, 189, 193, 201, 208-209, 238, 252, 298; canal de riego y: 178-180
estratos sociales: *15*; endogamia de clase: 16; *véanse también* nobleza; plebeyos
Estrecho de Bering: 43
Etla, subvalle: *13*, 29, 91, 93, *98*, 163-164, 176, *185*, 188-189, 201, 203, 215, 276, 278-279, 287, 297; agricultura: 125-126, 179, 183; cerámica: 145, 249; localización del: 14; murallas defensivas: 184; población: 126-127, 134, 150-151, 169, 179, 199, 275
Etlatongo, ornamentos: 121
etnogénesis: 32, 36, 142, 195, 210; estudio de la: 34-35
evapotranspiración: 13
evolución social: 34, 133, 194, 233; estudio de la: 36, 41, 301-302; teorías de la: 36-37, 83; *véase también* sociedades

Fábrica San José: 169; agricultura: 179; casas: 161-*163*; cerámica: 135-136, 145; entierros: *137*, *162*; excavaciones: 139; localización: 136-137; población: 150
familia: 294; aceptación del riesgo y: 102; de élite: 165-166, 207, 209; extendida: 161; nuclear: 57, 102, 292-293
Fash, William L.: 244n, 270n
fauna: 47-49, 51-52, 63; águilas: 299; antílope americano: *44, 47*, 51, 53-54; cardenal: 119; codornices: 21, 47, 95, 226-227; colibrí: 119; comestible: 21; conejos comunes: 48, 50, *53*-54, 60-61, 63, 95-96, 211; coyote: 244, 299; guacamayos: 96; jaguares: *264*, 266, 298; lagartijas: 21; lechuzas: 299; liebre americana: 48, *50*-51, 53-54, 96; mamut: *46-47*, 49; murciélagos: 299; palomas: 21, 95; pavos: 18; pecarí: *53-54*, 61; perros domésticos: 18-19, 95, 138, 211; pumas: *264*, 266, 298; quetzal: 119; ratas silvestres: 50; topo: 96; tortuga de cenegal: 21, *53*, 60, 95-96, 211; tortuga terrestre de Texas: *45*, 47, 50, 53; venado de cola blanca: 50, *52*-53, 54, 61, 63, 69, 93, 95-96, 211; zorros: 47, 50; *véanse también* animales; caza
Feinman, Gary: 35-36, 130n, 188n, 232n-233n, 245-246, 274n, 281
Figura Voladora *(ben zaa)*: 228, *229*, 298
figurillas: *99*-100, *140*, 166, 256-257, 296
Finsten, Laura: 35-36, 49n, 58n, 232n-233n, 249
Flannery, Kent V.: 15n, 21n-23n, 26n, 35-36, 44n-45n, 47n-49n, 53n-54n, 58n-59n, 63n, 69n, 71n, 73n-75n, 81n, 85n, 94n, 99n, 103n, 112n, 122n-123n, 126n, 130n, 135n, 138n, 143n, 179n,

202n-203n, 210n, 226n, 235n, 241n, 250n, 257n, 268n, 278n
flora: 50; comestible: 21; *véanse también* agricultura; alimentos; plantas
Ford, Richard I.: 26n, 97n
fortificaciones: 178, *185, 215,* 244, 251, 254, 276; *280*-281
fósiles: 29, 44; de animales: 47, 194; de la Edad de Hielo: 50; de plantas: *76*
Fowler, Melvin L.: 47n
Fowler, Jr., William R.: 104n, 113n, 163n
Fried, Morton: 38, 87n
Friedman, Jonathan: 110-111
Fuente, Julio de la: 112n
funcionalismo ecológico: 69, 144, 194, 210, 238, 294
Furst, Jill L.: 101n, 274n

Galinat, Walton C.: 75n, 77n
García Cook, Ángel: 47n, 163n
Geertz, Clifford: 39
Gheo-Shih: 58, 62-*64,* 70, 76, 79, 90; localización de: 63
Gillogly, Kathleen: 31n, 128n
Gould, Richard: 50
Gran Cuenca: 87
Grandes Hombres: 89, 103, 107, 110-111, 128, 133
Granizo *(Quiezabi):* 23, 228
Grecia: 171, 195, 297-298
grupos: 291, 302; de trabajo: 56, 81, 293; macro: 57-58, 63-64, 70, 76, 79, 84; micro: 57, 59, 67, 69
Guadalupe: 300; población: 276
Guadalupe, fase: 135-138, 157, 162, 247; Característica 99: 139; cerámica: *133, 140;* edificios públicos: *134;* entierros: 140; Tardía: 163; Temprana: 139
Guanajuato: 47, 51
Guatemala: 143
guerra: 154, 279, 296; asentamientos y: 149-150; *véanse también* defensa; fortificaciones
Guevea: 241
Guila Naquitz, cueva de: 58-*59,* 62, 64-65, *72,* 76, 82, 84*;* localización de: *59;* Nivel B1: *60;* Nivel D: *59,* 61, 69
gumlao (sociedad igualitaria): 109
gumsa (sociedad jerárquica): 109

Hacienda Blanca: *92*
Haggert, Peter: 214n
Hassig, Ross: 264n
Hawai: *192,* 194, 210, 221; sociedades jerárquicas en: 32, 145, *222*
Heizer, Robert F.: 166n
herramientas: 47, *66,* 281*;* búsqueda de caja de: 64-65; de caza: 46-47, *48, 50;* de pedernal: 58, 63-64; femeninas: 64, *66,* 69; masculinas: 64, *66,* 69; zonas de caída: *66,* 68

heterogeneidad: 125
Hewitt, William P.: 181n
Hierve el Agua, agricultura: 181-*182*
Hipócrates: 172
hipogamia, *véase* matrimonio
Hirth, Kenneth G.: 141n
hogar: *72*
Hole, Frank: 63
Holoceno, periodo: 53, 292
hongos alucinógenos: 19
Horcones, Los (Chis.): 239
hornos: 209, 271
hoyos de destilación: 182
Hudson, Charles: 221n
Huitzo: 35, 203, 207; cerámica: *133*-136; edificios públicos: 133, 150, 157; Estructuras: *135;* población: 150-151

iconografía: 195, 299
ideología política: 22, 26-27; cambio en la: 109, 296; igualitaria: 90
igualitarismo, ética del: 67-69, 71, 292
incas: 138, 244
Inquisición: 16

jade: 17, 109-110, 114, 116, 119, 121-124, 130, 142, *158,* 166-167, 224-*225,* 227, 235, 256, 263, 270, 297; ornamentos de: *123,* 138, 206, 224, *229*
Jalieza: 275-276, *279,* 287, 300-301
Jemez: 47
jerarquía, administrativa: 200, 212-213, 232-233; adquirida: 119, 124, 295; casas y: 121-123; de la virtud: 88; de los asentamientos: 145, 191, 198, *212,* 214, 218, 222, 225, 230, *231,* 246, 264, 276; de lugares centrales: 212-215; diferencias de: 148, 220; heredada: 119, 121, 124-125, 131, 133, 295-296, 298; origen de la: 109, 111; tres niveles de: 145, 199-202, 206, 214-*215; véanse también* prestigio; sociedad jerárquica
jeroglifos: 14, 26, 34, 188, 191-192, 196-197, 246, 250, 279, 283, 299-300; aztecas: *242;* estudio de los: 36; mayas: 243-244; orígenes de los: 156
Johnson, Frederick: 163n-164n
Johnson, Gregory: 198
Johnson, Irmgard W.: 50n
Jones, Grant D.: 31n
Joyce, Arthur A.: 247n-248n
juego de pelota: 220, *231-233;* antigüedad del: 229; como solución de conflictos: 233; jerarquía administrativa y: 232-233; terrenos para el: 233
Jull, A. J. T.: 78n

kachines, indios: 109-110
Kamehameha: *192*-194, 197, 210
Kaminaljuyú (Guatemala): 239, *283*

Índice analítico

Kaplan, Lawrence: 73n
katiam (templo de Nueva Guinea). 88, 101
Kautz, Robert R.: 341n
Kelly, Raymond: 88
Kermicle, Jerry: 76n
Kirch, Patrick V.: 192n-193, 221n
Kirkby, Anne V. T.: 14n, 21n, 54n, 77n, 79n, 81, 93, 126n, 178n
kiva: 89, 100
Knauft, Bruce M.: 88n
Kowaleski, Stephen: 16n, 35-36, 58n, 90n, 126n, 148n-150n, 169n, 176n, 179n, 181n, 183n-184n, 199n, 207n, 232n-233n, 249n, 282n, 286

Lambityco: 35, 287
Landa, Diego de: 124
Langhorne, William T.: 144n
Lápida de Bazán: 283-*284*, 285
lápidas de conquista: 240-241, 244
Leach, Edmund: 109-110
Lee, Richard: 68
Lees, Susan: 17n, 178n
Lewarch, Dennis E.: 180n
liderazgo, 29, 106-107; en la aldea: 153, 295; en la caza: 52; en la construcción: 130
linajes, espíritus ancestrales y: 110-111; mayores: 139; menores: 139; *tija coquì:* 16; *tija joàna:* 16; *tija noánahuini:* 17; *tija pèniquéche:* 17
líneas testimoniales: 221
Long, Austin: 78n
Longacre, Robert: 12n
Lothrop, Samuel K.: 118n
Lowe, Gareth W.: 95n, 234-236n

Lluvia *(Niça Quiye):* 23, 228
lluvias: 13, 45, 58, 79, 292; volumen de: 53, 163, 234

MacAfee, Byron: 242n
MacNeish, Richard S.: 47, 50n, 52, 57n, 73, 77n, 85n, 163
Macnider, Barbara: 49n, 58n
Macuilxóchitl: 35, 300; población: 276
madreperla: 96, 120, 122, 224, 246, 295
Magdalena Apasco: *185,* 201, 208, 214, 278
Maldonado Koerdell, Manuel: 47n
mamut: 47
Manatí, El (Ver.): 229
Mangelsdorf, Paul C.: 77n
Marcus, Joyce: 15n, 17n, 21n-26n, 33n-34n, 36, 45n, 63n, 99n, 112n-113n, 122n-123n, 126n, 130n, 136n, 140n, 143n, 147n, 154n, 156n, 179n, 187n, 202n-203n, 210n, 226n, 239, 241n-242n, 244n, 246n, 250n, 254n, 257n, 265n, 268n, 270n, 278n, 285n
Markham, Charles: 36, 188n, 246
Marquina, Ignacio: 220n
Martínez, refugio: *56,* 58

máscaras: 257; en forma de cocodrilo: 256; en forma de murciélago: 224, 256
Mason, Roger D.: 180n
Matacapan: 239, 282-*283*
Matatlán: 276
matrimonios, arreglados: 14, 110; como estrategia diplomática: 22, 27; endogámicos: 221; entre la nobleza: 162; por alianzas (hipogamia): 136-138, 140, 151, 208, 246, 296, 299
mayas: 14, 156, 187, 265, *283*
McQuown, Norman: 12n
Megalópolis: *171*-173
Mesopotamia: 179, 239, 298, 301
Messer, Ellen: 73n
métodos de campo, argumentos de relación y: 39-40
Miahuapan: *242-243*
Miahuatlán, valle de: 14, 36, 188, 248-249, 254; población: 246
mica: *119,* 121-122
Michels, Joseph W.: 239n, 283n
migraciones: 143; de larga distancia: 68; durante la Edad de Hielo: 43, 54, 292; estrategia de: 51
militarismo: 15, 178, 187; constitución del: 22; expansión del: 202
Millon, René: 282n, 285-286
minerales: hematita: 97, 121, *225;* hierro: 114, 121, 167; ilmenita: 121; magnetita: *120*-122, 124, 142-143; pirita: 206, 224; sales: 181-182
Mitla: *18,* 29, 35, 49, 151, 181, 287; Fortaleza de: 276, *280;* río: 63, 79
mixtecas: 100, 265, 278; y los zapotecas: 35, 301
mixteco, lengua: 14, 249
Monte Albán; *33,* 150; agricultura: 175, *179-180,* 182-183, 210; amenaza externa: 183, 188; asentamientos: 175, *177,* 184, 191, 198-199, *212-213, 215;* casas: 208; cerámica: 175-176, 188, *195-196,* 199n, 207, 210, 236, *244-246,* 260, *282;* comparado con San José Mogote: 218-220; Chiapa de Corzo y: 238; decadencia de: 287, 289, 301; Edificio J: *240-244,* 246-250, 253; Edificio L: *185-186, 187*-188, 196, 202, 230; Edificio X: *222-223;* edificios públicos: 218; Estelas 12 y 13: *196-198, 266-267,* 269; excavaciones en: 34-*35;* expansión de: 173, 191, 208, 211, 243, 245, 247-248, *253*-254; fortificaciones: 178, *215,* 244; fundación: 176, 189; jeroglifos: 192, 196-197, 239, 241, 246, 250, 260, 263; localización de: 29-*30;* Montículos: 202-203, 227; murallas defensivas: *184;* Periodo I: 165, 169-170, *174-178,* 180-185, 191-193, 195, *199-201,* 203, 206, *208*-210; Periodo II: 180, 184, 191, 198, 202, 206, 232-233, 275; Periodo III: 255, 264, 267, 270-271, 274-275, *277,* 281, 286-287; Periodo IV: 232-233n, 289; Plataforma Norte: *219,* 223, 286; Plataforma Sur: *265, 267-269,* 270; Plaza Principal: 216-

217, 218-220, 222, *233*, 240, *256-257*, 258, 271, 287; población: 170, 176, 178-179, 191, 199, 211-212, 275, 287; sinoicismo en: 176, 178, 183, 187, 189, 191, 194, 199-200; sociedad: 191, 198, 210, 220; surgimiento de: 34, 238, 297; Templos: *224, 227, 271-272;* Teotihuacán y: 285-286, *287;* Tumbas: *195-196, 207,* 220-*221, 232,* 234, *244,* 246, 256, *258-263; véase también* zapotecas
Monte Negro: 106, 219, 227, 244, 278; acrópolis: *204;* arquitectura: 203, 230, 249; casas: 206; cerámica: *203,* 207, 249; entierros: 206; localización de: 203, 207; Templo T: 204-*205,* 206
Monumentos Zapotecas, proyecto: 36
Morelos: 121, 143-144, 167, 233
Morris, Craig: 138n, 244n
muerte, *véase* entierros
mutilación, 22; genital: 185-*186*

nat (espíritu aldeano): 110-111
natchez, indios: 145, 221
Neely, James A.: 35, 47n, 163-164n, 180n-182
Nejapa, localización: 247
Nelken-Terner, Antoinette: 47n, 50n, 163n
Netherly, Patricia: 244n
Nezahualcóyotl, rey: 181
Nicholas, Linda: 36, 92-93, 95n, 183, 188n, 202, 245-246, 274n-275n
Nicholson, Henry B.: 242n, 270n
Niederberger, Christine: 74n, 76n, 84
nobleza: 15; actitudes de la: 113; antecesores de la: 33; diferencias con los plebeyos: 17-18, 119, 160, 298-299; entierros: *117-118,* 160, 198, 205-206, 210, 220, 228, *258-259;* hereditaria: 16, 20; matrimonio: 162; ornamentos: *120;* niveles de: 16; sacrificios de la: 228; *véase también* élite
Nochixtlán, Valle de: 150, 188, 249; cerámica: 102, *133,* 125-128, 136; ornamentos: 121
nomadismo: 47
Noriega: 35
Nubes *(Zaa):* 23, 228
nueces: 60-61

O'Brien, Michael J.: 180
obsequios: 51, 58, 245, 273
obsidiana: 18, 24, 46-47, 51, 102-103, 142-143, *152-153, 159-*161, 167, 207, *225,* 227, *229,* 235, 279, *282,* 286; comercio de: 165
Ocelotepec: 25, *242-243,* 248-249, 255
ococote: 72
Ocotlán, población: 275
ofrendas: 27, 32, 124, *153,* 196, 198, 205, 219, 222-223, *224-225,* 227-228, *229,* 258, 263, *269-270, 274*
oikists: 172
oks, indios: 89

Oliver, Douglas L.: 107, 128n
Oliveros, Arturo: 170, 229, 231-232
orden de nacimiento: 26-27
ornamentos: 63, *119-120,* 121, 123-124, 206, 224, 228, 246
Ortiz, Alfonso: 88n
Ortiz Ceballos, Ponciano: 230n
Ortner, Sherry: 37
ostras espinosas: 120, 122-123, 246, 269-270
otomangueano, familia lingüística: 12, 14, 112
Otumba: 103

Pachecho, Cruz: 101
Paddock, John: 15, 35, 241n, 285n
paiutes, indios: 57
Paleoindio, periodo: 46, 68; modo de vida: 50-52
Palmillo, El: 276
Parry, William: 160
Parsons, Jeffrey R.: 181n
Paso de la Amada, arquitectura: 106, 204-205; Montículo 6: *104-105*
Paso y Troncoso, Francisco del: 15n, 19n, 22n, 25n, 222n, 248n
Patrones de Asentamiento, proyecto: 15-16, 36-37, 49, 90-91, 134, 138, 148, 169, 175-176n, 178, 180, 182, 199n, 212, 232-233, 276, 279
Pausanias: 172
Paybe, William O.: 271n
pedernal: *48*-49, 60, 62-66, 97
Peña de los Corrales: *185*
Peñoles, Sierra de, población: 249
percha de cráneos *(yàgabetoo):* 252-254
Pérez de Zamora, Pedro: 19n
Peterson, Frederick A.: 47n, 85n, 163n
Pires-Ferreira, Jane: 103, 120n-121n
pitahaya: 21
Piza, Bartolomé de: 25
plantas, comestibles: 21, 46, 54, *61,* 68, 71; dependencia de las: 84; desecación de: 59; distinción entre las: 26; diversas especies: *73-75, 79,* 81, *94;* domesticación de: 72-74, 77, 84; fósiles de: 44, *76-77; véanse también* agricultura; alimentos; árboles
plebeyos: 20, 27, 33; diferencias con los nobles: 17-18, 119, 160, 298-299; distintas categorías de: 17; vida cotidiana: 271
Pleistoceno, *véase* Edad de Hielo
Plog, Stephen: 135
plumas: 17, 96, 119, 124, 256, 272-273
población: 134; crecimiento de la: 82, 125, 141-142, 202, 275, 293-295; densidad de: 45, 126; desproporción en la: 163; disminución de la: 16, 212; dispersión de la: 127; estimación de la: 16, 90, 148, 150-151, 170, 176, 199, 212, 275, 287; *véanse también* aldeas; asentamientos
polis: 171

Índice analítico

317

Índice analítico

praxis, *véase* teoría de la acción
prestigio, diferencias de: 102, 121, 124, 164; *véanse también* jerarquía; sociedad jerarquizada
prisioneros: 156, 207, *267*; sacrificados: 27,167, 169, 184-185, *186-187*, 223, 265, 297
propaganda real: 270, 299
Proskouriakoff, Tatiana: 36
protoomanguano, lengua: 12
pulque: 19, 24, 138, 274
Purrón, Cueva de, cerámica de: *85*; Complejo de: 85-86

quihuitào (hermoso palacio real): *15*, 17
Quiñones Keber, Eloise: 270n
Quiotepec: 255; Fortaleza de: *250-251*, 254, 278

Rambo, A. Terry: 31n, 128n
Rancho Tejas: 276
Rappaport, Roy A.: 88n, 223
Ratray, Evelyn: 285
Rayo *(Cocijo)*: 23-24; *112*, 124, 228, 256-257, 273, 298; cerámica y: 114, *195-196*, 296
recolección: 22, 45, 52, 59, 69, 95; de bellotas: 71; disminución de la: 74; estrategias de: 293; *véase también* cazadores-recolectores
recolectores, complejo de alimentos: 87
redes: *71*
Redman, Charles L.: 144n
Redmond, Elsa: 101n, 133n, 188n, 250-252, 254
registro genealógico: 33, 221, *288-289*
religión: 15; como alteración espiritual: 19; como animista: 23; sacrificios: 18-19, 24-25, 149, 155-156, 169, 184, 185-187, *205*, 207, 222-223, *224-225*, 226-228, 265, 297; *véanse también* rituales; sacerdotes
Rendrew, A. A.: 104n
Renfrew, Colin: 23n, 226n
revolución urbana: 170, 173, 297-298
Reyes Etla, tumbas: *264*
Reynolds, Robert: 64-65, 69
riesgo, aceptación del: 57, 69, 71, 102, 292; compartido: 102; enfrentamiento al: 56, 71
Río Verde: 248-249
Ritchie, William A.: 40
rituales: 64, 96, 111, 292; de grupo: 58; de santificación: 223-224, 226; drogas y: 18-19; femeninos: 90, 100, 294; incienso y: 18, 160, 207, 226-227; masculinos: 90, 100-101, 294-295; sangrías: 19, 166, 205, 227; tabaco y: 101; *véanse también* religión; sacerdotes
Robson, John: 71-72n
Rodríguez M., María del Carmen: 230n
Romero, Javier: 125n, 203n, 206n
Rosario, fase: *165*-*166*, 169, 176, 189, 203, 206, 234; aldeas: 147, 150-151; asentamientos: 148-150; casas: 157, 161-162; cerámica: *145*-*146*, 147-148, 188; edificios públicos: 151-152, 156; efectos de la guerra: 149-150, 154; entierros: 160; población: 150-151, *175*, 200; sociedad: 157, 163, 191; Temprana: 163; Tomaltepec: 161

Sabloff, Jeremy A.: 282n
sacerdotes *(uija-tào)*: 33; autosacrificio entre los: 18; de tiempo completo: 222; jerarquías entre los: 18-20; menores *(bigaña)*: 18, 222; viviendas de los: *18-19*, 20, 222
Sahlins, Marshall D.: 38, 40, 113n, 192n-193, 294
San Agustín de las Juntas: *176*; población: 201
San Bartolo Coyotepec: 151
San Felipe Tejalapan, población: 214
San Francisco Arriba: 247
San José, fase: *94*, 109, 157, *200*, 208, 247; agricultura: 126, 137, 179; asentamientos: 125-128; cerámica: 111-*113*, 116, *119*, 133; deformación tabular: 125; entierros: 113, 118, 146; ornamentos: 121; sociedad: 123; Temprana: 129
San José Mogote: 35, 93, *98*, 101, 104, 137-138, 150, 161, 176, 184, 232, 278; aldeas: 90, 112, *215*; Casas: 117, *122-123*; casas: 206; cerámica: *85*, 113, *116*, 135-136, 146, 236; comparado con Monte Albán: 218-220; edificios públicos: *152, 155-157*; entierros: *97, 114-115*, 119, 123, 126, *158*, 166, 246; Estructuras: *129-130, 134, 135, 143, 152-155, 158*, 161, 164, *226-227, 228, 229*; expansión de: 188; Montículos: *218-219*, 220; Monumento 3: 185, 188, 196, 205; ornamentos: 120; Plaza Principal: *233*; población: 91, 102, 127-128, 134, 142, 144, 150-151, 169, 199-200, 213-214; reconstrucción de: *218*; residencias de élite: 157-161; templos: 226-227, 263, 274; Tumbas: 279, *282*
San Juan Guelavía: 49, 281
San Lorenzo (Ver.): 142-143; ornamentos: 121; población: 144
San Lorenzo, fase: 142
San Luis Beltrán: 35, 183; población: 201
San Luis Potosí: 47, 51
San Marcos, Cueva de: *76*; fósiles de plantas de: 77; Nivel F: 78
San Martín Tilcajete: 200-201; población: 151, 169, 214
San Martín Tilquiapan: 276
San Pablo (Morelos): ornamentos: 121
San Sebastián Abasolo: 35; agricultura: 210; cerámica: 112, 124-125, 135-136; entierros: 124-125, 209-210, 237; población: 151; pozos: 126, 128
Sanders, William T.: 90n, 144n, 239n, 283n
sangre *(rini, tini)*: 24
Santa Ana Tlapacoyan: 151, *200*
Santa Cruz Mixtepec: 276
Santa Inés Yatzeche: *80*
Santa Isabel Iztapan: *46*-49, 51
Scarborough, Vernon L.: 230n, 232n-233n, 239n

318

Índice analítico

Schafer, D.: 130n
Schoenwetter, James: 50, 76n
Schortman, Edward: 130
Schreiber, Katharina J.: 239n
Scottsbluff, punta: 49
sedentarismo: 12, 56, 82, 293-294; orígenes del: *83-84*
Seitlin, Judith: 15
Séjourné, Laurette: 270n
Seler, Eduard: 241n
señoríos: 40, 130, 133, *141,* 163, 169, 191, 197, 199, 203, 220-221; autonomía aldeana y: 128; como sociedades prehistóricas: 38; competencia entre: 151; evolución a estado: 193-194; guerra y: 149; máximo: 145; surgimiento de los: 140, 145; *véanse también* jerarquías; sociedad jerárquica
sequía, adaptación a la: 69, 71; amortiguación de la: 50; escape de la: 50, 68, 71, 292
Service, Elman: 38, 192n
Shaffer, Gary: 154
shoshones, indios: 57
Siberia: 43
simulación por computadora: 64, 69
sinoicismo: 171, 176, 178, 187, 189, 191, 194, 199-200, 234, 301; amenaza externa y: 183-189; características del: 173; de Siracusa: 172-173; del Peloponeso: 171-172; para construir el poder: 173, 301; problemas del: 183; testimonio arqueológico del: 173-175
Sipilote: 249
sistema de pesas y medidas: 26, 266
sistema numérico: 34; ordinales: 27, 196, 299
Sitio SMT-23: 214-*215*
Smith, Jr., C. Earle: 53n
Smith. S.: 130n
socialización: 64, 96
sociedad(es): 157, 163, 191; aldeanas autónomas: 31, 40, 87, 89, 131, 138, 295; estratificación de la: 197, 220-221, *222,* 298-299; prehistóricas: 38, 194
sociedad igualitaria: 87, 107, *110,* 296; prestigio en la: 88-90, 102
sociedad jerárquica: 88, 143, 197, *222,* 291, 302; dos categorías de la:32; transición hacia la: *110*-III, 113; surgimiento de la: 140, 298-299; *véanse también* jerarquía; prestigio
Sosola: *243;* localización: 249
Spaulding. Geoffrey: 44
Spence, Michael W.: 285n-286
Spencer, Charles: 35, 38, 149n, 163-165, 250-252, 254, 302
Spores, Ronald: 23n, 63n, 188n, 278n
Squier, Robert J.: 166n
Staleny, Robert S.: 283n
Stanler, Robert S.: 239n
Stec, Adrian: 76n

Steward, Julian H.: 57n, 87n
Stewart, T. Dale: 125n
Strong, William Duncan: 40
Suchilquitongo: 201, *214,* 276

tabaco: 19, 100-101
Tabasco: 106, 165
Tahití, sociedades jerárquicas en: 32, 145
Tamaulipas: 73
Tamazulapan: 188
tarascos, burocracia: 34
Tehuacán: 45, 47, 52, 53, 56, 75-76, 84, 143, 163, *251;* agricultura: 79, 81, 179, 250; casas: 165; cerámica: 85, 102-103; fósiles de plantas: 77-78; señoríos: 167
Tehuantepec: 22, 247, 254
templo(s) *(yohopèe):* 32; abiertos: 225-226; columnario de doble cámara: 221-223, *225, 237-238, 272;* de iniciados: 100, *104-105,* 106, 142; descripción de los: 18-19, 106; incendios de: *153-155,* 160, 163, 169, 297
teoría de la acción: 37, 53, 111, 171, 194, 291, 301-302; distinción entre esfuerzo e interés: 39, 297; nacimiento de la: 38-39
teosinte, antecedente del maíz: *74-76,* 293
Teotihuacán: 239, 255, 270; Barrio de Oaxaca en: *285-286,* 300; crecimiento de: *282-283*
Terremoto *(Xòo):* 23, *112,* 124, 155-156, 296
Terremoto del Rayo *(Xòo Cocijo):* 23, 112
terreno para danza: 63
tewas, indios: 295; niveles del ser entre los: 88-89
Texcoco: 181
Thompson, Donald: 138n
Tierra, cerámica y: 116, 140, 143, 296; como entidad sobrenatural: 112, 124, 294
tierra agrícola, clasificación de: 93, 95, 102, 126-128, 148-*149,* 151, *174,* 183, 208, 213, 233, 277-278, *281,* 293, 297, 300
Tierras Largas, fase: 35, *92,* 134, 138-*139,* 169; agricultura: 94-95, 126, 137; antepasados: 97; arquitectura: 100, 105-106; asentamientos: 90-*91,* 95-97, 101-102, 128; casas: 93; cerámica: 99, *103,* 112, 133, 135-136; comercio: 104; entierros: 99, 119, 140; heterogeneidad: 125-126; ornamentos: 121; población: 138, 150; sociedad: 113; Tardía: 96, 99, 138
Tikal: 239, 302
Tilantongo, Valle de: 249
Tlacochahuaya: 281, 300; población: 276
Tlacolula, subvalle: *13,* 19, *21,* 29, 35, 49, 92, *149-*150, 183, 188, 200-201, 215, 276, *280-281,* 287, 300; agricultura: 179, 181; cementerio: 113; localización del: 14; población: 148, 151, 157, 169, 214, 275; templos: 272
Tlalixtac: 214
Tlapacoya: 84, 143
Tomaltepec: 35, 112-113, 157; agricultura: 179-180;

319

Índice analítico

alfarería: *208*-209, 236; casas: 161; cementerio: *116*; edificios públicos: 208; entierros: *114*, 161, *207*-208; población: 151, 201
Tonga, sociedades jerárquicas en: 32
Toolin, L. J.: 78n
Torquemada: 125n
Tototepec: *242-243;* localización: 247
Towsend, Richard F.: 270n
Tozzer, Alfred M.: 124n
Trapiche de Santa Cruz: *200*-201
tributos: 22, 211, 239, 246-247, 252-253, 300
trueque: 58, 103; *véase también* comercio
tumbas, *véase* entierros
túmulos de tierra: 142
turquesa: 119, 224
Tututepec, *véase* Tototepec

Urban, Patricia: 130
Uruk: 239, 302
Usulután (El Salvador): 236
utensilios: 29, 260; agujas para coser: 96, 122, 163; brasero: *244;* cestería: 71, 122; comal: *178,* cuchillos: 22, 47, 205, 207, 227, 235; escudillas: 145; jarras: 124, 138, 145, 147, 210, 245; lesnas: 163; vajillas: *146-147;* vasos: 138, 146-147, 273-274; *véase también* cerámica

Valle del Cauca: 149, 163
Valle Grande, subvalle: *13,* 29, *80,* 91, 183, 188, 200-201, 215, 276, *279-280,* 287-289, 291, 300; agricultura: 179; cerámica: 281; localización del: 14; población: 148, 151, 169, 214, 275
Valles Centrales, sistema de: 11-*12,* 14; descripción de: 13
Venta, La: 165, 167, 188
Veracruz: 106, 144, 233, 283; ornamentos: 121
Versaggi, Nina M.: 144n
vestimenta: 96, 256; sandalias: 140, 256, 259
Viento *(Pèe):* 23-24, 228, 257
visitantes extranjeros: *268*-270

Wari (Perú): 239, 302
Watts, W. A.: 44n
Wanser, Jeffrey C.: 144n
Wauchope, Robert: 11n-12n, 125n
Webster, David: 144n

Wedel, Waldo R.: 40
West, Robert C.: 11
Whalen, Michael: 113, 157n, 208-209
Whitaker, Thomas W.: 72n-73n
White, Gilbert F.: 14n, 54n
Whitecotton, Joseph: 15-17, 20, 101n
Wiessner, Pauline: 57, 102
Wilcox, David R.: 230n, 232n-233n, 239n
Wilkes, H. Garrison: 75n
Wilmsen, Edwin N.: 47n
Winsborough, Barbara: 181-182
Winter, Marcus C.: 90n, 95n, 103n, 140n, 271n
Wittfogel, Karl A.: 179n
Wolf, Eric R.: 97n
Woodbury, Richard: 163-164n
Wright, Henry T.: 145n, 198

Xaagá, población: 151
Ximénez Ortiz, Juan: 22n
xonàxi (esposa del gobernante): 16, 24, 255

Yagul: 35
Yatzeche: 281
Yegüih: 200-201; cerámica: 151; población: 151, 169; túmulos de tierra: *149*
yolam: 100
yucas: 53
yucuita: 133
Yucuñudahui: 278
yuh kohp (aluvión húmedo): 79-80, 93, 97, 126, 179, 277, 293

Zaachila: 15, 29-*30,* 281, 287, 301
zapoteca, lengua: *12,* 14, 156
zapotecas, como Pueblo de las Nubes: 26, 257-258, *288-289;* conflictos militares entre los: 15; Edad de Oro: 255, 274, 287; guerras contra los aztecas: 15, 22, 289, 301; y los mixtecas: 35, 301; *véase también* Monte Albán
Zeitlin, Judith: 220
Zeitlin, Robert: 220, 265n
Zempoaltepec, volcán: 11
Zona de Vida chihuahuense: *43-44,* 45-46, 51, 53, 68, 291-2 2
Zona de Vida sonorense: 44
Zubrow, Ezra B. W.: 23n, 82n, 226n

Índice general

Prefacio a la edición en inglés 9

I. *Los zapotecas y el Valle de Oaxaca* 11
    Los zapotecas del siglo XVI 15
    <small>La estratificación social, 16; La religión zapoteca, 18; Prácticas de subsistencia, 20; El tributo y la guerra, 22</small>

    El antiguo espíritu zapoteca 23
    Ideología 26

II. *Etnogénesis y evolución social* 29
    1920–1960: el estudio de la etnogénesis 34
    1960–1990: el estudio de la evolución social 36
    Los marcos teóricos empleados en este libro 37
    <small>La antropología evolucionista, 37; El nacimiento de la teoría de la acción, 38</small>

    Métodos de campo y argumentos de relación 39
    Invitación 40

III. *La Edad de Hielo Tardía y la estrategia de la gran movilidad* . . 43
    Modos de vida del Pleistoceno en el Altiplano mexicano . . . 45
    Sitios paleoindios en el Valle de Oaxaca 49
    El modo de vida paleoindio 50

IV. *Enfrentando el riesgo en el sitio* 53
    Patrones arcaicos de asentamiento 56
    <small>La Cueva de Guilá Naquitz, 58; Gheo-Shih, 62; Cueva Blanca, 64; "Zonas de caída" y "zonas de desecho", 66</small>

    La sustitución de la búsqueda por la recolección 66
    La ética igualitaria 67
    El modo de vida arcaico: las implicaciones para el futuro . . . 68

Índice general

    V. *La agricultura como extensión de la estrategia de búsqueda* . . . 71
        Las cucurbitáceas y el frijol 72
        La domesticación del maíz 74
        Fechas definitivas de la agricultura antigua 77

    VI. *Aprendiendo a vivir en aldeas* 79
        La vida en asentamientos mayores 82
        Los orígenes de la aldea 84
        Los complejos de Purrón y Espiridión 84

    VII. *La creación del prestigio en la sociedad igualitaria* 87
        El prestigio en las sociedades igualitarias 88
        Opciones de asentamiento en la fase Tierras Largas 90
        La agricultura de la fase Tierras Largas 94
        La vida en una aldea de la fase Tierras Largas 95
        La muerte y los antepasados 97
        La vida en la aldea más grande del valle 100
        El contexto más amplio de la fase Tierras Largas 102
        Las limitaciones al crecimiento: continuidades con el Arcaico . . 106

    VIII. *El surgimiento de la jerarquía y la pérdida de la autonomía* . . . 109
        Un modelo de los orígenes de la jerarquía 109
        El surgimiento de la "Tierra" y el "Cielo 111
        El surgimiento del estatus en los descendientes 113
        Un posible testimonio de autoridad y subordinación . . . 113
        La posible representación de un entierro de alcurnia . . . 117
        Posibles bienes suntuarios 119
        Gradaciones en la posición social de la casa familiar . . . 121
        Posibles rasgos hereditarios 123
        Patrones de asentamiento de la fase San José 125
        La pérdida de la autonomía 128
        La demostración de que se posee un señorío 130

    IX. *La construcción de alianzas y la competencia entre las élites* . . . 133
        Edificios públicos de 850–700 a.C. 134
        La construcción de alianzas por medio de la hipogamia . . 136
        La construcción de alianzas mediante los banquetes . . . 138
        La aparición de linajes mayores y menores 139
        Entierros de marido y mujer 139
        Información social en las figurillas de la fase Guadalupe . . 140
        Las relaciones de Oaxaca con otras regiones de México . . 140

    X. *La guerra entre señores y la escritura primitiva* 145
        Patrones de asentamiento de la fase Rosario 148
        El efecto de la guerra en los patrones de asentamiento, 149; Calculando las poblaciones de la fase Rosario, 150; El subvalle de Tlacolula, 151; El Valle Grande, 151; Agrupación, frontera y zona intermedia en la fase Rosario, 151

    Edificios públicos de la fase Rosario 151
        Los edificios públicos de San José Mogote, 152; La estructura 19, 152; Testimonio de incursión: parte 1, 153; La Estructura 14, 154; Testimonio de incursión: parte 2, 155; Los orígenes de la escritura, 156

    Las estructuras públicas circulares 156
    Edificios públicos en aldeas de segundo orden 157
    Las residencias de élite de San José Mogote 157
    Las residencias de Tomaltepec, una comunidad de segundo orden . 161
    Residencias de Fábrica San José, una comunidad de tercer orden . 161
    Desarrollos en otras latitudes de México 163
        El Valle de Tehuacán, 163; La costa del Golfo, 165

XI. *El sinoicismo de Monte Albán* 169
    La reubicación urbana en la Grecia antigua 171
        El sinoicismo del Peloponeso, 171; El sinoicismo de Siracusa, 172

    El testimonio arqueológico del sinoicismo 173
    Patrones de asentamiento durante Monte Albán I 175
    El canal de riego y la "estrategia del pie de la montaña" . . 178
        Un sistema de canales abajo de Monte Albán, 180; Otros pequeños sistemas, 180; Hierve el Agua, 181; Principales *loci* de la "estrategia del pie de la montaña", 182

    Hubo alguna "amenaza externa"? 183

XII. *La unificación del Valle de Oaxaca* 191
    ¿Cómo se forman los estados? 191
    La etnogénesis: el surgimiento de un "estilo zapoteca" . . . 195
        La alfarería, 195; La escritura primitiva zapoteca y el calendario, 196

    ¿Fue la sociedad de Monte Alban I un señorío o un estado? . 197
        La demografía, 198; ¿Qué nos enseñan los edificios públicos y las residencias de élite?, 202; Monte Negro, 203; Residencias de élite en Monte Negro, 206; Los entierros de élite, 206; ¿Quién construyó Monte Negro?, 207; Tomaltepec: un pequeño centro administrativo en la zona de la "estrategia del pie de la montaña", 208; Un entierro de élite en Abasolo, 210

    Resumen 210

XIII. *El surgimiento del estado zapoteca* 211
    Cálculos de población 211
    El surgimiento de una jerarquía de lugares centrales . . . 212
    Las plantas arqueológicas de las instituciones del estado zapoteca . 215
        El diseño de la "Gran Plaza", 218; Palacios y tumbas, 220; El templo columnario de doble cámara, 221; Ritos de santificación, 223; Un templo en Cuilapan, 225; Templos "abiertos", 225; Una secuencia de templos en San José Mogote, 226; Las ofrendas de la Estructura 35, 227; Los juegos de pelota zapotecas, 230; El juego de pelota de Dainzú: una conseja admonitoria, 232; Los juegos de pelota y la jerarquía administrativa, 232

    Desarrollos paralelos en otras latitudes de Mesoamérica . . 233
        El palacio, 234; La tumba real, 235; El templo de doble cámara, 236; Conclusiones, 238

Índice general

XIV. *Colonización y conquista* 239
Las "lápidas de conquista" del Edificio J, 240; La identificación de los lugares del Edificio J, 241; Colonización contra conquista, 243

La difusión de la cerámica de Monte Albán Ic–II 244
El Valle de Ejutla, 245; El Valle de Miahuatlán, 246; El Valle de Nejapa (Nexapa), 247; La región de Tututepec (Tototepec), 247; Ocelotepec, 248; Sosola, 249; Monte Negro, 249; Peñoles, 249; La Cañada de Cuicatlán, 250

¿Hubo un "Imperio" zapoteca? 253

XV. *La Edad de Oro de la civilización zapoteca* 255
    Las tumbas reales 258
    La Tumba 104 259
    Una tumba del Clásico Tardío en Reyes Etla 264
    La investidura de 12 Jaguar 265
La escena de la investidura, 266; Prisioneros militares, 267; Un antepasado noble, 267; Visitantes extranjeros, 268; Escondites dedicatorios, 269; ¿Por qué dejar "escenas ocultas"?, 270; La propaganda real, 270

    Cómo vivían los plebeyos 271
    Los templos 271
    Patrones de asentamiento 274
    El patrón de Monte Albán IIIa 275
    La necesidad de la defensa 278
    Las relaciones de Monte Albán con otras grandes ciudades . . . 282
El "Barrio de Oaxaca" en Teotihuacán, 285; Comercio contra toma del poder, 286

    Epílogo 287

XVI. *Evolución sin etapas* 291
El sistema "original", 291; Los cambios ambientales, 292; La estrategia de la búsqueda, 292; La estrategia de la recolección, 293; La redefinición del entorno, 293; El crecimiento de la población, 294; Grupo de descendencia y órdenes fraternas, 294; La asimetría adquirida, 295; La asimetría heredada, 295; Cambios en la ideología de la descendencia, 296; El nuevo sistema, 296; La competencia y la defensa, 297; El urbanismo y el cambio destructor, 297; La estrategia del pie de la montaña, 298; De la jerarquización a la estratificación, 298; La creación de un sistema más general, 299; El problema de los vecinos hostiles, 300

    La teoría de la acción y la evolución social 301

Lecturas complementarias 303
Agradecimientos 307
Créditos de las ilustraciones 309
Índice analítico 311

La civilización zapoteca se terminó de imprimir y encuadernar
en el mes de enero de 2001 en los talleres de Impresora y Encuadernadora
Progreso, S. A. de C. V. (IEPSA), Calz. de San Lorenzo, 244; 09830
México, D. F. En su tipografía, parada en el Taller de Composición
Electrónica del FCE, se utilizaron tipos AGaramond de 22, 13, 11:14
y 9:11 puntos. La edición, de 2 000 ejemplares, estuvo al cuidado
de *Alejandra García Hernández.*